2018 ▶ 2019
エピソードで読む
世界の国
243

2018
THE GREAT SPORT COMPETITION
FIFAワールドカップの基礎知識

ワールドカップはサッカーを愛する人々の〝サミット〟である
数字が示す規模の大きさ／「FIFA」って何？／サッカー界の〝連邦政府〟／オリンピックとの違いとは？／五輪は〝若手のワールドカップ〟

ワールドカップへの道
史上初の全加盟国エントリー／「0.5」を争う大陸間プレーオフ／各地区の予選方式と結果

2018年 ロシア大会
地域の偏りと実力の拮抗を排除／〝死のグループ〟とは？／〝本当のワールドカップ〟／進化するワールドカップ／賞金と分配金

開催国はこうして選ばれる
厳しい開催条件／招致活動は国際政治さながら

ワールドカップの歴史
第1回のウルグアイ大会～第20回のブラジル大会

サッカーの歴史
サッカーの起源／近代サッカーの誕生／〝別格〟のイギリス4協会／世界への伝播／プロフェッショナルへの転換／日本伝来は野球と同時期／協会設立と国際試合初勝利／世界への挑戦と銅メダル／〝冬の時代〟からプロ化へ／ワールドカップへの挑戦

2018年、世界を熱狂にいざなう4年に一度のサッカーの祭典、
FIFAワールドカップが開催される。
今回、21回を数えるワールドカップの舞台となるのは、
ソビエト連邦時代を通じて、初の開催国となるロシアだ。
国連加盟国（地域）数をしのぐ史上最多となる208の国・地域が参加した
大陸別予選を勝ち抜き、本大会に駒を進めたのはわずか32カ国。
日本は1998年フランス大会以来、連続通算6回目となる本大会に挑む。
世界のトッププレーヤーたちだけでなく、
世界各地の熱狂的なサポーターも一同に集結するワールドカップ。
それは世界最高の技術を競い合う舞台であると同時に、
異なる文化を持つ人々の多様な文化が行き交う舞台でもある。
開幕戦は日本時間の6月15日午前0時キック・オフ（モスクワ、ルジニキスタジアム）。
1カ月後、同じ地で行われる決勝戦（日本時間7月16日午前0時）に
登場するのは伝統の強者たちか、それともサッカーの未来を予感させる勇者たちか……。
（写真は「FIFAワールドカップのトロフィー」。©AGIF / Shutterstock.com）

ワールドカップはサッカーを愛する人々の"サミット"である

世界中の人々が待ち焦がれる4年に一度のサッカーの祭典。それが世界最大のスポーツイベント、FIFAワールドカップだ。

数字が示す規模の大きさ

"世界最大"という形容は決して大げさではない。前回2014年のブラジル大会におけるテレビ視聴者数は207カ国、延べ約320億人（1試合平均約5億人）にのぼり、2016年のリオデジャネイロオリンピックのそれと肩を並べる数字を記録している。

また現地での観客動員数は全64試合、約343万人（1試合平均5万4000人）。これは約600万枚の入場券が用意された2016年のリオデジャネイロオリンピックには及ばないものの、単一種目の大会であることを考えれば、驚異的な数字といえるだろう。

各国首脳も観戦に

ワールドカップでは、通常48時間前に選手が集まる国際親善試合とは異なり、各国とも約3週間に及ぶ事前準備を綿密に行って本大会に臨むため、チームの成熟度は4年間でもっとも高い。さらに、国や地域ごとのトッププレーヤーたちを選抜して編成する"ナショナルチーム（代表チーム）"が出場するため、選手たちの心理にナショナリズムが大きく作用する。技術

2014年FIFAワールドカップブラジル大会。フランス戦（準々決勝）に勝利したドイツ代表に喝采を送るファン。©CP DC Press / Shutterstock.com

だけでなく精神面でもハイレベルな試合が展開されるのもワールドカップの醍醐味なのだ。

またワールドカップは世界トッププレベルのプレーヤーたちだけでなく、それぞれの歴史と伝統に裏打ちされたプレースタイルを持つ国々が一堂に会する大会でもある。さらにスタジアムには各国の熱心なサポーターが、それぞれの文化を携え、大挙してやってくる。世界最高峰の技術のみならず、これほど多様なサッカー文化を一挙に堪能できる大会は、ワールドカップをおいて他にないだろう。

そして貴賓席に目を移せば、各国の首脳や誰もが知る世界の名だたるセレブリティが陣取る。これも、ワールドカップではごくごく

普通の光景だ。

たとえばドイツとアルゼンチンが対戦した2014年ブラジル大会の決勝戦には、優勝したドイツからガウク大統領とメルケル首相、また2018年大会の開催国ロシアのプーチン大統領らも顔をそろえるなど、合計9カ国の首脳がスタジアムで観戦している。

またイタリアが制した1982年スペイン大会の決勝戦では、同国のペルティーニ大統領が観戦。試合後、優勝した選手たちを大統領専用機に乗せ、一緒に帰国の途についたという逸話も残っている。

「FIFA」って何？

サッカーのワールドカップは正式名称を「FIFAワールドカップ

スイスのチューリッヒにあるFIFAの本部。FIFAは211の国・地域と270万人の選手やコーチ、審判員などで構成されている世界最大の競技団体だ。
©Ugis Riba / Shutterstock.com

という。この名称が正式に定められたのは1974年西ドイツ大会の時であり、公式ロゴマークで使用されたのは、2002年の日韓ワールドカップ（2002 FIFA WORLD CUP KOREA/JAPAN）が初めてである。
「FIFA」とは、1904年（明治37）、世界規模の国際大会の創設を主たる目的に設立され、現在スイスのチューリッヒに本部を置く「国際サッカー連盟（Fédération Internationale de Football Association＝仏）」の略称である。一般的には「フィーファ」、または「フィファ」と発音する。

2018年3月現在、FIFAは6つの大陸連盟（欧州、南米、アジア、アフリカ、北中米カリブ海、オセアニア）を傘下に置き、国連加盟国を上回る211の国と地域のサッカー協会が加盟国として名を連ねている。これら各協会の競技者登録数の総数に基づけば、間違いなく世界最大の競技団体である。

FIFAの役割は「FIFAワールドカップ」を含む世界規模の国際大会の主催はもちろん、競技規則（ルール）の策定や変更、競技運営の監督、競技の普及、国際移籍に関する規約（レギュレーション）の制定や改定、さらにはサッカーを通じた反人種差別運動など、国際貢献活動分野にも及ぶ。

非営利組織という建前ではあるが、実際は国際大会の放映権料やスポンサー契約料、商標権管理収入などによって巨額の収益を得ているのも事実だ。とりわけ多いのがワールドカップ開催年で、たとえばブラジル大会が行われた2014年の収支は、20億9600万ドル（約2200億円）のプラスで、この額は日本でもトップクラスの多国籍企業でないと達成できない額である。

サッカー界の〝連邦政府〟

FIFAへの加盟は1国1協会が原則であるが、例外もある。香港やマカオ（以上中国）、グアム（アメリカ）といった歴史的に高度な自治権を持つ地域である。これら特例的な加盟協会は、本国とは別に代表チームを編成してFIFA主催の国際大会に出場することができる。

また〝サッカーの母国〟であるイギリスも、同国を構成する4つの地域（イングランド、スコットランド、ウエールズ、北アイルランド）の協会（イギリス4協会）が、さまざまな歴史的経緯から、それぞれが独立した形で加盟し、4協会すべての代表チームが、ワールドカップ本大会への出場実績を持っている。

各国・地域の協会は、それぞれ独立した意思決定機関を持っているが、FIFAの規約や議決などに反する決定や制度の新設・改正は、原則として行うことができない。無論、この原則は6つの大陸別連盟にも適用される。

特に試合進行に関する独自の〝ローカル・ルール〟や国内移籍規約の改定など、競技の性質や公正さに関わる事項についてはFIFAの承認が必須となる。たとえばJリーグが発足した際に採用された「ゴールデンゴール方式（延長戦で先に得点したチームを勝利者として試合終了となる特別ルール＝現在は廃止）」は、FIFAの承認を得て実施されたものである。

このように、FIFAという組織は国連とは違い、各協会のガバナンス（統治）の領域にまでその拘束力が及ぶ〝連邦政府〟のような存在といっていいだろう。

写真は2016年リオデジャネイロオリンピックのサッカーで、ドイツとの決勝戦でペナルティーキックを蹴る前にボールにキスをするネイマール選手。24歳だったネイマール選手は1チーム3名以内のオーバーエイジ枠で出場し、ブラジルを金メダルに導いた。ワールドカップの出場者に年齢制限はなく、オリンピックのサッカーは23歳以下という制限があるが、サッカーという人気スポーツをめぐってFIFAとIOCの駆け引きは続くに違いない。
©Antonio Scorza / Shutterstock.com

オリンピックとの違いとは？

　サッカー界では各国（地域）のベストメンバーで編成されるナショナルチームのことを「A代表（National A-Team）」、A代表同士の試合を「国際Aマッチ（International A-Match）」と呼ぶ。最高権威の大会であるワールドカップには、この「A代表」が出場する。つまりワールドカップの試合は、すべて「国際Aマッチ」ということになる。

　これに対してオリンピックのサッカー競技は「アンダー23（U-23 = National U-23 team）」、つまり23歳以下の選手たちによって構成される代表チームが参加する（本大会のみ、3人を限度に24歳以上の選手が出場可能＝「オーバーエイジ枠」）。「A代表」を「フル代表」と表現するのは、こうした年齢制限がない〝フル規格〟の代表チームだからである。

　出場チーム数と日程も大きく異なる。オリンピックは約2週間強という短い日程のため、本大会に出場できるのは16カ国、総試合数は32である。これに対してワールドカップは約1カ月という長丁場で行われ、出場国は32、総試合数は64と、倍の規模である。

　もっとも、1908年のロンドン五輪から1930年に第1回ワールドカップが開催されるまでは、オリンピックのサッカー競技が最高権威の大会として機能し、運営もFIFAが掌握していた。

　しかし1914年（大正3）に起草されたオリンピック憲章に「アマチュア規定」が盛り込まれ、国際オリンピック委員会（IOC）との間で出場資格についての議論が激化する。その途上で参加資格を失うプロ選手が続出し、「各協会の最強メンバーが競う最高権威の大会」としての地位が揺らぎ始め、このことが、FIFA設立の主目的だったワールドカップの開催実現に大きく作用した。

五輪は〝若手のワールドカップ〟

　一方、その後のオリンピックでは皮肉な現象が起きていた。国家からの報酬や援助によって競技に専念する選手（ステート・アマ）を擁する社会主義国が台頭し始めたのである。さらに資本主義国でも、企業の支援を受ける選手がアマチュア資格で多数参加していた（コーポレート・アマ）。つまりプロ選手が排除されることで、いびつな勢力図が生まれ、次第に世界大会としての権威が失われていったのである。特にトップ選手の大多数がプロフェッショナルであるサッカー競技への影響はあまりに大きかった。

　結局、1974年（昭和49）にIOCはオリンピック憲章から〝アマチュア規定〟を削除。1984年のロサンゼルス五輪から、サッカー競技におけるプロ選手の参加が解禁される運びとなった。この背景には、世界的人気があるサッカー競技をより充実させ、観客動員を促したいというIOCの思惑もあった。

　しかし、ワールドカップの権威が揺らぐことを危惧したFIFAが強く反発。一部では五輪からの撤退論すら出るに至った。

　そこで両者の間で妥協が図られ、ロサンゼルス五輪（1984年）とソウル五輪（1988年）については、過去にワールドカップの地区予選や本大会に出場経験のないプロ選手に限って五輪出場を認め、1992年のバルセロナ五輪からは、「23歳以下」の選手すべてに出場資格を与えることとなった。

　現在、サッカー界においては、オリンピックは「U-20ワールドカップ（20歳以下）」、「U-17ワールドカップ（17歳以下）」と並ぶ、〝若手のワールドカップ〟としての位置づけが定着している。

ワールドカップへの道
史上最多208の国・地域が参加

"ムンディアリスタ(mundialista)"。サッカー界では、ワールドカップ本大会出場選手をしばしばこう呼ぶ。スペイン語の「Mundial（世界）」が語源である。この称号を手に入れるまでには、約2年に及ぶ大陸別の地区予選が立ちはだかる。敗者は弱小国ばかりではない。かつて黄金のトロフィーを高々と掲げた伝説のチームにさえ厳しい審判が下される。ロシア行きのチケットを巡る争いの中でも、さまざまなドラマが生まれた……。

2014年第20回ブラジル大会。ドイツ対アルゼンチンの決勝戦。1-0でドイツが優勝した。
©CP DC Press / Shutterstock.com

史上初の全加盟国エントリー

2018年ロシア大会の予選には、FIFA加盟国209のうち、予選が免除される開催国のロシアをのぞく史上最多の208の国・地域がエントリーした。すべての加盟国が予選への参加意思を表明したのは史上初である。ただしインドネシアは国内リーグへの政府の介入によって、ジンバブエは代表監督への報酬不払いによって活動停止処分を受け、予選から除外。一方でブータン、南スーダン、コソボ、ジブラルタルが初陣を飾った。

なお、地域予選は以下の6つの大陸別連盟ごとに行われる。

●アジアサッカー連盟

略称はAFC(Asian Football Confederation)。47協会が加盟。1954年（昭和29）設立。本部はクアラルンプール（マレーシア）。

●ヨーロッパサッカー連盟

略称はUEFA(Union of European Football Associations)。55協会が加盟。1954年（昭和29）設立。本部はニヨン（スイス）。

●南米サッカー連盟

略称はCONMEBOL (Confederación Sudamericana de Fútbol)。10協会が加盟。1916年（大正5）設立。本部はアスンシオン（パラグアイ）。

●アフリカサッカー連盟

略称はCAF (Confederation of African Football)。56協会が加盟。1957年（昭和32）設立。本部は10月6日市（エジプト）。

●北中米カリブ海サッカー連盟

略称はCONCACAF (Confederation of North, Central American and Caribbean Association Football)。41協会が加盟。1961年（昭和36）設立。本部はマイアミ（アメリカ）。

●オセアニアサッカー連盟

略称はOFC (Oceania Football Confederation)。14協会が加盟。1966年（昭和41）設立。本部はオークランド（ニュージーランド）。2006年にオーストラリアがアジアサッカー連盟に転籍。

「0.5」を争う大陸間プレーオフ

大陸別予選は、ほとんどが「ホーム・アンド・アウエー」、つまり自らの本拠地と相手の本拠地で1戦ずつ戦い勝敗を競う方式をとる。例外は参加チームが特定の都市に集まって1試合ずつを行う「セントラル方式」を採用したオセアニアの1次、2次予選のみである。

世界で最初に行われた大陸別予

左はブータン代表のホームグラウンド、チャンリミタン・スタジアム。上はブータンの若い僧侶たち。
©Attila JANDI / Shutterstock.com（左）
©kunfai / Shutterstock.com（上）

選は2015年3月12日、アジア1次予選の「東ティモール対モンゴル」戦。結果はモンゴルの連敗に終わり、世界で最初の予選敗退国となってしまった。ちなみに最初に予選を突破したのはブラジル（2017年3月28日）で、最後の出場権獲得チームは、2017年11月16日にニュージーランドとの「大陸間プレーオフ」を制したペルーである。

この大陸間プレーオフは、オセアニアの本大会出場枠が「0.5（加盟協会数11）」、南米の出場枠が「4.5（同10）」、つまり2つの大陸にまたがって1枠の出場権が与えられているために行われたもの。たとえばプレーオフでオセアニア側が勝てば、同地域の出場チームは「1」となり、南米側が勝てばそれが「5」となる。

各地区の予選方式と結果

◆ヨーロッパ地区予選（UEFA）

出場枠は13。参加54チームを9つの組（各6チームずつ）に分け、ホーム・アンド・アウエー方式で総当たり戦を行い、まず各組の1位が本大会出場権を得る。残りの4枠については、各組2位のチームのうち、成績上位の8チームが2チームずつに分かれてプレーオフを行い、その勝者（4チーム）が出場権を獲得する。

今回は、アイスランドが初出場を決めた一方で、ドイツ（西ドイツ時代を含む）と並んでヨーロッパ最多の本大会優勝回数（4回）を誇るイタリアと、3回の準優勝経験を持つオランダが本大会出場を逃すという番狂わせが重なった。

◆南米地区予選（CONMEBOL）

出場枠は4.5。全10チームによる総当たり戦（1チーム18試合、ホーム・アンド・アウエー方式）で4位までに出場権が与えられ、5位のチームがオセアニアとの大陸間プレーオフに回る。

ブラジルが早々に予選を突破した一方で、2強の一角、アルゼンチンは苦戦。しかし予選通過圏外の6位で迎えた最終節のアウエー戦（エクアドル戦）に勝利して3位に浮上し、5位に落ちたペルーが大陸間プレーオフに回ることとなった。なお、ボリビア（9位＝予選落ち）が18試合中2試合で出場資格（国籍取得から5年以上の国内居住実績）のない選手を起用。後に没収試合となり、記録上はともに0対3の敗戦扱いとなった。

◆オセアニア地区予選（OFC）

出場枠は0.5。1位のチームが南米5位との大陸間プレーオフに。

1次予選は、参加11チームのうち世界ランキング（FIFAランキング）下位の4チームのみで行われ、1位のチームが2次予選（8チームが出場）に進み、ここでさらに6チームに絞られる。次の3次予選では2組に分かれて総当たり戦（ホーム・アンド・アウエー方式）を行い、各組1位のチーム同士が大陸間プレーオフ出場権を争う。

なお当地区では、唯一本大会出場経験があるニュージーランドの〝1強体制〟が続く。今回も同国がソロモン諸島（B組1位）を退けてプレーオフ出場権を獲得した。

◆アフリカ地区（CAF）

出場枠は5。予選は3段階（1次〜3次）で行われる。1次予選は、全53チームのうちランキング下位の26チームのみで行われ、半分の13チームが2次予選へと進む。

2次予選には1次予選を免除された上位27チームが加わり、合計40チームが2チームずつに分かれてホーム・アンド・アウエー方式で2試合を行い、その勝者（20チーム）が3次（最終）予選へと進む。

最終予選は5組各4チームに分かれての総当たり戦（ホーム・アンド・アウエー方式）。各組1位のチームが本大会出場権を得る。

今回はカメルーン、コートジボワールなど、近年実績のあるチームの予選落ちが目立ち、予選通過チームのうち前回大会に出場した

■FIFA傘下の大陸連盟

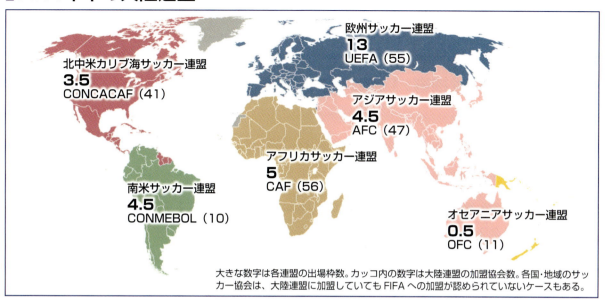

大きな数字は各連盟の出場枠数。カッコ内の数字は大陸連盟の加盟協会数。各国・地域のサッカー協会は、大陸連盟に加盟していてもFIFAへの加盟が認められていないケースもある。

のはナイジェリアのみ。エジプトは1990年イタリア大会以来、28年ぶりの出場となる。なお、最終予選のうち2試合で、出場停止選手の起用による没収試合処分と、主審の判定操作による試合無効処分（再試合）がそれぞれ下された。

◆アジア地区（AFC）

出場枠は4.5。地区予選では1次から3次（最終）と、大陸間プレーオフ出場決定戦が行われる。

1次予選はランキング下位の12チームのみが出場。次のラウンドに進出する6チームを決める。

2次予選はこれにランキング上位の34チームが加わり、計40チームが8つのグループに分かれて争う（総当たり戦／ホーム・アンド・アウエー方式）。予選を通過するのは、各組の1位と2位のうち成績上位の4チーム（合計12）。

最終（3次）予選は、6チームずつ2つのグループに分かれ、ホーム・アンド・アウエー方式で行われる。各組2位まで、計4チームが本大会出場権を獲得。各組3位の2チームは、大陸間プレーオフ出場決定戦に臨む（4次予選）。

今回はイラン（A組1位）、韓国（同2位）、日本（B組1位）、サウジアラビア（同2位）が本大会出場を決め、オーストラリア（B組3位）がシリア（A組3位）を退けて北中米4位との大陸間プレーオフに回った。

日本は最終予選の2017年（平成29）8月31日に行われた最終予選の対オーストラリア戦に2対0で勝利してグループ1位が確定。しかし最終的に2位、3位チームとの勝ち点差は1しかなく、結果として接戦の中での出場権獲得となった。

◆北中米カリブ海地区（CONCACAF）

出場枠は3.5。予選は5段階（1次～5次予選）で行われ、5次（最終）予選での上位3チームが本大会出場、4位が大陸間プレーオフに回る。なお、ランキング上位の6チーム（メキシコ、コスタリカ、パナマ、ホンジュラス、アメリカ、トリニダード・トバゴ）は4次予選から登場し、1次から3次まではそれ以外のチームで争われる。

今回の最終予選には上位6強が順当に進出。ホーム・アンド・アウエー方式での総当たり戦の結果、メキシコ、コスタリカ、パナマの上位3チームが本大会出場を決め、4位のホンジュラスが大陸間プレーオフに回った。

最大の事件は地域最強のメキシコと並んで、本大会出場が確実視されていたアメリカの予選落ちである。しかも最終戦は最下位のトリニダード・トバゴを相手に引き分ければ本大会出場という好条件だっただけに、衝撃は大きかった。

◆大陸間プレーオフ

地域予選の結果から「ペルー（南米5位）vs.ニュージーランド（オセアニア1位）」「オーストラリア（アジア）vs.ホンジュラス（北中米カリブ海4位）」がホーム・アンド・アウエー方式で対戦し、それぞれペルーとオーストラリアが出場権を獲得した。ホンジュラスは3大会連続の本大会出場を逃し、ニュージーランドは3大会ぶりの出場を目指したが及ばなかった。

2018年 ロシア大会
ワールドカップはこのように進められる
組み合わせ抽選、1次リーグ、決勝トーナメント、そして賞金

ギリシャ神話に登場する勝利の女神「ニケ」と地球をかたどったFIFAワールドカップトロフィー。1ヵ月という長い旅の果てに、この黄金の像をモスクワの天空に掲げるのは、どのチームだろうか……？

地域の偏りと実力の拮抗を排除

2018年ロシア大会の組み合わせ抽選会は2017年12月1日、首都モスクワで行われた。

大会は、総当たり戦方式の「ファーストステージ（1次リーグ／グループリーグ）」と、ノックアウト（勝ち抜き）方式の「セカンドステージ（決勝トーナメント）」で構成されている。

ファーストステージは、出場32チームが4チームずつ8つのグループ（A組～H組）に分かれて総当たり戦を行う方式で、各組上位2位まで（全16チーム）が、セカンドステージに進出する。

組み合わせ抽選が行われるのはファーストステージのみ。抽選は、事前に出場32チームをFIFAランキング順に8チームずつを4つの塊（ポット）に分け、特定のグループに実力が拮抗したチームが集中しないように仕分けがなされる。

2018年大会の抽選では、トップグループである第1ポットに、2017年10月時点でのランキング上位7カ国（ドイツ、ブラジル、ポルトガル、アルゼンチン、ベルギー、ポーランド、フランス）とロシア（開催国）の合計8チームが入った。なお開催国がシードされるのは、トップチームとの競合を避け、セカンドステージに進出できる可能性を広げるための措置である。なお、この時にヨーロッパは同じ組に2カ国まで、それ以外の地域は同じ組に同じ地域の国が入らない配慮も同時になされる。

そして抽選では、これら4つのポットから1チームずつ計4チームを選び、同様の方法で、全32チームが8組に振り分けられる。

〝死のグループ〟とは？

もっとも、こうしたシステムを採用しても、強豪が偏るケースはしばしばある。1次リーグを突破する実力を持つチームが3つ以上競合する〝死のグループ（Group of Death）〟である。

近年でもっとも象徴的なケースは、スウェーデン、イングランド、アルゼンチン、ナイジェリアが同居することになった2002年日韓大会の〝F組〟である。いずれもセカンドステージ（ベスト16）に進む力を持つチームだったが、優勝経験のあるアルゼンチンと、直近2大会でベスト16に入っていたナイジェリアが敗退するという過酷な運命が待ち受けていた。

これはランキング上、本来第4ポット（最下位グループ）に相当する日本と韓国が、開催国特権で第1ポット（最上位グループ）に、しかも共催ゆえに2チームが割り込む格好になったためである。

2018年大会の開催国ロシアの抽選時のランキングも32チーム中、最下位（65位）と低かったが、幸い他へのしわ寄せはなく、〝死のグループ〟は生まれなかった。

〝本当のワールドカップ〟

1次リーグは総当たり戦で勝ち点を争う（勝ち＝3点、引き分け＝1点、負け＝0点）方式で、延長戦は行われない。しかし、16強で争われる決勝トーナメントは勝敗を決めなければならない。そのため既定の試合時間（前後半45分ずつ＝90分）内で同点に終われば、前後半15分ずつの延長戦が行われ、それでも決着がつかなければペナルティキック（PK）戦が行われる。なお、決勝トーナメントの1回戦（Round of 16）では、1次リーグの1位と、異なる組で2位に入ったチームが対戦することがあらかじめ決められている。

厳しい1次リーグを勝ち上がってきた強豪チーム同士が〝負ければ終わり〟という緊張感の中で戦う決勝トーナメント。長年のファンからは「ここからが本当のワールドカップ」という声も聞かれる。

進化するワールドカップ

サッカーの世界では、近年、プレースピードが格段に向上してい

■ 2018年 第21回 ロシア大会の出場チームと組み合わせ

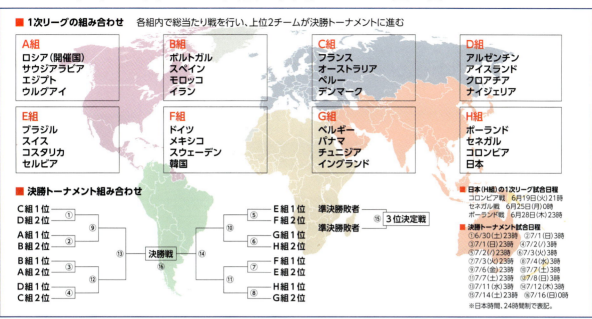

　る。そのためスリリングな試合が増えた一方で、選手の体力消耗や、審判による判定の難易度が増すという弊害も生まれている。こうした変化に対応するため、近年のワールドカップでは、新しい試みが次々と導入されている。

　選手の体力消耗対策としては、2014年ブラジル大会から導入された「クーリングブレイク（Cooling Break）」がある。これは試合中に気温が摂氏32度を超えた場合、前後半それぞれ30分が経過した段階で、3分間ずつの休息（ブレイク）を主審の判断で設けるというもので、サッカー史の中でも極めて画期的な制度である。また、2018年大会からは、選手交代人数の上限も従来の3人から、延長戦が行われた場合にのみ、4人目の交代が許されることになった。

　一方、審判の負担を軽減する方策も講じられている。2006年大会では4人の審判団が無線装置（ヘッドセット・コミュニケーション・システム）を装着し、微妙な判定について即座に話し合うことが可能になった。さらに2014年大会からは、ボールにICチップを内蔵し、微妙なゴール判定を機械によって見極める「ゴールライン・テクノロジー（GLT）」を導入し、ゴール判定の誤審を解消した。

　さらにこのGLTの成功によって、2018年大会からは「ビデオ・アシスタント・レフェリー（VAR）」が採用される見込みとなった。これはビデオ映像を確認する審判を配置し、〝試合の流れを変える4つのケース〟について誤審が強く疑われる場合にのみ、主審に対して助言を行うシステムである。

　4つのケースとは、(1) 得点、またはオフサイドなど、得点に直接つながる反則。(2) PKについての判定。(3) レッドカード（一発退場）処分。(4) 退場、警告処分の対象となる選手の誤認。である。

　助言を採用するか否かは主審の判断に委ねられるが、「判定は人間が行うもの」「誤審もサッカーの一部」という美学から、ビデオ判定について否定的な声が根強かったことを考えれば、VARの導入は革命的な変化といえる。

賞金と分配金

　ワールドカップでは成績に応じた賞金も用意されている。

　2018年大会の賞金総額は過去最高の4億ドル（約430億円）で、優勝チームには3800万ドル（約40億円）、2位は2800万ドル（約30億円）、3位は2400万ドル（約25億円）が分配される。それ以外のチームにも成績に応じて賞金が出、1次リーグ敗退チームでも800万ドル（約8.5億円）、さらに全出場チームに別途150万ドル（約1.6億円）が準備金として支給される。

　また賞金とは別に、出場選手の所属クラブへの出場分配金（クラブ・ベネフィット・プログラム）や、所属選手が負傷した場合のクラブへの補償金（クラブ・プロテクション・プログラム）も拠出される。なお、これらの総額は賞金総額と同じ約4億ドルである。

開催国はこうして選ばれる
厳格な基準と熾烈な招致争い

左は開幕戦や決勝戦が行われるモスクワのルジニキ・スタジアム。収容人数は約9万人。右はオオカミをモチーフにしたロシア大会のマスコット「ザビワカ」。ロシア語で「点を取る人」という意味。
©Viacheslav Lopatin / Shutterstock.com（左）　©Stanislav Samoylik / Shutterstock.com（右）

2010年（平成22）12月2日。FIFAはチューリッヒ（スイス）の本部で理事会を開催し、2018年大会をロシアで、2022年大会をカタールで行うことを決定した。東ヨーロッパ、中東でのワールドカップ開催はともに史上初である。

厳しい開催条件

開催国の選出にあたっては、まず地域のバランスが最優先で考慮される。現在は原則として、直近2大会と同じ大陸の国・地域は立候補できない。たとえば2010年は南アフリカ、2014年はブラジルがそれぞれ開催地となったため、2018年大会は南米とアフリカの加盟国は立候補ができないということである。

立候補にあたっては、インフラの整備や政府による財政保証など、それにふさわしいさまざまな条件が課される。なお2018年、2022年大会の開催希望協会に対しては、主に以下の基準が提示された。
(1) 収容人数4万人以上のスタジアムが12カ所以上あること。(2) そのうち開幕戦と決勝の会場は収容8万人以上、準決勝は6万人以上であること。(3) スタジアム所在地域にピッチが2面ある交通至便な練習場が2カ所。(4) 試合日のチケット保有者などのための無料公共輸送の保証。(5) 試合終了後4時間以上の鉄道、バス運行。

また、各スタジアム内の設備についても、バリアフリー、照明、映像設備、独立電源など細かい要求がなされる。これらの要求に応えるには、既存の施設が充実しているか、豊富な資金力がなければ困難であることは言うまでもない。

招致活動は国際政治さながら

2018年と2022年大会の開催地決定までの流れは以下の通りである。
2009年2月　立候補締め切り
2009年4月　FIFAが開催条件提示
2009年12月　「招致契約書」提出
2010年5月　「開催契約書」提出
2010年7月　FIFA、現地視察
2010年12月　開催地決定

開催地は、FIFAの理事（24人）たちによる投票によって決定される。いずれかの国が過半数をとるまで投票を重ねる方式がとられ、投票ごとに最下位候補が排除される。そして最終的に2者の争いとなり、両者同数となった場合はFIFA会長の裁定に委ねられる。

ロシアと2018年の開催国の座を争ったのは、イングランド（単独）、オランダとベルギー（共催）、スペインとポルトガル（同）で、すべてヨーロッパの国々である。

2018年大会の場合は、1回目の投票でイングランドが脱落。そして2回目の投票でロシアが過半数を獲得し、開催国が決定された。なお、同日に行われた2022年大会については日本、韓国、オーストラリア、アメリカ、カタールで争われたが、4回目の投票でカタールがアメリカを抑えて選出された。

開催国には1兆円とも2兆円ともいわれる経済効果や国際的地位の向上など、サッカーの世界にとどまらない、幅広いメリットがもたらされる。各国間の競争はすでに立候補前から始まっており、それ自体が国際政治そのものといっていいほどの熾烈さを極める。実際、2018年大会の招致では、ロシアはプーチン大統領が陣頭指揮を執り、同国の国営石油企業が〝資源外交〟を通じて、支持を広げていったといわれている。

投票権を持つ理事などへの買収工作が行われていることも周知の事実で、捜査当局によって逮捕・起訴された関係者は少なくない。

FIFA ワールドカップの歴史
ジンクスは崩れる

「ヨーロッパと南米が交互に優勝する」「ヨーロッパ開催ならヨーロッパの国が、南米開催なら南米の国が優勝する」「開催国は決勝トーナメントに進出できる」。これらはすべて近年になって破られた〝ワールドカップのジンクス〟である。ありえないと思われていたことが起こった歴史。それがワールドカップの歴史でもあった。

第1回 1930年　優勝：ウルグアイ
ウルグアイ大会
- 2位：アルゼンチン　3位：アメリカ
- 出場チーム：13　日本＝不参加

1924年（大正13）と1928年の五輪王者で、スペインからの独立100周年を迎えたウルグアイが開催国に。渡航手段が船しかなかったため、ヨーロッパなどからの参加が直前まで難航したが、当時のFIFA会長の尽力によって、ヨーロッパ4カ国のエントリーが実現（日本は招待状を受け取ったが辞退）。地元ウルグアイと隣国アルゼンチンが対戦した決勝戦には約9万人もの観客が詰めかけ、4-2でウルグアイが初代王者となった。

第2回 1934年　優勝：イタリア
イタリア大会
- 2位：チェコスロバキア　3位：ドイツ
- 出場国：16　日本＝不参加

初めて大陸別予選が行われた大会。エジプトが初参加した一方で、南米の参加はわずか2カ国。前回王者のウルグアイも自国開催時にヨーロッパからの参加が少なかったことからボイコットを決めた。決勝は地元イタリアが2-1でチェコスロバキアを破ったが、ムッソリーニ率いるファシスト党政権主導のもと、同国代表は帰化選手で固められ、審判や対戦チームにも強い圧力が加えられた。3位決定戦を導入した初の大会でもある。

第3回 1938年　優勝：イタリア
フランス大会
- 2位：ハンガリー　3位：ブラジル
- 出場国：16　日本＝不参加

開催国と前回優勝国に大陸予選が免除された初の大会。決勝戦ではイタリアがハンガリーを下して連覇を果たしたが、優勝候補のオーストリアはドイツに併合され、主力選手が同国代表に吸収。スペインは内戦によって参加取りやめ、さらに大陸予選に初エントリーした日本も日中戦争により棄権するなど、不安定な国際情勢が影を落とした。そして翌年に勃発した第二次世界大戦の影響で、ワールドカップは12年の空白期に入る。

第4回 1950年　優勝：ウルグアイ
ブラジル大会
- 2位：ブラジル　3位：スウェーデン
- 出場国：13　日本＝不参加

〝母国〟イングランドが初参加するも、アマチュアのアメリカに敗れるなど苦戦し、1次リーグで敗退。また大会直前にはアジア勢初の代表の座を射止めたインドを含む3チームが辞退し、最終ラウンドは上位4チームによる総当たり戦に変更された。地元ブラジルとウルグアイの優勝決定戦はウルグアイが逆転勝ち。会場のマラカナン・スタジアムでは気絶する人が続出し、ショック死や自殺で4人が命を落とした（「マラカナンの悲劇」）。

第5回 1954年　優勝：西ドイツ
スイス大会
- 2位：ハンガリー　3位：オーストリア
- 出場国：16　日本＝アジア最終予選敗退

FIFA創立50周年を記念して本部を置くスイスで開催。韓国がアジア勢初の本大会出場を果たした（2戦2敗、得点0、失点16）。決勝戦は除名を解かれた西ドイツと、この日まで約4年間無敗を誇り、〝マジック・マジャール（魔法のマジャール人）〟と恐れられたハンガリーが争った。西ドイツは早々に2点をリードされたものの、その後3点を返して逆転。その不屈のファイティングスピリットは〝ゲルマン魂〟として称賛された。

第6回 1958年　優勝：ブラジル
スウェーデン大会
- 2位：スウェーデン　3位：フランス
- 出場国：16　日本＝不参加

史上初めてイギリス4協会（イングランド、スコットランド、ウェールズ、北アイルランド）が顔を揃えたこの大会で旋風を起こしたのは、ブラジルから来た17歳の少年だった。後に〝サッカーの王様〟と称される20世紀最高の選手、ペレである。準決勝（対フランス）でハットトリックを達成した彼は、決勝戦でも2得点を決め、チームも完勝。1946年に「ジュール・リメ杯」と改められた優勝トロフィーを初めて母国にもたらした。

〝サッカーの王様〟と称されたブラジルのペレ。そのプレースタイルとテクニックは常に独創的で、比較的小さな身長（173cm）にもかかわらず、サッカー史に名を残した。写真は1960年の撮影。

第10回 1974年　優勝：西ドイツ
西ドイツ大会
2位：オランダ　3位：ポーランド
■出場国：16　日本＝アジア・オセアニア1次予選敗退

　この大会は世界がサッカーの革命を目撃した大会として今も記憶される。〝フライング・ダッチマン〟クライフ率いるオランダが展開した「全員守備、全員攻撃」の〝トータル・フットボール〟の出現である。決勝戦はこのオランダを〝皇帝〟ベッケンバウアーが率いる地元西ドイツが迎え撃ち、西ドイツが逆転勝利。ベッケンバウアーに現在まで引き継がれる新トロフィーが手渡された。なお、ペレが引退したブラジルは4位に終わった。

第7回 1962年　優勝：ブラジル
チリ大会
2位：チェコスロバキア　3位：チリ
■出場国：16　日本＝アジア1次予選敗退

　1960年の大地震で甚大な被害を受けたチリだったが、国立競技場の新装など、懸命の努力が実って開催にこぎつけた。すでに世界的選手に成長していたペレを擁するブラジルに注目が集まったが、彼は第2戦で負傷、以後欠場する。しかし同僚のガリンシャの活躍で決勝戦に進出したブラジルは連覇を達成。ガリンシャは得点王を獲得した。なお大会終了後に、帰化による〝代表移籍〟を防ぐための「生涯1代表の原則」が定められた。

第11回 1978年　優勝：アルゼンチン
アルゼンチン大会
2位：オランダ　3位：ブラジル
■出場国：16　日本＝アジア最終予選敗退

　大会の2年前に誕生した軍事政権の圧政、反政府勢力との衝突など、アルゼンチンは政情不安の只中にあった。しかし反政府勢力が大会中の停戦に応じたことで、FIFAも開催を了承。同国代表監督のメノッティは政府からの優勝命令を受け、人気よりも実力重視の選考、海外移籍を禁止して国内合宿を重ねるなど大胆な策を敢行した。チームは急成長し、決勝戦に進出。優勝候補のオランダを延長戦の末3-1で下し、初の王座に輝いた。

第8回 1966年　優勝：イングランド
イングランド大会
2位：西ドイツ　3位：ポルトガル
■出場国：16　日本＝不参加

　大会4カ月前のジュール・リメ杯盗難、初のドーピング検査、北朝鮮のアジア勢初のベスト8入りなど、話題の多い大会の中で、ある一つの判定が物議を醸した。それは地元イングランドと西ドイツが対決した決勝戦の延長戦でのこと。イングランドのシュートがクロスバーを叩き、ほぼ真下に落下。主審は「ゴール」を宣告し、これが決勝点となった。しかしドイツでは今でも「あれはノーゴール」が共通認識となっている。

第12回 1982年　優勝：イタリア
スペイン大会
2位：西ドイツ　3位：ポーランド
■出場国：24　日本＝アジア・オセアニア1次予選敗退

　出場国が16から24に拡大し、アジア、アフリカ、北中米カリブ海の出場枠が増加した。優勝候補筆頭はブラジル。〝黄金の中盤〟と称されたジーコ、ファルカン、トニーニョ・セレーゾら世界最高峰の選手たちをMFに配した夢のチームだった。だが2次リーグで大陸予選以来不調だったイタリアに不覚をとり、大会を去る。逆に復調したイタリアは、この試合でハットトリックを達成したロッシ（大会MVP）の活躍で3度目の優勝を飾った。

第9回 1970年　優勝：ブラジル
メキシコ大会
2位：イタリア　3位：西ドイツ
■出場国：16　日本＝アジア・オセアニア1次予選敗退

　空気の薄い〝高原の国〟での開催、またテレビ放映のために真昼の試合が多かったことから、FIFAはプレー中断時の水分補給と、1試合2名の選手交代を初めて認めた。大会はまさに〝ペレのための大会〟となり、円熟期を迎えた〝王様〟率いるブラジルが、南米予選から本大会の決勝戦まで全戦勝利という異次元の強さを発揮した。通算3回目の優勝を果たしたブラジルは、大会規定により「ジュール・リメ杯」の永久所有権を獲得した。

第13回 1986年　優勝：アルゼンチン
メキシコ大会
2位：西ドイツ　3位：フランス
■出場国：24　日本＝東アジア最終予選敗退

　コロンビアが経済悪化を理由に開催権を返上し、メキシコで代替開催されたこの大会は、今も〝マラドーナのワールドカップ〟として語り継がれている。4年前、彼は執拗かつダーティな守備に報復で応じて大会を去ったが、今回はアルゼンチンの全14得点のうち10得点に絡み（5得点5アシスト）、チームを世界一に導いた。準々決勝（対イングランド）での〝神の手ゴール〟も〝5人抜きゴール〟も、彼が大会で残した伝説の一部にすぎない。

第14回 1990年 イタリア大会　優勝：西ドイツ

2位：アルゼンチン　3位：イタリア
■出場国：24　日本＝アジア1次予選敗退

　開幕戦で前回王者のアルゼンチンを下したカメルーンがアフリカ勢初の準々決勝進出を果たし、未来のアフリカ諸国の台頭を予感させた。大会は守備偏重のチームが目立ち、1試合平均得点は2.21と過去最低を記録。西ドイツとアルゼンチンの決勝戦も「史上最も退屈で荒れた試合」と酷評された。危機感を感じたFIFAは、大会後に「GKへのバックパス禁止」「勝ち点の引き上げ（2→3）」など、攻撃を促すルール改正や規定の改定を行った。

第20回ブラジル大会の決勝でアルゼンチンを破って歓喜するドイツの選手たち。マラカナン・スタジアムにて。©AGIF / Shutterstock.com

第15回 1994年 アメリカ大会　優勝：ブラジル

2位：イタリア　3位：スウェーデン
■出場国：24　日本＝アジア最終予選敗退

　競技人口は世界一ながら興行的な人気が低く、〝不毛の地〟といわれ続けたアメリカでの開催だったが、観客動員、テレビ視聴者数ともに史上最高を更新。約9万4000人を集めた決勝戦ではブラジルがPK戦でイタリアに競り勝ち、4回目の優勝を果たした。しかし、マラドーナがドーピング違反によって、わずか2戦で追放。オウンゴールを犯したコロンビア（1次リーグ敗退）の選手が帰国後に射殺されるなど、忘れ得ぬ苦い記憶も残した。

第18回 2006年 ドイツ大会　優勝：イタリア

2位：フランス　3位：ドイツ
■出場国：32　日本＝本大会1次リーグ敗退

　誤審に揺れた前回の教訓を踏まえ、主審、副審を原則として同一国で固め、ジャッジも厳格化されたが、ポルトガルとオランダの試合では4人が退場、16人が警告を受けるなど、副作用も多く見られた。PK戦にもつれこんだ決勝戦ではイタリアがフランスを下し、4度目の世界一に輝いた。敗軍の将ジダンにとっては現役最後の試合だったが、相手選手の侮辱に頭突きで報復し退場となる、あまりにも悲劇的な結末が待っていた。

第16回 1998年 フランス大会　優勝：フランス

2位：ブラジル　3位：クロアチア
■出場国：32　日本＝本大会1次リーグ敗退

　出場枠が32に拡大。日本が悲願の初陣を飾った大会である。決勝戦は連覇を目指す22歳の天才FWロナウドを擁するブラジルと、ペレが〝魔法使い〟と称賛したジダン率いる地元フランスの対戦。重圧に苦しみ、前夜に精神的重圧から痙攣を起こした影響で精彩を欠くロナウド。大舞台で2得点を決め躍動するジダン。両エースはあまりに対照的だった。そしてその夜、凱旋門には、母国開催で初優勝を遂げた英雄たちの顔が映し出された。

第19回 2010年 南アフリカ大会　優勝：スペイン

2位：オランダ　3位：ドイツ
■出場国：32　日本＝ベスト16

　初のアフリカ大陸での開催。民族楽器「ブブゼラ」の轟音が鳴り響く中、次々と波乱が起きた。1次リーグでは、史上初の開催国敗退を含むアフリカ勢の不振（5カ国中4カ国が敗退）、さらに前回のファイナリスト（イタリア、フランス）までもが、そろって1次リーグ、それもグループ最下位で姿を消した。決勝戦は〝無敵艦隊〟といわれながら優勝経験がなかったスペインがオランダを下して初優勝。日本は前評判を覆してベスト16に進出した。

第17回 2002年 日韓大会

優勝：ブラジル　2位：ドイツ　3位：トルコ
■出場国：32　日本＝ベスト16

　初の共同開催。日本は史上初の16強、韓国はアジア勢初の4強と、両ホスト国の躍進もあり盛況のうちに幕を閉じたが、課題も残した。特に梅雨を避けて2週間早く開幕したことで、ヨーロッパのクラブに所属する選手の多くが準備不足で臨み、フランスやアルゼンチンが1次リーグで姿を消すなど番狂わせが多発。高い湿度にも不満が続出した。ブラジルが最多5度目の世界一。天才ロナウドも得点王に輝き、前回の汚名を払拭した。

第20回 2014年 ブラジル大会　優勝：ドイツ

2位：アルゼンチン　3位：オランダ
■出場国：32　日本＝本大会1次リーグ敗退

　1-7。これは準決勝でブラジル、ドイツという優勝候補同士が戦った末のスコアだ。主将チアゴ・シウバの出場停止、若き英雄ネイマールの負傷欠場。手負いの王国はなす術なく惨劇の主人公となった。前回王者スペイン、強豪イタリア、母国イングランドが1次リーグで姿を消したこと、ましてやアジア勢4カ国すべてが1次リーグでグループ最下位に沈んだことなど、この試合結果の衝撃に比べれば大会の片隅で起きた些細な出来事にすぎない。

サッカーの歴史
世界を席巻するまでの軌跡

地球の津々浦々、200を超える国や地域で2億5000万人以上がプレーするスポーツ、それがサッカーだ。人類の歴史上、これほど多くの国に普及し、商業的成功を収めている競技はほかにない。世界一のメジャースポーツになるまでに、サッカーはいったいどのような歴史をたどってきたのだろうか。

『宋太祖蹴鞠図』。北宋の初代皇帝である趙匡胤とその閣僚が蹴鞠（しゅうきく）に興ずる姿を描いたとされる絵画。1300年頃の作。蹴鞠は紀元前5世紀から紀元前3世紀の戦国時代に行われていたことが記録されている。

サッカーの起源

サッカーの起源について、従来定説として広く知られていたのが、中世イングランドで普及した「モブ・フットボール」である。

8世紀頃のイングランドには、戦争に勝利すると兵士たちが切り取った敵将の首を蹴り合って祝う風習があった。それが大衆に伝播し、ボールを隣町の門に向かって蹴りながら運ぶ「祭り」として定着したとされているのが「モブ・フットボール」である。

もっとも、国際サッカー連盟（FIFA）は、科学的証拠が残る最古のサッカーの起源として、日本の「蹴鞠（けまり）」のルーツである中国の「蹴鞠（しゅうきく）」を最新の説としてあげている。「蹴鞠」は、羽毛などを詰めた革製のボールを足や胸、背中、肩だけを使い、地面に立てた竹竿製のゴールに蹴り入れるもので、紀元前300年頃に軍事訓練として考案されたといわれている。

そのほか、アテネオリンピック（1896年）でも採用された古代ギリシャのボールゲーム「エピスキロス（フェイニンダ）」や、8世紀ごろに考案され、観客を集めるエンターテインメントとしても成立していたイタリアの「カルチョ」、12世紀にブルターニュ地方（フランス）で盛んだった「ラ・スール」なども、何らかの形で近代サッカーに影響を与えたとされる。

近代サッカーの誕生

19世紀半ばになると、イギリスでは軍隊や職場、酒場などの社交場などをベースとしたサッカークラブが次々と創設された。1830年（天保元）から1860年（万延元）までの間に限っても、国内には70以上のクラブが存在していたという。

この頃には、サッカーは労働者階級だけでなく、上流階級の子弟（13～18歳）が通うパブリックスクール（公益私立学校）でも盛んに行われるようになり、1850年代から1860年代にかけては、スイスやベルギーのイギリス人学校でもプレーされ始めていた。

しかし、当時のサッカーには統一ルールがなく、いくつかの〝流派〟が混在していた。そのため対外試合のたびに、対戦相手とルールの調整をせねばならず、前半と後半で違うルールを適用することも珍しくなかったという。

こうした中で統一ルール確立への機運が高まり、ロンドン市内の6つのパブリックスクールの呼びかけに応じて、1863年（文久3）に、ロンドンにある11のサッカークラブと学校の代表者が会議が開かれることになった。

ここで代表者たちは、統一ルールの策定と、その運用を行う団体の設立を行うことで合意。その後、6回目の会議で「ボールを手で扱ってはならない」など、14の項目からなる統一ルールと、世界初のサッカー競技団体「フットボール・アソシエーション（FA）」が誕生した。

〝別格〟のイギリス4協会

「フットボール・アソシエーション」の正式名称は〝The Football Association (The F.A.)〟といい、現在でも「イングランド」の名は入っていない。これは「元祖」「本家」だけに許される表記である。

こうした歴史から、サッカーは正式には「アソシエーション・フットボール（Association Football ＝ 協会式フットボール）」と呼ばれ、ほかの〝フットボール〟とは区別されている。東アジアや北米などで使われている「サッカー (soccer)」という名称も、この〝Association (協会)〟の〝soc〟に〝er〟をつけた通称である。

こうした経緯もあって、FIFAは政治的には「ホーム・ネイションズ（Home Nations）」と呼ばれるイングランドを含むイギリス本土4地域（イングランド、スコットランド、ウエールズ、北アイルランド）の協会（イギリス4協会）に、特権的な地位を認めている。

たとえば〝1国1代表〟を原則とするFIFAにおいても、4協会はそれぞれ単独で加盟し、各々が代表チームを編成して国際大会に参加することが認められている。またFIFAの人事についても、7人の副会長のうち1人は、必ず4協会のいずれかに割り当てられている。

世界への伝播

FA設立から8年後の1871年（明治4）。イングランドでは15のクラブが参加し、世界初の全国規模のカップ戦「FAカップ」が開催された。これを境に統一ルールによる試合が定着し始める。

1882年になると、イギリス4協会によって競技規則や他の重要事項を決定する国際サッカー評議会（IFAB ＝ International Football Association Board）が設立されている。これはサッカーのルールを決める世界で唯一の意思決定機関として現在でも機能しており、現行の評議会はFIFAが4人、イギリス4協会の各代表1人ずつ、計8人で構成されている。

また、大企業が母体となるクラブが急増したのもこの頃である。たとえば1878年に創立されたマンチェスター・ユナイテッドは、もともと鉄道会社の従業員チームであり、同じくビッグクラブのアーセナルFCも、兵器工場の労働者によって結成された。

こうしたイギリス国内の動きと前後して、サッカーは海外へも伝播していく。その担い手となったのが、18世紀半ばに始まった産業革命とともに、イギリスから海外の交易都市などに赴いた商人、軍人、技師、教師、移民たちである。そのため港湾都市でその国最古のプロチームが誕生した例も少なくない。

プロフェッショナルへの転換

サッカーの普及とともに、各国でもイギリス同様、サッカー協会が次々と組織され、1903年（明治36）までに20を超える協会が設立された。そのうちヨーロッパの8協会が参加し、1904年に設立されたのが国際サッカー連盟（FIFA）である。

もっとも、イングランドなどイギリス4協会は〝母国〟としての優位性を主張して設立メンバーには加わらなかった。対応に苦慮したFIFAは、前述の特別待遇を認め、1911年までに4協会すべてが加盟を了承。しかし加盟後もプロ指向

マンチェスター・ユナイテッドの本拠地、オールドトラッフォードスタジアム。観客収容数は約7万5000人。
©naipung / Shutterstock.com

1831年に描かれたスコットランド・ガークランドの化学工場とグラスゴー鉄道。産業革命は工業や社会構造を変革しつつサッカーを世界に伝播していった。

の強かったイギリス4協会と、ワールドカップ創設まで、アマチュアリズムを原則とするオリンピックを重視したFIFAは対立する。イングランドのFAも、統一ルール確立後、当初はプロ選手を禁止していたが、人気の高まりとともに、選手に報酬を支払うクラブが増えたため、1885年にプロ選手を公認した。時期の違いはあれど、各国とも当初はアマチュアリズムを志向していたのである。

日本伝来は野球と同時期

日本にサッカーを最初に紹介したのは、1873年（明治6）に軍事指導のために来日したイギリス海軍の教官団というのが定説になっており、海軍兵学寮（のちの海軍兵学校）の生徒に余暇として教えたのが始まりとされている。イングランドで統一ルールが確立されてから約10年後、野球の伝来（1872

『極東選手権競技大会記念写真帖．第6回』（1923年）より「ア式蹴球戦」の写真。大阪で開催された。上左は日本対中華民国の決勝戦の様子。日本は1-5で敗れた。上右は優勝した中華民国チーム。国立国会図書館所蔵。

年）とほぼ同時期のことである。

その後、当時の教員養成校である師範学校の教科やクラブ活動に導入されたことが素地となって、卒業生が赴任先でサッカーを紹介したことで普及が進んだ。

日本を代表する形で出場したチームが初めて戦った国際試合は、1917年に東京で開催された第3回極東選手権競技大会である。出場したのは東京高等師範学校で、15～16歳の現役生と卒業生の混成チームだった。中華民国に0-5、フィリピンに2-15と大敗したものの、東京・芝浦の会場では3万人もの人々が試合を見守ったという。この翌年に、全国高等学校サッカー選手権大会の前身である「日本フートボール大会」など、関西、関東、東海で、ほぼ同時にサッカー大会が始まったこととあわせ、すでにこの時期、学生を中心にサッカーが日本各地に広がりを見せていたことがうかがえる。

協会設立と国際試合初勝利

1921年（大正10）、国内でのサッカーの普及を背景に、イギリス大使館の助言と助力を得て、日本サッカー協会（JFA）の前身、「大日本蹴球協会」が設立。同年には、現在の天皇杯全日本サッカー選手権大会の第1回大会となる「ア式蹴球全国優勝競技会」も開催された。

すでにこの頃には、現在と同じ選抜形式の代表チームが編成されており、初の国際Aマッチは、1923年の第6回極東選手権、対中華民国だった（1-5で敗戦）。その後日本は、1927年の第8回大会では、Aマッチ初勝利（フィリピン戦、2-1）をあげ、1930年の第9回大会で、念願の国際大会初優勝を成し遂げた（中華民国との両国優勝）。

この時期の日本サッカー成長を語る上で欠かせない人物がいる。イギリス領ビルマからの留学生、チョウ・ディンである。

彼は偶然の出会いから、早稲田高等学院サッカー部の指導を行い、同校を全国大会2連覇の強豪に育て上げた人物である。この偉業によって各地から指導依頼が舞い込み、彼は全国を巡回して基本技術、戦術、理論を伝授して回り、指導書の執筆まで行っている。チョウ・ディンが教えたのは、スコットランド人から学んだ〝ショート・パスサッカー〟で、これは現在も日本人が好むスタイルである。

世界への挑戦と銅メダル

1929年（昭和4）、大日本蹴球協会はFIFAへの加盟を認められ、本格的に世界を目指し始めた。

最初に機会が訪れたのは1936年のベルリンオリンピックであった。日本は初戦こそイタリアに0-8と大敗したものの、続く第2戦で、優勝候補のスウェーデンを3-2で逆転勝利を飾るという世紀の番狂わせを演じた。この勝利は〝ベルリンの奇跡〟として今も語り草となっている。

日本は1950年、第二次世界大戦時にFIFAから受けた資格停止処分が解け、再び世界を目指すこととなったが、不意に世界大会への出場権を得る。1964年のオリンピック開催地が東京に決定し、地域予選が免除されることになったのである。

不意に訪れたチャンスだったが、当時の実力では惨敗は必至。そこで日本蹴球協会（1947年改称）は、初の外国人指導者招聘を決断。20歳以下の西ドイツ代表監督を務めた経験を持つデットマール・クラマーに白羽の矢を立てた。

クラマーの指導は基本技術の反復から始まった。しかし弱小国とはいえ、選手は実業団や大学から選抜されたエリートぞろいで、当然、不満も出た。しかしクラマーは、代表選手の誰よりもハイレベルな手本を示すことで彼らに力不足を自覚させ、また時には武芸の心得である「残心（動作を終えても緊

張を持続する）」という概念を用いて心構えを説くなど、日本人の心の機微も突きながら、選手たちを納得させていった。

そして迎えた東京オリンピックでは、強豪アルゼンチンを相手に番狂わせを演じて世界を驚かせただけでなく、ベスト8という過去最高の成績で大会を終えた。

クラマーは技術や戦術だけではなく、最先端のコーチング理論や組織論をももたらした。それらは日本サッカー近代化の基盤そのものとなり、彼は後に〝日本サッカーの父〟と呼ばれるようになる。

またクラマーは、数々の提言も残している。そのうち彼の帰国翌年（1965年）に実現したのが、初の全国リーグ「日本サッカーリーグ（JSL）」の創設である。

効果はてきめんだった。社会人（実業団）チームと大学チームとで拮抗状態にあった勢力図が、社会人優位に変わり始めたのである。これは日本リーグでの厳しい戦いによって、社会人チームがレベルアップしたことの証明でもあった。こうした地殻変動が起こる中で、日本サッカー界が打ち立てた金字塔が、メキシコオリンピック（1968年）での銅メダル獲得だった。

〝冬の時代〟からプロ化へ

この快挙によって日本リーグは活況を呈し、日本の得点源となった釜本邦茂、杉山隆一のもとにはヨーロッパや南米のクラブからのオファーも舞い込んだ。日本サッカー界の未来は順風満帆に見えた。

しかしメキシコ五輪を最後に、ワールドカップはおろか、五輪でもアジアの壁を突破できず、日本は1996年（平成8）のアトランタオリンピックまで28年間にわたって、世界の舞台から遠ざかる。

一方で、世界を身近に感じる話題もあった。1977年、奥寺康彦（古河電工）が、ヨーロッパ三大リーグの一つ、ブンデスリーガ（西ドイツ）の名門「1.FCケルン」に移籍したことである。

奥寺は西ドイツで10シーズンプレーし、うち9シーズンはレギュラー選手として活躍。現地では〝東洋のコンピュータ〟の異名をとった。

1986年、奥寺は古巣に戻って現役生活を終えるために帰国するが、これが日本サッカーのプロ化を促す大きな転換点となる。日本サッカー協会（1947年改称）が奥寺の日本復帰に合わせて、アマチュアを前提とした規約を改定し「スペシャル・ライセンス・プレーヤー」というカテゴリーを新設。従来禁止していたプロ契約の容認に踏み切ったのである。

また同じ年に行われたメキシコワールドカップアジア最終予選で、韓国に連敗を喫し、あと一歩のところで本大会出場を逃したこともプロ化への機運を醸成した。韓国では1983年から国内リーグのプロ化が進められていた。

ワールドカップへの挑戦

そして1993年（平成5）に、日本プロサッカーリーグ（Jリーグ）が発足。草創期にはブラジルのジーコ（鹿島）、ドイツのリトバルスキー（市原）など多くの世界的スター選手がプレー。彼らビッグネームは、観客動員だけでなく、クラブや選手のレベルアップ、プロフェッショナリズムの定着など、日本サッカーの近代化に大きな足跡を残した。

Jリーグ発足の半年後、わずか1点の差でワールドカップ本大会

本田圭佑。近年の日本サッカー界を代表する選手の一人。プロの経歴は名古屋グランパスエイト（J1）から海外へ移籍し、ACミラン（イタリア）などを経て現在はCFパチューカ（メキシコ）に所属している。日本代表選手として2010年、2014年のワールドカップに出場している。
写真は2016年にタイのラジャマンガラ・スタジアムで行われた2018年ワールドカップの予選。2-0で日本が勝った。
©feelphoto / Shutterstock.com

（1994年アメリカ大会）を逃す予選敗退劇「ドーハの悲劇」が起こり、関係者は一様にJリーグへの影響を懸念した。しかし関心はむしろ高まり、これが1998年のワールドカップ本大会初出場へとつながっていった。

さらに2002年には、韓国と共同でワールドカップ本大会のホストを務め、4回目の出場となった2010年南アフリカ大会では、中立地開催で初めてとなるベスト16入りを果たす。

この間、選手の海外移籍も珍しいことではなくなり、マンチェスター・ユナイテッド（イングランド）や、インテルナツィオナーレ・ミラノ（＝インテル、イタリア）など、世界的ビッグクラブと契約する選手も輩出した。

日本代表が初めてワールドカップのピッチに立った日から20年。ロシア大会は6回目のワールドカップ本大会への挑戦となる。第1戦は2018年6月19日のコロンビア戦。日本にとって通算18戦目となる〝世界標準〟との真剣勝負が始まる。

サッカーと戦争

〝代理戦争〟と〝因縁の対決〟

スポーツの枠を超えた存在感と影響力の大きさゆえ、ワールドカップ、ひいてはサッカーという競技は、時として、良くも悪くも国際関係に影響を与えたり、また影響を受けたりもする。

影響を受ける例としては、外交上の対立をサッカーによる〝代理戦争〟に見立てた〝因縁の対決〟と呼ばれる対戦カードがある。

特に有名なのが、1982年（昭和57）に南大西洋で勃発したフォークランド紛争の当事者であるアルゼンチンとイングランドのマッチアップである。紛争後の初対戦は1986年のメキシコ大会。この試合では〝神の子〟ディエゴ・マラドーナ（アルゼンチン）による〝神の手ゴール〟や〝5人抜きゴール〟によって、アルゼンチンが勝利を収めた。もっとも、この両者の間には、こんな逸話がある。

紛争当時、イングランドの強豪クラブ「トッテナム・ホットスパー」に、あるアルゼンチン代表選手が所属していた。イングランドは、ただでさえ〝フーリガン〟と呼ばれる過激なサポーターがトラブルを起こす土地柄で、〝敵国〟の選手に憎悪が向けられることは避けられないと思われていた。

しかしスタジアムで彼に対して向けられたのは、こんな冗談交じりの愛情と友情だった。

「君がチームにいてくれるなら、フォークランドはくれてやる」

実のところ、サッカー界における両国の関係は、周囲が思うほど険悪ではない。事実、紛争後も強豪同士としてのライバル関係を大きく逸脱することはなかった。

政治的対立を超える友情

1998年（平成10）フランス大会では、1979年（昭和54）のイラン・イスラム革命を契機に急速に関係が悪化したアメリカとイランが対戦。こちらも政治的対立を理由に注目された。

当時は、核開発問題を理由にアメリカがイランに対して経済制裁を発動していた最中で、両国の関係が極度に悪化していた時期だった。関係者の間からも「険悪なムードになるのは避けられない」との懸念の声が上がっていた。

しかし実際は違った。試合前、両国の選手たちは互いに花束を交換し、通常行われるチームごとの写真撮影に加えて、両チームの選手が互い違いに並び、肩を組んで写真に収まる時間を設けた。

残念ながら、ワールドカップそのものに対する関心が低かった当時のアメリカではあまり話題にはならなかったが、FIFA（国際サッカー連盟）は、両チームの行動に対して、「FIFAフェアプレー賞」を贈り称賛した。

また、過去の不幸な歴史が国同士の関係に影を落としがちな日本と韓国も、こうした国々同様、サッカー以外の対立軸がしばしば語られることがある。

もっとも、隣国同士として互いに強いライバル意識を持っていることは確かだが、両国の選手が日韓はもちろん、ヨーロッパのクラブでもチームメイトとしてプレーする現在、彼らの関係は、両国政府のそれに比べ、はるかに友好的であるといっていい。

〝サッカー戦争〟という悲劇

ただ一方で、図らずもサッカーが実際の国際関係に影響を与えてしまった不幸な例もある。

とりわけ悲劇的だったのが、ホンジュラスとエルサルバドルの間で起こった「サッカー戦争」とも呼ばれる武力紛争である。

隣接する両国は、もともと国境線、貿易、移民など、さまざまな分野で対立していた。こうした中、1969年6月に行われた1970年メキシコ大会の北中米カリブ海地区予選で、ホンジュラスとエルサルバドルが対戦する。ちなみに、北中米カリブ海地区の出場枠は、同地区の強豪であるメキシコが開催国特権で地区予選を免除されていたため、事実上1枠増える格好となっていた。同地区の中堅国だったホンジュラスとエルサルバドルにとっては、滅多にないチャンスが巡ってきたわけである。

フォークランド紛争はイングランドとアルゼンチンとの間で1982年に勃発した。その4年後の1986年にメキシコ大会の準々決勝で対戦。結果は2-1でアルゼンチンが勝った。そしてその4年後、国交が再開され、戦争状態が終結したのは1990年のことだった。写真は南大西洋フォークランド諸島のウィリアム港に残されたアルゼンチンが敷設した地雷原。2003年の撮影。

　ホーム・アンド・アウエーの2試合で互角に終わった後、中立地でプレーオフが行われ、エルサルバドルが勝利。これによってホンジュラスの予選敗退が決定する。
　するとその直後に、ホンジュラスでエルサルバドル移民への大規模な襲撃事件が発生。事件の背景に予選敗退へのいら立ちがあったことは明らかで、これを受けてエルサルバドル政府はホンジュラスに国交断絶を通告。その後、武力衝突に至るという最悪の結果を迎えてしまったのである。

紛争に翻弄された名手たち

　サッカーの試合が武力紛争の要因になることは稀だが、1942年（昭和17)、1946年の本大会が、第二次世界大戦の影響によって中止されたように、戦争の影響によって選手たちが機会を奪われることは、しばしば起こる。
　近年では、〝東欧のブラジル〟と称されるほどの技巧派の強豪でありながら、国連の制裁によって国際試合への参加を禁止された旧ユーゴスラビアの例がある。
　制裁は民族間対立による独立運動に端を発するユーゴスラビア紛争（1991～1999年）を受けてのもので、1992年から約2年半続いた制裁によって、同国は1994年アメリカ大会の地区予選にすら出場することができなかった。
　当時、ユーゴスラビアの中心選手だったドラガン・ストイコビッチは「スポーツと政治は分けて考えるべきだ」と、制裁の範囲がスポーツにまで及んだことを批判した。〝ピクシー〟の愛称で知られ、日本の名古屋グランパスエイトでもプレーした世界的名手である。
　1998年のフランス大会。ストイコビッチは、2大会ぶりにワールドカップのピッチを踏んだ。33歳、選手としての全盛期はすでに過ぎ去っていたが、彼は新ユーゴスラビア代表の主将としてチームをベスト16に導いた。
　フランス大会には、ユーゴスラビアから独立したクロアチアも出場。初出場ながら3位の座を射止め、世界を驚かせた。そのクロアチアの快進撃の中心となったのが、かつてユーゴスラビア代表でストイコビッチのチームメイトとして活躍したズボニミール・ボバンだった。彼もまた、戦争の犠牲を被った選手の一人である。
　そのボバンが後年、こんな言葉を残している。
　「『サッカーは戦争だ』などという人は、本当の戦争を知らない人なのだ……」

2019

THE GREAT SPORT COMPETITION

ラグビー
ワールドカップの
基礎知識

ラグビーワールドカップとは？
ラグビー、2つの〝流派〟／多国籍の代表チーム／
ラグビー界の階級「ティア」／RWC開催国決定ま
で／出場チームと大会運営

ラグビーワールドカップの歴史
第1回のニュージーランド・オーストラリア大会〜
第8回のイングランド大会

ラグビーの歴史
サッカーから分派／ボールを持って走る、蹴りと足
掛け／2つのラグビー／国際統括団体の誕生／日
本のラグビー事始め／戦後の復興／〝奇跡〟とラグ
ビー杯開催

ラグビー観戦の基礎の基礎
グラウンドと布陣／基本プレー／反則

特集

　20の国や地域のナショナル・チームが〝ラグビー世界一〟を賭けて争うラグビーワールドカップ。第1回大会は1987年、世界でも指折りの実力と人気を誇るニュージーランドとオーストラリアの共同開催という形で行われ、ニュージーランドが初代王者の座についた。
　ラグビー人気は両国にとどまらない。サッカーとともに〝母国〟の称号を冠するイングランドを含むイギリス全土、フランス、南アフリカでも、その人気は絶大である。たとえばイングランドで開催された2015年の第8回大会の決勝戦は、イングランドラグビー協会（Rugby Football Union）が所有する「トゥイッケナム・スタジアム（ロンドン郊外）」に8万人以上を集め、1試合平均（全48試合）の観客動員数（約5万人）も、2014年のサッカーワールドカップブラジル大会の5.4万人に迫る数字を記録。チケット収入も2億5000万ポンド（約383億円）を超え、商業的にも大成功を収めた。
　日本国内12の都市で熱戦が繰り広げられる2019年ラグビーワールドカップ。〝世界のラグビー〟を体感できる7週間がやってくる。
（写真は2007年のラグビーワールドカップ第6回フランス大会、フランス対イングランド戦の1コマ。
©Paolo Bona / Shutterstock.com）

ラグビーワールドカップとは？
日本大会は20の国・地域が参加

2019年9月20日から11月2日までの約7週間にわたって熱戦が繰り広げられるラグビーワールドカップ2019日本大会（RWC2019）。9回目となる今大会には、開催国日本を含む20の国や地域のナショナルチームが参加する。

ラグビー、2つの〝流派〟

ラグビーワールドカップ（RWC）をより深く楽しむために、まずラグビー界の文化や構造を知っておきたい。

ラグビーの世界には、ルール（コード）や発展過程が異なる2つの流派がある。1チーム15人制を採用する「ラグビーユニオン」と、13人制を柱とする「ラグビーリーグ」である。日本でラグビーといえば、一般的に「ラグビーユニオン」を指し、2019年に日本で開催されるRWCも、120の国・地域と6つの地域組織が加盟するラグビーユニオンの統括団体「ワールドラグビー」が主催する大会である。

両者はもともと一つの〝流派〟だったが、1895年（明治28）にアマチュアリズムを標ぼうする「ユニオン」と、プロを容認する「リーグ」が分裂した経緯がある。

多国籍の代表チーム

RWCには、国や地域ごとに選抜されたナショナルチーム（代表チーム）が出場するが、ここにもラグビー界特有の文化が存在する。

一般的に、代表選手の最低条件として頭に浮かぶのは〝国籍〟である。しかしラグビーでは、外国籍選手でも（1）出生地が当該国であること。（2）両親、祖父母のうち一人が当該国出身であること。（3）当該国で3年以上継続して居住していること。（4）当該国に通算10年以上居住実績があること。（5）他国の代表経験がないこと。以上のうちいずれかの条件を満たせば、その国の代表になることができる（居住年数については2020年12月31日から5年以上となる）。なお、前回大会（2015年）の日本代表は、全31人中5人が外国籍選手である。

さらにサッカーでは別々の代表チームを編成する独立国のアイルランドと、イギリスの一部である北アイルランドが、ラグビーの世界では統一して代表チームを編成しているのも、この規定の存在抜きには語れない。ラグビーのグローバルな文化が成せる業である。

ラグビー界の階級「ティア」

一方で、ラグビー界は厳然たる階級社会でもある。

他の種目では、試合結果を積算して常に変動する世界ランキングが各国の序列を決めるが、ラグビー界には、その他に「ティア（階層）」という階級制度がある。「ティア」は強豪国の「ティア1」、中堅国の「ティア2」、新興国の「ティア3」に大別される。世界ランキングとは違い明確な基準がなく、長いスパンでの実績や歴史的背景、ラグビー文化の定着度なども考慮されるため、この序列が入れ替わることは滅多にない。

「ティア1」にはニュージーランド（世界ランキング1位 ※2018年4月時点、以下同）、アイルランド（2位）、イングランド（3位）、オーストラリア（4位）、スコットランド（5位）、南アフリカ（6位）、ウェールズ（7位）、フランス（8位）、アルゼンチン（9位）、イタリア（14位）が属している。このうち昇格組は、2007年RWCで3位、2011年RWCでベスト8に進出したことを評価されたアルゼンチンのみ。日本は世界ランキングでは11位と、イタリアを上回るが、「ティア2」に分類されている。

「ティア1」の国々は、ラグビー界で強い政治力を持ち、国際大会のスケジュールでも優遇されることが多い。一方で異なる階級同士のテストマッチは許可が下りにくく、中堅国が強豪国相手に経験を積む目的で試合を組むことがしづらい構図になっている。

ティア2で屈指の実力を誇る日本だが、昇格するためには、2大会連続でベスト8に進出する実績が最低限必要。地元開催の2019年大会で好成績をおさめ、その足がかりをつかめるかが注目される。

RWC 開催国決定まで

2019年RWCの開催国が日本に決定したのは2009年7月28日。日本にとって、2011年大会の招致失敗以来2度目の挑戦だった。

立候補にあたっては、たとえば試合会場の収容能力についていえば、(1) 開幕戦、決勝、準決勝、3位決定戦の会場は6万人以上。(2) 準々決勝は3万5000人以上。(3) 1次リーグ、「ティア1」同士の試合は4万人以上。(4) 1次リーグ、「ティア1」と「ティア2」の試合は2万人以上。(5) 1次リーグ、「ティア2」同士の試合は1万5000人以上。などといった、厳しい条件が課されていた。

今回はRWCの大会運営組織「ラグビー・ワールドカップ・リミテッド（RWCL）」が入札文書の審査と現地視察を行い、日本を開催国とする諮問を国際ラグビー機構（IRB、現ワールドラグビー）に提出。これをIRB理事会が賛成16、反対10で可決して決定された。なお、過去の開催地はすべて「ティア1」からの選出で、「ティア2」からの選出は初めてである。

なお、試合会場は国内選考の結果、横浜、東京、袋井（静岡県）、豊田（愛知県）、札幌、大分、熊本、神戸、東大阪、熊谷（埼玉県）、福岡、釜石（岩手県）の12都市で行われることが決定している。

ところで2019年大会の開催に必要な経費は、ワールドラグビーから求められている開催補償金9600万ポンド（約146億8000万円）を含め、約300億円に達すると見られている。放映権料とスポンサー収入はワールドラグビーに直接入る契約となっているため、日本側はチケット収入が頼みの綱となる。

アイルランドの国旗とも北アイルランドの国旗とも異なる「アイルランドラグビー代表（アイルランド・ラグビーフットボール協会）」の旗（左）。また海外でアイルランド代表の試合が行われるときは、国歌ではなく、代表チームのために作られたチーム讃歌「Ireland's Call」が流される。右はナミビアの国旗。
©Paolo Bona / Shutterstock.com

出場チームと大会運営

RWC本大会に出場するのは20チーム。そのうち前回大会でベスト12以内に入ったチームは地域予選を免除されている。残りの8枠はヨーロッパ1、オセアニア2、両者のプレーオフ枠1、アメリカ大陸2、アフリカ1、アジア・オセアニアプレーオフ枠1、そして全地域が対象となる「最終プレーオフ」枠が1という配分だ。

本大会は総当たり戦方式の「プールステージ（プール戦）」と勝ち抜き方式戦の「ノックアウトステージ（決勝トーナメント）」の2段階方式で進められる。

プール戦では全20チームを5チームずつ、4つのプール（組）に分けて総当たり戦を行う。試合ごとのポイントは勝利4、引き分け2、敗戦0。これに勝敗とは関係なく1試合のトライ数が4以上のチーム、7点差以内で敗戦したチームには、1ポイントが加算され、積算ポイントが各組上位2位のチーム（計8チーム）が、決勝トーナメント（準々決勝）に進む。

なお、プール戦では延長戦は行われず、決勝トーナメントでは所定の80分が終わって両者同点の場合、前後半10分ずつの延長戦、さらにサドンデス方式の再延長戦（10分間1本）、これでも決着がつかなければ、サッカーのPK戦のような「キッキングコンペティション（蹴る場所を変えてゴールキックを5人ずつ行う）」を行って勝敗を決める。

これまでヨーロッパやオセアニア、南アフリカといった、強豪国が慣れ親しんだ地域での開催とは違い、初のアジアでの開催という過去にない要素がある2019年大会。それだけに、想像だにしない波乱が待ち受けている可能性は、決して少なくない。

ラグビーワールドカップの歴史
2019年、アジア初の日本大会

ニュージーランドとオーストラリアが提唱して創設されたラグビーワールドカップ。1987年に両協会主催の招待大会として始まったこの大会は、強豪同士が真の世界一を争う場を提供しただけでなく、強豪との真剣勝負の機会すら与えられなかった中堅勢力に門戸を開き、後にプロ化を促進する歴史的転換点ともなった。

第1回 1987年 ニュージーランド・オーストラリア大会
優勝：ニュージーランド
2位：フランス　3位：ウェールズ　4位：オーストラリア
■出場国：16　日本＝予選プール敗退（0勝3敗）

　地域予選を行わず招待制での大会。優勝候補の南アフリカがアパルトヘイト（人種隔離政策）への制裁で除外された。フランスの準優勝とウェールズの3位獲得が驚きをもって受け止められた一方で、地元ニュージーランドの代表「オールブラックス」が下馬評通り突出した力を見せ優勝。プール戦のイタリア戦でWTBカーワンが見せた90mの独走トライは今も語り草である。日本は3戦全敗に終わったが、アメリカに18-21と迫るなど、初勝利もありえた戦いだった。

第4回 1999年 ウェールズ大会

優勝：オーストラリア
2位：フランス　3位：南アフリカ　4位：ニュージーランド
■出場国：20　日本＝予選プール敗退（0勝3敗）

　プロ解禁後の最初の大会はウェールズを中心とした共同開催。出場枠が20に拡大し、決勝トーナメントにはプール戦の各組1位と、プール戦後のプレーオフを制した3チームが進出した。ベスト4には南半球の3チームが残り、準決勝で前回王者の南アフリカ、決勝戦でフランスを退けたオーストラリアが2回目の優勝を果たした。日本は3戦全敗。アルゼンチンが初のベスト8に進出した。

第2回 1991年 イングランド・フランス・ウェールズ・スコットランド・アイルランド大会

優勝：オーストラリア
2位：イングランド　3位：ニュージーランド　4位：スコットランド
■出場国：16　日本＝予選プール敗退（1勝2敗）

　イングランドを中心に5協会のテリトリーでの共同開催。この大会から国際ラグビー評議会（現ワールドラグビー）の主催となったほか、前回ベスト8のチームが地域予選を免除された。前回と異なりプール戦から接戦が続出。特にカナダの準々決勝進出は最大のサプライズとなった。頂点に立ったのは前回優勝のニュージーランドを準決勝で退けたオーストラリア。日本はプール戦で敗退したが、最終戦のジンバブエ戦で9トライを奪い、52-8でRWC初勝利を収めた。

第5回 2003年 オーストラリア大会

優勝：イングランド
2位：オーストラリア　3位：ニュージーランド　4位：フランス
■出場国：20　日本＝予選プール敗退（0勝4敗）

　プール戦が1組5チームとなり、勝ち点（マッチポイント）制も導入。上位2チームが決勝トーナメントに進出する方式に変更された。決勝戦では"母国"イングランドが地元オーストラリアを延長の末に下して初優勝。北半球の国が王者となったのは史上初である。なお日本はプール戦で敗退。しかし強豪スコットランドを敗北寸前にまで追い詰めた激闘を演じた日本代表は「ブレイブブロッサムズ（勇敢な桜）」と絶賛され、これが後に日本代表の愛称ともなった。

第3回 1995年 南アフリカ大会

優勝：南アフリカ
2位：ニュージーランド　3位：フランス　4位：イングランド
■出場国：16　日本＝予選プール敗退（0勝3敗）

　前回大会ベスト8の予選免除は継続。アパルトヘイト撤廃によって国際社会に復帰した南アフリカが初めて出場し、初の単独開催によるホスト役も務めた。さらに決勝戦では初代王者のニュージーランドに対して延長戦の末に下して、初優勝を遂げる快挙まで演じた。前回、初勝利をあげた日本はニュージーランド戦で大会ワーストの145失点で敗北するなど、3戦全敗で大会を去った。なお大会の2カ月後、国際ラグビー評議会は禁止されていた、選手のプロ契約を解禁した。

第6回 2007年 フランス大会

優勝：南アフリカ
2位：イングランド　3位：アルゼンチン　4位：フランス
■出場国：20　日本＝予選プール敗退（1分3敗）

　フランスがホスト国だが、一部の試合がウェールズとスコットランドで行われた。最大のサプライズは3位決定戦で地元フランスを下したアルゼンチンの躍進で、これはアメリカ大陸のチームとして初の快挙となった。なお決勝戦では南アフリカが前回王者のイングランドを退け、2度目の優勝。オーストラリアに続いて、2番目の複数回優勝チームとなった。なお日本はカナダと12-12で引き分けて、1991年大会以来の勝ち点を奪取。プール最下位を免れた。

26

第7回 2011年　優勝：ニュージーランド
ニュージーランド大会
2位：フランス　3位：オーストラリア　4位：ウェールズ
■出場国：20　日本＝予選プール敗退（1分3敗）

　今大会から、前回大会のプール戦各組上位3チーム（計12チーム）が地域予選を免除されることになった。決勝戦は24年前の第1回大会と同じニュージーランドとフランスのマッチアップとなり、ニュージーランドが8-7という接戦を制して、第1回大会以来となる世界王者に。プール戦から決勝まで負けなしの完全優勝だった。なお日本は前回と同じくカナダ戦で引き分け（23-23）たものの、他3戦で敗北。3敗1分でプール最下位に終わり大会を去った。

第8回 2015年　優勝：ニュージーランド
イングランド大会
2位：オーストラリア　3位：南アフリカ　4位：アルゼンチン
■出場国：20　日本＝予選プール敗退（3勝1敗）

　日本が史上最大のサプライズを演じた。初戦で優勝2回の実績を誇る強豪南アフリカと対戦した日本は、終了間際にWTBヘスケスがトライを決めて逆転勝利。「スポーツ界最大の番狂わせ」と形容されるほどの奇跡を成し遂げた。最終的に南アフリカ、スコットランドと同じ3勝1敗でプール戦を終えたが、ボーナスポイントの差で両者に及ばず、惜しくもプール戦で敗退。なお、決勝戦ではニュージーランドがオーストラリアを下し、2大会連続3度目の優勝を果たした。

■ 第9回 2019年 日本大会の出場チームと組み合わせ

■ プールステージ（1次リーグ）の組み合わせ　各プール内で総当たり戦を行い、上位2チームが決勝トーナメント（準々決勝）に進む

プールA
- アイルランド（前回ベスト8）
- スコットランド（前回ベスト8）
- 日本（開催国）
- ルーマニア（ヨーロッパ1位）
- ヨーロッパ・オセアニア大陸間プレーオフ勝者

プールB
- ニュージーランド（前回優勝）
- 南アフリカ（前回3位）
- イタリア（前回ベスト12）
- アフリカ地区1位
- ※「最終プレーオフ」の勝者

プールC
- イングランド（前回ベスト12）
- フランス（前回ベスト8）
- アルゼンチン（前回4位）
- アメリカ（アメリカ地区1位）
- トンガ（オセアニア2位）

プールD
- オーストラリア（前回準優勝）
- ウエールズ（前回ベスト8）
- ジョージア（前回ベスト12）
- フィジー（オセアニア1位）
- ウルグアイ（アメリカ地区2位）

※ヨーロッパ・オセアニアプレーオフの敗者、アメリカ大陸予選の敗者、アフリカ予選の2位、アジア・オセアニアプレーオフ勝者で行う「最終プレーオフ」で1チームを選出。

■ 決勝トーナメント組み合わせ

```
プールC 1位 ┐
           ├①┐
プールD 2位 ┘  │
              ├⑤┐
プールB 1位 ┐  │  │
           ├②┘  │
プールA 2位 ┘     │
                 ├⑧─ 決勝戦
プールD 1位 ┐     │
           ├③┐  │
プールC 2位 ┘  │  │
              ├⑥┘
プールA 1位 ┐  │
           ├④┘
プールB 2位 ┘

準決勝敗者 ┐
         ├⑦─ 3位決定戦
準決勝敗者 ┘
```

■ 日本（プールA）の1次リーグ試合日程
- ルーマニア戦　9/20（金）19:45（東京スタジアム）
- アイルランド戦　9/28（土）16:15（静岡スタジアムエコパ）
- ヨーロッパ・オセアニア大陸間プレーオフ勝者戦　10/ 5（土）19:30（豊田スタジアム）
- スコットランド戦　10/13（日）19:45（横浜国際総合競技場）

■ 決勝トーナメント試合日程
- ①10/19（土）16:15　大分スポーツ公園総合競技場
- ②10/19（土）19:15　東京スタジアム
- ③10/20（日）16:15　大分スポーツ公園総合競技場
- ④10/20（日）19:15　東京スタジアム
- ⑤10/26（土）17:00　横浜国際総合競技場
- ⑥10/27（日）18:00　横浜国際総合競技場
- ⑦11/ 1（金）18:00　東京スタジアム
- ⑧11/ 2（土）18:00　横浜国際総合競技場

第8回イングランド大会で優勝したニュージーランド代表"オールブラックス"の「ハカ」。国際試合のキックオフ前に舞う民族舞踊で、対戦の喜びや対戦相手への敬意が込められている。
©Mitch Gunn / Shutterstock.com

日本大会のマスコット「レンジー」（左）。白い髪が親の「レン」、赤い髪が子の「ジー」で、獅子がモチーフ。顔はラグビーボールの形で、姿は獅子舞に似ている。右は東京都スポーツ推進大使の「ゆりーと」。東京都庁展望室で撮影。

ラグビーの歴史
サッカーと決別し、独立独歩

　1823年（文政6）、イングランドのパブリックスクール、ラグビー校で17歳の青年ウィリアム・ウェッブ・エリスはフットボールの試合中に、思い通りにならない試合運びに業を煮やしたのか、ルールを破ってボールを腕に抱えて駆けだした。この反則がラグビーの始まりだとされている。エリスは反則で世界的に有名になった数少ないスポーツ選手の一人になったのである。

サッカーから分派

　ウェッブの逸話は現在では事実というよりも〝伝説〟として位置づけられている。とはいえ、ラグビーワールドカップの優勝トロフィーは「ウェブ・エリス・カップ」と呼ばれ、勝者の頭上に高く掲げられているのも事実だ。

　ラグビーの起源はサッカーと同じくイギリスで生まれた「フットボール」で、フットボールのルーツは地域をあげての祭りにたどり着く。この祭りは村同士の対戦で、豚の膀胱などで作ったボールを村人総出で相手チームのゴールに運び込む、荒っぽく、ルールもあるようでないような〝闘い〟だったとされる。当然、怪我人も続出し、統治者によってたびたび禁止令が出された。

　原初のフットボールのスタイルはまさに現在のラグビーを彷彿とさせるものだが、ラグビーの成立はサッカーの成立より少し後のことになる。1863年（文久2）、フットボールのルールを明確にし、統一のルールで試合を行うことに賛同したチームが集まり、イングランドで世界最古のサッカー協会「フットボール・アソシエーション（FA）」が設立された。このFAの設立によってサッカーが誕生したことになる。

　その8年後、FAのルールに賛同せずにFAに参加しなかったグループや、FAとは異なるルールで試合をすることを望むグループがFAから脱退し、「ラグビー・フットボール・ユニオン（RFU）」を設立する。このRFUの設立でラグビーが誕生したのである。

　FAが設立された時点ではサッカーとラグビーは渾然一体としていたが、RFUが設立されることで、サッカーとラグビーが分化、成立したのである。

ボールを持って走る、蹴りと足掛け

　では、フットボールからサッカーとラグビーが分化するきっかけとなったFAのルールはどのようなものだったのだろうか。

　主に2つのルールをめぐり、採択の可否が争われた。1つはボールを抱えて走るのを許すかどうかだった。FAのルールはボールを手で扱うことは限定的で、持って走ることを禁止した。今でこそ、このボールを持って走ることはラグ

原初のフットボールを彷彿とさせるフランス・ノルマンディーでのLa soule（ラ・スール）。主にキリスト教の休日に行われた村をあげてのボール・ゲーム。1852年の作品。

ビーをサッカーと峻別するプレーの一つだが、当時は論争の対象で、場合によってはボールを抱えて疾走する競技はこの世に誕生しなかった可能性もあるといえる。

　もう一つの争点は、ハッキングやトリッピングを許すかどうかだった。ボール持って走ることよりこちらのほうが大きな問題だったようだ。ハッキングとは相手の脛を蹴ることで、トリッピングとは足を掛けて相手を転ばせる〝技〟。いずれも、現在ではサッカーでもラグビーでも反則だが、19世紀半ばはパブリックスクールや大学、創設され始めた社会人のクラブそれぞれによってハッキングやトリッピングの可否は異なっていた。

　FAは危険な行為としてハッキングやトリッピングを禁止するルー

（左）イングランド中部の州ウォリックシャーにあるウィリアム・ウェッブ・エリスのブロンズ像。背景はラグビー校。
ⒸElliott Brown
（上）ラグビー校にあるウィリアム・ウェッブ・エリスがボールを抱えて駆けだしたことが彫られた銘板。　ⒸG-Man

ラグビーワールドカップの優勝トロフィー。「The Webb Ellis Cup」の刻印がある。
ⒸPaolo Bona / Shutterstock.com

ルを採択したが、一方でハッキングやトリッピングは〝勇敢さ〟をアピールするフットボールの根幹をなす行為だと強硬に主張するグループもいた。それらのグループはFAに参加しなかったし、加盟しても短期間で脱退した。

2つのラグビー

　1871年（明治4）に設立されたRFU（以下ラグビーユニオン）にはイングランドの21のクラブが参加した。国境を超えたチーム間の試合も行われるようになり、スコットランドは1873年、アイルランドは1879年、ウェールズは1881年にそれぞれの国内のラグビー協会を設立した。さらにオーストラリアやニュージーランド、南アフリカといった大英帝国の地域ばかりでなく、ドイツやアメリカ、アルゼンチンといった国へもラグビーは普及していった。

　そんな時期、イングランドのラグビーユニオンで分裂騒動が起こった。端的に言えば「ラグビーはスポーツか娯楽か」の対立だっ

た。ラグビーは中流階級以上の子弟が通うパブリックスクールでの人格形成やリーダーシップ養成のために普及が図られてきた経緯があり、純然たる「アマチュアスポーツ」だった。

　一方、イングランド北部ではラグビーは労働者階級の間で「娯楽」として急速に人気が高まっていた。マンチェスターを中心とするイングランド北部は炭鉱業や繊維工業が栄えていたが、労働者兼ラグビー選手たちは決して裕福とはいえなかった。特にランカシャーやヨークシャーは優秀な選手を輩出していたが、状況は同じ。試合のために仕事を休むと収入は減る。この減収が金品で埋め合わせられることもあったという。

　ラグビーユニオンはそんな北部のクラブにいい顔はしない。入場料を徴収した競技場でのラグビーの試合を禁止するなどの措置がとられた。その結果、1895年に北部の22のクラブがラグビーユニオンから脱退し、NRFU（ノーザン・ラグビー・フットボール・ユニオン）

を結成。「プロ」を認めるラグビー協会が誕生した。

国際統括団体の誕生

　こうした分裂騒動の一方で、ラグビーを国際的に統括する団体も発足した。1886年（明治19）にスコットランド、ウェールズ、アイルランドの3カ国のラグビーユニオンがIRFB（国際ラグビーフットボール評議会）を創設し、1890年にはイングランドのラグビーユニオンが加盟。2014年にワールドラグビー（World Rugby）に改称され、現在では世界で120の協会が加盟している。日本では1926年に日本ラグビーフットボール協会（当時は日本ラグビー蹴球協会）が設立され、1987年にワールドラグビー(当時は国際ラグビーフットボール評議会）に加盟した。ラグビーワールドカップはワールドラグビーによって開催・主催されている。

　ワールドラグビーは各国のラグビーユニオンの国際統括団体だが、プロ化でイングランドのラグ

1874年に横浜で行われたラグビーの試合を描いた絵画。ラグビーは長期在留外国人やイギリス船員たちの間で行われていた。

1924年9月27日漬けの官報に掲載された『ラグビーフットボール』の広告。慶應義塾體育會蹴球部編で「我邦運動界流行の中心は今や最も男性的にして頗る国民性に適合せる此遊技」と宣伝している。

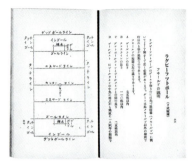

1925年に刊行された『運動競技の研究』（東都書房）の「ラグビーフットボール（ラ式蹴球）」の項目。「ゲームの終局の目的はボールを持つなり蹴るなりして往って敵のインゴールの地上に手を以て着くるのであります」とある。

ビーユニオンから分裂したNRFUも1927年にオーストラリアやニュージーランドとともに国際統括団体であるインペリアルラグビーリーグボードを創設。現在ではRLIF（国際ラグビーリーグ連盟）と改称され、世界で約70の団体が参加している。

日本でラグビーというとほとんどの場合ラグビーユニオンのルールにのっとったものだが、ラグビーリーグのルールのラグビーも行われていて、1993年に日本ラグビーリーグ協会が結成されている。国際大会であるラグビーリーグ・ワールドカップの第1回は1954年で、ラグビーユニオンのワールドカップより歴史は古い。

ラグビーユニオンとラグビーリーグの主だったルールの違いは、1チームの人数（ラグビーユニオン15人、ラグビーリーグ13人）や攻守の交代が挙げられる。ラグビーユニオンでは相手側から何回タックルを受けてもボールを保持している限りゴールに向かって攻め込むことができるが、ラグビーリーグではタックルを6回受けるとボールは相手のものになる。ラグビーリーグはプロ化で成立した

ため、試合展開が速く、観客が見ていてスリリングで面白いゲームを目指して次から次へとルールを変更してきたといえる。

日本のラグビー事始め

日本でラグビー（ラグビーユニオン）が知られるようになったのは明治になってからだ。

1899年（明治32）に横浜で生まれたイギリス人のエドワード・ブラムウェル・クラークと実業家の田中銀之助が慶應義塾體育會蹴球部を設立し、慶應義塾大学の学生にラグビーの指導を始めた。これが日本のラグビー事始めとされる。クラークと田中は横浜のビクトリア・パブリック・スクールで出会い、後にそれぞれイギリスに留学し、ラグビーを習得した。

1901年、2人にコーチを受けた慶應義塾大学は横浜カントリー＆アスレチッククラブ（YC & AC）と試合を行ったが、これが日本初のラグビーの国際試合だった。結果は35対5の大敗だったという。YC & ACは横浜開港後の1868年に発足した会員制外国人クラブで、居留地の外国人のクリケットクラブとして誕生した。ちなみに、野

球の日本初の国際試合も1896年に、第一高等学校（現東大）とYC & ACの対戦だ。また、1904年には日本初のサッカーの国際試合も開催されている。

一方、ラグビーの国内チーム同士の試合はすぐには実現しなかった。ラグビーに関して慶應義塾大学は孤立状態で対戦相手がいなかったのである。初の国内戦は1911年で、相手は慶應義塾大学のラグビー部員から指導を受けた京都の第三高等学校嶽水会蹴球部だった。徐々に関東の大学にもラグビーが広まっていき、1922年にはラグビーの早慶戦が始まった。さらに大学チームによる海外遠征、陸海軍や実業団のチームが結成されるなど、ラグビーは日本に浸透していった。

1926年、関東ラグビー蹴球協会（1924年設立）と西部ラグビー協会（1925年設立）が統一され、日本ラグビー蹴球協会が成立する。ルールの整備が進み、それに伴って新しい戦法が生まれていった。さまざまな年齢層、社会層でラグビー人口が増加し、日本最初のラグビー専用グラウンド（東大阪市花園ラグビー場）の開場、初めて

日本代表が結成されてカナダ遠征を実施（1930年）するなど、昭和初期から第二次世界大戦が勃発するまで、日本のラグビーは隆盛時代を迎える。

戦後の復興

ラグビー界の大戦からの立ち上がりは力強かった。終戦後、戦前にラグビーの試合で使用していた明治神宮競技場が米軍によって接収され、自由に使うことができなくなっていた。そこでラグビー日本代表の初代監督だった香山蕃らが新ラグビー場建設に向けて奔走。終戦の翌々年の1947年（昭和22）には、東京大空襲で焼失した女子学習院の跡地に新しいラグビー専用のグラウンド「東京ラグビー場」が完成したのである。

東京ラグビー場は日本ラグビーフットボール協会の名誉総裁だった秩父宮雍仁親王の死去後の1953年、ラグビーに尽力した親王を偲び、「秩父宮ラグビー場」と名称が変更された。なお、秩父宮ラグビー場は2020年の東京五輪・パラリンピックに関する一連の施設解体建設工事に伴い、東京五輪・パラリンピック後に明治神宮第二球場の跡地に移設される予定だ。

"奇跡"とラグビー杯開催

日本は1987年（昭和62）のラグビーワールドカップ第1回から連続して出場しているが、まだ予選プールから決勝トーナメントに勝ち上がったことはない。初勝利は第2回のジンバブエ戦だった。予選プールの最終戦で、アパルトヘイトへの制裁で出場を許可されなかった南アフリカに代わって出場したジンバブエから9トライを奪い52-8で勝った。

2015年9月19日、イングランド・ブライトンスタジアム。日本代表のヘスケスがゴールにボールをねじ込み、勝利をもぎ取った。第8回ラグビーワールドカップの日本対南アフリカ戦で起きた「ラグビーワールドカップ史上最大の番狂わせ」だった。スタジアムは超弩級の歓声に包まれた。
©Leo Mason / Popperfoto

2勝目は4半世紀後の2015年第8回イングランド大会まで待たなくてはならなかった。それまでの戦績は1勝2分21敗と決して満足できるものではなかったが、世界のラグビー界を驚愕させることが起こった。

9月19日、予選グループBの開幕戦だった。相手は優勝候補の一角で世界ランキング3位（当時。日本は13位）、ワールドカップ優勝2回の強豪国、南アフリカだった。試合終了直前のスコアは29-32で南アフリカがリード。ペナルティゴールのチャンスを得た日本はトライを目指した。ここでペナルティゴールを成功させれば引き分けがほぼ確定するが、日本はトライで勝ちを取りにいった。そしてラストプレーの後半42分、ニュージーランド出身のカーン・ヘスケスがトライを決め、日本は逆転勝利した。

ワールドカップの公式ツイッターは「ワールドカップの歴史上、最大の番狂わせ」とその衝撃をつぶやいた。「スポーツ史上最大の番狂わせの一つ」と報道する海外メディアもあった。

第2戦のスコットランド戦には敗れたものの、日本代表は第3戦のサモア戦、第4戦のアメリカ戦にも勝利し、1大会で3勝をあげるという快挙を成し遂げた。ただ、それでも決勝トーナメントへの壁は厚く、勝ち点の差で日本代表はワールドカップを去ることになる。予選プールで3勝しながら決勝トーナメントに駒を進められないことは史上初のことだった。日本代表を「最強の敗者」と称するメディアもあった。日本代表の公式スポンサーの大正製薬は10月に選手、スタッフ全員（50人）に1人当たり100万円の報奨金を贈呈すると発表した。

2009年7月にアイルランド・ダブリンでIRBの特別会合が開かれ、2019年ワールドカップの開催国に日本が決定した。ワールドカップ史上最高といわれるドラマを演じた日本代表は、自国でいったいどんなパフォーマンスを紡ぎ出すのだろうか。

ラグビー観戦の基礎の基礎

■グラウンドと布陣

1チーム15人。前半、後半それぞれ40分で戦う。フォワード8人、バックス7人が基本陣形。グラウンドはサッカーより一回り大きい。

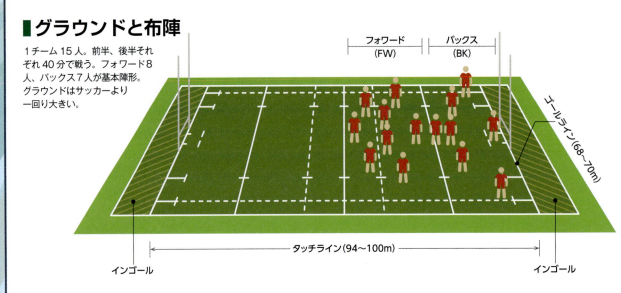

■基本プレー

トライ 相手のインゴールにボールを着けること。得点(5点)になる。
©Mai Groves / Shutterstock.com

スクラム 軽い反則後の試合再開時に行われるプレー。基本は敵と味方のフォワード8人ずつで組む。
©Paolo Bona / Shutterstock.com

タックル ボールを持っている相手選手を倒して進撃を食い止めるプレー。
©mfauzisaim / Shutterstock.com

ラインアウト ボールがタッチラインから外側に出た場合に試合を再開するプレー。
©Paolo Bona / Shutterstock.com

モール ボールを持った選手を中心に選手が立ったまま身体を密着させて、ボールを奪い合うプレー。
©Natursports / Shutterstock.com

ラック 地面の上にあるボールを選手が立った状態で身体を密着させてボールを奪い合うプレー。原則的にラックの中では手は使えない。
©Natursports / Shutterstock.com

キック ボールを蹴って相手陣地に攻め込むほか、トライ後にゴールポストを狙ったキックが成功すると得点(2点)になる。反則の後やプレー中にゴールを狙うことも可能(3点)。
©Mitch Gunn / Shutterstock.com

パス 相手陣地に攻め込む際、相手につかまらないように味方にボールを投げ渡すプレー。
©Paolo Bona / Shutterstock.com

■反則

● **ノックオン**
ボールを前(相手側)に落とすこと。相手ボールのスクラムで試合再開。

● **スローフォワード**
ボールを前(相手側)にパスすること。相手ボールのスクラムで試合再開。

● **ノットリリースザボール**
タックルされた選手がボールを離さないこと。

● **ノットロールアウェイ**
タックルした選手、またはタックルされた選手が地面に倒れ、すぐにボールから離れないこと。

● **オフサイド**
ボールを持っている選手の前(相手側)にいる味方の選手はオフサイドになる。オフサイドの選手がプレーに参加すると反則になる。

2018▼2019 エピソードで読む 世界の国243

目次

●各国の人口、面積などの各種データは 2018 年 3 月までの外務省の各国・地域情勢を参照しています。また、各国地域の政府HP、アメリカ中央情報局の CIA WORLD FACTBOOK なども参照しています。
●本書における独立国の数については検定教科書等に倣い、日本が承認している国（195 カ国。2015 年 5 月にニウエをあらたに国家承認）に日本、朝鮮民主主義人民共和国（北朝鮮）を加えた 197 カ国としています。
●本書の記述は 2018 年 3 月現在のものです。

INDEX

アジア

【国】

アゼルバイジャン共和国……………12
実現するか？ 高さ1050mの「世界一」超高層ビル計画

アフガニスタン・イスラム共和国……13
最も古き犬種のひとつ、アフガン・ハウンドの原産国

アラブ首長国連邦……………14
中東地域で初めての万博を2020年に開催

アルメニア共和国……………15
世界で初めて国教となったアルメニア教会

イエメン共和国……………16
まるでサムライのような？ 伝統的短剣「ジャンビーヤ」

イスラエル国……………17
全人口800万人でも世界トップレベルの科学技術大国

イラク共和国……………18
新たな戦争犯罪となりつつある遺跡の破壊

イラン・イスラム共和国……………19
イランに多い「イスラム教シーア派」って何？

インド……………20
インドにカレーはない!?／
"IT大国"なのに紙メディア急成長の理由
■ 現在と未来ランキング
世界の人口推移2015-2050

インドネシア共和国……………22
オリンピック初金メダルはバドミントン

ウズベキスタン共和国……………23
ソ連時代は「暴虐な征服者」、今は「英雄」のティムール

オマーン国……………24
国王に嫁いだ日本人女性

カザフスタン共和国……………25
消えた世界第4位の湖「アラル海」

カタール国……………26
オイルマネーが生んだ東京ドーム85個分のメガリゾート

カンボジア王国……………27
江戸時代、アンコール・ワットは祇園精舎だった!?

キプロス共和国……………28
美の女神ヴィーナスの故郷

キルギス共和国……………29
デモで大統領が次々亡命

クウェート国……………30
前妻の恨みを買って死者57名!?／
女性に参政権が認められたのは2005年

サウジアラビア王国……………31
厳しいイスラムの戒律にご注意あれ

ジョージア……………32
名曲「百万本のバラ」とジョージア人画家

シリア・アラブ共和国……………33
国民の半数近くが戦禍を逃れて難民に

シンガポール共和国……………34
乗客の評価抜群のチャンギ国際空港
■ 2018年「世界最高の空港」ベスト10

スリランカ民主社会主義共和国……35
1400年間、密林に埋もれていた天空の宮殿

タイ王国……………36
「天使の都」の知られざる世界一

大韓民国……………37
1936年ベルリン五輪マラソン金メダリスト、孫基禎

タジキスタン共和国……………38
農場長から大統領へ、タジク版今太閤の野望はどこへ

中華人民共和国……………39
中国は先進国より先に「キャッシュレス社会」になる？／
中国の経済覇権は短命に終わる？ 米予測
■ あの頃と今ランキング
海外から日本への国籍別訪問者数1990-2016

朝鮮民主主義人民共和国……………41
憂慮される政治的迫害と食糧難

トルクメニスタン……………42
世界で最も複雑な絵柄の理由

トルコ共和国……………43
トルコNo.1の観光地、カッパドキア

2018 ▶ 2019 エピソードで読む 世界の国243

日本国 ………44
1964年東京五輪、3つのドラマ
■ 経済・環境ランキングで知る世界と日本

ネパール連邦民主共和国 ………46
勇猛さで知られるグルカ兵

バーレーン王国 ………47
御木本幸吉とバーレーンの意外な関係

パキスタン・イスラム共和国 ………48
行くまでが大変？パキスタンの名所旧跡

バングラデシュ人民共和国 ………49
国の象徴ベンガルトラは絶滅危惧種／
日本を上回る人口を誇るも経済発展は足踏み

東ティモール民主共和国 ………50
ワニは島民たちの先祖

フィリピン共和国 ………51
アジアのノーベル賞　マグサイサイ賞

ブータン王国 ………52
オリンピック出場種目「アーチェリー」はブータンの国技

ブルネイ・ダルサラーム国 ………53
国王がテーマパークを国民にプレゼント

ベトナム社会主義共和国 ………54
豊かな自然と文化の遺産

マレーシア ………55
ボルネオ島の大自然と首狩り族に出会う旅

ミャンマー連邦共和国 ………56
「21世紀最悪の虐殺」と評されるロヒンギャ迫害／
「食べるお茶」から化粧品タナカまで
■ アセアン諸国の名目国内総生産（GDP）
ランキング1990-2016

モルディブ共和国 ………58
全国民の海外移住を大統領が提起した理由とは

モンゴル国 ………59
モンゴル初の五輪メダリストは横綱白鵬の父

ヨルダン・ハシェミット王国 ………60
ヨルダン国王は映画『トランスフォーマー』のファン？

ラオス人民民主共和国 ………61
英雑誌で3年連続1位の人気都市、ルアンパバーン

レバノン共和国 ………62
エジプトのミイラもこの木のおかげ？ レバノン杉

【地域】
カシミール ………63
世界有数のカラコルム山脈の氷河

台湾 ………64
台北故宮博物院の宝物が日本で見られなかった理由

パレスティナ ………65
イスラエルが敷く電流フェンスの分離壁

香港 ………66
中国返還後も衰えない「100万ドルの夜景」

マカオ ………67
ラスベガスを凌いで世界一になったカジノ都市

アメリカ

【国】
アメリカ合衆国 ………68
平均寿命が短縮する理由は「絶望死」の増加？／
米国防総省がUFOを研究していた!?

アルゼンチン共和国 ………70
肥沃なパンパが生み出す農産物
■ 穀物自給率ランキング

アンティグア・バーブーダ ………71
総勢170人の軍隊／
ネルソン提督の名がついた最古の造船所

ウルグアイ東方共和国 ………72
72日間生き続けたアンデス山中航空機遭難事件の奇跡

エクアドル共和国 ………73
自国通貨は「米ドル」なのに政府は「反米」？

エルサルバドル共和国 ………74
サッカーの勝敗から本当の戦争へ

ガイアナ共和国 ………75
インド系が国民の44%を占める

カナダ ………76
難民・移民の受け入れに寛容な理由

INDEX

キューバ共和国 …………………77
世界に大きな影響を与えたキューバ音楽／
オールド・ハバナと要塞都市

グアテマラ共和国 ………………78
中米最大規模の古代マヤ文明ピラミッド群

グレナダ …………………………79
ナショジオ「世界25の驚異」に選ばれた海底の彫刻群

コスタリカ共和国 ………………80
恐竜が棲んでいそうな？ココ島自然保護区

コロンビア共和国 ………………81
犯罪と麻薬／植民地時代の街並みが残るカルタヘナ

ジャマイカ ………………………82
国家非常事態宣言まで出た大物ギャング逮捕劇

スリナム共和国 …………………83
新種がまだまだ？ギアナ高地の大自然

**セントヴィンセントおよび
　グレナディーン諸島** ……………84
首都の繁華街にできたリトル・トーキョー

セントクリストファー・ネイヴィス ……85
投資をすれば市民権がもらえて所得税ゼロ？

セントルシア ……………………86
国旗に描かれた2つの山は世界遺産

チリ共和国 ………………………87
日本に輸入されるワインでチリ産がトップになった理由

ドミニカ共和国 …………………88
ドミニカ移民が味わった過酷な現実

ドミニカ国 ………………………89
絶滅危惧種の国鳥ミカドボウシインコ

トリニダード・トバゴ共和国 ……90
抑圧への反抗から生まれた楽器

ニカラグア共和国 ………………91
立ち消えになった超巨大プロジェクト「ニカラグア運河」

ハイチ共和国 ……………………92
トランプ大統領の暴言に負けず活躍するハイチ人

パナマ共和国 ……………………93
初めてパナマ運河を通った日本の船は？

バハマ国 …………………………94
世界有数のビーチリゾート

パラグアイ共和国 ………………95
パラグアイの疲弊を救った日系移民／
ニーチェの妹が築いたドイツ人開拓村

バルバドス ………………………96
カリブが生んだ銘酒、ラムの故郷

ブラジル連邦共和国 ……………97
熱帯雨林保護とダム建設の難しいバランス／
世界第2位の大豆生産に貢献した日本の技術協力
■森林の年平均減少率（上位7カ国）

ベネズエラ・ボリバル共和国 ……99
この国の世界一は「石油」と「美人」

ベリーズ …………………………100
危機に瀕する北半球最大のサンゴ礁

ペルー共和国 ……………………101
南米第2の世界遺産登録数を誇るペルー

ボリビア多民族国 ………………102
広大な「ウユニ塩地」がハイテク社会を救う？

ホンジュラス共和国 ……………103
壮麗な黄金の文明、コパンのマヤ遺跡

メキシコ合衆国 …………………104
荘厳な宗教都市テオティワカン／
永田町にメキシコ大使館がある理由とは？
■あの頃と今ランキング
世界長者番付ベスト10　1990-2018

【地域】

アメリカ領ヴァージン諸島 ………106
「常夏の島」を悩ますエネルギー問題

アルバ ……………………………107
「カリブ海のラスベガス」と呼ばれるリゾート地

アンギラ …………………………108
独立よりイギリスの植民地を選んだ理由

イギリス領ヴァージン諸島 ………109
この諸島が誇る米中露に次ぐ「世界第4位」とは？

キュラソー ………………………110
カクテルの名脇役、オレンジキュラソーの故郷

グァドループ·····111
伝統製法を守る高級ラム酒／
世界最大のカブトムシの産地

グリーンランド·····112
この島の氷が全部溶けたら地球はどうなる!?

ケイマン諸島·····113
世界屈指のダイビング・リゾート／
人口5万でも大阪を凌ぐ金融センターに!?

サウス・ジョージア＝
サウス・サンドウィッチ諸島·····114
豊かな海が育む野生動物の楽園

シント・マールテン·····115
世界で最もスリルある空港がここに？

バミューダ·····116
消えないバミューダ・トライアングル伝説

プエルト・リコ·····117
野球界、音楽界に多士済々

フランス領ギアナ·····118
「宇宙センター」は経済格差の元凶？

マルティニーク·····119
フランス人のバカンスリゾート

マルビナス諸島（フォークランド諸島）····120
絶海の孤島が今なお領有権をめぐり争われる理由

モンセラット·····121
政庁所在地を廃墟と化した活発な火山活動

タークス＝カイコス諸島·····262

ヨーロッパ

【国】
アイスランド共和国·····122
地熱発電で得た電力の輸出を目指す国

アイルランド·····123
新天地を求めたアイルランド人

アルバニア共和国·····124
ネズミ講で国を揺るがす大騒動に

アンドラ公国·····125
金沢市と同じ面積のミニ国家／
空港も鉄道もない国

イギリス·····126
（グレートブリテンおよび北アイルランド連合王国）
「三浦按針」は『ガリバー旅行記』のモデル？／
英国旗ユニオンジャックの由来

■ あの頃と今ランキング
政府開発援助（1992-2015）と
　その受領国（1991-2015）

イタリア共和国·····128
イタリアの世界遺産を全部見るのにどれだけかかる？
■ 世界遺産登録件数国別ベスト10

ヴァチカン·····129
ヴァチカンを守る「スイス人傭兵」

ウクライナ·····130
いまだに消えないソ連邦時代の大飢饉の記憶

エストニア共和国·····131
魔女たちの祭り？ヴォルブリュー／
回転するブランコ「キーキング」とは

オーストリア共和国·····132
ウィーン少年合唱団の歴史

オランダ王国·····133
なぜ大麻の所持・使用が認められているのか

ギリシャ共和国·····134
いまだ混迷と試練が続くギリシャの経済危機

クロアチア共和国·····135
アドリア海の真珠「ドゥブロブニク旧市街」

コソヴォ共和国·····136
民族対立から起こったコソヴォ紛争

サンマリノ共和国·····137
世界遺産のなかで暮らす人々／
イタリアとの関係を物語るサッカー事情

スイス連邦·····138
全人口分の核シェルターがある国

スウェーデン王国·····139
大江健三郎も影響を受けた児童文学／
本当の宝島、ゴットランド島

INDEX

スペイン ……………………140
いつまで続く？ サグラダ・ファミリアの建築

スロヴァキア共和国 ……………141
カルパティア山地のスロヴァキア地域の木造教会群

スロヴェニア共和国 ……………142
美しい自然と花があふれる街

セルビア共和国 …………………143
第一次世界大戦から100年で再考されるサラエボ事件

チェコ共和国 ……………………144
「北のローマ」プラハ

デンマーク王国 …………………145
メルヘンの国の人魚姫

ドイツ連邦共和国 ………………146
近代化にあたり日本が多くを学んだ国

ノルウェー王国 …………………147
戦後史上最悪のテロ事件／
オーロラと雄大なフィヨルド

ハンガリー ………………………148
メルボルン大会で起こった"血の水球事件"

フィンランド共和国 ……………149
奥様運び世界大会って何だ？／
北欧の「教育大国」

フランス共和国 …………………150
ヨーロッパでも群を抜くマンガ大国／
出生率を回復させたフランスの少子化対策
■ フランスのマンガ売上げランキング（2010年）

ブルガリア共和国 ………………151
ヨーグルトは、日本人の味噌のようなもの

ベラルーシ共和国 ………………152
いまだ言論統制されるチェルノブイリ原発事故

ベルギー王国 ……………………153
1920年アントワープ五輪での出来事

ポーランド共和国 ………………154
ポーランドの伝統工芸「ポンプキ」

ボスニア・ヘルツェゴヴィナ ……155
初めて路面電車の終日運転が行われた街／
共産圏初の冬季オリンピック、サラエボ大会

ポルトガル共和国 ………………156
"運命"を意味する民族歌謡「ファド」

マケドニア旧ユーゴスラヴィア共和国 …157
国旗をめぐる隣国ギリシャとの緊張／
美しい湖のある古都オフリド

マルタ共和国 ……………………158
蜂蜜色に輝くマルタストーンによる中世建築群

モナコ公国 ………………………159
王妃グレース・ケリー、交通事故死の悲劇

モルドヴァ共和国 ………………160
EUとロシアのはざまで揺れる民族問題／
大ヒット「恋のマイアヒ」を生んだ3人組

モンテネグロ ……………………161
バルカン半島一の格闘技好き／
1900mの大渓谷をもつ山岳地帯

ラトヴィア共和国 ………………162
「バルト海の真珠」古都リガ

リトアニア共和国 ………………163
「命のビザ」ユダヤ難民にビザを発給した杉原千畝

リヒテンシュタイン公国 ………164
丘の上にそびえる城

ルーマニア ………………………165
「ドラキュラ公」の生家がある世界遺産地区

ルクセンブルク大公国 …………166
ヨーロッパ有数の金融センターに躍進した理由
■ 世界の金融センターランキングトップ25

■ あの頃と今ランキング
1人あたり国内総生産（名目GDP）
1975/1990/2014

ロシア連邦 ………………………168
世界有数の化石燃料資源をどこに売る？／
キャビア目当てで乱獲　チョウザメの受難
■ 国土面積／主要都市人口ランキング

【地域】

ジブラルタル ……………………170
一般道を突っ切り、遮断機が降りる滑走路のある空港

スヴァールバル諸島 ……………171
現代版「ノアの方舟」計画がこの島に

チャネル諸島 ……………172
「イギリス王室の島」のタックス・ヘイブン

フェロー諸島 ……………173
ヴァイキングからの伝統的捕鯨漁

マン島 ……………174
昔ながらの蒸気機関車が健在

ヤンマイエン島 ……………175
定住者なき活火山島

アフリカ

【国】

アルジェリア民主人民共和国 ………176
アルジェリア生まれの世界的著名人／
国土面積はアフリカ最大でも8割が砂漠

アンゴラ共和国 ……………177
ハンバーガー1個20ドル⁉ 世界一の物価高

ウガンダ共和国 ……………178
アクション映画のようなハイジャック人質救出作戦

エジプト・アラブ共和国 …………179
スエズ運河拡張に寄せられる期待と不安／
エジプト映画界の顔、逝く

エチオピア連邦民主共和国 ………180
1年が13カ月の不思議なエチオピア歴／
サブサハラ初の市電が開通

エリトリア国 ……………181
世界的選手を輩出する自転車競技王国

ガーナ共和国 ……………182
ロマンチックな？「ファンタジー棺桶」はいかが／
野口英世が亡くなった地

カーボヴェルデ共和国 …………183
捕鯨がきっかけだったアメリカとのかかわり／
音楽を愛する国民

ガボン共和国 ……………184
財産を国民に分与？ 裕福な独裁者？ 2世大統領の
手腕はいかに

カメルーン共和国 ……………185
違法でも続くブッシュミートの取り引き

ガンビア共和国 ……………186
元大統領は同性愛がお嫌い？

ギニア共和国 ……………187
ベルギー国民を揺さぶったギニア少年の手紙

ギニア・ビサウ共和国 …………188
「麻薬国家」と呼ばれる理由

ケニア共和国 ……………189
ケニア陸上界をむしばむドーピング／
強さの秘けつは YOU TUBE⁉ 槍投げの新星

コートジボワール共和国 …………190
カカオ生産「世界一」のほろ苦い現実
■ カカオ豆生産国ランキング（2014年）

コモロ連合 ……………191
4度のクーデターにかかわったフランス人傭兵

コンゴ共和国 ……………192
地球最後の原生林に迫る危機

コンゴ民主共和国 ……………193
世界を震撼させたエボラ出血熱

サントメ・プリンシペ民主共和国 ……194
この島に「流刑」された子どもたち

ザンビア共和国 ……………195
探検家リヴィングストンの足跡／
開会式は「北ローデシア」、閉会式は「ザンビア」

シエラレオネ共和国 ……………196
内戦とダイヤモンド

ジブチ共和国 ……………197
中国まで？ 小国に軍事基地が集中する理由

ジンバブエ共和国 ……………198
狩猟の是非を世界に訴えた国民的ライオンの殺害

スーダン共和国 ……………199
ビン・ラディンが5年間暮らした街

スワジランド王国 ……………200
ダンスで新妻選び？ 国王と「リードダンス」／
続く台湾との国交

セーシェル共和国 ……………201
今なお続くフランス人海賊の財宝探し

7

INDEX

赤道ギニア共和国 ……………………202
クーデター未遂事件の背後に浮上した石油利権

セネガル共和国 ………………………203
なぜか賛否両論　アフリカ最大の銅像

ソマリア連邦共和国 …………………204
農業復活のカギを握るバナナ栽培

タンザニア連合共和国 ………………205
恐ろしい「アルビノ狩り」の風習

チャド共和国 …………………………206
縮小するチャド湖の再生なるか／
ついに裁かれた「アフリカのピノチェト」

中央アフリカ共和国 …………………207
１万人の「子ども兵」を救え！／
帝国を夢見た「自称皇帝」の末路

チュニジア共和国 ……………………208
ノーベル平和賞を受賞した「国民対話カルテット」

トーゴ共和国 …………………………209
お騒がせなサッカー「偽トーゴ代表」事件

ナイジェリア連邦共和国 ……………210
世界を席巻するか？ ナイジェリア映画

ナミビア共和国 ………………………211
世界最古の珍しい海岸砂漠

ニジェール共和国 ……………………212
アフリカの現実を象徴するウラン鉱山

ブルキナファソ ………………………213
今も語られ続ける「アフリカのチェ・ゲバラ」

ブルンジ共和国 ………………………214
世界無形文化遺産に選ばれた太鼓演奏／
ナイル川の源流はブルンジ？

ベナン共和国 …………………………215
アフリカ最大の水上集落

ボツワナ共和国 ………………………216
アフリカで有数の自然保護国

マダガスカル共和国 …………………217
お墓から遺体を出して踊る？ 伝統儀式／
テレビでも観戦される人気の闘鶏

マラウイ共和国 ………………………218
長髪は逮捕！ 初代大統領の独裁政治

マリ共和国 ……………………………219
ドゴン族に伝わる天文知識の謎

南アフリカ共和国 ……………………220
深刻化する移民排斥／
世界的なワインの名産地

南スーダン共和国 ……………………221
牛がお金以上に大切にされる国

モザンビーク共和国 …………………222
「地雷ゼロ」までの長い道のり

モーリシャス共和国 …………………223
国章に刻まれる「失われた鳥」

モーリタニア・イスラム共和国 ……224
太ることを強いられる女性たち

モロッコ王国 …………………………225
死者も出る世界一過酷なサハラマラソン／
性別適合手術のパイオニア

リビア …………………………………226
故カダフィ大佐と「アフリカ合衆国」構想

リベリア共和国 ………………………227
女性のリーダーが活躍する国

ルワンダ共和国 ………………………228
女性国会議員の割合が６割超

レソト王国 ……………………………229
アフリカでスキーが楽しめる場所／
強姦罪が死刑なのはなぜ？

【地域】
セントヘレナ島 ………………………230
ナポレオンが愛したセントヘレナ産コーヒー

**西サハラ（サハラ・アラブ民主共和国）／
マイヨット島／レユニオン島** ………231

オセアニア

【国】

オーストラリア連邦 232
220年の時を経て世界的ワインの名産地に

キリバス共和国 233
国家水没に備える大統領の奮闘

クック諸島 234
2万人の島国の自立への道

サモア独立国 235
世界で最も早く朝を迎える国になったわけ

ソロモン諸島 236
J・F・ケネディにまつわる島

ツバル 237
水没危機の本当の原因は "星の砂" のせい?

トンガ王国 238
親日家だった「世界で最も重い君主」

ナウル共和国 239
「肥満度」世界一の理由とは?
■ BMI指数による肥満ベスト10

ニウエ 240
2015年に日本が国家として承認／
ニュージーランド頼りから脱却できるか

ニュージーランド 241
『ロード・オブ・ザ・リング』など映画のロケ地に

バヌアツ共和国 242
サイクロン被害、エルニーニョ現象、そして地震

パプアニューギニア独立国 243
世界的ベストセラーのきっかけはニューギニア人

パラオ共和国 244
日本軍守備隊が玉砕したペリリュー島の戦い

フィジー共和国 245
多彩なフィジー料理

マーシャル諸島共和国 246
"負の世界遺産" といわれるビキニ環礁の核実験場跡

ミクロネシア連邦 247
"冒険ダン吉" のモデル? チュークに渡った森小弁

【地域】

アメリカ領サモア 248
FIFA公式戦で30連敗を脱した貴重な1勝

ウェーク島 249
軍事基地の島を巡る日米の戦い

北マリアナ諸島 250
先住民族チャモロ人が残した巨石遺跡の謎

グアム 251
特産の近海マグロは日本へ／
翻弄されてきたチャモロ文化

クリスマス島 252
カニの大群で有名な「インド洋のガラパゴス」

ココス諸島 253
諸島の領主として君臨し続けたクルーニーズ・ロス家の末路

ジョンストン環礁 254
今も立ち入り禁止の化学兵器の墓場

トケラウ諸島 255
文化的にはサモアに近いニュージーランド領の島

ニューカレドニア 256
グレートバリアリーフに次ぐ長さの珊瑚礁

ノーフォーク島 257
外来種によって脅かされる固有種の存続

ピトケアン諸島 258
「バウンティ号の叛乱」の子孫だけの島

フランス領ポリネシア 259
ゴーギャンが名作を描きあげた島、タヒチ

ミッドウェー諸島 260
野鳥の楽園が「プラスチックの楽園」に

ワリス・フツナ諸島 261
王国として存在し続けるフランス海外領土

索引 263

アゼルバイジャン共和国

Republic of Azerbaijan

- 面積　8万6600 km²
- 人口　990万人
- 首都　バクー
- 通貨　マナト
- 宗教　イスラム教（シーア派70％、スンニ派30％）

BEST IN THE WORLD 世界一

実現するか？　高さ1050mの「世界一」超高層ビル計画

　バクーはペルシア語で「風の街」を意味し、現在はアゼルバイジャン共和国の首都として人口200万人以上の大都市を形成している。街の歴史は古く、シルヴァン王朝（9～16世紀）の初期には港町として知られ、その後期には都として栄えた。

　19世紀後半から20世紀初頭にかけて、バクーは帝政ロシアの支配のもと、世界の原油産出量の半分を誇る一大油田地帯となり、人と金が集中し、世界的な大都市へと急速に発展していった。そのため、街は国際的な性格を強く帯び、現在でも街並みは他の地方都市とはまったく異なる雰囲気をもっている。

　油田はソ連時代末期に枯渇したと思われていたが、近年、カスピ海バクー沖に新たな油田が発見され再び石油の街としての活気を見せ、近代的な高層ビルが林立するバクーは"第二のドバイ"として世界の注目を集める。2012年に総工費350億円を投じて建設された3つのビル群「フレームタワー」はその繁栄ぶりを象徴するものだ。炎をイメージして建てられた高さ約190mのビルは、夜間、ハイパワーLEDで赤くライトアップされ、オイルマネーに沸く現地の活力が感じられる。

　さらに同国の著名デベロッパーがぶちあげたのが、高さ1000mを超える世界一の「アゼルバイジャンタワー」の建設計画。首都バクー南西部のカスピ海に浮かぶ人工島に高さ1050m、189階建ての超高層ビルを建てるというもので、完成すればドバイの「ブルジュ・ハリファ（828m）」、サウジアラビアの「ジッダ・タワー（1008m）」（建設中）を超え世界一の座に。当初は2019年までに完成させるという話だったが着工は延期となり、2020年代の完成に向け計画が進められているというから驚きだ。

ライトアップで威容を誇るフレームタワー

©Shutterstock.com

HISTORY

　カフカス山脈の南方にあり、東部はカスピ海に面している。
　4世紀にこの地方も包含したカフカス・アルメニア国はキリスト教を受容したが、アゼルバイジャン地域では、7世紀、アラブ支配が進むと共にイスラム化が進んだ。13世紀にはモンゴル帝国領になったが、その後15世紀にかけてティムール帝国となってトルコ化が進んだ。16世紀、サファヴィー朝イランのもと、住民の大半がシーア派となった。19世紀はじめ、イランとロシアの戦争の結果、1828年北方がロシア領に、南方がイラン領となった。ロシア領のバクーでは油田が開発され、ノーベル兄弟などの国際石油資本に主導されて、バクーは世界的な産油地へと成長した。第1次世界大戦のあと、1918年5月アゼルバイジャン共和国が誕生。その後は赤軍が侵攻してソビエト化され、ザ・カフカス社会主義連邦ソビエト共和国、次いでアゼルバイジャン・ソビエト社会主義共和国と国名が変更された。現在の国名に戻ったのは91年2月である。原油や天然ガスの輸出が経済成長をけん引している。

アフガニスタン・イスラム共和国

Islamic Republic of Afghanistan

- 面積 65万2225 km²
- 人口 2916万人
- 首都 カブール
- 通貨 アフガニー
- 宗教 イスラム教（スンニ派が8割以上）

ANIMAL 動物

最も古き犬種のひとつ、アフガン・ハウンドの原産国

　日本でも多く飼育されている、大型犬のアフガン・ハウンドはその名の通りアフガニスタン原産の犬種だ。始祖犬がかなり古くから存在してきた犬種と考えられていて、一説には「ノアの方舟」に乗った犬といわれるほどである。古代エジプトの遺跡から出土したパピルスにはアフガン・ハウンドに近いと思われる犬の記述がいくつか見られ、アフガニスタン北部で発見された4000年前の洞穴内に刻まれた犬も、その容姿からこの犬種と考えられるという。

　その長く分厚い被毛は北方山岳地帯の寒冷な気候に適応したもので、飼い主が乗る馬よりも脚が速いなど他犬種の及ばない狩猟能力の高さから、アフガニスタンではウサギやガゼル、ヒョウなどの狩猟用犬として、また遊牧民の家畜をオオカミなどから守る番犬として、生活のなかで実用的に用いられてきた。しかし近年は、戦乱の影響もあってアフガニスタン土着の純血種は存続が危惧されている。

　アフガニスタンがイギリスの植民地になった1881年当時、アフガン・ハウンドは一部貴族が独占的に飼育する猟犬で、一時期はバルクジーという貴族の名にちなんで"バルキー"とも呼ばれた。20世紀になると、その華やかで優美な姿からヨーロッパでドッグショー用に改良が重ねられ、1920年代に登場したガズィーニと呼ばれる犬が、現在世界的にみる愛玩犬としてのアフガン・ハウンドの祖と考えられている。世界最古の愛玩犬団体として知られ、犬種などを管理するケネルクラブは1926年にアフガン・ハウンドを犬種登録している。

長い毛が特徴のアフガン・ハウンド
©Shutterstock.com

HISTORY

　アフガニスタンではすでに12世紀半ばからイスラム化が進んだが、現在のアフガニスタンの基礎が築かれたのはアフガニスタン初の王朝ドゥッラーニ朝が建国された18世紀半ばである。19世紀に入ると英露のグレート・ゲームにより、次第に現在の国境が定められていった。そして、1880年イギリスの保護領となったが、第1次大戦中の1919年にアフガン戦争をへて独立した。第2次大戦の後、70年代には国王を追放して共和制に移ったが、クーデターによって人民民主主義政権が誕生、そこへソ連が介入してアミン議長を処刑、カルマル政権を樹立した。国内のイスラム勢力はゲリラ戦に移行し、79年ソ連軍が侵攻、10年に渡って戦闘が続き、ついに社会主義政権は崩壊、ソ連軍は89年に完全撤退した。その後、イスラム原理主義を掲げるタリバン勢力が急成長し、実権を握ったことから米英などが軍事介入を行って支配地域を奪還し、同国各派による和平プロセスに合意（2001年）。2004年に新憲法が制定され、14年には同国初となる民主的政権交替が実現し、国家統一政府が発足した。

アラブ首長国連邦

United Arab Emirates

- 面積 8万3600 km²
- 人口 927万人
- 首都 アブダビ
- 通貨 ディルハム
- 宗教 イスラム教（大多数がスンニ派、シーア派16%）

EVENT 出来事
中東地域で初めての万博を2020年に開催

2020年に、万国博覧会（Expo 2020 Dubai）の開催が予定されているドバイ。開催都市として、ドバイのほかにイズミル（トルコ）、エカテリンブルク（ロシア）、サンパウロ（ブラジル）の3都市が立候補していたが、2013年に行われたBIE総会での投票の結果、ドバイが開催都市に選ばれた。「登録博」に区分されており、総合的なテーマを扱う、大規模博覧会として実施される。中東での開催は初であり、年をまたいでの開催は1975年から76年にかけて開催された沖縄国際海洋博覧会以来となる。

会期中には2500万人もの来場客が見込まれることから、現在、大規模なインフラプロジェクトや観光施設の建設を推進している。評価を高めたいドバイは、博覧会を国際社会にアピールする好機ととらえ、国際的に重要なビジネスと観光の中心として強く認識されるような将来への遺産の構築を目指している。

2020年の万国博覧会には3つの重要なサブテーマが設けられており、その一つに"サステナビリティ"（持続可能性）がある。例えば、新ドバイ・サウス地区に建設される施設の8割がイベント終了後に同じ目的で、もしくは目的を変えて再利用されることになっている。

近代化著しいドバイ（写真中央は現時点で世界一の高さ828mを誇るブルジュ・ハリファ）

©Shutterstock.com

HISTORY

アラビア半島の東南部、ペルシャ湾の出口に位置する7つの首長国から構成される連邦国家で、国土の大半は砂漠。メソポタミアの史料によると、前2500年頃にマガンと呼ばれる国があり、メソポタミア文明とインダス文明の間の海上交易で栄えたとある。以後は政治的統一勢力の要所となった形跡はなく、辺境として存在するにとどまった。しかし、イスラム教が広まった7世紀になって、辺境ゆえにしばしばイスラム教の異端宗派の拠点となった。現在の連邦の基礎となる首長国は、17〜18世紀にアラビア半島南部から移住してきたアラブの部族によって形成され、北部勢力は海賊として鳴らした。1853年、17世紀以降インド支配を強めるイギリスがその拠点獲得のため海賊勢力と休戦協定を結んで進出し、92年には一帯が保護領となった。1968年のイギリスのスエズ以東からの撤退宣言を受けて、71年アブダビ、ドバイを中心に6つの首長国が連邦を結成して独立、翌年ラスアルハイマの加盟により現在の連邦体制が完成した。石油輸出依存の経済からの脱却を図り、商業やサービス業に力を入れている。

アルメニア共和国

Republic of Armenia

面積	2万9800 km²	通貨	ドラム
人口	300万人	宗教	キリスト教（東方諸教会系のアルメニア教会）
首都	エレバン		

WORLD HERITAGE 世界遺産

世界で初めて国教となったアルメニア教会

アルメニアは、世界で最初にキリスト教（東方諸教会系のアルメニア教会）を国教化した国である。

アルメニアにキリスト教がもたらされ、浸透した歴史は古く、国教化されたのは4世紀初頭、301年に遡る。これはローマ皇帝が帝国内でキリスト教を公認した313年のミラノ勅令よりも、10年以上前の出来事である。

アルメニア教会はキリスト教の諸教派のうち、コプト正教会やエチオピア正教会と並ぶ非カルケドン派正教会（東方諸教会）に位置づけられる。初期キリスト教においては、神の子であるキリストが神なのか、それとも人なのかという論争があった。この論争に終止符を打ったとされるのが451年のカルケドン教会会議で、ここでキリストに神性と人性の両方があることが確認され、単性（神性）のみを認める説（単性説）は異端とされることになった。

アルメニア教会はキリスト単性説を信奉していたため、カルケドン教会会議の決議を承認せず、後の506年に正統教義派から分離独立した。現在ではアルメニアを中心に世界でおよそ500万人の信者がいるが、独特の建築様式による大聖堂や修道院群が数多く残され世界遺産に登録されている。

世界遺産の一つ、アルメニア中西部のエチミアツィン大聖堂　　©Shutterstock.com

HISTORY

カフカス山脈の南側に位置する。アルメニア人は紀元前2世紀から1世紀にかけて小カフカスからパレスティナに達する大国を建設した歴史がある。301年世界で初めて国家としてキリスト教を受容した。4世紀以降はローマ帝国、イランの支配下に入り、7世紀から15世紀にはアラブ、ビザンツ帝国、セルジューク王朝、モンゴル帝国、ティムール王朝と、つぎつぎと支配者が代わった。こうして10世紀以降、多くのアルメニア人が故地を離れ離散していった。1939年、オスマン帝国とサファヴィー朝イランの支配下に入ったが、イラン領カラバフ地方のアルメニア人が半独立を保ったことが、今日に至るナゴルノ・カラバフ州の帰属をめぐってアゼルバイジャンとの紛争に続いている。10世紀ロシアが侵出し、1828年にイラン領アルメニアの大半がロシア領となった。19世紀民族意識が高揚しそれを抑えるため、第1次大戦中にオスマン帝国はアルメニア人を虐殺・追放し、その犠牲者は一説によると100万人以上におよぶという。その後ソ連邦構成国になるなどしたが、1991年アルメニア共和国の独立を宣言、今日に至っている。

イエメン共和国

Republic of Yemen

面積	55万5000 km²
人口	2747万人
首都	サヌア
通貨	イエメン・リアル
宗教	イスラム教（スンニ派60％、シーア派40％）

CULTURE 文化

まるでサムライのような？ 伝統的短剣「ジャンビーヤ」

　イエメンの男性は「ソウブ（長衣）」という裾の長い白い民族衣装の上にジャケットを羽織り、ターバンを身に着け、足元はサンダルといういでたちが主流だ。そして一般的な成人男性の場合は幅広の腰帯を巻き、正面に「ジャンビーヤ」と呼ばれる半月形の短剣を差している。かつては自由人の証しとしてアラビア半島で広く普及し、現在でも一部のアラブ諸国では使用されているが、日常的に携帯の慣習が残るのはイエメンだけである。

　刀身は湾曲した両刃で、柄や鞘には金や銀などの装飾が施されている。柄の素材は動物の角が使われ、特に薬用になると信じられたキリンの角が好まれていた。もちろんかつては戦闘にも用いられていたが、現在の用途としては所有者の家柄や部族といった属性を表す伝統的な男性用装身具としての性格が強く、属性によって刀身の反り具合や腰に差す位置が微妙に異なるという。つまり社会的機能を備えていて、実用面よりもシンボルとしての性格が強いため刃が研がれていないことも多く、実用とされることはほとんどない。

　イエメンでは、男は14歳になると大人の仲間入りとして所持が許可される。かつて日本で刀が武士の魂であったように、イエメンのジャンビーヤもまた一人前の誇り高き戦士の象徴のような存在なのだ。また、イエメンの婚礼は新郎側と新婦側が別々に執り行われるが、新郎側は屋外でパーティを開き、ジャンビーヤを振りかざして踊る「ジャンビーヤ・ダンス」で盛り上がることも多い。

首都サヌアの市場にあるジャンビーヤ専門店

©Shutterstock.com

HISTORY

　アラビア半島の南西端に位置し、サウジアラビア、オマーンと隣接。紅海、アラビア海に面し、アデン湾を挟んでアフリカのソマリアと対面している。温暖で肥沃な土地柄、古代には「幸福のアラビア」と称えられた。紀元前7～8世紀頃シバ王国が中継貿易によって栄え、紀元1世紀頃にはヒムヤル王国が勃興。後に、6世紀にはエチオピアの支配、次いでササン朝の支配を受ける。9世紀半ばにはイスラム教ザイド派イマームを祖とするラッシー王朝が成立し、盛衰を繰り返しながら1000年以上の長きにわたって存続した。16世紀にはオスマン帝国の支配、19世紀にはエジプトの支配をへて、1839年にはイギリスが南イエメンを占領、49年にはオスマン帝国が北イエメンを再占領した。1918年、北部がイエメン王国として独立するが、62年のクーデターにより崩壊し共和制に移行。69年まではイエメン内戦が続いた。南部は67年に南イエメン人民共和国として独立。後に左派が台頭し国名をイエメン人民民主共和国に改めた。90年、南北イエメンが合併してイエメン共和国が成立。2011年のイエメン騒乱以降、内戦状態となり、現在も治安は回復していない。

イスラエル国

State of Israel

面積	2万2000m²（※1）	通貨	新シェケル
人口	868万人	宗教	ユダヤ教（75%）のほかにイスラム教、キリスト教など
首都	エルサレム（※2）		

※1 イスラエルが併合を宣言した東イスラエル、ゴラン高原を含む
※2 国際的には未承認

SCIENCE 科学

全人口800万人でも世界トップレベルの科学技術大国

建国から70年と国家としては若いイスラエルだが、その科学技術の水準は世界でもトップレベルにある。

ハイファにあるイスラエル最古の国立技術大学、テクニオン・イスラエル工科大学は1912年に創立され、第二次世界大戦前後にナチスや旧ソ連から逃げてきた10万人ともいわれる科学者や技術者の英知が結集された、いわば"頭脳の塔"だ。米・マサチューセッツ工科大学と肩を並べる世界最高峰で、18の学部と教育機関を擁し、マイクロソフトやグーグル、アップル、フェイスブックなど世界の名だたるIT企業が卒業生を囲い込むほど優秀な人材が集まっているという。

また自然科学系の総合研究センター、ヴァイツマン科学研究所も世界的に有名で、2011年には米『サイエンティスト』誌において米国以外の学界で働く最良の場所と評価されている。約2500名の研究者らを擁し、数学、計算機科学、物理学、化学、生化学、生物学などの修士・博士課程を備える。

イスラエル国籍のノーベル賞受賞者はこれまでに12人と、日本の23人（受賞時に日本国籍だった人物）に比べると少ないように感じるが、さにあらず。ユダヤ人向けの新聞『ジューイッシュ・クロニクル』紙によれば、これまでのノーベル賞全受賞者のうち、ユダヤ人もしくはユダヤ人とのハーフが約190人もおり、その割合は全受賞者中2割以上になるのだという。また、ユダヤ人としてはノーベル賞6部門のすべてで受賞者を出したことになり、世界のユダヤ人人口がおよそ1500万人程度ということから考えるとすごい割合だ。

1960年代にイスラエルで発行された旧紙幣には相対性理論で知られる科学者アルベルト・アインシュタインの肖像画が描かれた。アインシュタインはドイツ生まれのユダヤ人

©Shutterstock.com

HISTORY

地中海の東岸パレスティナに1948年5月建国宣言されたユダヤ人国家。2世紀後半に、この地を追われ、世界各地に分散したユダヤ人たちとそれを支持する勢力とでシオンの丘（パレスティナ）に帰還しようとするシオニズム運動が活発になったのは19世紀後半。1917年、第1次世界大戦ではユダヤ人の協力と引き換えにパレスティナにユダヤ人の国家の建設を約束するバルフォア宣言が出されるが、第2次世界大戦では、ナチス・ドイツのホロコースト（中・東欧などで約600万人が殺害）も。戦後の1947年11月、国連総会は、パレスティナの地をユダヤ人とアラブ人に分割する決議を採択し、翌48年にイスラエルが建国される。それを認めないアラブ諸国が反発し、今日まで4度におよぶ中東戦争が勃発。イスラエルは領土を拡大した。その間、PLO（パレスチナ解放機構）と暫定自治協定（1993年）を結び、領内にパレスティナ人自治区を設定するなど中東和平の道筋が見えたかに思えたが、その後もパレスティナとの軍事衝突が繰り返され、パレスティナ自治政府との和平交渉も進んでいない。。

イラク共和国

Republic of Iraq

面積	43万8300 km²
人口	3720万人
首都	バグダッド
通貨	イラク・ディナール
宗教	イスラム教（シーア派、スンニ派）、キリスト教他

CRISIS 危機
新たな戦争犯罪となりつつある遺跡の破壊

　イラクはシリアとともに中東にあって「文明のゆりかご」とも呼ばれる文明発祥の地。1985年にはバグダッドの北西290 kmにあるサルサル・ワジ川のほとりの砂漠地帯に残る都市遺跡ハトラが、2003年にはハトラの東南東50 kmにあるティグリス川に面した都市遺跡アッシュールがユネスコの世界文化遺産に登録されている。

　ハトラは紀元前3世紀にセレウコス朝シリアの首都として築かれ、のちパルティア帝国の要衝、宗教の中心地として栄えた古代都市だ。建造物はギリシャ、ローマの影響と東洋の様式が融合したもので、シルクロード交易の中心地だったことを物語る貴重な遺跡であるが、2014年夏に過激派組織ISIL（イスラム国）に占領され、弾薬の保管や訓練キャンプに使用されるようになった。2015年2月にはISILによってブルドーザーで破壊されたと伝えられ、ユネスコ事務局長は「イラクでは文化浄化が進められている。ハトラの破壊は、この恐ろしい戦略の岐路となる行為だ」と強く抗議した。

　2015年6月29日、ユネスコ世界遺産委員会はドイツのボンにおいて「世界遺産に関するボン宣言」を採択し、古代遺跡を偶像崇拝の対象とみなしてイラクやシリアで文化財の破壊や盗掘などを繰り返すISILを念頭に、歴史的な記念碑や遺跡への意図的な攻撃を「戦争犯罪」にあたると確認した。イラク政府軍が2017年4月にISILからこの地を奪還し、調査したところでは、遺跡の壁などに弾痕などがあるものの、予想よりも損害は軽微だったという。

ISILによって破壊されたモスル（イラク）の預言者ヨナの墓地
©Shutterstock.com

HISTORY

　中央部がメソポタミア平原。北東部が山岳地帯、西南部が砂漠地帯で南東部のごく一部がペルシャ湾に面する。古代メソポタミア文化が花開いたように元来、この土地は、小麦、米、ナツメヤシなどの農作物に、石油、天然ガスなどの資源に恵まれたところ。バビロニア王国、アッバース朝などが続いたが、16世紀以降はオスマン帝国が支配。第1次大戦後イギリスの委任統治領となるが、1921年、ハーシム家のファイサルを国王に迎え、32年にイラク王国として独立。58年にクーデターが起こり、共和制に移行。68年にバアス党政権が誕生し、79年から2代目大統領サダム・フセインが国を支配、フセイン独裁体制が続いた。その間、イラン革命の影響を恐れ、イラクが仕掛けた80年のイラン・イラク戦争、90年のクウェート侵攻からの湾岸戦争などの戦争が続発。2003年、大量破壊兵器問題とテロ支援問題を理由にアメリカがイラクに侵攻し、フセイン政権を崩壊させた。06年に新政権が発足。14年よりISILなどの武装勢力に北・西部の都市が占拠されたが、米国主導の掃討作戦により17年12月に全土が解放された。

イラン・イスラム共和国

Islamic Republic of Iran

面積 164万8195 km²
人口 8000万人
首都 テヘラン
通貨 イラン・リヤル
宗教 イスラム教（主にシーア派）、ほかにキリスト教、ユダヤ教、ゾロアスター教など

RELIGION 宗教

イランに多い「イスラム教シーア派」って何？

　シーア派とは、イスラム教のなかで少数派にランクされる分派の1つである。世界のイスラム教徒では、スンニ派が9割を占め、シーア派は1割だが、イランでは圧倒的にシーア派が多数派なのだ。

　スンニ派とシーア派の違いとは何か。簡単にいうと、開祖ムハンマド（マホメット）の後継者の正当性を巡る見解の違いである。

　シーア派は、ムハンマドの直系の娘フォーティマとその婿アリーの子孫がムハンマドの後継者で、その直系の子孫12名を「エマーム」（指導者）とする。これに対しスンニ派は、この「エマーム」のような絶対的な権威は認めず、諸識者の協議でその都度問題を処理していこうとする。スンニ派にもカリフという指導者がいるが、これは代理人という意味で、シーア派はカリフを指導者として認めない。だから、両派は対立してしまうのである。

テヘランの市場
©Shutterstock.com

HISTORY

　北部と南西部に山脈、中・東南部は夏季の気温が60度にもおよぶ砂漠地帯。ペルシャ湾岸地域は高温多湿。テヘランなど主要都市は、山脈と砂漠の周辺に位置する。紀元前2000年頃、インド・ヨーロッパ部族のイラン人が定住する。以降、アケメネス朝ペルシャ帝国時代、サーサン朝をへて11世紀にトルコ系諸王朝の支配下に。16世紀に統一王朝サファビー朝成立。1925年に軍人出身のレザー・シャーがパフラヴィー朝を創設し、35年に国名をペルシャからイランに変更した。79年、亡命先のパリから帰国したホメイニー師の指導のもとにイラン革命が起こり、イラン・イスラム共和国が成立。以降、アメリカ大使館人質事件、イラン・イラク戦争をへて、イスラム的価値観に立脚した国家体制を樹立。核開発などを巡って欧米諸国と対立してきたが、2015年に米欧6カ国と核協議で合意し、制裁は解除された。

インド

India

面積	328万7469 km²	通貨	ルピー
人口	12億1057万人	宗教	ヒンドゥー教80.5%、イスラム教13.4%、ほかにキリスト教、シク教徒など
首都	ニューデリー		

TABLE 食卓

インドにカレーはない！？

「インドにカレーはない」というと、「そんなバカな」と驚く人もいるかもしれない。「カレー(curry)」はインドの宗主国だったイギリスから日本にもたらされたもの。肉や野菜を香辛料のソースで煮込んだものをひとまとめにして日本人はカレーと呼ぶが、南インドのタミル語やカンナダ語で「スープの具」を意味する「カリ(kari)」が料理の名前として英語に入り、それがやがて世界中に広まったというのが通説である。観光客向けの店ならともかく、地元の人しかいかないレストランで「カリー、プリーズ」と注文しても首をかしげられるかもしれないので要注意。

インドの熱帯性気候と風土で育まれたスパイスの代表的なものがコショウ。特にマドラスを中心とするマラバール地方はその原産地として知られ、古くから東西交易の主要な産品のひとつだった。特に14世紀以降、ヨーロッパでコショウやナツメグ、シナモンなど各種スパイスの需要が広がり、一時期は金と等価で取引きされていたほど。そのことがヨーロッパ勢のアジア進出、すなわち大航海時代を到来させたといわれている。現在でもコショウの生産高では、ベトナムやブラジル、インドネシアなどとともにインドも上位5カ国に入っている。

インドの小学生の食事風景　©Shutterstock.com

HISTORY

ヒマラヤ山岳地帯、ガンジス川流域平野、デカン高原の3地域に大別される。国の面積は、世界7位。紀元前よりインダス文明が栄えるなど古くから開けた地域。中世に入り、諸国家の群雄割拠が続いたが、西欧列強の進出が相次ぐなかイギリスが1600年に東インド会社を設立。セポイの反乱はあったが、イギリス領となり、1877年にイギリス女王がインド皇帝に即位した。第一次世界大戦後、非暴力平和主義のガンディーを中心にした民族独立運動がさかんとなり、1947年、東西パキスタンとの分離独立を果たす。60年代以降、中国との抗争や第2次、3次印パ戦争などを重ねたために経済は低迷したが、90年代に従来の社会主義型統制経済から経済自由化へ踏み切ったことで飛躍的に成長。BRICs（ブラジル、ロシア、インド、中国）の一角として世界から注目されている。独特の身分秩序の「カースト制度」を有する。

現在と未来ランキング——世界の人口推移 2015-2050

2015年 （単位：1000人）

1位	中国	1,376,049
2位	インド	1,311,051
3位	アメリカ	321,774
4位	インドネシア	257,564
5位	ブラジル	207,848
6位	パキスタン	188,925
7位	ナイジェリア	182,202
8位	バングラデシュ	160,996
9位	ロシア	143,457
10位	メキシコ	127,017
11位	日本	126,573
12位	フィリピン	100,699
13位	エチオピア	99,391
14位	ベトナム	93,448
15位	エジプト	91,508
16位	ドイツ	80,689
17位	イラン	79,109

世界総人口73億4947万人

2050年 （単位：1000人）

1位	インド	1,705,333
2位	中国	1,348,056
3位	ナイジェリア	398,508
4位	アメリカ	388,865
5位	インドネシア	322,237
6位	パキスタン	309,640
7位	ブラジル	238,270
8位	バングラデシュ	202,209
9位	コンゴ民主共和国	195,277
10位	エチオピア	188,455
11位	メキシコ	163,754
12位	エジプト	151,111
13位	フィリピン	148,260
14位	タンザニア	137,136
15位	ロシア	128,599
16位	ベトナム	112,783
17位	日本	107,411

世界総人口97億2514万人

国連 world Population Prospects2015 参照。2050年の数値は中位推計値

INDUSTRY 産業

"IT大国"なのに紙メディア急成長の理由

　台頭するインターネットに対し、紙メディアの衰退が叫ばれて久しい。アメリカなどからは地方紙の休刊や電子化、記者のリストラのニュースが聞かれ、日本でも2009年にインターネット広告費が新聞広告費を追い抜くなど紙メディアは苦戦している。

　近年、優秀なソフトウェア開発者を多く輩出して"IT大国"とまで称されるようになったインドでも同様かというと、さにあらず。世界新聞・ニュース発行者協会の調査によると、インドにおける日刊紙の総発行部数は2000年に約3000万部だったのが、2011年には1億1000万部。10年で3倍以上の伸びとなり、各地で続々と新聞が創刊されているというからすごい。

　理由のひとつは識字率の向上があるだろう。インドの国勢調査によれば2001年に64.8％だった識字率が2011年では74％と、10ポイントも上がった。インドの人口は12億だから、日本の人口に匹敵する人々が字を読めるようになって購読者数の増加につながっているともいえる。

　2010年の各国別広告費支出の媒体別内訳（イギリス情報通信庁 International Communications Market Report 2011）で新聞、テレビ、インターネットの比率を比べてみると以下のようになっている。

	新聞	テレビ	インターネット
日本	16%	43%	16%
アメリカ	16%	40%	18%
インド	39%	42%	4%
中国	28%	42%	13%

　インドでは新聞広告の比率が高く、インターネット広告費が4％ほどしかないのが特徴的。ネット利用者率も全人口の12％程度にとどまっており、安価な情報源である新聞はまだまだ伸びると予測されている。

街角のスタンドで売られる新聞の数々　©Shutterstock.com

インドネシア共和国

Republic of Indonesia

面積	189万km²
人口	2億5500万人
首都	ジャカルタ
通貨	ルピア
宗教	イスラム教88％、キリスト教9％、ヒンドゥー教2％、仏教など

SPORT スポーツ

オリンピック初金メダルはバドミントン

オリンピックでメダルに絡む国は、資金や競技設備が充実している先進国などに偏りがちだ。最近はアフリカ勢が台頭してきたが、もっともメダルに縁がなかったのが、南アジアの国々だった。

インドネシアもその例外ではない。1952年のヘルシンキ大会に初参加して以来、1992年のバルセロナ大会を迎えるまで40年以上も金メダルと縁がなかった。

ところが、バルセロナ大会で、インドネシアに日本流にいうところの「神風」が吹いた。種目は、この大会から採用されたバドミントンで、ついに男女1つずつ2つの金メダルを獲得したのだ。

実はインドネシアは「バドミントン王国」と呼ばれるほど国民の間でも馴染みの深い人気スポーツで、各種国際大会では数々の優勝実績がある。日本の実業団チームもコーチとして、インドネシアから選手を招いて指導してもらうほどだ。

ちなみにオリンピックの過去4大会でのバドミントン全種目のメダル数でみると、インドネシアは金3個・銀1個・銅3個となる（日本は金銀銅各1個）。

首都ジャカルタの夜景　©Shutterstock.com

HISTORY

大小1万7000の島々からなる世界最大の島嶼国家。高温多湿の熱帯性気候。紀元前後からインド文化の影響を受け、ジャワ、スマトラに王国が誕生。15世紀まではヒンドゥー教、以後はイスラム教の影響下でマタラム王国が勢力を盛んにする。以後、香辛料を求めるヨーロッパ諸国がこの地へ。そのなかからオランダが1602年に、バタビア（ジャカルタ）に東インド会社を設立。以降、短期間のイギリス支配を経て、オランダが、1942年3月の日本占領まで植民地支配。戦後の45年8月に独立宣言したが、49年までオランダと激烈な独立戦争が発生。その後、反帝国主義や民族主義を柱とするスカルノ体制（初代大統領、1966年まで）から、軍部による支配体制を固めたスハルト体制（1998年まで）へと続いた。2005年以降の経済成長率はおおむね5～6％台という高さで推移。中国、ロシア、インド、ブラジルに続く新興国グループの一員として評価を挙げている。

ウズベキスタン共和国

Republic of Uzbekistan

面積	44万7400 km²
人口	3190万人
首都	タシケント
通貨	スム
宗教	主としてイスラム教スンニ派、ロシア正教会

LEGEND 伝説

ソ連時代は「暴虐な征服者」、今は「英雄」のティムール

　同国では独立後、歴史の見直しが進められ、ソ連時代に暴虐な征服者として否定的に評価されていたティムールが一転して英雄視されるようになり、国のシンボルとなっている。

　昔はソグディアナと呼ばれたアラル海へ注ぎ込むシル川とアム川の間の一帯は、紀元前10世紀頃からソグド人の居住する地域で、中心にシルクロードのオアシス都市サマルカンドがあった。ソグド人はユーラシア大陸全域で商業活動を展開した国際商人として歴史に名をとどめる民族だが、12世紀まではいくつもの征服王朝の支配を受けながらも、経済的にシルクロードを支配し続けていたものとみられる。しかし1220年、モンゴルによって中心都市サマルカンドが徹底的に破壊され、人口の4分の3が殺されると、そこで痕跡は途絶えた。

　その後、国の分立などで混乱していたこの地を、モンゴル族の1つ、バルラース部族のティムールが統一して、サマルカンドにティムール朝を樹立した（1370年）。ティムールは10年で中央アジア全域の支配権を握り、以後、絶え間なく遠征を繰り返した。1405年に遠征途上で病没するまでに、東は中国の辺境、西はアナトリア、北は南ロシアの草原地帯、南はインド北部に至る広大な地域を支配下においた。

　そんなティムールの獅子奮迅の生涯が見直され、「中央アジアのモンゴルからの解放者」、職人や芸術家を使ってサマルカンドに壮麗な建物を建築した「偉大な都市建設者」などの理由で、国の象徴となった。独立から2年後、タシケントにティムール像が建てられ、1996年にはティムール生誕660年の記念祝典も開かれた。ティムールの英雄視には、民族ではなくこの国土で生まれ育ったという歴史の観点が反映されているといえる。

HISTORY

　中央アジア南部の共和国。キジルクム砂漠が国土の大半を占め、北部のアラル海が乾燥化している。古くは紀元前からイラン系遊牧民ソグド人の領域で、ザラフシャン川の流域やオアシスの縁辺にサマルカンドやブラハの原型となる都市や村落、耕地が営まれた。また中国と結ぶシルクロードの中継地として東西を結んだ。6世紀以降、北部草原の遊牧民チュルクが流入して混住、言語のチュルク化が進み、7世紀末以降のアラブの侵入でイスラム化が進んだ。13世紀にモンゴルが襲来、14世紀後半にティムール朝が成立すると、サマルカンドは交易と文化の中心として繁栄した。1507年、遊牧のウズベク族がティムール朝を滅ぼし、シャイバーニー朝に始まるブハラ・ハーン国を形成した。16世紀初頭にヒバ・ハーン国、18世紀初頭にコーカンド・ハーン国が建ち、3国が鼎立したが、1867年からの帝政ロシアの攻勢に屈し、ブハラとヒバ両ハーン国は保護領、コーカンドは併合された。ロシア革命後の1924年、ウズベク・ソビエト社会主義共和国となる。ソ連崩壊後、91年に独立した。主要産業は綿花栽培と天然資源の輸出。

オマーン国

Sultanate of Oman

- 面積 30万9500km²
- 人口 456万人
- 首都 マスカット
- 通貨 オマーン・リアル
- 宗教 イスラム教

  この国と日本

国王に嫁いだ日本人女性

　オマーンと日本が親密な関係になるきっかけは1924年（大正13年）にまでさかのぼる。この年、日本の地理学者志賀重昂がマスカットを訪問、当時のタイムール国王（カブース現国王の祖父）に謁見したのである。志賀は明治から大正にかけて海外諸国を巡り日本に地理学を広めた先駆者である。著書に著名な『日本風景論』がある。

　志賀から日本の事情を聞いたスルタン・タイムールは日本への関心が高まり、国王引退後の1935年（昭和10年）に初来日、神戸に滞在。当時の神戸新聞は国王の言葉として「（日本から来た友人の話を聞き）日本熱にうなされた」と伝えているほどだ。

　翌年に再び来日、神戸滞在中に知り合った19歳の乙女、大山清子に結婚を申し込んだのである。大山清子の両親一族は猛反対したが、たび重なるスルタンの誠実さについに承諾、正式に結婚することになった。翌1937年（昭和12年）にはブサイナ王女が生まれる。

　しかし、不幸なことに1938年清子が結核で亡くなり、やむなくスルタン・タイムールはブサイナ王女を連れて帰国した。現国王の叔母は、日本人の血を引くブサイナ王女ということになる。

　以上のような背景があり、対日関係はすこぶる良好。2011年3月の東日本大震災の時は、緊急支援のため、オマーンの王族系企業が福島県の一企業に26億円もの発注をしたことで話題になった。

首都マスカットにある国王の宮殿アラム・パレス　©Shutterstock.com

HISTORY

　アラビア半島東端部にあり東北部はオマーン湾、南部はアラビア湾に面す。西はイエメン、北部はサウジアラビア、アラブ首長国連邦に接する。北部ムサンダム半島に飛び地があり、ホルムズ海峡に面している。ペルシャ湾がインド洋へ広がる、その出入り口にあり、紀元前より海洋交易の要衝として栄えた。1〜2世紀頃アラブ人が南下、定住して7世紀頃イスラム教が広まった。16世紀初頭、ポルトガル人がマスカットなど沿岸部を占領。1650年ヤールビ王朝がポルトガル人を追放し全国統一。海上交易や海外遠征が活発化した。その後、1741年現首長のブー・サイード朝となり、東アフリカからパキスタン南部までを支配する一大海洋国家を築き上げた。しかし、蒸気船の登場、スエズ運河の開通により帆船貿易が打撃を受け、衰退した。1919年以降、イギリスの保護領となった。70年カブース皇太子が父親の国王を宮廷クーデターで追放、鎖国主義から開国政策へ転換、国名をマスカット・オマーン土侯国からオマーン国に変え、71年国連に加盟した。経済面では製造業や商業など石油以外の産業創出に力を注ぐ。

カザフスタン共和国

Republic of Kazakhstan

- 面積 272万4900 km²
- 人口 1820万人
- 首都 アスタナ
- 通貨 テンゲ
- 宗教 イスラム教（70.2%）、ロシア正教（26.2%）など

CRISIS 危機

消えた世界第4位の湖「アラル海」

　世界で一番大きい湖はカスピ海。2位は北米のスペリオル湖、以下アフリカのヴィクトリア湖、ヒューロン湖、ミシガン湖（ともに北米5大湖の一つ）という順だ。ところが1990年代初頭まで世界第4位の面積を誇りながら、その後世界の湖沼面積トップ10から消えてしまった湖がある。それはこの国と隣国ウズベキスタンにまたがるアラル海である。

　塩湖のアラル海は世界4位だったころ、面積は日本の東北6県の合計に匹敵する6万8000km²もあり、水深は深いところで60mもあった。だが現在では小アラル海など4つの湖となり、その面積は約1万2000km²。なんと全盛期の2割以下になってしまったのだ。

　アラル海の縮小は、旧ソ連時代の1940年代から進められた綿花栽培のための灌漑事業を目的とする大規模な自然改造計画に起因する。アラル海の水源はアムダリヤ川とシルダリヤ川だったが、そこにダムを建造したことで、1960年を境に湖沼面積は減少の一途を辿った。注ぎ込む真水が減ったことで塩分濃度が上昇し魚がいなくなった。干上がった湖底は砂漠化して塩分や塵を含んだ大規模な砂嵐を発生させ、地域の農業や生態系、人々の健康に大きな被害を与えるようになった。人間が招いたこの大規模な自然改造は、20世紀最大の環境破壊とも呼ばれる。

湖水が干上がって砂漠となり、船が打ち捨てられたアラル海　©Shutterstock.com

1967年「高等地図帳」（二宮書店）のアラル海（上）。下は現在（グーグルマップより。〇がアラル海）

HISTORY

　ユーラシア大陸の中央部に位置。西部はカスピ海沿岸の低地、東部にはアルタイ山脈が走る。旧ソ連では第2の面積。紀元前からこの地には遊牧民が往来し、東西交易の"草原の道"として活用。15世紀、カザフ（放浪者）と呼ばれた集団が、キプチャク草原に勢力を広げ、カザフ・ハーン国を起こす。ハーン国は後に分裂し、18世紀半ばになると、その一部はロシア帝国下に。ロシア革命後は、ソビエト連邦の一部をなす自治共和国を経て、1936年カザフ・ソビエト社会主義共和国となり、91年ソ連崩壊後の12月、カザフスタン共和国として独立。ナザルバエフ大統領は91年に初代大統領となり、その座を降りたことがない。2007年、議会は初代ナザルバエフ大統領に限って何度でも再選を可能にする終身大統領を認める議案を可決。10年には彼の任期を20年にまで延長可能にする国民投票の署名運動まで起こった。石油や天然ガス、鉱物資源に恵まれ、外貨獲得の柱となっている。

カタール国

State of Qatar

- 面積　1万1427 km²
- 人口　267万人
- 首都　ドーハ
- 通貨　カタール・リヤル
- 宗教　イスラム教

ARCHITECTURE 建築

オイルマネーが生んだ東京ドーム85個分のメガリゾート

2004年にその計画が明らかになり、100億ドルを超える費用を投入して2018年の完成を目指し建設が続けられてきたのがカタールのメガリゾート「ザ・パール・カタール」である。

ペルシャ湾に浮かぶ人工島で、敷地面積は東京ドーム85個分に相当する400万㎡。複数のマリーナを取り囲むように居住棟や5つ星ホテルが林立し、世界中の高級レストランやブランドショップ、スパなどの娯楽施設が軒を連ねる。敷地内にはイタリアのヴェニスを真似た、運河と橋を多用した街が再現されてもいる。

カタール人だけでなく世界中のお金持ちに住んでもらおうというこのリゾートに「ザ・パール」(真珠)という名称がつけられたのには理由がある。そもそも油田が発見される以前、カタールを潤していたのは真珠業だった。このリゾートが建設された海は昔、真珠採取のダイバーたちが集まる有名な真珠スポットの一つだったのだ。

アジア有数の真珠生産国だったカタールの地位を脅かしたのは、世界で初めて真珠の養殖に成功した日本から輸出される安価な大量の真珠であった。その後、カタールの真珠産業は衰退していったが、オイルマネーで巻き返したカタール人は、かつて栄華を誇った伝統産業「ザ・パール」の名をこのリゾートに冠したというわけだ。

空からみるとその大きさがわかるメガリゾート「ザ・パール・カタール」
©Shutterstock.com

HISTORY

アラビア半島の東岸、ペルシャ湾に突き出した小半島に位置する首長国。砂漠が国土の大半を占め、海抜は100m以下。18世紀から19世紀にかけてアラビア半島内陸部の部族が移住。1871年オスマン帝国領となるが、1916年イギリスと保護条約を結びその支配下に入った。40年代に石油が発見され、71年にイギリスから完全独立。サーニー家による世襲君主制の首長国で一族支配が続いている。豊富な石油資源で潤い国民の教育・医療は無料、社会保障は充実。対外的には対米関係を重視、湾岸戦争ではイラクと敵対、地上戦に軍隊を派遣した。国内的には、外国からの出稼ぎ労働力に依存。総人口の86.5%が外国人労働者である。2005年には女性参政権を盛り込んだ憲法が発効した。国家財政の90%以上が原油収入、21世紀前半にも石油枯渇が起きるとの危機感があり、現在、世界最大規模といわれる天然ガス資源の採掘への転換が準備されている。

カンボジア王国

Kingdom of Cambodia

- 面積 18万1000 km²
- 人口 1470万人
- 首都 プノンペン
- 通貨 リエル
- 宗教 仏教

WORLD HERITAGE 世界遺産

江戸時代、アンコール・ワットは祇園精舎だった!?

　この国の国旗にもあしらわれているアンコール・ワット（世界遺産）は、隣国タイとの国境の町シェムリアップにある。

　アンコールは当時の王朝の名前、ワットは寺院の意味である。ヒンドゥー教の寺院として、12世紀前半にスーリーヤバルマン2世が建設に着手した。建設途中でタイやベトナムからの侵攻を受け、1431年に放棄されるが、その後16世紀中頃に未完成部分を完成させたという。

　砂岩による石造りで、周囲には環濠が掘られ、南北1300m、東西1500m、幅は190m ある。遺構の面積は200ha、東京ドームの15個分に相当する。

　回廊には江戸時代の日本人が書いた落書き（墨書）が遺されている。16世紀末からは朱印船による貿易が盛んになり、東南アジアにいくつも日本人街ができた。その流れでアンコール・ワットの噂を聞きつけ、訪ねたものと考えられている。

　当時、アンコール・ワットは天竺（インド）に言い伝えられる、釈迦が修行した祇園精舎だと思われていた。徳川家の遺品を所蔵する水戸市の徳川ミュージアムに、江戸期に作成された祇園精舎絵図が残っているが、後の研究で、アンコール・ワットの遺構であると考えられるようになった。そう思ったほど、遺跡が壮大だったのだろう。

世界遺産のアンコール・ワット　　gnohz / Shutterstock.com

HISTORY

　9世紀初めにアンコール朝が成立し、11世紀には海にも通じる交易路が完成するほど強大になった。14世紀タイやベトナムからの侵略をうけて衰退した。1863年フランスの保護領に、87年には仏領インドシナに編入された。太平洋戦争中の1945年3月日本が占領し、名目上独立国家となった。第2次大戦後はフランス領に戻されたが、52年シアヌーク国王が全権を掌握し、53年独立を果たした。その後、人民社会主義勢力が伸張し、70年シアヌーク元首を解任、クメール共和国（ロン・ノル政権）を成立させたが、75年シアヌークとクメール・ルージュ（カンプチア共産党）がロン・ノル政権を倒した。これがポル・ポト政権で、私有財産制度の廃止、都市からの強制移住、農業の集団化を極端なまで推し進め、不服従の知識人や農民らを大量虐殺、その数は200万人近くに上った。その後、ベトナム軍が介入してヘン・サムリン政権が誕生、これに反対したポル・ポト派を含む勢力との内戦が続いた。91年パリ和平協定が成立、その後ポル・ポト派の消滅（1999年）で政局は落ち着いた。

キプロス共和国

Republic of Cyprus

- 面積 9251 km²
- 人口 84万7000人
- 首都 ニコシア
- 通貨 ユーロ
- 宗教 ギリシャ正教、回教、その他

TREASURE 至宝

美の女神ヴィーナスの故郷

　キプロスのパフォス市からレメソスに向かう海岸沿いに、海に向かって一つだけ突き出ている岩がある。"パトラトミュウ"だ。この海辺の泡の中から美の女神アフロディーテ（ヴィーナス）が生まれたとされている、まさに生誕の地だ。近くには紀元前1200年頃につくられたアフロディーテ宮殿跡もある。キプロスではアフロディーテは豊穣の女神として称えられ、紀元前4世紀頃まではこの聖地への巡礼が絶えなかったといわれる。現在のパフォス市は神殿の16kmほど東にあり、紀元前320年に新都市として成立した。市内外にはペルシャ軍がつくった城壁や劇場、闘技場などの他、「王の墓」と呼ばれる巨大な地下墓地群もあり、「ディオニソスの館」「エイオンの館」「テッセウスの館」など、ローマ時代の貴族の館も残っている。これらの建物のギリシャ神話のモザイク画は東地中海のモザイク画の傑作といわれている。
　パフォス市の北48kmあたりにある「アフロディーテの泉」は女神が入浴したといわれ、この水で洗顔すると美人になれるという話もある。

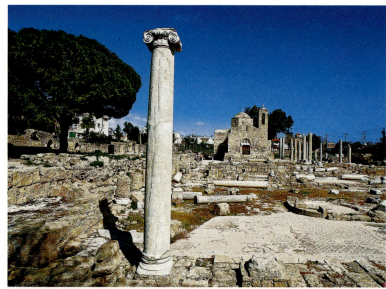

ユネスコ世界遺産に登録されたパフォス市の遺跡群の1つ、アギア・キリアキ・クリソポリティッサ教会　（Cyprus Tourism Organisation）

HISTORY

　アナトリア半島南方の東地中海の小島。シチリア、サルディーニャ島に次いで大きい。紀元前から東地中海の要衝として、エジプト、ギリシャ、ペルシャ、ローマ帝国の支配の後、16世紀オスマン帝国領となる。19世紀後半イギリスがトルコから行政権を奪い、1925年植民地とする。1960年独立したが、トルコ系とギリシャ系住民の対立が激しくなり内戦状態。64年国連キプロス平和維持軍が駐留した。74年ギリシャ軍事政権によるクーデターが発生、トルコ系住民保護のためトルコ軍が侵攻、北部で37％の国土を占領。こちらは「北キプロス＝トルコ連邦国」と称し、83年に独立を宣言。事実上2つの国家が共存している。2004年アナン国連事務総長の再統合案が提示されたが否決された。05年EUにキプロス共和国のみ加盟。「2地域2共同体による連邦国家」が政府の基本姿勢である。

キルギス共和国

Kyrgyz Republic

- 面積　19万8500 km²
- 人口　600万人
- 首都　ビシュケク
- 通貨　ソム
- 宗教　イスラム教 75％、ロシア正教 20％、その他 5％

SOCIAL PROBLEM　社会問題

デモで大統領が次々亡命

　2005年、当時のアカエフ大統領が、選挙に不正があったと野党から激しく抗議を受け、抗議デモが大統領府の占拠にまで至った。身の危険を感じた大統領は、パキエフ元首相を後継者に指名してロシアへ逃亡した。

　パキエフが大統領になったが、再び選挙の不正が持ち上がって反政府勢力によるデモが勃発。政府は治安部隊を出して鎮圧を図ったが、84人もの死者を出す。パキエフ大統領はその責任を追及され、前任のアカエフと同様ベラルーシに亡命した。大統領不在のまま臨時政府がスタートしたが、今度は長年敵対関係にあったキルギス人とラズベリ系住民の間で大規模な武力衝突が起こる。その結果、住民の約40万人が避難民となり、隣国に逃れるという内乱状態に陥ってしまう。

　2010年の暫定政府をへて、11年には新大統領を選出。ＧＤＰの67％に達する累積債務問題など課題は多い。

天山山脈北部に位置するキルギスでは遊牧民による牧畜も盛ん

©Shutterstock.com

HISTORY

　中央アジア東部、天山山脈北側に位置し、国土の3分の2以上が3000mを超える高地。残りも砂漠と乾燥地帯と自然環境は厳しい。17、18世紀までに、チュルク系、モンゴル系、古代イラン系住民によりキルギス人が構成される。19世紀半ば、ロシア帝国の併合によりスラブ系農民が入植するようになり、放牧地が農地として接収されたため、先住遊牧民との対立が生まれる。旧ソ連時代はトルキスタン自治ソビエト社会主義共和国の一部となる。1936年にキルギス・ソビエト社会主義共和国。91年のソ連邦崩壊とともにキルギス共和国として独立し、アカエフ大統領のもとにスタート。経済は金の生産、海外出稼ぎ労働者からの送金に依存している。2015年、ロシア主導のユーラシア経済同盟に加盟。

クウェート国

State of Kuwait

- 面積 1万8000 km²
- 人口 428万人
- 首都 クウェート
- 通貨 クウェート・ディナール
- 宗教 イスラム教

INCIDENT 事件
前妻の恨みを買って死者57人!?

　2010年、クウェートでイスラム社会を震撼させた事件の判決が出た。2009年8月、クウェート市内のテント張りの式場で開かれていた結婚パーティーに乱入、灯油をまいて放火した女性がいた。火はまたたく間にテントを覆いつくした。不運なことにこのテントは消防安全基準に合致しない、入り口が1つしかないもので、しかも女性と子供専用（イスラム教では男女別々に参列するのが一般的）であったため、逃げ遅れる者が多く出た。結果、57名が死亡し90名がやけどなどで負傷するという大惨事となった。

　参列していた新郎の家政婦がテントの近くで新郎の前妻の姿を目撃しており、それが犯人逮捕の決め手となった。前妻は放火の動機を、前夫の「ひどい扱い」に対する復讐だと語ったという。花嫁は無事であったとされるが、死者のなかには花嫁の母と姉妹もいたという。クウェート史上最大の事件と語られ、後味の悪さだけが残ったこの事件は、犯人の前妻の死刑で幕を閉じた。

POLITICS 政治
女性に参政権が認められたのは2005年

　イスラムの社会ではサウジアラビアのように女性参政権を認めていない国もあるなど、総じて女性の政治参加は出遅れている。

　クウェートのジャビル首長は1999年、女性参政権を認める首長令を出した。国民議会でこの法案は1度は否決されたが、2005年、ついに女性参政権が認められた。2006年の選挙では残念ながら女性議員は誕生しなかったが、2009年のクウェート国民議会選挙で同国初の女性議員が誕生している。

超高層ビル群が並ぶ首都
©Shutterstock.com

HISTORY

　日本の四国ほどの広さだが、その大半が砂漠。国名はアラビア語で「小さな砦」を意味する。サバハ家によるこの土地の支配が始まったのが1756年。以後、オスマン帝国支配、イギリスの自治保護領などをへて1961年独立。その後、イラクが領有権を主張したためイギリス軍が一時駐留するが、73年にはイラクが国境地帯を一時占領する事態も。さらに90年8月2日、イラク軍がクウェートに侵攻し、併合を宣言。クウェートは元来イラクのバスラに属する行政単位であったのに、勝手に独立したというのがイラクの主張で、クウェートは7ヵ月の間占領された。翌91年1月、国連安保理による再三の撤退要求を拒否するイラクに対して多国籍軍による戦争（いわゆる湾岸戦争）が開始された。2月、イラク軍は撤退し、クウェートは解放された。首長（2006年即位サバハ）に政治の主権が集中する立憲君主制。国民の9割が国家公務員または国営企業に従事しており、豊富なオイル・マネーを海外への投資にふりわけ金融立国を目指す。

サウジアラビア王国

Kingdom of Saudi Arabia

- 面積 215万 km²
- 人口 3228万人
- 首都 リヤド
- 通貨 サウジアラビア・リヤル
- 宗教 イスラム教（スンニ派85％、シーア派15％。スンニ派のなかでも戒律が最も厳しいワッハーブ派が支配的である）

CULTURE 文化

厳しいイスラムの戒律にご注意あれ

　サウジアラビアは、イスラム社会でも戒律遵守に厳しい国。したがって、非イスラム教徒が、この国を旅すると驚くことばかり。

　まずはお酒。人間の神経をおかしくするという理由で禁じられ、海外からの持ち込みも厳禁。もちろんビールもない。食べ物では、豚肉が不浄視され食されないことは有名だが、羊や牛も撲殺、絞殺されたものはダメで、頸を切って血ぬきされたものしか食べてはいけないなど、調理法にもうるさい。

　礼拝は1日に5回、30分ずつ行われ、この最中はあらゆる公共機関も業務がとまる。ラマダーン（断食月）になるとレストランはおろか食料品店も閉店するため、この期間の旅行は避けた方が無難であろう。

　ほかにも、女性の車の運転が御法度だったり、公共施設へ女性が立ち入ることも禁止。もちろん、町中を女性が肌を露出させるタンクトップのような格好で出歩くこともダメである。きれいなイスラム女性だからといってカメラを向けようとするアナタ、カメラごと没収されることもありますからご注意を……。

ムハンマド誕生の地メッカ（正しくはマッカ）はイスラム教最大の聖地として世界中からイスラム教徒が集まる　©Shutterstock.com

HISTORY

　アラビア半島の8割を占め、イスラム教発祥の地。国土の3分の1は砂漠。イスラム教の預言者ムハンマド（マホメット）が630年に出生地のメッカを聖地とし、661年にウマイヤ朝成立。16世紀にオスマン帝国の支配を受けるが、サウード家が勢力を拡大、1932年にサウジアラビア王国が誕生する。38年、アメリカの石油会社が大規模油田を発見。莫大な原油資源（世界の原油20％という最大の確認埋蔵量のほか天然ガス確認埋蔵量も世界2位）をもとに経済発展をとげ、今日に至っている。政教一致の絶対君主制をとり、海外のイスラム教徒活動への支援を行っている。さらに、イスラム諸国会議や湾岸諸国協力外交会議のリーダーシップをとるなど、豊富な資金をバックに活躍。その反面、湾岸戦争後のアメリカ軍の駐留、イスラム過激派の温床となるなど混乱もある。日本にとってサウジアラビアは最大の原油輸入先（2016年で総輸入量の35％）である。

ジョージア

Georgia

面積	6万9700 km²
人口	400万人
首都	トビリシ
通貨	ラリ
宗教	主にジョージア正教

TREASURE 至宝

名曲「百万本のバラ」とジョージア人画家

　かつてジョージア出身の不遇の画家がいた。東部のミルザーニで1862年に生まれ、首都トビリシに出て独学で絵画を学び、遂にモスクワにまで知られるに至った。

　彼の名はニコ・ピロスマニ。荒野にたたずむ動物や、食卓を囲むグルジア人などの絵を描いた。その純朴な画風を幼稚な絵画と批判する声に追われ、故郷に帰る。貧困と孤独のうちにトビリシで生涯を終えた。

　ピロスマニがトビリシを訪れたフランスの女優・マルガリータに恋をしたという逸話がある。それから生まれたのが、ロシアの詩人アンドレイ・ヴォスネセンスキーによる「百万本のバラ」だ。日本では歌手、加藤登紀子の持ち歌として知られている。

　ピロスマニの絵は後年になって評価されるようになり、彼の描いた名作「女優マルガリータ」はジョージア国立美術館に収められている。

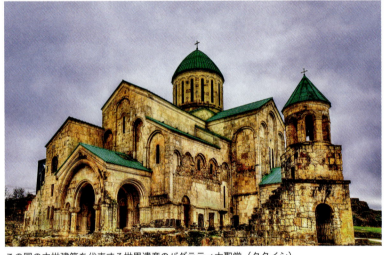

この国の中世建築を代表する世界遺産のバグラティ大聖堂（クタイシ）
©Shutterstock.com

HISTORY

　カフカス地方の南西部に位置する。古代から東西交通の要衝として栄え、紀元前6世紀に統一国家を成し遂げた。4世紀にはキリスト教を受け入れ国教としたが、以後はトルコ、イスラム、イルハン国、チムール、オスマン帝国などの支配を受け、激しく興亡した。1804年、全域が帝政ロシアの傘下に。20世紀に入りロシア帝政崩壊後、1921年、ザカフカース連邦共和国をへてグルジア共和国が独立。赤軍に征服されアルメニア、アゼルバイジャンと共にソ連邦の一員として編入された。モスクワによる中央集権化に頑強に抵抗、36年、単独のグルジア・ソヴィエト社会主義共和国となる。50年以降民族の権利を擁護する民衆運動が高まり、91年ソ連崩壊とともに独立を果たした。92～94年民族紛争から内戦になり、地域をめぐって不安定な要素は消えてはいない。2003年「バラ革命」で独裁政治を排したが、民族対立が続き、08年南オセチアでロシア軍と衝突、両地域が独立。グルジアはロシアの独立国家共同体（CIS）から脱退。15年4月日本は国名表記を「グルジア」から「ジョージア」に変更した。

シリア・アラブ共和国

Syrian Arab Republic

面積	18万5000 km²
人口	2240万人
首都	ダマスカス
通貨	シリア・ポンド
宗教	イスラム教90%（スンニ派74%、アラウィ派、ドルーズ派など16%）、ほかにキリスト教など

WAR 戦争
国民の半数近くが戦禍を逃れて難民に

2010年末にチュニジアで勃発した体制権力への異議申し立て運動（ジャスミン革命）を端緒としながら広くアラブ世界に伝播した「アラブの春」と呼ばれる反独裁政権運動を受け、シリアでは2011年3月以降にデモが激化した。武力弾圧を続けるアサド政権軍と、政権軍を離脱した兵士らからなる反体制派との内戦となり、欧米やロシア、周辺国による思惑をもった介入やISIL（イスラム国）勢力の台頭もあって国内情勢はさらに悪化、これまでにシリア全土で25万人以上が犠牲になったとされている。

2016年に入って米国、ロシアの主導による暫定的な停戦が実現したものの、本格的和平に至るまでの道のりは遠い。その結果、戦禍を避けて国外へと逃れるシリア難民の数は2016年10月時点で480万人を超え、国内避難民は870万人にも上る。実に、総人口の半数近くが避難生活を送っていることになる。

2017年にようやくISIL勢力が事実上駆逐されたものの、内戦終結への出口は見えない。アサド政権を支援するロシアに対し、米国はアサド大統領の退陣を要求し、反政府勢力側を支援するという構図のにらみ合いが続いており、難民たちが帰って安全に暮らせる環境にはない。

ハンガリーを経由してドイツへと向かうシリア難民たち（2015年）。その多くは今も帰国できていない　©Shutterstock.com

HISTORY

地中海東岸に位置し、トルコ、イラク、ヨルダン、イスラエル、レバノンと接する。「肥沃な三日月地帯」の一部で、古くから東西交流の要衝として栄えた。前312年頃セレウコス朝が誕生、エジプトやギリシャ、あるいはペルシャとオリエントの覇権を争ったが、その後はローマ帝国、ビザンツ帝国が支配。661年にアラブのウマイヤ朝がダマスカスを首都と定め、以後政治、経済の中心として発展した。11世紀末からは十字軍戦争の主戦場となり、1516年にオスマン朝の支配下に入った。第1次世界大戦後のフランス委任統治領をへて、1946年4月17日に独立。58年にはエジプトと連合し、アラブ連合共和国となるが、61年に離脱した。63年にバース党が政権を掌握。70年11月、アラブ諸国との協力とイスラエルとの闘争を掲げるハーフェズ・アサド国防相がクーデターを起こし、71年に大統領に就任、国内外で軍事的成功を収め、政権の安定化に努めた。2011年、「アラブの春」を契機にアサド政権と反政府勢力、ISILとの間で内戦となった。1000万人を超す難民を出し、和平のめどはたっていない。

シンガポール共和国

Republic of Singapore

面積	716 km²
通貨	シンガポール・ドル
人口	561万人
宗教	仏教、イスラム教、ヒンドゥー教、キリスト教

WORLD RECORD 世界記録

乗客の評価抜群のチャンギ国際空港

　海外旅行でおなじみの空港も、激しい国際競争にもまれている。アジアでは北京国際空港（中国）やインチョン（ソウル／韓国）などがハブ空港として実力をつけ、質量ともに日本の成田国際空港や関西国際空港をおびやかす存在になりつつある。

　シンガポールのチャンギ国際空港もそのひとつ。500万人ほどの小さな都市国家の空港なのに、1年間の国際線乗客数では世界第6位（成田は13位）、国際線貨物量では8位（成田は6位）にランクイン（国際空港評議会ACI調査。2013年8月までの1年間）。まさにエリアの航空輸送拠点、ハブ空港たるゆえんだ。

　量だけではない。乗客にとってはレストランやショッピングなど空港施設の充実度や快適さという「質」が重要。イギリスの航空調査会社スカイトラックス社が毎年行っている航空会社と空港の賞があり、世界395の空港を1200万人以上の乗客にさまざまな観点から評価してもらいランキングを発表している。2018年度の「世界最高の空港」賞にはチャンギ国際空港が選ばれ、6年連続の第1位となった（3位は羽田空港）。セキュリティやイミグレーションなど部門別の評価でも同空港は「レジャー・アメニティー部門」で1位の評価を得ており、他部門でも上位に入る。乗り継ぎ客を退屈させないために24時間営業の映画館や1000種類以上の蝶が舞う庭園、無料の市内観光ツアーまで用意されている。さらに2000億円ほどを投じ、ドーム上の空間に世界最大規模の人工滝を設置、周囲に庭園やショップ、レストランを多数配置した新施設を建設中だ。

マーライオン越しにそびえる高級ホテル、マリーナ・ベイ・サンズ
Patrick Foto / Shutterstock.com/

2018年「世界最高の空港」ベスト10
（英国スカイトラックス社集計）

1	チャンギ（シンガポール）
2	インチョン（ソウル／韓国）
3	羽田（日本）
4	香港（中国）
5	ハマド（カタール）
6	ミュンヘン（ドイツ）
7	セントレア（日本）
8	ヒースロー（イギリス）
9	チューリッヒ（スイス）
10	フランクフルト（ドイツ）

HISTORY

　マレー半島の突端、ジョホール水道を隔てたシンガポール島と付属諸島からなる都市国家。14世紀末、スマトラ出身のサン・ニラ・ウタマによって町が建設され、「ライオンの町」を意味するシンガプラと名付けられたとされる。15世紀中はマラッカ王国の支配下にあったが、王国は1511年にポルトガルの侵略を受けて滅亡。シンガプラも多くの住民が虐殺されて壊滅した。1819年にイギリス東インド会社のラッフルズが島を支配していたジョホール王国から商館建築の許可を取り付け、都市化を進めた。24年には正式に割譲を受け、26年ペナン、マラッカとともにイギリスの植民地となった。以後、交易の中継地として栄え、マレーシア、中国、インド、インドネシアから多くの移民労働者が渡来した。第2次世界大戦では開戦直後に日本軍が占領。戦後はイギリス支配に戻り、1963年のマレーシア加入をへて、65年8月9日に分離独立した。初代首相のリー・クアンユーが強力な指導力で経済発展を成し遂げた。

スリランカ民主社会主義共和国

Democratic Socialist Republic of Sri Lanka

面積	6万5607 km²	通貨	スリランカ・ルピー
人口	2103万人	宗教	仏教70％、キリスト教11.3％、
首都	スリ・ジャヤワルダナプラ・コッテ		ヒンドゥー教10％、イスラム教8.5％

TREASURE 至宝

1400年間、密林に埋もれていた天空の宮殿

　スリランカの中部、前3世紀に築かれた都アヌラーダプラ、前1世紀に開かれた仏都ポロンナルワ、16世紀に建設されたシンハラ王朝最後の都キャンディを三角に結ぶ一帯は、仏教とともに歩んだ歴代王朝の面影を今に残す文化の三角地帯といわれ、スリランカにある8つの世界遺産のうち5つを擁している。

　そのいくつかを上げると、アヌラーダプラはスリランカ最古の王朝都市で、インドから仏教が伝わったことで仏教寺院が次々に建立され、ピラミッド風のジェータワナラーマヤの仏塔を始め数多くの遺跡が残っている。涅槃仏があるイスルムニヤ精舎、白い屋根色が鮮やかなルワンウェリサーヤ大塔、釈迦がその下で悟りを開いた菩提樹の分け木と信じられている樹齢2000年のスリーマハー菩提樹など、いまも悠久の祈りの歴史をしのばせる。

　5世紀後半、アヌラーダプラで父王を生きたまま壁に塗り込めて殺害、王座を奪った王子がいた。その王子カーシャパは弟モッガラーナの仇討ちを恐れ、ジャングルから天に向かって突き出た高さ200mの岩山の頂上に王宮を築いた。十数年後、カーシャパは弟に追いつめられ喉を掻き切って果て、彼の天空の宮殿「シーギリヤ」もジャングルに埋もれて忘れ去られた。その狂気と独創の建造物がふたたび姿を現したのは1400年後、100年前のことである。優美な噴水庭園、巨大なライオン像の跡、美女たちを描いたフレスコ画、そして頂上からの360度の絶景、それはえもいわれぬ光景であった。

巨大な岩の上に王宮跡が残るシーギリアの遺跡
©Shutterstock.com

HISTORY

　インド亜大陸南端の沖、インド洋に浮かぶ島国。前5世紀、インドの西海岸から上陸した一団が先住民を征服してシンハラ王朝を建てたとされる。前3世紀半ばに仏教が伝えられると王を始め有力者が帰依、東南アジアでの上座部仏教の源流となった。1世紀頃王都アヌラーダプラを中心に巨大な貯水池群が建設され、灌漑農業文明を1000年にわたって開花させた。しかし13世紀にすたれ、北部ジャフナにはタミル王国が出現。1505年にポルトガルの艦隊が漂着したときには3つの小国に分かれていた。以来、16～17世紀半ばにはポルトガル、17世紀半ば～18世紀はオランダの植民地とされ、19世紀からは最後に残ったシンハラ人のキャンディ王朝も併合されてイギリスの植民地となった。第1次世界大戦後、民族自決と仏教復興をめざす運動が高まりをみせ、1931年に自治が一部認められ、第2次世界大戦後の48年2月、イギリス連邦内の自治州セイロンとして独立した。独立後は多数派のシンハラ人と少数派のタミル人の間で民族対立・抗争が拡大し、2006年からは戦闘が激化、09年にタミル人側の拠点キリノッチが制圧されてようやく収束した。

タイ王国

Kingdom of Thailand

- 面積 51万4000 km²
- 人口 6572万人
- 首都 バンコク
- 通貨 バーツ
- 宗教 仏教94%、イスラム教5%

BEST IN THE WORLD 世界一
「天使の都」の知られざる世界一

　観光やロングステイ先、商業の場として都市別在留邦人数がロサンゼルス、上海、ニューヨークに次ぐ第4位（3万9949人。平成24年10月外務省調べ）の首都バンコク。郊外も含めると約640万人の人口を有し、膨張し続ける都市の世界一はというと、まずは旅行先としての人気ぶりだ。

　マスターカード社の2013年度調査（Global Destination Cities Index）で、1泊以上の滞在をした国際旅行客の都市別統計で堂々の第1位となったのがバンコク。2012年度で1位だったロンドンを押さえその数なんと1598万人、ちなみに16位の東京が580万人だからその3倍になる。同調査は2010年から開始されたが、アジアの都市として初めて1位になったのだという。

　もうひとつの世界一は都市名。"バンコク"のどこが世界一なのかと思いきや、実はこれ正式名称ではなく、海外でそう呼ばれるようになったもの。タイの人々は普通、"クルンテープ"と呼ぶ。これも略称で、本当の都市名は「クルンテープ・マハーナコーン・アモーンラッタナコーシン・マヒンタラーユッタヤー（中略）サッカタッティヤウィサヌカムプラシット」。日本語で「インドラ神がウィッサヌカム神に命じておつくりになった、神が権化としてお住みになる、多くの宮殿を持ち、九宝のように楽しい王の都、最高で偉大な地、インドラ神の戦争のない、インドラ神の不滅の宝石のような、偉大な天使の都」という何ともありがたい、長い地名である。

　いいことばかりではない。イギリスのBBCは2012年、世界でひどい交通渋滞が起こる10都市を特集したが、バンコクもそのひとつに選ばれた。都市の許容量が200万台のところを500万台が走っており、ひどいところでは1km進むのに2時間かかると特派員はぼやいている。

アユタヤのワット・プラ・シーサンペット寺院　©Shutterstock.com

車があふれるバンコク中心街
Venera Salman / Shutterstock.com

HISTORY

　インドシナ半島のふところ部分を占め、北部・西部の高地と北東部の高原地帯、チャオプラヤ川が南北に貫通する中部平原、南部のマレー半島部に大別できる。中国南部からインドシナ半島に南下したタイ族が、初めはいくつかの統率された自律的集団として居住していた。チャオプラヤ川流域は11世紀以来アンコール朝のクメール族が支配したが、13世紀前半、2つのタイ族集団の連合軍が奪取、タイ族最初の王朝・スコタイ朝を建設した。この時代に上座部仏教が伝わった。1351年にはラーマティボディ1世がアユタヤ朝を建て、スコタイ朝を併合して勢力を伸長させた。1432年にアンコール朝を滅ぼすと、その勢いはマラッカまでおよぶ大国に発展したが、1767年ビルマの侵攻を受けて滅んだ。代わってタークシンがトンブリー朝を開くが部下に殺され、82年、チャクリが首都をバンコクに遷都して現在のラタナコーシン朝を開いた。19世紀、欧米列強が進出してきたが東南アジアでは唯一独立を維持。1932年に立憲君主制に移行した。第2次世界大戦後は民政とクーデターによる軍政が交互に繰り返されてきた。

大韓民国

Republic of Korea

面積	10万 km²
人口	5127万人
首都	ソウル

通貨	ウォン
宗教	仏教、プロテスタント、カトリックなど

SPORT スポーツ

1936年ベルリン五輪マラソン金メダリスト、孫基禎

バルセロナ五輪（1992年）の男子マラソン。ゴールまで残り2kmとなったモンジュイックの丘で、それまでトップを走っていた日本の森下広一を抜き去って熱い闘いを制したのは、22歳の黄永祚だった。森下の銀メダル獲得はメキシコ大会以来とあって日本では彼の健闘をたたえたが、それ以上に韓国では日本をマラソンで破って優勝したことが、黄永祚を国民的英雄に仕立てた。

そこには1つの因縁があった。戦前の日本統治時代、1936年のベルリン五輪マラソンに出場した朝鮮半島出身の孫基禎が、金メダリストになっているからだ。これはアジアから出場した選手としては初めての快挙でもあった。

しかも孫は30km付近でトップに立ち、そのままゴールするという圧倒的な強さを見せてオリンピック新記録（当時）をたたき出した。さらに、3位にやはり朝鮮半島出身の南昇竜が入ったこともあり、朝鮮の人々にとっては胸のすく思いだったろう。当時朝鮮で発行されていた日刊紙『東亜日報』が表彰台に立つ孫の写真を掲載したが、胸につけた日本の国旗が塗りつぶされていた。朝鮮総督府は慌てて新聞を発行禁止にしたというエピソードがそれを物語っている。

ソウル市内の景福宮　©Shutterstock.com

HISTORY

朝鮮半島の南部を占め、東は日本海（韓国では東海）、西は黄海（韓国では近年西海とすることが多い）に面する共和制国家。7世紀に仏教国家から新羅に統一されるが、まもなく分裂。高麗によって統一されるが、13世紀にはモンゴル帝国の侵入、明朝（中国）の影響、日本の豊臣秀吉の出兵、清朝の侵入などを受け、国としての発展を妨げられた。その後、日清両国の介入がエスカレートし、日清戦争の戦場となる。日本が勝利して1897年、大韓帝国と国名を改める。これは宗主国だった中国・清からの独立を意味した。そして1910年、日本の韓国併合に至った。45年の日本の敗戦により朝鮮半島は二分される。北緯38度線以南をアメリカが管理。48年、大韓民国が成立したが、50年に朝鮮戦争が勃発。53年に休戦となるも、現在でもこの休戦状態が続いている。その間、李承晩、朴正煕ら大統領による軍事独裁が続いた。一方で「漢江の奇跡」と呼ばれた驚異的な経済成長を達成した。民主化運動の高まりから87年に憲法改正。アジア通貨危機の97年にはIMFによる管理下に入ったが、その後経済は回復し、自動車、家電、IT製品などで日本のもの作りを脅かしている。

タジキスタン共和国

Republic of Tajikistan

面積	14万3100 km²
人口	870万人
首都	ドゥシャンベ
通貨	ソモニ
宗教	イスラム教スンニ派

PERSON 人

農場長から大統領へ、タジク版今太閤の野望はどこへ

ソ連崩壊後、タジキスタンでは内戦が繰り広げられ、5万人以上の死者を出した。そのなかで1人の男が農場長からのし上がって、権力を得た。内戦の停戦合意中に行われた1994年11月の選挙で大統領に就任し、2003年の国民投票で憲法の改正に成功、2020年まで大統領の座にとどまることも可能となったエモマリ・ラフモン（07年にラフモノフから改名）その人である。

内戦の発端は1991年9月9日の独立宣言後、11月の大統領選挙で元タジク共産党第一書記のラフモン・ナビエフが当選したこと。この年の8月、ペレストロイカ（改革）路線を進めていたロシアのゴルバチョフ初代大統領に対する保守派のクーデターが失敗。それを支持した共産党第一書記カハル・マフカモフが辞職に追い込まれ、タジク共産党は非合法化されていた。ところがナビエフはマフカモフの前任者で、いわば共産党政権の復活。反発した群衆は92年春、2ヵ月近くにわたって集会を開いた。一方大統領派も近くの広場で集会を開き、緊張が高まるなか、ナビエフは自派の集会参加者に武器を配るなどし、そのせいで銃撃戦が勃発。反対派も武器を取って対抗したことから、やがて内戦へと拡大した。表向きは元共産党勢力とイスラム派・民主派連合の対立だが、大統領側は北部レニナバード州と南部クロブ州、反対派は東部ガルム地方と山岳バダフシャン自治州の出身者という地域間の争いでもあった。

ナビエフが辞任した92年11月、元共産党側の最高会議は、戦火のおよんでいないレニナバード州に集まり、クロブ州ガンダル地区の農場長だった無名のエモマリ・ラフモノフを議長に指名し、新政権を樹立。背景には反対派との戦いで主力だったクロブ州出身者が元共産党派内で力を伸ばしていたことがあった。ラフモノフの新政権は93年春までに一旦は全土をほぼ制圧、しかしアフガニスタンに逃れた反対派が越境攻撃して、97年に和平協定が結ばれるまで戦闘は続いた。そうしたなか、ロシア風のラフモノフからタジク風に改名したラフモンは着々と地位を固め、百姓から成り上がった豊臣秀吉さながらに、今、権力の頂点に立つ。

2016年には憲法が改正され、ラフモンの大統領任期制限が撤廃された。

HISTORY

中央アジア南東部の共和国。国土の9割はパミール高原で、7000m級の山々がそびえる。主要住民のタジク人は前2000年末から前1000年初頭にかけユーラシア草原から中央アジアに移住したペルシャ系民族で、中央アジア南部のオアシス地方に独自の文化を築いた。前5世紀のアケメネス朝ペルシャの時代以来、文明の十字路としてあった9世紀に、ブハラを首都とするタジク系最後の王朝サーマーン朝が建国されたが、同世紀に遊牧民テュルクが定住して言語のテュルク化が進み、16世紀にはウズベク人が侵入、ウズベク人が建てたブハラ・ハーン国の支配下に入った。1868年、現領土の北部がロシア帝国領、南部は保護領となった。ロシア革命後の1924年、ウズベク・ソビエト社会主義共和国内の自治共和国として扱われることになった。しかしタジク人が多数居住するフェルガナ盆地などがウズベク領とされたため不満が噴出、29年に改めて独自の共和国と認められ、フェルガナの一部を編入した。91年、ソ連崩壊で独立。92年以後、党派対立と地域対立が重なり内戦に至ったが、97年に最終和平が合意された。

中華人民共和国

People's Republic of China

面積 960万km²
人口 13億7600万人
首都 北京
通貨 人民元
宗教 仏教、イスラム教、キリスト教、チベット仏教など

ECONOMY 経済

中国は先進国より先に「キャッシュレス社会」になる？

　中国は世界のなかでも「キャッシュレス化」が進んでいる国といわれる。特に店頭で客がスマートフォンなどのIT端末で自身の銀行口座を示すQRコードを提示し、店員がそれに読み取り機をかざすと自動的に代金が口座引き落としになる「モバイル決済」が爆発的に広まり、商店や飲食店はもちろん、タクシーや屋台でもモバイル決済が一般的になりつつあるという。

　日本銀行などの調査によると、日本でモバイル決済を利用すると回答した人の割合は2016年でたったの6%。米国やドイツといった先進国でも似たような割合だが、なんと中国では都市部でのモバイル決済利用者は90%を超えているというデータもある。

　金融サービスの発達が遅れていた国にスマートフォンが普及したことで簡便なモバイル決済が一気に拡大するという傾向があり、ケニアなどでもやはりモバイル決済の利用率が高い。キャッシュレスといえばクレジットカードも浮かぶが、承認には個人信用が重視されるため中国では普及しておらず、その代わりにスマホとインターネットを利用して決済を行うシステムが重宝されている、という現実がある。屋台などでは偽札で支払われるケースも少なくないことから、スマホ決済を導入する屋台も増えているといい、「現金お断り」の傾向に拍車がかかっている。

店頭でのモバイル決済の様子（中国・広東省）　©Shutterstock.com

HISTORY

　多くの王朝が興亡を繰り返してきた中国だが、現在の領土は最後の王朝・清王朝が版図とした領域をほぼ継承している。清朝は19世紀には太平天国など大規模な反乱が頻発した。1840〜42年のアヘン戦争以後、西欧列強の蚕食が始まり、19世紀末からは新興国日本も加わって列強の利権獲得が激化した。1911年辛亥革命で清朝が倒れ、孫文が臨時大総統になったが、革命を成就させるため袁世凱にそのポストを譲った。袁世凱は皇帝こそ退位させたが、その後の裏切りで北京政府（反革命派）と広東政府（革命派。名称は最後には南京政府）が並立、最後は蔣介石が北京を攻略し、東北を除いて全国を統一。その後日本の満州国建国、さらには盧溝橋事件に端を発した日中戦争では、国共合作で抗日戦を戦った。日本敗北後、国共内戦の結果、49年毛沢東が中華人民共和国を宣言。その後大躍進の失敗、文化大革命の大混乱をへて、鄧小平主導の開放政策が定着、2010年には国内総生産が日本を抜き、世界第2位に躍り出た。

あの頃と今ランキング──海外から日本への国籍別訪問者数

1990年 (単位：人)

1位	韓国	978,984
2位	台湾	610,652
3位	アメリカ	564,958
4位	イギリス	212,043
5位	中国	117,814
6位	フィリピン	108,292
7位	タイ	69,477
8位	ブラジル	67,303
9位	ドイツ	66,827
10位	カナダ	64,791
入国外国人総数		3,504,470

2016年 (単位：人)

1位	韓国	5,351,093
2位	中国	5,172,945
3位	台湾	4,019,879
4位	香港	1,749,157
5位	アメリカ	1,270,523
6位	タイ	926,688
7位	フィリピン	474,685
8位	オーストラリア	441,863
9位	マレーシア	395,443
10位	シンガポール	361,557
入国外国人総数		23,218,912

※法務省「出入国管理統計」より作成

ECONOMY 経済
中国の経済覇権は短命に終わる？　米予測

　米国国家情報会議（NIC）がまとめた「2030年の世界トレンド予測」によると、「GDP」「人口」「軍事費」「技術投資」の4点から試算した国力比較で、2030年までに「アジア地域」は「北米＋欧州地域」より大きくなる見通しなのだという。アジアでは中国とインドがスーパーパワーとして台頭し、特に中国は2020年代中頃に米国を抜き世界第1位の経済大国に。欧州、日本、ロシアの経済力は弱体化していき、2030年に中国のGDPは日本の140％にまで達すると予測している。

　ただし、中国のGDP世界一の座は長続きしないとも。2030年時点では中国がインドを上回っているものの、インドの成長率が中国を凌駕していくためその後はインドが世界経済の牽引役となり、中国経済の発展は過去の栄光になっていくという厳しい分析なのだ。

　その理由は労働人口（人口ボーナスといわれる生産年齢人口）と高齢化のスピードにある。中国の労働人口のピークは2016年でその後は減少に転ずるが、インドの労働人口のピークは2050年頃と見積もられているからだ。急速な高齢化が進む中国では2015年に65歳以上の高齢者人口が2億人を突破。全人口の17％に達するとみられる。これは人口増加を抑制するために1979年から始められた「一人っ子政策」の失敗によるもので、中国の研究者からも「未富先老」（豊かになる前に高齢化社会を迎える）と警鐘を鳴らす声が出ている。

　21世紀には19世紀のイギリス、20世紀のアメリカのように一国で国際社会をリードする存在はなくなり、世界のあらゆる地域で覇権国の交代が起こる。今後、世界は多国間協力・共存体制に移行しつつ、国家ではない団体やネットワークが国際社会での発言力を増すとも分析している。

高層ビルが林立する上海。左手前は戦前に建てられたブロードウェー・マンション

朝鮮民主主義人民共和国

Democratic People's Republic of Korea

面積 12万km²
人口 2515万5000人
首都 ピョンヤン
通貨 ウォン
宗教 仏教、キリスト教（実態は不明）

CRISIS 危機

憂慮される政治的迫害と食糧難

多数の国際的人権団体は、北朝鮮の人権状況を世界で最低レベルとみなしている。アムネスティ・インターナショナルはさまざまな基本的人権が当局による拷問や虐待によって厳しく規制されていると報告し、20万人に及ぶ政治犯や家族の強制収容所を「想像可能ななかで最も非人間的な状況」としてその閉鎖を求めている。ヒューマン・ライツ・ウォッチも同国の自由への制約を「世界で最も非人道的」と呼び、外部から実態を確認することが不可能な状況についても憂慮する。

政治的な迫害や食糧難や生活苦を理由に国外へと逃れる人々（脱北者）も少なくない。当初韓国などへ逃れた人々は政治亡命者が大半であったが、1990年代に変化がみられるようになった。1993年の大水害発生以降、北朝鮮では度々水害と旱魃が発生しており、深刻な食糧難に直面している状況が伝えられた。その結果、1995年から徐々に生活苦による亡命が増え、2007年には累計で1万人を超えたと韓国政府が発表している。2011年に金正恩が最高指導者の座についてからは亡命者数が減少傾向にあるが、それでも脱北を試みる者が後を絶たない。

脱北者は割合的に女性が多く、亡命を斡旋する悪徳業者によって越境後に人身売買されるケースも報告されている。大半は受け入れ態勢が整っている韓国で生活している。

ピョンヤンにある金日成、金正日像
©nndrln / Shutterstock.com

HISTORY

朝鮮半島の北半分と518の島からなる。北は鴨緑江、豆満江を境に中国と接し、豆満江河口付近でロシアと接する。南は休戦ラインを挟み韓国と対峙。国土の多くは山地で、中国との国境に白頭山（2744m）がある。夏の高温と比べ冬は厳寒の地。3世紀末に氏族国家成立。4世紀の高句麗、百済、新羅の三国時代をへて、676年、新羅が朝鮮半島統一。935年高句麗、新羅を滅ぼす。1392年国号を朝鮮と改めて李朝を興す。1910年日本による韓国併合。45年日本の敗北により米ソが分割進駐。北緯38度以北をソ連が占領、その後、半島北半分が48年9月に朝鮮民主主義人民共和国として成立。初代首相は金日成。50年からの朝鮮戦争を経て、金日成体制が確立。72年チュチェ（主体）思想を基軸にした社会主義憲法を採択した。対韓国との緊張造成のためラングーン爆弾テロ事件（83年）、大韓航空機爆破事件（87年）を起こす。94年金主席死去。息子の金正日が跡を継ぎ、金独裁体制を確立。2002年日本の小泉首相が訪朝、金正日総書記が日本人拉致を認め、初めて謝罪するもその後、拉致被害者問題は進展せず。12年金正日総書記死去。後継に3男の金正恩が選ばれ、3代にわたる独裁体制に。

トルクメニスタン

Turkmenistan

面積	48万8000 km²
人口	540万人
首都	アシガバット
通貨	マナト
宗教	イスラム教スンニ派、ロシア正教

NATIONAL FLAG 国旗
世界で最も複雑な絵柄の理由

　トルクメン人は11世紀の西アジアにセルジューク王朝を建てたテュルク民族系オグズ族の系譜を引く。同時期の知識人だったカーシュガリーの『テュルク諸語集成』によると、テュルク民族は20の大きな集団に分かれ、オグズはペチュネグ、キプチャクに次ぐ3番目の規模、それがさらに22の氏族で構成されていた。イルハン朝で活躍した13～14世紀初めの政治家ラシード・ウッディーンの編纂した『集史』では24氏族とされ、それらは伝説の始祖オグズ・ハーンを父とする6人の息子から、さらに4人ずつ生まれた子供たちを始祖とするという。

　トルクメニスタンの国旗は緑色旗で、三日月と5つの星が白く描かれ、旗竿側に赤い色を地色として5つの絨毯模様を配した帯が縦に入る。三日月と星の組み合わせはオスマン帝国の国旗に描かれたシンボルで、現在はトルコ、アゼルバイジャン、ウズベキスタンなどテュルク民族の国家やマレーシア、パキスタンといったイスラム国家の国旗に使われている。5つの星はトルクメニスタンの州、赤い地色の帯に配された5つの絨毯模様はトルクメン人の代表的な5部族を表し、上から順に、テケ、ヨムト、アルサリ、チョウドゥル、サリク各部族の文様である。帯の下部に描かれたオリーブは、1995年に国連で認定された永世中立国であることを示している。それゆえ、世界で最も複雑な国旗といわれる。

　1991年のソ連崩壊で独立した後に制定された国章は、ルブ・エル・ヒズブと呼ばれるイスラム教を象徴する八芒星の形で、金色で縁取りされた中の緑色や上部に白で描かれた三日月と星、赤い地色に5つの部族を表す絨毯模様で構成された輪など、国旗と基調を同じくする。絨毯模様の輪に囲まれた中央部には1頭の馬。これはアハルテケと呼ばれるトルクメン人が誇りとする歴史的な名馬種で、品種として正確な祖先を辿るのは困難とされるが、かつてアレクサンドロス大王も乗ったとも伝えられる。持久力に優れ、サラブレッド3大始祖の1頭とされる名馬も輩出。騎馬戦術を得意とした遊牧民の歴史を象徴する馬である。

トルクメニスタンの国章

HISTORY

　中央アジア西部に位置し、カスピ海東部に面する共和国。カラクム砂漠が国土の80％を占める。地域としてみれば、漢名安息国、パロティア王国発祥地とされるニサ遺跡がある。6世紀にトルコ系民族が定住、以後は7世紀のウナイア朝をはじめ13世紀のモンゴル、ティモール帝国などの王朝が盛衰を繰り返した。トルクメン人は11～12世紀にセルジューク朝を建国した遊牧民族として初めて歴史に登場した。その後また遊牧民にもどり、16世紀には近隣に建国されていたブハラ・ハーン国、ヒバ・ハーン国、カージャール朝イランに対して、ときに激しく抵抗し、ときに臣従を繰り返した。19世紀半ば過ぎに諸部族が連合、ヒバ・ハーン、カージャール朝イランの部隊を撃破、領土を確保した。しかし1869年にカスピ海東岸に侵攻、中央アジア進出を目指す帝政ロシアに併合された。ロシア革命後の1924年、トルクメン・ソビエト社会主義共和国。ソ連崩壊で91年に独立。豊富な天然ガス資源と綿花栽培を経済基盤とする。

トルコ共和国

Republic of Turkey

面積	78万576 km²	通貨	トルコ・リラ
人口	7981万人	宗教	イスラム教（スンニ派、アレヴィー派）、
首都	アンカラ		キリスト教、ユダヤ教

WORLD HERITAGE 世界遺産

トルコNo.1の観光地、カッパドキア

トルコ中央部アナトリアにあるカッパドキアは、平均海抜1200mの高地に地面から生え出たような巨岩、巨石で覆われ、植物は少なく、おとぎ話の世界か不思議な国に迷い込んだような異風景が広がる。

この珍しい地形は6000万年前からの度重なる噴火活動によって生まれ、堆積した灰や溶岩が何層にも重なった。それが固まって次第に凝灰岩や玄武岩として壮大な岩肌の台地が形成され、雨による浸食で深い溝が刻み込まれたギョレメの渓谷や、100mもの絶壁に挟まれたウフララ渓谷など数々の谷が出現した。

BC6～7000年頃の新石器時代、カッパドキア周辺に人々が生活していたことがわかっており、BC1900年頃ヒッタイト人がカッパドキアを中心に強大なヒッタイト帝国を築いていたといわれる。

トルコはアジアとヨーロッパを結ぶ大陸の架け橋的な位置にあり、数々の侵略と興亡の歴史が繰り広げられてきた。なかでもカッパドキアはやわらかい石灰岩地帯なので、敵の目から逃れるためこれを掘って隠れ家、住居として利用しそれが地下都市にまで発展していった。ここに逃げたキリスト教徒たちは「ギョレメ」（見ることのできない土地の意）と呼んだ。世にも不思議な自然に人間の歴史が刻まれ、宗教と芸術と文化がみごとに調和して、カッパドキアの中心・ギョレメの町が生まれた。そのため1985年、ユネスコの世界遺産において自然と文化を兼ね備えた「複合遺産」として登録された。いまや、世界的な観光リゾート都市に発展している。

カッパドキアのギョレメ野外博物館　©Shutterstock.com

HISTORY

アナトリア半島全域とバルカン半島南東の一部にまたがる共和国。前17世紀、アナトリア高原にヒッタイトが侵入して建国。滅びる前1200年頃までエジプトやメソポタミアの諸勢力と覇権を争った。前9世紀にフリュギア王国、前7世紀にリュディア王国、前6世紀にはアケメネス朝ペルシャが支配。前4世紀にはマケドニアのアレクサンドロス大王に征服された。前2世紀にローマ帝国に帰属。11世紀にはセルジューク朝の侵略を受けたが、1299年建国のオスマン朝が勢力を拡大。1453年にビザンツ帝国の首都コンスタンティノープルを陥落させ、20世紀初頭まで繁栄。しかし第1次大戦に敗北、1920年のセーブル講和条約で領土が西欧に分割されて縮小した。そうしたなかムスタファ・ケマル将軍が祖国回復運動を展開、22年にスルタン制を廃止、翌年ローザンヌ条約により国境を画定、共和国宣言をした。初代大統領ケマルは政教分離や文字改革など近代化を推し進めた。46年に複数政党制が導入されたが、軍部のクーデターによる圧力で政権交代がしばしば起きている。

日本国

Japan

- 面積 37万8000km²
- 人口 1億2711万人
- 首都 東京
- 通貨 円
- 宗教 仏教、神道、キリスト教など

EVENT 出来事

1964年東京五輪、3つのドラマ

　事業総額1兆円と言われた1964年の東京オリンピック。高度経済成長を果たした当時の日本を象徴する大会だった。そこに生まれた悲喜こもごものドラマをいくつか。

　「東洋の魔女」と呼ばれた日本の女子バレーボール。彼女らを率いていたのがスパルタの大松博文監督で、彼が教え込んだ必勝法は「回転レシーブ」。身長差で不利な日本が勝つにはこれしかなく、選手たちはその過酷な練習に泣きながら耐え、打倒ソ連を目指した。

　そして日本対ソ連の決勝戦。そのテレビ視聴率はビデオリサーチ社のデータでも歴代2位の66.8%を記録しており、文字通り日本中が固唾を呑んで見守った。猛特訓の甲斐あって彼女たちは見事ソ連を破り、日本中が驚喜した。

　そして男子マラソンである。実力もあるのに前回のローマ大会では入賞者すら出せず、今度こそという意味で国民の期待を集めた種目でもあった。出場選手は寺沢徹、君原健二、円谷幸吉の3人。経験豊富な寺沢、君原に比べ、マラソン経験に乏しい円谷はさほど期待されていなかった。

　ところが、トップを独走するアベベを猛追したのは円谷。ゴールの国立競技場へアベベに次いで飛び込んだ円谷に大歓声が上がるが、それはすぐに悲鳴に変わった。3位につけたイギリスのヒートリーが、トラックで円谷を抜き去り、2位に入ったのだ。円谷は銅メダルで、東京オリンピックの陸上競技では唯一となった。彼には次の大会の金メダル候補という期待が寄せられたものの、その3年後、さまざまな理由から遺書を残して自殺してしまった。享年27歳であった。

　3つめのドラマは初めてこの大会から正式種目となった柔道でのこと。このときは軽量級、中量級、重量級、無差別級の4階級のみだったが、お家芸ということもあって中谷雄英（軽量級）、岡野功（中量級）、猪熊功（重量級）の3名は期待通り金メダルを獲得。残るは無差別級の神永昭夫に日本中の期待が集まるなか、オランダの巨漢アントン・ヘーシンクとの決勝戦を迎える。

　試合開始。神永の動きが固く、対するヘーシンクには余裕があった。まもなく当時の制限時間10分を迎えようとするとき、もつれて倒れた神永にヘーシンクが袈裟固めをかけ、鮮やかな1本勝ち。全階級制覇を当然と考えていた日本柔道界を揺るがし、今なお柔道界で語り継がれる出来事になったのである。

HISTORY

　ユーラシア大陸東部の島国で、立憲君主制国家。畿内を中心に7世紀後半、中国の律令制を導入した国家制度をつくり「日本」と名のる。12世紀には台頭してきた武士が中央の実権を握る。鎌倉幕府時代に西日本で商品経済が発達。室町幕府をへて各地の有力大名の間で激しい武力抗争が起こり、戦国時代となるが、16世紀後半に織田信長、豊臣秀吉によって統一を果たす。17世紀に江戸幕府が成立し、海禁政策で国内完結型の経済構造をとりながら政情の安定した時代が長く続いた。19世紀後半、アメリカなどから開港を迫られ、諸外国と条約を結んで近代国民国家を目指す（明治維新）。明治政府は富国強兵の掛け声のもと日清、日露戦争をへて台湾や朝鮮を領有。中国にも進出し、満州国建設や日中戦争が拡大するとアメリカなど欧米諸国との利権をめぐって対立。ドイツ、イタリアと同盟を結び1941年12月、太平洋戦争に突入。45年8月、連合国に降伏し、アメリカの占領下におかれた。47年、戦争放棄を含めた民主主義の新憲法を施行。東西冷戦下で高度経済成長を達成し、有数の経済大国となる。

経済・環境ランキングで知る世界と日本

外貨準備高
(2016年／単位 100万ドル)

1	中国	3097658
2	日本	1216519
3	スイス	678909
4	サウジアラビア	547261

(出典／The World Bank)

国内総生産
(2015年／単位 億ドル)

1	アメリカ	180366
2	中国	110077
3	日本	43831
4	ドイツ	33634

(出典／World Development Indicators 2017)

対外直接投資
(2016年／単位 100万ドル)

1	アメリカ	299003
2	中国	183100
3	オランダ	173658
4	日本	145242

(出典／JETRO 世界貿易投資報告 2017)

国防支出総額
(2016年／単位 100万ドル)

1	アメリカ	604452
2	中国	145039
3	サウジアラビア	56898
4	イギリス	52498

(日本は6位で473億4200万ドル。
出典／The Military Balance 2017)

国連通常予算分担金
(2017年／単位 100万ドル)

1	アメリカ	611 (分担率 22%)
2	日本	244 (9.7%)
3	中国	200 (7.9%)
4	ドイツ	161 (6.4%)

(出典／外務省資料)

産業工程での二酸化炭素排出量
(2014年／単位 万トン)

1	中国	1028407
2	アメリカ	525027
3	インド	223667
4	ロシア	170404
5	日本	121312

(出典／CDIAC 資料)

1964年の東京オリンピックに際して世界各国で発行された記念切手の一例

① rook76、②③⑤ Solodov Alexey、④ Neveshkin Nikolay / Shutterstock.com

リベリア

ルワンダ

アラブ首長国連邦

パラグアイ

モンゴル

ネパール連邦民主共和国

Federal Democratic Republic of Nepal

- 面積　14万7000 km²
- 人口　2649万人
- 首都　カトマンズ
- 通貨　ネパール・ルピー
- 宗教　ヒンドゥー教が多数

PEOPLE 人々

勇猛さで知られるグルカ兵

　グルカはもともとネパール語を話すヒンドゥー教徒で、複数の周辺民族で構成される集団。そこから生まれたのがグルカ兵で、小兵ながら山岳戦、白兵戦で勇猛な戦いぶりを示すことで古来より恐れられてきた。

　19世紀イギリス東インド会社が傭兵としたことに端を発し、その後インド軍における傭兵の重要な供給源となる。セポイの乱をはじめイギリスのかかわった戦争の最前線で戦い、勇名を馳せた。第2次世界大戦時の日本軍も、インパール戦線などでこのグルカ兵に大いに苦しめられたことが知られている。

　戦後、イギリス占領軍の傘下で日本に駐屯したこともあった。イギリス陸軍には、正式な構成部隊としてグルカ連隊（正式には"10 The Queen's Own Gurkha Logistic Regiment"）があり、現在にいたる。近年イギリスの軍備縮小などから、退役グルカ兵を擁する民間軍事会社やセキュリティー・サービスが相次いで設立されている。

ロンドンのイギリス国防省前にはグルカ兵をたたえる銅像がたてられている
©Shutterstock.com

HISTORY

　ヒマラヤ山脈の南斜面とヒンドゥスタン平原からなり、世界の高峰サガルマタ（エヴェレスト8848m）を筆頭にカンチェンジュンガ、ダウラギリ、マナスルなどがそびえている。1769年グルカ族のシャー王朝が全土を統一したが、19世紀初頭アジアへ触手をのばすイギリスとのグルカ戦争に敗れ、領土割譲を余儀なくされる。1951年インドの支援で立憲君主制を敷き王政が復活。59年初の総選挙でネパール会議派内閣が成立した。90年国王は複数政党制を導入し、主権在民と立憲君主制を柱とする新憲法を公布。しかし、山岳部でネパール共産党毛沢東主義派が蜂起、政府軍との武装闘争で死者7000人を数え混迷を極めた。2007年に毛派が国政に参加、08年の選挙で毛派が第1党となり、王政廃止、連邦共和制へ移行した。11年統一共産党カナル議長を首相とする毛派との連立政権が発足した。外交的には非同盟中立、インド、中国とも良好な関係を保つ。内政では、観光業が外貨獲得の主要な手段だが、インドへの経済依存度が今なお強く、最貧国を脱することを重要課題としている。

バーレーン王国

Kingdom of Bahrain

面積	769万8000 km²
人口	142万4000人
首都	マナマ
通貨	バーレーン・ディナール
宗教	イスラム教（シーア派70％、スンニ派30％）

INDUSTRY 産業

御木本幸吉とバーレーンの意外な関係

　カタール沖合のアラビア湾沿岸は天然真珠の産地である。何百年にもわたってカタールの住民は真珠を採取し、周辺諸国に輸出していた。採取のダイバーは2万人を超える盛況さだったという。

　転機を迎えたのは、1920年代に日本人、御木本幸吉らによって優秀な養殖真珠が開発されたことだった。品質が均一でその割には安価な真珠は瞬く間に世界の真珠市場を席巻、それに伴ってカタールの真珠はヨーロッパでさっぱり売れなくなった。真珠採取はこの国の主要産業の座から退場し、現在では採取ダイバーは300人程度しかいない。

　バーレーン沖合には今でも5万ヘクタールもの真珠貝繁殖場が広がっており、1ヘクタールあたり2万から4万の密度で生育しているという。貝はほとんどがベニコチョウガイ（紅胡蝶貝）だが、毎年稚貝の放流も行われている。

　バーレーンの真珠産業が細々ながら続いているのは、アラブ諸国の王族や富豪に根強い愛好者が多いことによる。休日になると周辺諸国からどっと人々が買い求めにやってくるのだ。

　バーレーンは養殖真珠の輸入を禁じているが、それは天然真珠こそ本物であり、養殖物はまがい物という強い観念があるからだ。養殖真珠はいってみれば中古車でしかないという考え方もあるようだ。誰でもお金に余裕があれば中古車よりも新車を求めるに違いない。

　天然真珠への偏愛は、たとえばインド洋マンナル湾の真珠を愛好しているインド人の例にもみられるように、バーレーンやアラブ諸国だけのものではないようだ。天然物だから大きさはバラバラなのが特徴で、したがって取り引きはカラットで行われている。

　バーレーンの天然真珠を求める人々は、何百年も前からそれに親しみ馴染んでおり、そういう顧客に支えられて、世界で最後の持続可能な天然真珠の繁殖場を守ろうとしている。

　世界の真珠市場は年商4億ドルともいわれるが、その大半は養殖真珠。そういう厳しい現実ながら、バーレーンの天然真珠産業は確かに途絶えることのない地場産業としての地位を誇りとしているのである。

HISTORY

　ペルシャ湾南岸にあるバーレーン島を主島とする。ここは紀元前2500年頃から古代メソポタミアのペルシャ湾貿易の中継基地であったらしい。9世紀末、イスラム教シーア派系のカルマト派の一大拠点となったが、988年ウカイル人の攻撃を受けカルマト派は衰微した。しかし住民のシーア派信仰は底流となって保たれた。当時の住民はナツメヤシ栽培や漁業を生業としていたが、真珠採取も始まっていたという。11世紀以降、サファービー朝ペルシャ、オスマン朝に支配され、次いでポルトガルの勢力が入ってきた。18世紀末、アラビア半島のスンニ派一派であるハリファ家の軍勢が上陸し、征服した。これが今に続く王室で、現在の王の名前はハマド・ビン・イサ・ハリファである。1867年イギリスの保護下に入ったが、独立したのは第2次世界大戦後の1971年である。2002年に憲法を改正し、首長制から王制となり国名も「バーレーン王国」に変更された。

パキスタン・イスラム共和国

Islamic Republic of Pakistan

- 面積 79万6000 km²
- 人口 1億9540万人
- 首都 イスラマバード
- 通貨 パキスタン・ルピー
- 宗教 イスラム教（国教）

WORLD HERITAGE 世界遺産

行くまでが大変？　パキスタンの名所旧跡

　パキスタンは世界三大文明の一つ、インダス文明発祥の地である。その中心だった古代都市モヘンジョ・ダロ遺跡は世界遺産に登録され、今も残る碁盤の目状の街路や排水溝は、ハラッパー遺跡（世界遺産同国暫定リスト）とともにパキスタン観光の目玉。さらに仏教遺跡ガンダーラ最大の都市タキシラも世界遺産である。

　これだけではない。1970年代まで藩王国があった北西部のフンザ渓谷（ギルギット・バルティスタン州）は現代の「桃源郷」とも呼ばれる。7000m級の山々を望むパミール高原は、古来パキスタンと中国新疆ウイグル地区を結ぶシルクロードの中継地。春には杏の花が一面を覆う素晴らしい景色に魅せられて、日本を始め世界中から観光客が訪れる。

峻険な山々が美しいフンザ渓谷
©Shutterstock.com

HISTORY

　西はイランとアフガニスタン、東はインドに接し、カシミール地方の領有をめぐり国境紛争が絶えない。南はアラビア海。国土中央のインダス川流域平野で、前25～前18世紀に世界三大文明の1つインダス文明が誕生。その後幾多の王朝が支配、衰亡を繰り返すが、1858年ムガール王朝の滅亡後、イギリスの植民地に。1947年東西パキスタンがインドと共にイギリスから独立。しかし、インドとはカシミール帰属問題で印パ戦争を戦い、その火種は今も続く。独立後、3次にわたるインド・パキスタン戦争やバングラデシュの独立、国内でも民族問題などをかかえ、4度のクーデターによる軍事政権と民政を繰り返しながら政治的にも不安定な状況が続いた。ナワズ・シャリフ政権下の98年にはインドに続いて核実験に踏み切り、成功させて核保有国となった。

バングラデシュ人民共和国

People's Republic of Bangladesh

面積 14万7000 km²
人口 1億6175万人
首都 ダッカ
通貨 タカ
宗教 イスラム教（国教）89.7%、ヒンドゥー教 9.2%、仏教0.7%、キリスト教0.3%

ANIMAL 動物
国の象徴ベンガルトラは絶滅危惧種

　バングラデシュの「バングラ」はベンガル語で「人（ベンガル）」を、「デシュ」は「国」を意味し、「ベンガル人の国」となる。国を象徴する動物（国獣）もまた「ベンガルトラ」である。

　ベンガルトラはバングラデシュのほか、インド、ネパール、ブータンなどに分布するが、特に重要なのは、バングラデシュとインドにまたがるガンジス川河口のスンダーバンズである。同地域はマングローブに覆われた1000km²におよぶ広大な大湿地帯が広がり、両国がそれぞれの領土を国立公園に指定している。スンダーバンズは世界最大のトラの生息地とみなすことができる。

　体毛は短く背面の毛はオレンジや赤褐色で頬や耳介の内側は白い体毛で被われている。縞は少なく、肩部や胸部に縞のない個体もいるほか、目が青い白色変種のホワイトタイガーが生まれることがある。

　ベンガルトラの個体数は20世紀後半から激減したと考えられており、2009年の国際自然保護連合（IUCN）のレッドリストでは絶滅危惧亜種として登録されている。2010年に発表されたIUCNの統計によるとその個体数は1632～2501頭となっている。

ECONOMY 経済
日本を上回る人口を誇るも経済発展は足踏み

　世界銀行の統計によると2014年のバングラデシュのGDPは1738億ドル、バングラデシュ統計局の統計では1人当たりのGDPは1110ドルと低水準である。国際連合による基準に基づき、後発開発途上国と位置づけられている。

　ガンジス川の氾濫により涵養された、世界有数の豊かな土地を誇ることから、歴史的に外からの侵略も絶えなかった。「黄金のベンガル」といわれていた時代もあり、1億6175万人と日本を大きく上回る膨大な人口と5000～6000万人の労働力を持っていることから経済の潜在能力は高いが、洪水などの自然災害にたびたび見舞われる影響もあり、現在では貧困国の一つに数えられる。2011年にアジア開発銀行が公表した資料では、1日2ドル未満で暮らす貧困層は国民の75%を超える約1億1800万人と推定される。

HISTORY

　インド東部の東ベンガル地方の国で、国土の大半はガンジス川・ブラフマトラ川の沖積平野で、国土の約6割が耕作地である。この地域では古来からさまざまな王朝が興亡したが、12世紀前半からのセーナ朝期にムスリム勢力が浸透した。1576年ムガル帝国に征服され、17世紀にダッカがベンガル州の州都となった。18世紀後半にはイギリス領植民地になり、開墾が進んでムスリム勢力が急増した。20世紀初頭、ベンガル分割をきっかけに反英独立運動が盛んとなり、その過程でヒンドゥーとムスリムの対立も先鋭化した。1947年インド独立にあたりムスリム多数地域の東ベンガルは西パキスタンに組み込まれ東パキスタンとなり、西ベンガルはインドの1州となった。やがて、西パキスタンの政治経済支配に不満がつのり、71年3月独立宣言を発し、インドの介入などもあって同年12月バングラデシュが成立した。その後も国内の内紛は続いたが、2008年の総選挙でアワミ連盟（AL）が勝利、現在は安定している。非同盟を採用しているが、PKOでは常に派遣数で3位以内に入っている。

東ティモール民主共和国

The Democratic Republic of Timor-Leste

- 面積　1万4900 km²
- 人口　118万人
- 首都　ディリ
- 通貨　米ドル
- 宗教　カトリック98%、イスラム教1%、プロテスタント1%

LEGEND 伝説
ワニは島民たちの先祖

　東ティモールにはクロコダイルワニが多数生息し、人間や家畜が襲われて大けがをしたり食べられてしまうケースが少なくない。しかし、ワニの被害に遭っても駆除したりはしない。ワニは特別な力を備えた神聖な動物として崇められており、悪人だからワニに食べられるのだと信じられている。

　ワニの化身がこの島をつくったという創世神話もある。小さな沼地で何百年も生きてきたワニが、食べ物を求めて野原を目指した。岸に上がって歩くうちに太陽の強い日差しが照りつけ、ワニはどんどん弱っていった。そこへ通りかかった少年がワニを抱えて沼のそばに運び、ワニは元気を取り戻した。腹を空かせたワニは少年を食べようとしたが、命の恩人を食べることはできないと考えなおして少年にお礼を言った。そして、海の向こうに行ってみたいという少年の願いをかなえようと、背中に少年を乗せて太陽が昇る東の海へと向かった。やがてワニが疲れ果てて息を引き取ると、突然その場で大きくなって丘や森や川に覆われた島になった。少年はその島に住み、子孫が繁栄していった……。諸説あるが、これが大まかなあらすじだ。

　ティモールの人々は川や湖で泳ぐとき、「アボ(テトゥン語で"おじいさん")、私はあなたの子孫だから食べないでください」とお祈りするという。

伝統的衣装に身をつつんだ東ティモールの子どもたち　©Shutterstock.com

HISTORY

　オーストラリアの北、ティモール島の東半分とアタウロ島、ジャコ島、飛地のオイクシが国土。16世紀初頭、メラネシア系部族の小王国が分立していたティモール島にポルトガル人が渡来、活動拠点とし、1702年にポルトガルが最初の提督を派遣して正式な植民地とした。1859年、近隣で植民地の覇権を争っていたオランダに西ティモールを割譲、島は東西に分断された。第2次世界大戦後の1975年11月28日、内戦に勝利した東ティモール独立革命戦線(フレティリン)が独立宣言。しかし共産国化を怖れるアメリカとオーストラリアの後押しを受けたインドネシアが武力占領して併合した。独立派はゲリラ活動を続け、海外で抵抗を訴えたラモス・ホルタとベロ司教の96年度ノーベル平和賞受賞で注目を集め、99年、独立かインドネシア残留かを決める住民投票にこぎつけた。結果は独立派が8割近くを占めたが、反対派民兵が武力で破壊と殺戮に走った。多国籍軍が派遣され、2001年に制憲議会選挙、02年に大統領選挙を実施、5月に正式に独立した。主な産業は石油・ガスやコーヒーの輸出。

フィリピン共和国

Republic of the Philippines

面積	29万9404 km²
人口	1億98万人
首都	マニラ
通貨	フィリピン・ペソ
宗教	カトリックが多数

EPISODE エピソード

アジアのノーベル賞 マグサイサイ賞

正式には「ラモン・マグサイサイ賞」。フィリピン第7代大統領ラモン・マグサイサイの功績を記念して1957年に創設された。1907年サンブレス州イバで生まれ、第2次世界大戦時、アメリカ極東軍指揮下の抗日ゲリラ戦に参加。戦後政界入りし、1950年にキリノ大統領より国防長官に任命され、共産主義系フクバラハップ団の反乱を鎮圧。53年の総選挙で大統領に選出された。

在任中、マラカニアン宮殿を国民に開放するなどして国民の高い人気を得た。軍の改編や汚職対策、農地改革に着手したものの、飛行機事故により51歳の若さで亡くなった。

以来、マグサイサイ賞財団が人種や国籍を問わず、アジア地域での社会貢献に尽力した個人や団体に毎年授与している。主な受賞者にはインドのマザー・テレサ、チベットのダライ・ラマ14世をはじめ、日本人では映画監督の黒澤明や画家の平山郁夫、国連の緒方貞子などがいる。

市内を走る乗り合いバスのジプニー
saisnaps / Shutterstock.com

日本人移民がかつて「ルソン富士」と呼んだルソン島のマヨン山

©Shutterstock.com

HISTORY

マレー諸島の北に位置する7107の島々からなる。最大の島がルソン島、ミンダナオ島が次ぐ。中央部は山岳地帯、海岸部に平野が広がる火山島。マレー系民族が先住、16世紀頃には中国や東南アジアとの交易で栄えた。1521年マゼランの上陸以降、スペインが遠征隊を送り、1571年にマニラを根拠地に植民を開始。以降300年にわたってスペイン植民地。19世紀末ホセ・リサールを中心に民族革命運動が起こり、1898年アギナルド将軍による独立戦争の結果、独立を勝ち取ったが、太平洋進出を図るアメリカとの間に米西戦争が起き敗北、40年間アメリカの統治下におかれる。1942年から45年、日本軍が占領。第2次世界大戦後、46年ロハス初代大統領のもと独立。65年からマルコス大統領の独裁政治が続き、83年、反マルコスを掲げるアキノ氏暗殺から反政府運動が激化。86年エンリレ国防相、ラモス参謀長が反乱を起こし、アキノ氏未亡人コラソン・アキノが合流し、大統領就任を宣言した。アキノ新体制以来、新憲法を制定して民主化が進められてきたが、貧富の差やミンダナオ島の反政府勢力（共産ゲリラ）など、国内的な課題は多い。

ブータン王国

Kingdom of Bhutan

- 面積 3万8394 km²
- 人口 80万人
- 首都 ティンプー
- 通貨 ニュルタム
- 宗教 チベット仏教75%、ヒンドゥー教25%

SPORT スポーツ
オリンピック出場種目「アーチェリー」はブータンの国技

　ブータンのオリンピック委員会は1983年に発足し、84年のロサンゼルスオリンピックから毎回（夏季のみ）参加しているが、参加種目は、2008年北京大会までアーチェリー1種のみだった（2012年ロンドン大会よりエアライフルに女性選手が出場）。それもそのはず、アーチェリーはブータンの国技で、国民からとても親しまれているスポーツである。

　伝統的なのは「バチュー」と呼ばれる竹製の弓。昔から祝い事のたびに隣同士の村や地域の間で互いの技を競い合うものだったという。的までの距離が100mもあるのが特徴で、当たると双方で「ワハーワハーワハワハワハー」などとはやし立てて踊り、時には見物の女性たちも輪になって踊り出す。

　2011年11月には新婚のワンチュク国王夫妻が来日し、その美男美女ぶりも手伝って日本中の注目を集めたことは記憶に新しい。物質的豊かさよりもいかに幸福に暮らせるか、という独自の指標「国民総幸福量」（GNH）を追求するこの国の姿も、日本人に強い印象を与えた。

ブータンで国民的競技として楽しまれているアーチェリー

街中にも国王夫妻の巨大ポートレイトが

©Shutterstock.co

HISTORY

　ヒマラヤ高山域の冷涼少雨の北部にある。8世紀以前の歴史は不明だが、8世紀中期には仏教が伝わり、9世紀頃チベット軍に征服された。17世紀、チベットの高僧ガワン・ナムギェルが全土を征服、初代法王となった。18世紀は清朝の影響が強まり、後半からベンガルに進出したイギリスとの衝突が繰り返された。1772年から1864年にかけて断続的に英国と戦い、1865年シンチュウ条約によって英国から和解金を得る代償として不可侵を約束し、ドゥアール地方を割譲した。19世紀末、東部トンサ郡領主ウゲン・ワンチュクが全土を統一し、1907年ワンチュク王朝を創始した。この10年後にはインドによる外交面の指導を受け入れた。60年代、第3代国王は農奴解放、教育普及など近代化に着手。70年代には第4代国王が国民総幸福量（GNH）による近代化政策を推進した。80年代、90年代にかけてブータン文化強化政策にネパール系国民が反発、争乱に発展した。2006年現国王が即位、2007年本格的な議会制民主主義への移行を開始した。

ブルネイ・ダルサラーム国

Brunei Darussalam

面積	5765 km²	通貨	ブルネイ・ドル
人口	42万人	宗教	イスラム教（国教）67％、ほかにキリスト教 10％、仏教 13％など
首都	バンダル・スリ・ブガワン		

アジア／アメリカ／ヨーロッパ／アフリカ／オセアニア

INDUSTRY 産業

国王がテーマパークを国民にプレゼント

　ブルネイは石油や天然ガスの輸出で経済を支えている。その恩恵は国民にも大いに還元されているといわれる。すなわち、所得税はなく、教育費や医療費は無料である。

　国内総生産は 130 億 7500 万ドル（2010 年）で、日本のどの県よりも経済規模は小さいが、人口が 40 万超程度なので十分に潤っている。1 人当たり国民総所得は 3 万ドル、世界でベスト 20 に入る実力だ。

　ハナサル・ボルキア国王（1946 年生まれ）の個人資産は、2008 年に『フォーブス』が伝えるところでは約 200 億ドルで、世界の国家元首の中で第 4 位だという。50 歳の誕生日に合わせて私財を投じて東南アジア最大級の遊園地「ジュルドン・パーク」を建設、国民に開放している。

　国王の車好きは有名で、ロールスロイス 130 台、メルセデス・ベンツ 531 台、ランボルギーニ 20 台、ポルシェ 160 台……、特注品も含めて 2000 台近く保有しているというからすごい。

遊園地で東南アジア最大規模とされるブルネイのジュルドン・パーク

©Shutterstock.com

HISTORY

　ボルネオ島（カリマンタン島）北西部にあり、マレーシアのサラワク州リンバン地区によって国土が二分されている。10 世紀頃には王国として歴史に登場、南シナ海の交易ネットワークの拠点となっていた。16 世紀頃からイスラム化が始まり、その影響は今日でも国教がイスラム教であることに影響を留めている。17 世紀以降、フィリピン南部のスールー王国がボルネオ北部に進出して支配的な影響を受け、19 世紀半ばイギリスがマレー半島に進出したが、イギリス人ブルックがサラワクの支配権を握るに至って、現在の領域がほぼ固まった。1888 年イギリスの保護領となり、1906 年には内政を完全に掌握された。太平洋戦争では日本のボルネオ占領に伴い、その占領下に入った。日本敗退後、再びイギリスの保護領に戻った。マレーシア連邦の結成に伴い連邦参加を呼びかけられたが拒否、84 年 1 月 1 日ブルネイ・ダルサラーム国として独立した。独立後は国王が絶対権力を握り続けているが、石油や天然ガスの輸出による利益を国民に還元しているので、政情は安定している。

ベトナム社会主義共和国

Socialist Republic of Viet Nam

- 面積 32万9241 km²
- 人口 9270万人
- 首都 ハノイ
- 通貨 ドン
- 宗教 仏教、道教、カトリック、カオダイ教

WORLD HERITAGE 世界遺産

豊かな自然と文化の遺産

　ベトナムは2015年までに8件のユネスコ世界遺産登録がなされている。自然遺産が「ハロン湾（1994年、2000年）」「フォンニャ＝ケバン国立公園（2003年、2015年拡大）」の2件、文化遺産が「フエの建造物群（1993年）」「ホイアンの古い町並み（1999年）」「ミーソン聖域（1999年）」「ハノイのタンロン皇城の中心区域（2010年）」「胡朝の城塞（2011年）」5件。もう1件は自然と文化の複合遺産「チャンアンの景観複合体（2014年）」である。

　自然遺産に登録されているハロン湾には2000の奇岩の島が浮かぶ。それらはサンゴなど海の生物が海底に堆積した石灰岩が悠久の時を経て隆起し、雨や風による浸食によってできたもので、大きいものは高さが200mにも達する。島々にはいくつもの鍾乳洞も広がっている。「ハロン」の「ハ」は降りる、「ロン」は龍であり、その昔、外敵の襲来に怒った龍が舞い降り、口から吐いた宝玉が島となって侵略を防いだという伝承が残る。

　文化遺産の古都ホイアンは、朱印船貿易の時代、鎖国前の日本とつながりが深かったベトナム中部の町だ。南シナ海にそそぐトゥボン川の河口近くに古くから栄えた海のシルクロードの拠点のひとつで、16世紀にはポルトガル、オランダ、中国、そして日本の貿易船が訪れ、当時は1000人もの日本人が住んでいた。世界遺産に登録されている旧市街は1km四方ほどで、町並みには庶民の息づかいが漂う。

世界自然遺産のハロン湾　　©Milosz_M / Shutterstock.com

HISTORY

　紀元前5世紀頃、中国の故事「呉越同舟」で知られる越の国が滅亡し、紀元前3世紀末頃、越人が南下してベトナムを建国したといわれる。しかし、その後10世紀以上にわたって中国の支配を受け、939年に初めて独立国家を形成した。越の南であることから「南越（ナムベト）」と呼ばれていたが、18世紀末に「越南（ベトナム）」と改称。1802年、最後の王朝となる阮王朝が越南国を建国したが、87年にフランス領インドシナ連邦に編入された。第2次世界大戦中に進駐した日本軍に抵抗した共産党の運動が活発となり、1945年、ホー・チ・ミンが北部のハノイでベトナム民主共和国の独立を宣言。翌年から南部を支配するフランスとの間で第1次インドシナ戦争が始まった。49年、バオダイ阮皇帝によりベトナム国が南部に成立し国家は二分。54年、ジュネーブ協定でフランスは支配権を放棄し、アメリカ支援によるベトナム共和国が55年、南部に成立。この時から、共産党によるベトナム民主共和国とアメリカ支援のベトナム共和国は18年におよぶ南北のベトナム戦争へ突入。76年に南北ベトナムが再統合されて統一国家となった。86年の経済改革路線（ドイモイ）以来、経済は高成長を続ける。

マレーシア

Malaysia

面積	33万km²
人口	3200万人
首都	クアラルンプール
通貨	リンギット
宗教	イスラム教（国教）、仏教、儒教、ヒンドゥー教など

SIGHTSEEING 観光
ボルネオ島の大自然と首狩り族に出会う旅

ペナン島のジョージタウンと、マラッカの歴史都市群といった、交易で賑わった植民地時代の商都の町並みを堪能するなら首都のあるマレー半島の方だが、大自然を楽しむならボルネオ島だろう。

そこには世界最古の熱帯雨林であるキナバル国立公園や、東京23区ほどの面積を持つ動植物の宝庫、グヌン・ムル国立公園（ともに世界自然遺産）がある。

グヌン・ムル国立公園はスケールの大きな洞窟群で有名だ。東南アジアでもっとも長いという全長140kmに達する洞窟もあれば、ディア・ケーブと呼ばれる入り口の大きさが世界一とされる洞窟ではコウモリの大群が夕暮れ時、一斉に飛び出す壮大な光景を見ることができる。

なかにジャンボジェット機が40機以上も入るほどの巨大な空間を有するサラワクチャンバーも一見の価値がある。

ボルネオ島には昔から首狩り族が住んでいた。グヌン・ムル国立公園のあるサラワク州では、その首狩り族のなかで最も凶暴で恐れられたイバン族という部族の村に観光で滞在できる。

かつては敵対する村へ出かけては倒した人間の首を持ち帰り、その頭蓋骨を魔除けとして家の中に吊るすのが風習だった。その頭蓋骨なども見ることができるという。

もちろん今では観光地化されていて、首を狩られるようなことはないから安心を。

ボルネオのグヌン・ムル国立公園
©Shutterstock.com

HISTORY

マレー半島の南部、西マレーシアとボルネオ島北部の東マレーシアから成立する。国土の70％は熱帯林。14世紀に成立したマラッカ王朝は、貿易の中継地として栄えるが、16世紀以降進出してきたポルトガル、オランダに占領される。さらにイギリスも加わり、1896年、イギリスはマラヤ連邦を構成。戦争中の日本占領、戦後のイギリス支配下をへて、1957年にマラヤ連邦が成立。63年にシンガポール、英領サラワク、サバを合わせた連邦国マレーシアが成立したが、65年にシンガポールが分離独立する。81年、マハティールが首相に就任し、22年間におよぶマハティール体制が続いた。その間豊富な資源を活用する重工業の育成を進め、同国をNIESと呼ばれる新興工業経済地域にまで押し上げた一方で、マレー系を優遇する政策を打ち出し、中国系、インド系の反発を招いた。以後、順調に経済発展を進め、2020年までに先進国入りをめざしている。

ミャンマー連邦共和国

Republic of the Union of Myanmar

- 面積 68万km²
- 人口 5141万人
- 首都 ネーピードー
- 通貨 チャット
- 宗教 仏教90%、キリスト教、回教など

SOCIAL PROBLEM 社会問題

「21世紀最悪の虐殺」と評されるロヒンギャ迫害

　非暴力民主化運動の指導者で、現在も政治家として国民民主連盟（NLD）党首を務めるアウンサンスーチー氏は現在も国民の強い支持を集める。しかし、「21世紀最悪の虐殺」とまで形容されるようになった同国軍による国内少数民族ロヒンギャへの迫害については積極的な発言を行っていない。彼女は軍事政権下で民主化運動を率い、その結果ノーベル平和賞を受賞していることもあり、対策を講じないことに対し国際的な非難を受けるに至っている。

　ロヒンギャはラカイン州に住む、イスラム教を主流とする人々で、その規模は約80万人といわれる。19世紀初頭の英国とビルマ（現ミャンマー）との戦争で、英国がラカイン州を英領インドに編入したのを機にベンガル地方から移住し定住した。そのため、無国籍の住民と見なされ、少数民族としても認められていないのが実情だ。1948年のビルマ独立後は、ラカイン州の仏教徒がビルマ軍に協力し、ロヒンギャの迫害、追放を開始した。1982年にはロヒンギャから実質的に国籍を剥奪する法律が施行され、ほとんどのロヒンギャが無国籍の状態となった。

　現在、国際問題ともとらえられるロヒンギャ迫害の発端となったのは2012年に発生した、ラカイン州での仏教徒とロヒンギャの大規模な衝突だ。この時、200人以上のロヒンギャが殺害される事件が起きたが、ミャンマー政府はロヒンギャに非があるとして弾圧を強め、数多くのロヒンギャがバングラデシュへ逃れた。2016年にはロヒンギャの武装グループによる襲撃で9人の警察官が殺害されたため、ミャンマー政府は武力弾圧をさらに強めた。

　この事件をミャンマー政府は、サウジアラビアなどから支援を受けたテロ攻撃と主張し、政府の対応に問題はなかったとする政府調査委員会の最終報告書を発表した。一方で国連難民高等弁務官事務所（UNHCR）が「ミャンマー国軍が意図的にロヒンギャの家屋・田畑を破壊・放火している」との最終報告書を公表したため、国際社会の注目を浴びることになったのである。

　大多数のミャンマー国民はロヒンギャへの政府・国軍の対応を評価しているともいわれ、この問題の解決策はいまだ見えない。

HISTORY

　インドシナ半島の西部を占める。南部は熱帯気候で高温多雨、とくに南西モンスーンが吹く5～9月にかけては多量の雨が降る。11世紀中頃、ビルマ族が最初の統一国家パガン王朝を建てた。その後タウングー王朝、コンバウン王朝と転変、1886年3度にわたる英国とのビルマ戦争に敗れ英領インドの一部となり王朝は滅亡した。第2次大戦後の1948年英連邦から離脱、ビルマ連邦として独立。62年ネ・ウイン軍事政権が成立「ビルマ型社会主義」路線を進めた。89年国名をミャンマー連邦、首都ラングーンをヤンゴンと改称。90年の総選挙で民主化運動指導者アウンサンスーチー率いる国民民主同盟（NLD）が圧勝するも、軍は政権委譲せずスーチーを軟禁するなどした。軍部は2005年首都機能をヤンゴンからピンマナ近郊ネーピードーへ移転。11年新政権発足に伴い国名を「連邦」から「連邦共和国」と変えた。12年の連邦議会補欠選挙でアウンサンスーチーが国政に復帰、ノーベル平和賞も授与された。

この国に注目!!
民主化で期待されるミャンマーの経済発展

アセアン諸国の名目国内総生産（GDP）ランキング

1990

国	金額
インドネシア	125722
タイ	85640
フィリピン	48932
マレーシア	44025
シンガポール	38835
ベトナム	6472
ブルネイ	3520
ミャンマー	2788
ラオス	915
カンボジア	899

単位：百万米ドル

2016

国	金額
インドネシア	9323
タイ	4068
フィリピン	3049
シンガポール	2970
マレーシア	2964
ベトナム	2026
ミャンマー	674
カンボジア	200
ラオス	159
ブルネイ	114

単位：億米ドル

IMF World Economic Outlook Database より作成

2011年3月に軍事政権から民政に移管したミャンマー。それまで経済制裁を続けていたEU（欧州連合）は武器の輸出以外の制裁を解除。米国も一部緩和を打ち出すなど、対外関係の改善が進んでいる。特に製造業はアジア地域のなかでも安価で、高い識字率による良質な労働力に注目。ほかにも天然ガスなどの豊富な資源、人口5000万の消費市場としての魅力も高く、世界から投資への期待が高まっている。

経済発展著しいヤンゴン中心街
witaya ratanasirikulchai / Shutterstock.com

CULTURE 文化
「食べるお茶」から化粧品タナカまで

　ミャンマー料理はとにかく油を使う。日本人の感覚だと油っぽいと思われるものでもまだまだたりないほどだ。それと米。インディカ米を炊いて大量に食べる。街のレストラン、食堂など、どこでも、まず皿にご飯が盛られる。

　少し食べる。すると洗面器に入れたご飯を持った店の者がおかわりだとばかりにドカッと皿に盛る。

ヤンゴンの寺院
jakubtravelphoto / Shutterstock.com

日本人でもよほど大食いでないと無理だろう。料理は当然、炒めもの（チョー）が多いが、食材が豊富なので飽きない。油っぽさも現地で食べると気にならない。副菜で代表的なものに煮込み料理のヒンがある。日本的な感覚でいうとカレー。具が鶏肉なら、チェッター・ヒン。豚は、ワッター・ヒン、牛はアメター・ヒン。さらに、ミャンマー人の朝食に欠かせないのがモヒンガー。日本人の味噌汁のようなものだが、中身はビーフンにスープをかけたもの。スープだけはヒンガー。これにさまざまな野菜、香辛料を混ぜる。なかでもンガピー（魚醬）は必須だ。醤油のようなものだ。きわめつきはラペトゥという漬物的感覚の食べるお茶。

　ついで、ミャンマー伝統の衣類にロンジーという巻スカートがある。男女ともに着用、一枚の布の両端を縫い合わせて輪を作り腰に巻き、端を腰のところで折り込む。男性用は、足が開くようにできている。高温多湿な気候風土にあった快適な衣類である。

　ミャンマーの観光ガイドなどに頬に丸く白粉を塗ったような女性の写真が載っていたりする。この国独特の女性用化粧品でタナカという。両頬や鼻筋にそって塗る、ファンデーションのようなものだ。これは柑橘系の木の幹を切り分け、水で濡らしながらエッグタルトのような形の石の板で摺りその粉を練り、肌に塗る。日焼け止めである。若い女の子の間では木の葉形などおしゃれなデザインのタナカが増えている。

57

モルディブ共和国

Republic of Maldives

- 面積 298 km²
- 人口 40万7000人
- 首都 マレ
- 通貨 ルフィア
- 宗教 イスラム教スンニ派

CRISIS 危機
全国民の海外移住を大統領が提起した理由とは

インド洋の真珠といわれる世界屈指のリゾート観光地。スリランカの南西675kmにあって26の環礁、1192の島々からなり、そのうちの有人島は203島。年平均気温27.0度。年間観光客66万人を数える。

島嶼群からなる国ゆえに海抜が低く、平均1.5m。1m海面が上昇すると国土の80％が失われるといわれ、地球温暖化問題が深刻な影響を与えている。首都マレでは高波から町を守るため、消波ブロックが設置されている。

オセアニアのナウル共和国などと並んで海面上昇に危機感を募らせるモルディブのモハメド・ナシード前大統領は、国民の移住計画をぶち上げた。40万人超の全国民を丸ごと移住させられる土地を海外に求め、年間10億ドルにのぼる観光収入をそれに投入する計画だった。

その後移住計画は撤回され、大規模な盛り土で海没を防ぐ計画に変更された。そのための大量の土砂はバングラデシュから輸入する予定なのだという。

島々をめぐる観光客の足となるエアー・タクシー（マレ）
©istockphoto.com/ThomasFluegge

HISTORY

紀元947年、アラブ人が上陸以来、船団寄港地として繁栄。初代コイマラ王が1153年に既に伝来していた仏教からイスラム教に改宗、スルタンとなり、マーレ朝を興した。1558年、ポルトガル軍が侵攻、支配下に。17世紀以降オランダ、次いで1887年、英国の保護国に。1956年英国は南部のアドゥ環礁ガン島に戦時中の空軍基地を再建し、島民の再定住を図ったが、モルディブは撤退を要求。59年アドゥ環礁住民が「アドゥアン人民共和国」として独立宣言。その後、65年に英国から完全独立、同年国連加盟。68年首長国から共和国に移行。85年英連邦、南アジア地域協力連合加盟。外交姿勢は、非同盟中立。南アジア諸国との善隣外交重視、特にインドとの関係は緊密。中東諸国との関係も良好。78年就任したガユーム大統領が30年の長きにわたって政権を独占したが、批判のたかまりから2008年に複数政党制などを定めた民主的な新憲法が制定された。

モンゴル国

Mongolia

- 面積 156万4100 km²
- 人口 318万人
- 首都 ウラン・バートル
- 通貨 トグログ
- 宗教 チベット仏教

OLYMPIC オリンピック

モンゴル初の五輪メダリストは横綱白鵬の父

　モンゴルのオリンピック参加は、人民共和国時代の1964年インスブルック冬季オリンピックから。夏季は同じ年の東京オリンピックが最初だ。メダルはゼロだったが、68年のメキシコ大会では銀と銅あわせて4個獲得している。

　その時、銀メダルに輝いたのがレスリング男子フリースタイルミドル級（87kg級）のジグジドゥ・ムンフバト（1941～2018）。モンゴル初の五輪メダリストとして国民的英雄になったのである。もともと、彼はブフと呼ばれるモンゴル相撲で数年にわたって連続優勝、大相撲の横綱にあたる「アヴァルガ」であったのだ。その子が横綱白鵬、モンゴル名ムンフバティーン・ダワージャワガルである。愛称ダワー少年は父親のようにブフの経験はなかったようだ。

　モンゴルのメダル獲得が多いのがレスリング。2012年ロンドンオリンピックまでに銀4銅5である。次いで柔道が続くが、北京オリンピック男子柔道100kg級でナイダン・ツブシンバヤル選手が、日本の優勝候補鈴木桂治らを破り、モンゴルに初の金メダルをもたらした。モンゴル国政府は同国で最高の栄誉とされる「労働英雄賞」と「スポーツ功労賞」を授与している。

ウランバートル郊外に建てられた巨大なチンギス・ハン像
©Shutterstock.com

HISTORY

　アジア大陸の中央部にあって、北はロシア、南・東・西部は中国に接する。国土の多くはモンゴル高原といわれるステップの草原。南部にはゴビ砂漠、北部には森林地帯、西のアルタイ山脈には最高峰フィテンピーク山（4374m）がある。モンゴル高原には紀元前以来遊牧民族が割拠していたが、12世紀末、一部族の族長テムジンが諸部族を征し、1206年「部族長会議」クリルタイにおいてチンギス・ハンの地位を得てモンゴル帝国を興した。西は東欧、トルコ、シリア、南はアフガニスタン、チベット、東は中国、朝鮮半島までユーラシア大陸の全域にまたがる史上最大の帝国を築き上げた。しかし、チンギス・ハンの死後、分裂・解体。17世紀、清朝に制圧され、外モンゴルと呼ばれた。1911年の辛亥革命を機に中国からの独立を宣言したが、紆余曲折をへたのち24年、ソ連の援助のもと社会主義国モンゴル人民共和国に移行。第2次世界大戦後の中ソ対立期には「ソ連の衛星国」といわれた。80年代末、東欧情勢の影響を受け民主化運動が活発化、92年新憲法を発効、社会主義を放棄、国名を「モンゴル国」と改めた。

ヨルダン・ハシェミット王国

Hashemite Kingdom of Jordan

- 面積 8万9000 km²
- 人口 945万5000人
- 首都 アンマン
- 通貨 ヨルダン・ディナール
- 宗教 イスラム教、キリスト教

MOVIE 映画
ヨルダン国王は映画『トランスフォーマー』のファン？

ヨルダンの世界遺産として世界的に有名なペトラ遺跡。19世紀初頭、ほぼ手つかずの状態で発見されたナバテア王国の首都で、現在までの発掘も全体のほんのわずかだという。岩をくり抜いて造られた精巧な宝物殿エル・カズネなど、2000年前の街並みを歩けばちょっとしたタイムスリップの世界が味わえる。

ペトラ遺跡は映画『インディ・ジョーンズ　最後の聖戦』（1989年）の舞台になったことでも知られるが、最近ではスティーブン・スピルバーグ制作総指揮のアクション映画『トランスフォーマー リベンジ』（2009年）でもロケの場所になった。監督のマイケル・ベイが映画プレミアの際に明かした話によれば、遺跡の空撮は過去に例がなく、許可が下りるかわからなかったが、ヨルダン国王が『トランスフォーマー』の大ファンだったため、国王の協力で撮影に漕ぎつけることができたという。

首都アンマン（左）と世界遺産ペトラ遺跡のエル・カズネ（右）

©Jordan Tourism Board

HISTORY

ハシム家のヨルダンという国名の通り、立憲君主制の国である。国土の大半が砂漠。ヨルダン渓谷に沿って岩山が連なり、南北に都市が存在する。紀元前のナバテア王国、紀元後のローマ帝国、ビザンツ帝国の支配をへて、アラブの大征服によりイスラム教が広がる。第1次大戦後、イギリスの委任統治領に。ハシム家は独立を宣言するがサウム家に追われ、イギリスを頼った。1923年、イギリスはハシム家のアブドラを首長とするトランスヨルダン王国を成立させた。46年に独立。49年に現在の国名に改称。その前年に始まった第1次中東戦争でヨルダン川西岸を併合するが、88年に領有権を放棄している。94年、アラブ諸国ではエジプトについでイスラエルとの和平条約に調印し、同国との外交関係を樹立した。親欧米のアラブ穏健派。イスラエル・パレスチナとイラクに挟まれ、中東やイラク情勢を見守りながら自国の安定を図る。非産油国だが、リン、鉱石以外ではめぼしい外貨獲得手段に欠け、経済基盤は弱い。

ラオス人民民主共和国

Lao People's Democratic Republic

- 面積 24万 km²
- 人口 649万人
- 首都 ビエンチャン
- 通貨 キープ
- 宗教 仏教

SIGHTSEEING 観光

英雑誌で3年連続1位の人気都市、ルアンパバーン

イギリスの旅行雑誌『WANDERLUST』誌が毎年行っている読者投票ワールドトラベルアウォードで、3年連続1位に選ばれた都市、それがほかならぬラオスの古都ルアンパバーンだ。

ルアンパバーンは14世紀に成立したランサーン王国の首都（〜1975）として知られる。数百年前に建てられた美しい古寺や王宮など、歴史ある町並みが残っていることで、1995年に世界遺産に登録された。

欧米人にはのんびりしたスローライフが楽しめる旅行先として早くから人気があり、こぢんまりとしたコテージ風のホテルに、オープンカフェなどが充実。レンタサイクルでゆったりと散策し、雄大なメコン川を眺め、市場をのぞいたりして観光するのが定番になっている。毎朝行われる、オレンジの袈裟がまぶしい僧たちの托鉢行列も観光の目玉だ。日本からの直行便はなく、ビエンチャン、バンコクやハノイを経由する。

ルアンパバーン名物の修行僧による托鉢

世界遺産の寺院ワット・シェントーン

©Shutterstock.com

HISTORY

インドシナ半島中央部。南北に細長い内陸国。国土の4分の3が高地と森林でメコン川周辺が数少ない平地。14世紀半ばに中部地帯にラーンサン王国が建国されるが、18世紀に3つの王国に分裂し、3王国ともに当時のシャム（タイ）の支配下に。1899年、シャムと条約を結んだフランスがラオスに対する保護権を獲得し、フランス領インドシナに編入された。1945年、日本軍の支配下で名目上の独立宣言。だが、日本軍の敗戦とフランスの復帰により、タイに臨時政府を樹立。49年、フランス連合の協同国として独立を果たすも、政治路線をめぐって左派と右派が対立。長年内戦状態が続いた。ベトナム戦争などをへて、75年12月、左派によるラオス人民民主主義共和国が成立。人民革命党の一党独裁による社会主義体制を堅持しながら、86年以降は、開放・改革路線に基づく市場経済化を進めている。アジア通貨危機、反政府勢力とみられる爆破事件、タイとの軍事衝突など不安定な要因も抱える。1人当たりの年間国民所得は、880ドル（2009年）。

レバノン共和国

Republic of Lebanon

- 面積 1万452 km²
- 人口 443万人
- 首都 ベイルート
- 通貨 レバノン・ポンド
- 宗教 イスラム教、キリスト教、ユダヤ教など18宗派が公式に認められている

NATURE 自然

エジプトのミイラもこの木のおかげ？　レバノン杉

　レバノンの国旗に描かれている緑の樹木はレバノン杉である。かつてレバノンの国土は、緑に包まれていた。その代表的な樹木がレバノン杉だったのだ。

　レバノン杉は船材や石造建築の梁材として重宝され、フェニキア人などの古代の王族が奪い合ったほど。耐久性に優れるうえに防虫、防腐効果が高いことからレバノンの貴重な輸出品であった。エジプトではこのレバノン杉で死者のための棺をつくり、防腐剤として杉から採れる油で遺骸をおおった。引く手あまたで乱伐されてしまい、現在レバノン国内に数千本しか残されていないという。

　この国の中央部にそびえるレバノン山脈にカディーシャ渓谷がある。ここにはレバノン杉が自生する森があり、貴重な自然のため98年にユネスコの世界自然遺産に登録されている。

ベカー高原のバールベック遺跡（世界遺産）　©Shutterstock.com

HISTORY

　地中海東岸の山岳地帯に位置する。その歴史、地形上から各宗派勢力が入り組んだモザイク国家となっている。古代より地中海貿易の拠点として栄え、フェニキア、アッシリア、バビロニア、ローマ、ビザンツなどの支配、影響下に。イスラム教が浸透したのちレバノン山地は、当時の少数派であるキリスト教の避難地となった。1920年、シリアの一部としてフランスの委任統治領となり、43年に完全独立。当初から大統領をロマン派（キリスト教）から、首相をスンニ派（イスラム教）、国会議長をシーア派（同）から選ぶという宗教間の協調を図った。観光・金融などにより国は発展したが、勢力争いなどから75年に内戦へ。90年に終結するが、2006年にイスラエルの侵攻を受け、ベイルートが空爆された。その前年には長年駐留していたシリア軍が撤退し、08年に両国は国交樹立した。

カシミール

Kashmir

面積	22万3000 km²
人口	1000万人
州都	インド側はスリナガル、ジャンムー、パキスタン側はムザッファラバード
宗教	ヒンドゥー教、イスラム教、チベット仏教

NATURE 自然
世界有数のカラコルム山脈の氷河

　カシミールの東側半分以上を占める地域は、ヒマラヤ山脈とカラコルム山脈の狭間。ヒマラヤ山脈は気候分界の役目を果たしている。南方のインド洋から運ばれてくる水蒸気がぶつかり、ヒマラヤ山脈の南面に雨を降らせる一方でその北面は雨のない乾燥地帯。水蒸気の大半がそこで遮られ、上昇気流をつくって雲を成し、雨を降らせる構造がないからである。

　カシミールも一様に乾燥地帯だが、長い歴史の間に灌漑が進み、オアシス都市が点在している。それはカラコルム山脈の氷河のおかげだ。

　同地一帯はヒマラヤ山脈が高度を落とし、その北側のカラコルム山脈のほうが高い。カラコルム山脈には世界第2の高峰K2（8611m）のほか、8000m峰だけで4座もある。そのため、人が住む3000mぐらいまでの地域は南側のヒマラヤ山脈の影響で乾燥しているが、そこから上では雨が降り、さらに高度が上がると夏でも雪が降る。それが世界有数の巨大氷河を形成する。気温の上昇する季節には氷河が溶け出して、オアシスの水源になるのだ。

　カラコルム山脈の氷河を網羅的に踏査した日本人は、1955年の京都大学カラコルム・ヒンズークシ学術探検隊が最初。第1次印パ戦争が国連の仲介によって停戦したのは1949年のことで、その後1962年には中印紛争、1965年には印パ紛争が再燃する。京大隊のカラコルム山脈の探険は、紛争と紛争の間の束の間の静寂期に行われたのである。

スリナガルの旧市街　　　©Shutterstock.com

HISTORY

　インド亜大陸西北部、ヒマラヤ山脈とカラコルム山脈とに挟まれた地域を主とする旧カシミール藩国の勢力地域。現在、中印パの3国によって分割的に実効支配が行われているが、それぞれの主張を国際社会が認めているわけではなく、たとえば日本の学校教育用地図帳では、国境は引かれず、実効支配線（停戦ライン）だけが引かれている。3国が主張する実効支配線をもとにすると、それぞれの面積は、インドが約10万1000km²で1番広く、次いでパキスタンが約7万9000km²、そして中国が約4万3000km²である。印パ分離独立となった1947年、それぞれの藩国は、それぞれの事情でインドとパキスタンに帰属することになった。ヒンドゥー教の藩国はインドに、イスラム教の藩国はパキスタンに帰属したが、カシミールはイスラム教徒が多数派だったにもかかわらず、藩王はヒンドゥー教徒だった。そのためパキスタン義勇軍の侵入に際し、藩王はインドに軍事支援を求めた。ここに第1次印パ戦争に発展する紛争が起こり、その後中国も加わって三つ巴の紛争地帯になった。

台　湾

Republic of China（Chinese Taipei）

面積	3万6000 km²
人口	2351万人
政庁所在地	台北
通貨	新台湾ドル
宗教	道教、仏教、キリスト教

TREASURE 至宝
台北故宮博物院の宝物が日本で見られなかった理由

故宮博物院の歴史は辛亥革命の翌年、孫文が臨時大総統に就任して中華民国が建国され、1914年に紫禁城南側の外廷に設置された古物陳列所にさかのぼる。その後、紫禁城の明け渡しに合わせて急遽設けられた「清室善後委員会」によって、文物のチェック作業が始められ、25年にその一部を公開展示するかたちで、正式に発足した。

しかし、31年に満州事変が起こり、国民政府は故宮の文物を南方に避難させることを決める。合わせて1万3491箱を上海へ移し、さらに古物陳列所や頤和園、国子監の文物6066箱を南京の朝天宮倉庫へ運んだ。ところが今度は盧溝橋事件で上海に戦火がおよび、再び文物を西の貴州省と四川省に移動する。

第2次世界大戦後、国民政府は分散していた文物を南京に集めたが、それも束の間、共産軍の攻勢を受けて窮地に陥り、それらの文物のなかから特に優れたもの計2972箱を台湾に輸送。それが65年9月に落成した、台北の故宮博物院に一括して所蔵されたのだ。清朝の膨大な量の文物は現在、この台北と北京の故宮博物院、南京博物院の3ヵ所に分散したかたちになっている。ただし名品の充実度で台湾が圧倒的である。

例えば2006年末、所蔵の全21点を特別展示した北宋末期の汝窯の青磁がある。この青磁は緑がかった龍泉窯や李朝朝鮮の青磁とは違って、淡く、しかも深々と澄んだ青みの天青釉によるもので、世界で70点ほどしか残っていない貴重なものだ。北宋山水画の絶品も独占状態で、ビッグ3といわれる范寛『渓山行旅図』、郭熙『早春図』、李唐『万壑松風図』が揃っている。

2014年、日本で初めてとなる台北故宮博物院の日本展が東京国立博物館などで開かれる。これまで日本で展示できなかったのには理由がある。それらの文物が日本に持ち込まれた際、中国から「これはわが国のものだ」と差し押さえなどの法的手段をとられると100％保護できる保証がなかったからだ。過去の所有者による美術品の強制執行を禁止する法律（海外美術品等公開促進法等）が日本でも11年に施行されたことで、展示が可能になったのである。

101階建ての高層ビル「台北101」と台北の夜景　©Shutterstock.com

HISTORY

中国大陸の東南海上160kmに位置し、台湾本島と澎湖諸島など周辺の島々からなる。正式名称は「中華民国」だが、中華人民共和国は領土の一部として「台湾省」と呼ぶ。元来はインドネシア系あるいは原マレー系の先住民族が居住していた。1624年、オランダ東インド会社が中国、日本との通商基地として台南一帯を占領し、その後ライバルのスペインを一掃して、積極的に植民地経営に乗り出した。1661年、鄭成功が2万5000の兵を率いて上陸、翌年オランダ人を追放した。83年に清の版図に入り、清朝下、福建省と広東省から漢人の移民が増大、先住民は山間部へ追いやられた。1895年、日清戦争の結果、日本に割譲された。日本はインフラ整備などに努める一方、皇民化教育や創氏改名を強要した。1945年、日本敗戦で中華民国が接収、しかし外省人の横暴な支配に47年、本省人が蜂起、武力弾圧で2万人前後が殺害された（2・28事件）。49年に蒋介石の国民党政府が南京から台北に移ってきて、大陸政府と対立を続けた。87年の戒厳令解除、翌年の李登輝総統就任以降、民主化・自由化が進み、経済発展を遂げた。

パレスティナ

Palestine (Palestinian Interim Self Government Authority)

面積 6020 km²
人口 1210万人
本部 ラマッラ
通貨 自国通貨なし（イスラエル・シュケル）
宗教 イスラム教

BORDER 国境
イスラエルが敷く電流フェンスの分離壁

2002年に当時の内閣で承認されて以来、イスラエルとパレスティナ自治区西岸地区の間につくられている分離壁（隔離壁とも呼ばれる）は、イスラエルではセキュリティウォール（防護壁）と呼ばれ、「パレスティナから侵入してくるテロリストを防ぐ」最後の砦とされている。総延長距離は707km、そのうち70%ほどが建設ずみ、または建設中である。壁の高さは8m、電気フェンス、有刺鉄線もつけられている。壁はイスラエルとパレスティナの境界線（グリーンライン、1948年の停戦ライン）よりもパレスティナ側に入り込み、多くのパレスティナ人が土地を奪われた。2004年国際司法裁判所は、この壁の建設を「国際法違反」としたが、拘束力はない。

刑務所の塀を思わせる分離壁
©Shutterstock.com

HISTORY

地中海の東岸にあり、レバノン、シリア、ヨルダン、エジプトのシナイ半島に囲まれた地域。パレスティナ暫定自治政府による自治地域は、西岸地区とガザ地区からなる。紀元前13世紀頃ペリシテ人が定住。ペリシテ人の土地という意味が「パレスティナ」の由来。イスラエル人も同時期に進出。その後、古代オリエントやヘレニズム諸王朝、ローマの支配を受けた。638年ウマイヤ朝ウマル1世がエルサレムを征服。16世紀オスマン帝国の統治下に入る。1897年第1回シオニスト大会以降、ユダヤ人が入植。中東への利権確保に乗り出したイギリスが、1917年のバルフォア宣言でユダヤ人国家建設支援を約束。ところが、イギリスは一方でフランスとの間にシリア・パレスティナの分割という密約を交わしていた。この相反するイギリスの外交政策が、今日のパレスティナ問題の根底にある。47年国連は、パレスティナ分割決議可決。その内容は、ユダヤ国家とアラブ国家に分割し、エルサレムは国際管理とするものだった。64年に創設されたパレスティナ解放機構（PLO）とイスラエルが93年「オスロ合意」に調印し、94年に暫定自治政府が発足。

香港

Hong Kong

| 面積 | 1103 km² |
| 人口 | 712万人 |

| 通貨 | 香港ドル |
| 宗教 | 仏教、道教、キリスト教、イスラム教など多数 |

地域旗

SIGHTSEEING 観光

中国返還後も衰えない「100万ドルの夜景」

香港島中西区には超高層オフィスビルやホテル、香港島の向かいとなる九龍区には大規模なショッピングモールやさまざまな様式のレストラン、高級ブランドのブティックなどがヴィクトリア・ハーバー沿いに林立する。香港における超高層建築の集積率は米国のマンハッタン地区を抜き、現在は世界で最も高いとされている。

その景観は昼間でも圧倒されるが、古くから「100万ドルの夜景」の異名で世界的に知られ世界三大夜景のひとつに数えられてきた。夜ともなればまばゆいほどの絢爛さもまとって絶景を誇り、観光の目玉のひとつだ。特に香港島のヴィクトリア・ピークや、尖沙咀のウォーターフロント・プロムナード近辺からの眺望が名高い。毎年、クリスマスシーズンから春節（旧正月）にかけては、特別のイルミネーションが施される。

英国市場調査会社の統計によると、外国人旅行者の来訪数が世界で最も多い都市であり、2012年には約2380万人が訪れた。観光産業が経済的に大きな位置を占めるということもあり、香港政府観光局や、フラッグ・キャリアのキャセイパシフィック航空を中心に海外での宣伝、観光客の誘致活動が大々的に行われている。

集積回路のような香港の夜景
©Shutterstock.com

HISTORY

香港島と中国大陸につながる九龍半島とその周辺235の島からなる。1840年～42年のアヘン戦争後の南京条約で、中国がイギリスに香港を割譲。その後、貿易港として発展。1941～1945年、日本の占領下におかれる。日本の敗戦後、中国の国共内戦を避けて香港に渡る中国人たちが相次ぎ、香港の人口が急増。加工および中継貿易都市としても栄えるようになる。加えて、ホテル、各種飲食業も増え、高層ビルも立ち並び、観光地としても発展。さらに国際金融業も盛んになった。84年、中英両国は、97年7月1日に香港を中国に返還するとの共同宣言を発表。その宣言通り、香港は中国に返還された。20年間「一国二制度」のまま特別行政区として現状の資本主義体制で香港を維持するとの確約のもと、新生香港がスタートした。正式名称は中華人民共和国香港特別行政区。

マカオ

Macau

面積	29.2 km²
人口	58万2000人
通貨	マカオ・パタカ
宗教	仏教、キリスト教、道教

地域旗

INDUSTRY 産業
ラスベガスを凌いで世界一となったカジノ都市

マカオと同じ中国特別行政区の香港は長く貿易港として発展してきた。マカオも河口に位置しているが、貿易港という評価はほとんど耳にしない。その理由の1つが立地。香港と違って河川の土砂が堆積しやすい位置にあるため、大型船舶が入港しにくいのだ。かつて貿易港として栄えた時代もあったが、マカオといえばやはりカジノである。

マカオのカジノの歴史は、ポルトガル統治時代に遡る。1840年代にポルトガルがカジノを承認してから、その歴史はすでに170年。20世紀に入ってから「東洋のラスベガス」「アジアのモンテカルロ」などと形容されるようになり、世界中からギャンブラーが集まるようになった。

そして21世紀に入り、マカオのカジノは世界一となった。きっかけは1999年の中国への返還である。2002年、マカオ政府は、1960年頃から一社独占状態にあったカジノを外国資本に開放。するとアメリカ資本がラスベガス式のカジノを次々オープンさせ、マカオは先端的カジノリゾートへと変貌していったのだ。観光客も急増し、ついに2006年、収益がラスベガスのそれを上回り、世界一のカジノとなったのである。

税収の約70%がカジノと観光収入というマカオに2007年、敷地面積東京ドーム1個分にあたる約51000m²の世界最大のカジノ「ベネチアンマカオリゾート」がオープン。2位に陥落したアメリカ最大のカジノの2倍の広さである。いまやマカオのカジノ収益はラスベガスの5倍ともいわれている。

その経済効果は絶大なもので、マカオ市民は失業とは無縁だ。海まで埋め立ててカジノが林立しているのだから雇用はいくらでもある。また、カジノディーラーはマカオ市民に限定され、その職業訓練所もある。医療費も学費もカジノの恩恵により市民は無料。極めつけは全市民への、無条件の現金支給だ。2008年から毎年支給されているその額、1人当たり約7万円。これに医療券約5000円、電気料金手当て約1780円、さらに65歳以上には敬老金として約5万9000円を支給。65歳以上であれば総額で13万5000円を超える。「日本にもカジノを」という声が上がるのも仕方がない。

HISTORY

中華人民共和国マカオ特別行政区は、中国広東省南部の珠江河口西南岸に位置し、マカオ半島、タイパ島、コロネア島より構成されている。1513年にポルトガル人が中国に渡来して57年にマカオでの居住権を獲得。中国、日本、ヨーロッパとの中継貿易港、キリスト教布教活動の拠点として発展した。1848年、中国人による総督殺害事件を機にポルトガルは地租の支払いを停止し、マカオの行政権を取得した。88年、阿片密輸防止に協力する見返りにポルトガルは清朝と友好通商条約を締結し、マカオでの行政権が法的に確立した。1951年にマカオがポルトガルの海外県となる。66年、ポルトガルは中国文化大革命の影響による中国系住民の反ポルトガルデモを鎮圧できず、中国政府の協力のもと事態を収拾。これ以後、マカオにおける中国の影響力が拡大した。79年、中ポ外交関係樹立。86年より返還交渉開始。87年、中ポ両国はマカオ返還の「中ポ共同声明」に調印し、99年12月20日、マカオは中国に返還された。現行の社会制度、生活様式は返還後50年間維持することとされた。

アメリカ合衆国

United States of America

- 面積　962万8000 km²
- 人口　3億875万人
- 首都　ワシントン D.C.
- 通貨　ドル
- 宗教　主にキリスト教

SOCIAL PROBLEM　社会問題

平均寿命が短縮する理由は「絶望死」の増加？

　先進国の平均寿命は伸びるものとばかり思われるが、米国では縮むという現象が起きている。米疾病対策センター（CDC）の発表によれば、2016年の米国人の平均寿命は2年連続で0.1歳ずつ短くなり78.6歳になった。平均寿命が2年連続で縮むのは1962年、1963年以来という。

　死因別にみると、近年上位を占めているガン、心臓病、脳卒中などは変化がないか減少したが、増加が目立つのが自殺や薬物の過剰摂取である。自殺はここ15年間で30%以上増加し2016年は4万5000人になり、薬物の過剰摂取はここ15年間で2.5倍に跳ね上がり同年には6万3600人に達した。

　なかでも注目されるのがオピオイド系鎮痛剤の過剰摂取であり、死者は2016年だけでも4万2000人に上る。医師から強いオピオイド系鎮痛剤を処方されたのを機に依存症になり、さらに強いヘロインや合成オピオイドに手を出すケースが多いといわれる。直接的な原因としては、オピオイド系鎮痛剤について政府当局や医療関係者が監視を怠ったことや、中毒患者に対して十分な対策を立てなかったことが挙げられるが、アルコールや自殺とともに「絶望による死」と指摘する専門家がいる。

　米・プリンストン大学の教授が2015年と2017年に発表した論文では、「絶望死」による米国白人男性の死亡率は2000年以降、25～29歳で年平均2%増えている。年齢層が上になるほど、「絶望死」の割合も高まる傾向にあり、50～54歳で死亡率は年5%のペースで増えている。さらにこの時期について、「絶望死」による白人の死亡率を学歴別にみると、大学教育を受けた場合が変わらないか、減少しているのに対して、高校教育以下の場合は上昇。しかも、あらゆる年代層で少なくとも全国平均の2倍以上のペースで増加している。

　教育格差であり、白人労働者層の貧困化が原因とも受け止められるが、問題はそう単純ではなさそうだ。「絶望死」に限らず死亡率全般でみた場合、1999年から2015年まで、中年白人は死亡率が年平均0.5%ずつ上昇した。一方、白人より所得が低いにもかかわらず、黒人が2.7%ずつ、ヒスパニックが1.9%ずつ、死亡率が減少していた。同じ時期、ドイツ、フランス、イギリスなど他の先進国も年に約2%ずつ死亡率が下落している。

　「絶望死」が増える要因として、貧弱な福祉制度や医療制度、地域

HISTORY

　50州とバージン諸島、グアム、米領サモアなどの外領からなる連邦共和国。自治領にプエルト・リコなどがある。元来はモンゴロイド系人種のナバホ族、チェロキー族、スー族、アパッチ族といった先住民が暮らしていた。1492年にコロンブスがアメリカ大陸に到達して以来、スペインやフランスが植民、イギリスは18世紀までに大陸東部沿岸の先住民を殲滅して13州の植民地を建設した。イギリス本国が植民地に対する課税を強化すると、13植民地が反発、1776年に独立宣言して、87年に合衆国憲法を制定した。合衆国は西部開拓を推し進めてゆき、1803年にルイジアナをフランスから購入、19世紀半ばにテキサス、カリフォルニア、アラスカを組み入れた。1861～65年、奴隷制度と関税政策をめぐって南北戦争。19世紀後半、工業化を成し遂げて多数の労働力移民を受け入れた。第1次・第2次世界大戦では戦勝国となり、戦後は軍事と経済での西側諸国の中心的存在となった。

白人労働者層の支持をつかんで当選した米トランプ大統領

リゼーションや技術革新による雇用不安に加え、ヒスパニックの増加などによってマイノリティ化する不安も抱える。こうした不安が積み重なりアルコールや薬物の中毒に追いやられるという見方である。2016年の大統領選でドナルド・トランプ氏が当選できたのも、米国社会の中で地盤沈下を続け自信を失う白人労働者の心理をうまくつかんだおかげともいわれる。実際、大統領予備選の投票結果で、トランプ氏の得票率が高い州は白人中年の死亡率が高い州と一致すると分析したメディアもあった。

社会の崩壊、信仰の喪失など、米国社会が抱えるさまざまな病巣が挙げられているが、学歴の低い白人中年層が抱える「不安の累積」は最も説得力を持つ説のひとつだろう。この白人層はグローバ

MYSTERY ミステリー
米国防総省がUFOを研究していた!?

　UFO（未確認飛行物体）研究といえば、どこか怪しげであり眉唾ものとみられがちだが、米国国防総省という正式な政府機関が国の予算を使ってUFOを研究していたことが明らかになり話題を呼んだ。

　「ニューヨークタイムズ」紙やCNNなどの報道によれば、UFO研究プロジェクトが始まったのは、2007年。UFOや宇宙人に深い関心を持つ元上院議員の要請がきっかけだった。「先端航空宇宙脅威特定計画」と名付けられ、UFOについて軍のパイロットが遭遇した音声や映像の記録を分析するとともに、目撃者の体験談を聞き、関連するとみられる物質も収集。安全保障上の脅威になるかどうか見極めるのが目的だった。担当者らは、プロジェクトの存在が公になれば物議をかもすことは目に見えていたので極秘のうちに進めた。

　2004年にカリフォルニア州サンディエゴ沖で撮影されたビデオでは、明るい卵形の物体が映り、目撃した戦闘機のパイロットは旅客機ほどの大きさだったと語っている。場所は日時は明かされていないが、オーラを放ちながら回転する物体が高速で飛ぶ姿や、正体不明の光る物体が米海軍機FA18スーパーホーネットを取り囲む光景も捉えられている。プロジェクトには約24億円が投じられ2012年に終了したが、元担当者は予算がなくなっても調査は続いているとしている。

　UFO調査については、米空軍も1947年から1969年にかけて1万2000件以上の目撃情報を分析し、ほとんどが雲や星、飛行機などだったと結論づけた。しかし、2017年、今回のプロジェクトが明らかになった後は、元幹部らが米メディアのインタビューに応じ地球外生命体の存在をにおわせている。正体不明の物体を目撃した元海軍パイロットは、壁にぶつかるピンポン玉のように不規則な動きをした後、急加速をして2秒足らずで姿を消したとするなど、生々しく証言した。

米ヴァージニア州アーリントンにある国防総省庁舎。建物のかたちから「ペンタゴン」とも呼ばれる

アルゼンチン共和国

Argentine Republic

- 面積 278万 km²
- 人口 4385万人
- 首都 ブエノスアイレス
- 通貨 ペソ
- 宗教 カトリック（90％以上）、プロテスタント

AGRICULTURE 農業

肥沃なパンパが生み出す農産物

　パンパという穀倉地帯を持つアルゼンチンは小麦など穀物の生産には事欠かない。小麦の生産量そのものは約1400万トンで、世界ランクの10位前後だが、穀物自給率（表参照）となると堂々の世界第2位。

　自給率が高いということは余剰分が多いことであり、小麦の輸出量は2008年には1015万トンで世界第5位となっている。ちなみに輸出量上位4位はアメリカ、フランス、カナダ、ロシアの順である。

　アルゼンチンの小麦生産地であるパンパとはどういうものか。ほとんど高低差のない大平原で、ブエノスアイレスを中心に半径約600kmの半円形の地帯である。その広さは関東平野の約600倍といわれ、肥沃な土壌が広がっている。国内耕作地の8割が集中し、アルゼンチンの小麦の95％がここで生産されている。牧草地も多く、国内の牧草地の6割を占める。パンパは小麦と肉牛を生む大地なのである。

　「湖沼や湿地帯の多いパンパは、水鳥たちの天国である。パンパの空にカギ形の行列を作って、伸びたり縮んだりしながら飛んでいく風景は、ほとんど1年中見ることができる。また、時には1つの空の中に、こんな水鳥のキャラバンを3つ、4つ見られることだって珍しいことではない」

　これはブエノスアイレスに30年以上暮らしている渡辺弥氏の『パンパの風趣に魅せられて』の一節だ。パンパは単純な大平原ではないと強調している。

パタゴニア伝統の豪快な子羊の丸焼き
©Shutterstock.com

穀物自給率ランキング

	国名	％
1	オーストラリア	292
2	アルゼンチン	284
3	カナダ	203
4	フランス	177
5	タイ	143
6	ロシア	124
7	ブラジル	122
8	アメリカ	118
9	フィンランド	113
10	パキスタン	112
	日本	21

※ FAO FOOD BALANCE SHEETS （20011〜13年データ）参照

HISTORY

　1516年、スペイン人がラプラタ川河口に達した。73年にはスペインの支配が確立し、ラプラタ副王領となった。1806年イギリス軍が侵攻し、市民軍が撃退したことをきっかけに独立論が高まり、10年5月25日副王を廃止して自治制に移行した（今に続く革命記念日となる）。さらに16年7月9日ラプラタ連合が独立宣言した（今に続く独立記念日となる）。62年対立する各派を統合して国内が統合され、アルゼンチン共和国が誕生した。新政権は西欧型近代化路線を採用、移民や外資導入でパンパにおける農牧畜生産が飛躍的に増大した。しかし、第1次大戦後の世界恐慌を乗り切ることができず一時的に衰退、1930年代から軍部が実権を握った。46年ペロンが大統領となり労働者保護と工業化・主要産業の国有化を推進した。しかし55年軍事クーデターで倒され、ペロン派と反ペロン派が激しく抗争した。基本的には66年から83年にかけて軍政が続いた。民政移管後は経済政策に失敗して、2001年デフォルトを宣言するも、その後克服した。

アンティグア・バーブーダ

Antigua and Barbuda

面積	442 km²	通貨	東カリブドル
人口	10万1000人	宗教	イギリス国教会やプロテスタント諸派、カトリック
首都	セントジョンズ		

SECURITY 安全保障
総勢170人の軍隊

　人口9万人弱の国家だが、軍隊を持っている。陸軍125人、海軍45人の総勢170人の超ミニ軍隊だ。アンティグア島にはアメリカ空軍のレーダー基地が置かれており、東カリブ安全保障協定である「地域安全保障システム」の加盟国である。

　この安全保障システムは、同国のほかバルバドス（人口25万6000人）、ドミニカ国（同6万7000人）、グレナダ（同10万4000人）、セントクリストファー・ネイヴィス（同5万2000人）、セントルシア（17万4000人）、セントヴィンセントおよびグレナディーン諸島（同10万9000人）の7カ国によるものだ。総兵力は警察隊や沿岸警備隊も含めて2000人たらずで、セントクリストファー・ネイヴィスのように軍隊を持たない国も含まれている。

SIGHTSEEING 観光
ネルソン提督の名がついた最古の造船所

　この島の観光スポットの1つに、ネルソンズ・ドックヤードがある。18世紀末に完成した海軍造船所で、当時の面影を色濃く残しながら、現在も使用されており、現存する最古の造船所といわれる。名前のとおり、ネルソンとはイギリス海軍の提督として知られるホラーショ・ネルソンのことだ。

　この島の港は18世紀の終わり頃、イギリスにとってカリブ海への玄関といわれたほど重要なものだった。カリブ海の植民地へ行き来する交易船の一大中継港だったからだ。

　ここへネルソンが艦隊を引き連れてやってきたのは1784年。この地に海軍施設を増強し、違法な貿易船の取り締まりを行うためだった。その際に建造されたのが、この造船所だったのである。

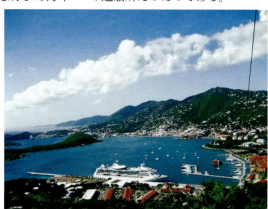

クルーズ船が出入りするセントジョンズ港
©Antigua and Barbuda Tourism Office

HISTORY

　カリブ海北東部、小アンティル諸島内のリーワード諸島に属し、アンティグア島、バーブーダ島、レドンダ島からなる。イギリス女王を元首に戴く立憲君主国。コロンブスがアンティグア島に上陸したのは1493年だったが、先住民の抵抗が激しくイギリス人も長い間近づけなかった。最初の入植は1632年で、67年には正式に英植民地となった。17世紀後半、サトウキビ栽培が導入され、18世紀には黒人を奴隷として連行し、砂糖プランテーションが本格化した。バーブーダ島はその食糧基地として使われた。1834年イギリスは奴隷制度を廃止し、砂糖プランテーションも衰退した。第2次世界大戦の後、3島は西インド諸島連合州の1州となり（1967年）内政自治権を獲得、81年にイギリス連邦内の立憲君主国として独立を果たした。

ウルグアイ東方共和国

Oriental Republic of Uruguay

- 面積　17万6000 km²
- 人口　343万人
- 首都　モンテビデオ
- 通貨　ペソ
- 宗教　カトリックが多数

EVENT 出来事
72日間生き続けたアンデス山中航空機遭難事件の奇跡

　2010年8月にチリの鉱山で起きた落盤事故で、地下700mに閉じ込められた作業員が全員救出された奇跡の生還劇は記憶に新しい。でもその40年前にあったウルグアイ人たちの奇跡を憶えているだろうか。それは1972年10月、ウルグアイ空軍機571便が極寒のアンデス山中に墜落し、乗客乗員45人中16人が72日後に救出され、世界中に驚きを与えた遭難事件である。

　遭難した空軍機にはモンテビデオの大学ステラ・マリス学園のラグビー選手とその家族、知人ら40人が乗っていた。隣国チリ・サンティアゴでの試合のために、悪天候で一時避難したアルゼンチンのメンドーサから出発した。機がアンデス山脈にさしかかったときに厚い雲に隠れた峰に接触。両翼と尾翼を失い、胴体だけの姿で崖を滑落して雪中に停止した。

　この時点で生存者は28人だった。機が消息を絶ち、捜索隊が出動したが、機の外装が白かったせいで雪にまぎれて発見できず、事故の8日目に捜索は打ち切られた。その8日目に1人が、16日目に雪崩が襲い、機体内に侵入した雪に埋まって8人が死亡。その後3人が死亡していった。生存者たちはワインボトルに雪を詰めて水を作り、無線機の修理を試みたり、雪の上に十字のマークを作って毎日を過ごした。体力的に選ばれた2人が10日をかけてチリ側の村に辿りついたことで救出が再開され、生存者が帰還できたのだ。後に生存者たちが死亡者の人肉を切り分けて保存し、食料としていたことが明るみに出た。機内の食料は9日目に尽き、雪に覆われた高山で食べ物を探し出せる望みは皆無だったため、議論の末にとられた生きるための最後の手段だった。彼らは思慮に欠ける報道にさらされたが、カトリック教会は教義に照らしても罪に当たらないと発表。死者の親たちの多くもそう理解し、受け入れることを表明したのだった。

HISTORY

　南米大陸東部、ラプラタ川左岸に位置する共和国。1516年にスペイン人が初めて上陸、しかしチャルーア人、グアラニー人などの先住部族の抵抗もあって入植ははかばかしくなかった。17世紀初頭スペイン人が牛を放牧すると野生化して爆発的に増え、捕獲をめぐってポルトガルとの争いが始まった。1680年にポルトガルがコロニア・デル・サクラメント、スペインも1726年にモンテビデオを建設して対峙したが、最終的に77年、スペインへの帰属が決まった。1811年にアルティガスがラプラタ地方一帯の独立を目指して蜂起、新行政区・東方州の設置、農地改革などを行ったが、20年にポルトガル・ブラジル連合軍に敗れて失脚、東方州はポルトガルの支配となった。しかしアルゼンチンの支援のもとに独立運動が再燃、イギリスの調停で28年8月、ブラジルとアルゼンチンの緩衝地として独立した。独立後は周辺国家を巻き込んだ内戦状態と軍政が長く続いたが、1903年に大統領に就いたホセ・バッイェが民主的国家に改革した。73年の軍事クーデターをへて85年に民政が復活した。

エクアドル共和国

Republic of Ecuador

面積	25万6000km²
人口	1542万人
首都	キト

通貨	米ドル
宗教	カトリック

POLITICS 政治

自国通貨は「米ドル」なのに政府は「反米」？

　南米ではベネズエラの故チャベス氏と並び強烈な反米左派のコレア氏が2007年から2016年まで大統領の座にあった。2017年に誕生したモレノ政権も左派の流れをくみ、政治的には明らかに欧米とは一線を画す。

　米政府の個人情報収集プログラムについて暴露し、スパイ行為などの罪で訴追された米中央情報局元職員のエドワード・スノーデン氏が2013年、同国へ亡命申請したのも、米国からの身柄引き渡し要請も拒めるとみたからだろう。英警察に追われ同国の在英大使館に身を潜めた内部告発サイト「ウィキリークス」創設者ジュリアン・アサンジ氏に対し、2018年に同国の国籍を与えたことでも知られる。

　一方、経済面では米国依存が強い。1990年代末、主要輸出品の原油価格が落ち込んだ上、アジア通貨危機の影響もありハーパーインフレに襲われると、2000年に自国通貨スクレを廃止、米ドルを法定通貨に変更した。この政策はコレア政権時代も変わらず続く。同じ反米政権のベネズエラでは経済の混乱が激しいのに対して、同国の経済が比較的安定しているのもドル化のおかげといわれる。

　しかし、自国通貨でないため、独自の金融政策をとれない上、常に国内に十分なドルを流通させる必要がある。国際収支の悪化などによってドルの国外流出が危険水域に達すれば、輸入制限や資本移動の規制に踏み切らざるを得ず、健全な産業育成の阻害要因となる。

　主要輸出品である原油の価格が安定している間は弊害が表面化しないが、近年、原油価格が低迷しているため、政府財政の悪化が進んで公共事業が減少し、国民の不満がくすぶる。自国産業への保護や手厚い福祉政策によって政府債務も拡大し、現状のままドルを自国通貨に切り替えればハイパーインフレに陥る危険があり、経済政策の手詰まり感は強い。

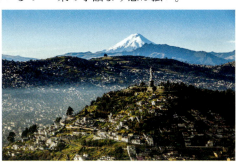

首都として世界第2位の高地（2800m）にあるキト。奥に聳えるのは富士山に似たコトパクシ山（5911m）
©Shutterstock.com

HISTORY

　南米大陸の北西部の太平洋に臨む赤道上に位置する。ガラパゴス諸島も領有している。国土の中央をアンデス山脈が南北に走り、東部にはアマゾン川上流域の低湿地が広がっている。国名は赤道の意味。15世紀後半からインカ帝国の支配下にあったが、1533年スペイン領となる。19世紀に入ってからは独立の機運が出て、1822年ボリバルらによって解放され、グラン・コロンビア共和国への併合をへて30年独立。地主や教会を基盤とするキトの保守派とグアヤキルの自由派が対立、自由派のアルファーノ大統領の時代に近代化を実現した。20世紀に入っても両派の間で政権争いとクーデターが繰り返され、1950年代に入って、アメリカの進出でバナナの栽培が拡大し、経済は安定したが、2000年自国通貨スクレが大暴落し、国内通貨を米ドルに移行させた。06年左派のコレアが大統領選に当選して、南米の反米政権との関係が深い。かつてのバナナ王国の面影はなく輸出の5割を原油が占めている。なお、07年に設置された南米のEUともいえる南米諸国連合（UNASUR）の事務局がキトにある。

エルサルバドル共和国

Republic of El Salvador

- 面積 2万1040 km²
- 人口 613万人
- 首都 サンサルバドル
- 通貨 米ドル
- 宗教 カトリック

SPORT スポーツ

サッカーの勝敗から本当の戦争へ

1970年サッカーワールドカップ・メキシコ大会の69年から始まった予選で、ホンジュラスとエルサルバドルは準決勝で対決した。

第1戦は6月8日ホンジュラスの首都テグシガルパで開催され、ホンジュラスのサポーターがエルサルバドル代表チームの宿を囲んで騒ぎ立てた。この効果があったのかは別としてホームチームのホンジュラスが1対0で勝利。

翌週の第2戦はエルサルバドルの首都サンサルバドルで行われ、今度はエルサルバドルのサポーターが安眠妨害をし、結果はエルサルバドルが3対0で勝利。この妨害事件をきっかけにホンジュラス政府は違法に入植していたエルサルバドル人に国外退去命令を出し資産を凍結。対するエルサルバドルもホンジュラスを非難し、遂に国交断絶に至った。

さて、1勝1敗で迎えた第3戦は中立国メキシコで6月27日、厳戒態勢のなかで行われ、試合中にもサポーター同士で死者が出るほど緊迫するなか、エルサルバドルが3対2で勝利し決勝へ進んだ。両国の国境地帯では、発砲も始まり軍隊が出動、サッカーから始まった衝突は軍事紛争へと発展。同程度の軍事力を持って、遂には空軍も参戦、兵站基地を破壊するなど本格的な戦争状態に入った。

元来、人口密度の高いエルサルバドル側から10万人を超える農民がホンジュラスの領地に不法に入植し、トラブルが絶えなかったことに本来の紛争の要因があったと思われる。

米州機構は早速仲介を始め、停戦交渉に入るが、軍そのものは撤退したものの紛争の火種は10年以上もくすぶり続け、完全な和解に至るまで多大な困難を要した。

中米で最大規模を誇る首都サンサルバドルの町並み
©Shutterstock.com

HISTORY

中央アメリカ中部の太平洋に面し、面積は中央アメリカ諸国のなかでも最も小さい。西はグアテマラ、北東部はホンジュラスに接する火山地形で地震も頻繁に起こる。かつてはマヤ系先住民や、ナワ系先住民が部族国家を築いていた。1524年スペイン領となり、首都が建設された。19世紀半ばには中米諸国と連邦共和国を結成した後、56年独立したものの政情は不安定で隣国グアテマラに武力侵攻される。20世紀に入って"14家族"といわれる富裕層が支配し、烈しい弾圧が続いた。1931年クーデターによりエルナンデス・マルチネスが大統領に就任、独裁政治を行ったが44年失脚。61年からは右派政権、70年代は左翼ゲリラ、80年代は内戦と目まぐるしく政権交代を繰り返してきた。19世紀以降で110余の政変は"中米の台風の目"といわれているほどである。92年和平協定に調印。ゲリラ組織、ファラブンド＝マルチ民族解放戦線（FMLN）を政党として承認し、武装解除した。

ガイアナ共和国

Republic of Guyana

- 面積 21万5000 km²
- 人口 77万3000人
- 首都 ジョージタウン
- 通貨 ガイアナ・ドル
- 宗教 キリスト教、ヒンドゥー教、イスラム教など

PEOPLE 人々

インド系が国民の44%を占める

　新興著しいインド経済を影で支えている存在として近年、脚光を浴びるようになったのが印僑、海外に在住するインド出身者たちだ。中国の華僑はよく知られているが、印僑も世界に1000万人以上いるというからすごい。

　中南米にはインド出身者が国民の一定数を占める国が多い。スリナムでは人口の37%、トリニダード・トバゴでは40%だが、このガイアナはもっとも多い44%、実に国民の半数がインド系なのである。例えば、ヒンドゥー教徒のお祭りで母国インドでも全国的な規模で行われるホーリー祭やディワリ祭に当たる日がガイアナでは祝日になっているし、5月5日はインド人がこの地に契約労働者として最初の一歩を踏み入れた日を記念する"インド人到来の日"(Indian Arrival Day)で、これも祝日なのだ。

　この国の国民食として親しまれているロティという食べ物がある。薄く焼いた平べったいパンに魚や肉のカレーをはさんで食べるものだが、これもインドがルーツ。街にはインド料理の店も数多くあり、独特の風情を醸し出している。

ジョージタウン市庁舎

世界最大級のカイエトゥール滝

ガイアナイワドリ

©Photo Courtesy Guyana Tourism Authority

HISTORY

　南米大陸の北部沿岸に位置、国土の80%が熱帯雨林。中央部を水源とする数多くの河川が、大西洋岸の低地に向かって流れこむ。スペイン人に次いでイギリス人、オランダ人がこの地へ入植し、1621年オランダ西インド会社が管理。18世紀には砂糖プランテーションが発展した。ナポレオン戦争後にイギリスの領有となり、1831年、イギリス領ギアナが成立。その3年後に奴隷制廃止となったため、代替労働力としてインドからの契約移民を受け入れた。インド系の人民進歩党（PPP）とアフリカ系の人民国民会議（PNC）が対立関係にあり、しばしば人種抗争が引き起こされてきた。1966年にイギリス連邦内で独立し、PNCのバーナム首相の下で社会主義的政策が進められる。85年にバーナムが死去してから自由主義経済へと路線を転換したが、経済は低迷を続けている。ボーキサイトや砂糖、米が輸出額の半分を占める。

カナダ

Canada

- 面積 998万5000 km²
- 人口 3515万人
- 首都 オタワ
- 通貨 カナダ・ドル
- 宗教 カトリック（43%）

POLITICS 政治
難民・移民の受け入れに寛容な理由

　難民やイスラム教徒の受け入れに関して、厳しい措置を打ち出す米国トランプ大統領に対し、隣国カナダではトルドー首相が寛容な姿勢を守り世界の注目を浴びている。

　2017年1月、シリアなどイスラム教徒が大半を占める7カ国出身者の入国制限を新たに強化することをトランプ大統領が発表すると、まもなくトルドー首相は自らシリア難民を迎えた時の写真とともに、「迫害やテロや戦争から逃げている人たちへ、カナダ人は皆さんの信仰を問わず、皆さんを歓迎します」とツイート。各国のメディアで取り上げられ、41万8000回リツイートされ、76万8000人が「いいね」を押した。

　翌月、トランプ大統領とトルドー首相が初めて会談した時も、両者の考え方の違いが際立った。トランプ大統領は「国境を強くしなくてはいけない。悪い者を入国させることはできない」と発言したのに対して、トルドー首相は「我々は安全も守りながら移民や難民の受け入れるという政策を続けていく」と主張したという。

　こうしたトルドー首相の理念は、突然生まれたわけではない。カナダには、難民や移民への寛容な姿勢が国の活力を生んでいるという価値観が根づく。同国では2011年に実施した世論調査では、5人に1人が外国生まれであり、2015年11月から2017年1月初めまでに、3万9670人のシリア難民をすでに受け入れ、2017年には30万人の移民と4万人の難民を認める方針を打ち出した。

　しかし、2017年1月以降、予想を上回る難民が国境に押し寄せた。同年1月から2月21日までの難民申請数は4000人と、前年同期に比べ60%増加。アフリカ東部やシリアなど紛争国の出身者が多かった。なかでも目立ったのが、厳冬のこの季節、十分な装備のないまま吹雪の中を歩いて違法に国境を越えようとする人々。国境付近の町では、警察官や救急隊員が対応に追われ、住民からは「どんな人間が入ってくるかわからず不安」の声がもれた。

　カナダ政府は、難民・移民の受け入れ方針に変更はないとしているが、国民の空気も変わりつつあり、違法難民の送還を支持する声も小さくない。2017年後半からは、こうした声を意識してか、トルドー政権は歓迎ムードを抑制しているといわれる。今後、トランプ政権の難民・移民政策によっては再びカナダは新たな余波を受けることになり、理念と世論の間で厳しい対応を迫られかねない。

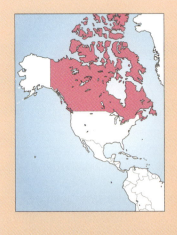

HISTORY

　元首はオーストラリアと同様、イギリスの国王エリザベス2世。カナダが完全に独立を果たしたのは、1982年のことである。15世紀末から16世紀前半にかけてイタリアのカボットやフランス人のカルティエがカナダを探検したのが、ヨーロッパ人が足を踏み入れた最初である。だが、17世紀初めに植民地としたのはフランスだった。18世紀初めフランスはニューファンドランドをイギリスに割譲したが、1783年のパリ条約では、カナダはすべてイギリスの植民地となった。その後、仏系植民地と英系植民地は連合カナダ植民地を結成し、1867年カナダ自治領を成立させた。これが大きな節目となり、19世紀末から20世紀初頭にヨーロッパ諸国から数百万の移民が押し寄せた。多民族国家カナダの始まりだった。第1次世界大戦後に主権国家として認められ、第2次世界大戦後には英国王の大権がすべて総督に委譲されて独立へ近づいた。1949年ニューファンドランド州もカナダに加盟。そして82年カナダ憲法が成立し、完全独立を果たした。

キューバ共和国

Republic of Cuba

面積	10万9884 km²	通貨	キューバ・ペソおよび兌換ペソ
人口	1147万人	宗教	カトリック、サンテリーア（カトリックとアフリカ系伝統信仰の融合）、プロテスタント諸派など
首都	ハバナ		

ART 芸術
世界に大きな影響を与えたキューバ音楽

　古くはラテンアメリカの土着の宗教とその信仰の手段としての音楽が利用された。アフリカはナイジェリアに端を発するという、カトリックと伝統信仰の融合したサンテリーアがある。ヨルバ族の精霊信仰とカトリックが混交され、宗教音楽としての素地をつくった。その影響下にハバネーラ、ソン、ルンバ、マンボ、チャチャチャ等に派生したキューバ音楽はラテン音楽の中心的な存在となった。

　1970年代からは革命後の若い世代の動きとしてヌエバ・トローバがラテンアメリカ全体で大きな影響力を得た。アフリカ的なリズムと、かつてのソ連との関係で輸入されたクラシックの要素を加えて演奏者のレベルは高く、グラミー賞を受けたイラケレ、90年代のゴンサロ・ルバルカバらのミュージシャンを輩出した。アメリカとの経済封鎖という壁がありながら、対米輸出は大きな柱ではある。

CAPITAL 首都
オールド・ハバナと要塞都市

　1492年有名な探検家コロンブスによって発見されたキューバ島は1511年にスペイン領となり、ハバナが行政の中心となる。17〜18世紀、ハバナは新大陸と旧大陸の間で砂糖と奴隷貿易で栄える。現在旧市街に残るバロック様式の町並みは、この頃の繁栄を物語っている。また、ハバナには海賊も横行し、諸外国の影響もあり、堅固な要塞が築かれた。その代表的な要塞がカリブ海最強といわれたモロ要塞である。ハバナ湾入り口にあり高さが20m、有事の際には対岸のプンタ要塞との間に鉄の鎖を渡し、敵の侵入を阻んだという。

ハバナ旧市街の美しい町並み

©Shutterstock.com

HISTORY

　西インド諸島西部、フロリダ半島南方のメキシコ湾入り口に位置する。海域最大のキューバ島とラフベントゥッド島、約1500の小島からなる。キューバ島東部のグアンタナモ湾周辺一帯はアメリカが租借し、グアンタナモ米軍基地となっている。

　1492年コロンブスの到着以後、スペインに征服され19世紀後半は独立戦争を繰り返すがアメリカの軍政下に入り1902年共和国として独立。アメリカ支配の影響が強いまま33年バチスタ独裁政権が続いたが、59年フィデル・カストロによるキューバ革命が成功。中南米初の社会主義国となり、アメリカと断交。1962年ソ連のミサイル持ち込みに端を発した「キューバ危機」で地域の緊張が一気にたかまった。76年ソ連憲法に基づく憲法を制定。しかし、91年のソ連崩壊によって大きなダメージを受け、現在は非同盟諸国会議の一員。中国、ベトナムなどのほか中南米諸国とも積極外交を展開。2006年カストロ議長が病気療養のため実弟ラウルが後任となり、11年正式に第一書記。経済はほぼ国有化したため、不振に喘いでいるが、かつて「カリブの真珠」といわれた景観を取り戻そうと観光にも活路を見出そうとしている。15年7月、米国と54年ぶりに国交を回復した。

グアテマラ共和国

Republic of Guatemala

面積	10万9000 km²	通貨	ケツァル
人口	1658万人	宗教	カトリック、プロテスタントなど
首都	グアテマラシティ		

WORLD HERITAGE 世界遺産
中米最大規模の古代マヤ文明ピラミッド群

　古代マヤ文明の中心地であり、その独自の営みが刻まれた遺跡群は世界遺産にも登録されている。このうち、「ティカル国立公園」（世界遺産）は、マヤ文明における最大の都市遺跡といわれる。紀元前から人が住み、3〜8世紀には政治・経済・宗教の中心として栄えた。メキシコのテオティワカン文化の影響を受け、「大ジャガー」「仮面」「双頭の蛇」などと名付けられたピラミッド状の巨大神殿が密林の中にそびえ、周辺部を含めると3000とも4000ともいわれる建物跡が点在する。10世紀ごろ、ほかの低地マヤ都市とともに放棄されたとみられる。

　東部のイサバル県にある「キリグア遺跡公園と遺跡群」（世界遺産）は、ステラと呼ばれる石碑が見どころ。5〜9世紀の間につくられ、それぞれ人の顔や体、植物、象形文字、マヤ暦など精緻な彫刻が施されている。当時のマヤの人々の世界観や宗教観を表すといわれる。一時期世間を騒がせた2012年人類滅亡説の根拠となったのもマヤ暦である。キリグア周辺は銅、翡翠、カカオ豆、黒曜石の産地であったことから、カリブ海とグアテマラ高地を結ぶ通商の拠点となったと考えられ、紀元後200年ごろから人が住むようになり、8世紀ごろ繁栄し自治国家の首都となった。

　また、首都グアテマラシティからバスで1時間ほどの場所にある「アンティグア・グアテマラ」（世界遺産）は、標高1500mを超える高原に1524年創建された古都であり、かつては中米で最も華やかな都市ともいわれた。カテドラル（大聖堂）と中央広場を中心に碁盤の目のように規則正しく道路が走り、旧グアテマラ総督府、ラ・メルセー教会など重厚で豪華な建物が並ぶ。美しい石畳道の脇にはパステルカラーに塗られたコロニアル風の家々が軒を連ねる。たびたび地震に襲われ、1773年の大地震で甚大な被害を受け首都が現在のグアテマラシティに移った。

世界遺産「ティカル国立公園」のピラミッド群
©Shutterstock.com

HISTORY

　中央アメリカの北部、カリブ海と太平洋に面した山岳国。国土の3分の2は高原で34の火山があり、地震も多い。古代マヤ文明の中心地で、1524年スペインに征服され1821年メキシコに併合される形で独立、24年にほかの中米諸州と連邦共和国を結成。39年には内部対立によって解体して単独で独立した。以後は大地主、米系資本などによる独裁が続いた。20世紀に入って50年代から左翼ゲリラが武装闘争を展開。軍部・極右からのテロが頻発した。66年からは選挙による政権交代が行われたが、内戦状態となり、クーデターによる軍事政権下で厳しい弾圧が行われた。96年に反政府ゲリラとの和平協定が結ばれて36年の内戦に終止符が打たれたが、死者は推定20万人、難民15万人といわれる。主要輸出産品はコーヒー、砂糖、バナナ。

グレナダ

Grenada

- 面積 345 km²
- 人口 10万7000人
- 首都 セントジョージズ
- 通貨 東カリブドル
- 宗教 カトリック、プロテスタント諸派

SIGHTSEEING 観光

ナショジオ「世界25の驚異」に選ばれた海底の彫刻群

　絵画のようにカラフルな街並みとカリブ海で最も美しいともいわれるビーチに加え、要塞跡「フォートジョージ」をはじめ多くの歴史的建造物が点在。カリブ海クルーズ船の寄港地にもなっていて、海外から多くの観光客を引き寄せるが、近年、首都セントジョージズ沖の海底に新たな観光スポットが加わった。2006年に世界で初めてつくられたとされる「海底彫刻公園」(Underwater Sculpture Park)である。

　一般の人がダイビングやシュノーケルで気軽に見られるように浅瀬の海底に設置されているが、手をつなぎ輪になっている人々、椅子に座る人、横たわる人など、人の姿に似せてつくられたリアルな60体以上の彫刻が海中に突如現れる。この異様な光景は潜る人たちの目を奪い、ナショナル・ジオグラフィックによる「世界25の驚異」のひとつに選ばれている。「誰が何のために」と思いたくなるだろう。制作したのはジェイソン・デカイレス・テイラー氏。英国人の父とガイアナ人の母の間に生まれ、ロンドンの美術学校を卒業後は、潜水指導者の資格を取得した。水中写真家としても実績を重ねるうちに、海の環境に深い関心を寄せるようになった。

　海洋環境は海中や沿岸部の開発工事、海洋汚染、世界的な気候変動による海水温の上昇などによって甚大な被害を受けており、この現実により多くの人の目を向けさせることが海底彫刻公園の狙いという。彫刻は特殊なセメントでできているため、長く海底に沈めているうちに人工岩礁の役割を果たし、サンゴ育成の場や魚の住処にもなる。

海底に現れる不思議な光景

©Shutterstock.com

HISTORY

　カリブ海東部、小アンティル諸島南端の火山島といくつかの小島からなる。
　1498年コロンブスが発見し、1650年フランスの植民地をへて、1783年英国領に。1958年英国自治領・西インド連邦に加盟、74年英連邦の一員として独立。79年無血クーデターによりビショップ首相率いる人民革命政府を樹立、社会主義政権となったが、政治的混乱を招き首相が殺害され、83年米軍のリーダーシップで「グレナダ侵攻」により親米政権が誕生した。東カリブ海諸国との集団防衛条約に加盟、83年軍は解体し警察軍が国内の治安維持にあたっている。その後は世界各国との国交を再開している。主要産業は観光業やナツメグ、カカオなどの輸出。

コスタリカ共和国

Republic of Costa Rica

- 面積　5万1000 km²
- 人口　476万人
- 首都　サンホセ
- 通貨　コロン
- 宗教　カトリック

WORLD HERITAGE 世界遺産

恐竜が棲んでいそうな？　ココ島自然保護区

国土の4分の1が国立公園や自然保護区に指定され、タラマンカ地方の「ラ・アミスター自然保護区群」としてパナマ側とともに中米最大の密林地帯が保護されている。

中米の人気ダイビングスポットで1、2位を競うのが、コスタリカの本土から南西550km、東太平洋上のココ島である。面積46.6km²の火山島で熱帯雨林に覆われ、数多くの動植物が棲息することから「ココ島自然保護区」として世界遺産にも登録されている。

このココ島は、スティーブン・スピルバーグ監督による映画『ジュラシックパーク』のモデルではないかという噂がある。映画ではコスタリカにある"Isla Nublar"という架空の島が舞台になっており、それがココ島ではないかといわれているのだ。また、同映画をもとにしたパソコン用ゲームに出てくる島の形がココ島にそっくりだったことから、そうした話が根強くささやかれているのだろう。

コスタリカの伝統的な食事

鬱蒼としたジャングルに覆われたココ島

©Shutterstock.com

HISTORY

中央アメリカの南部に位置する共和国。北はニカラグア、東はパナマと接する。国土の中央を3つの山脈が連なり、それらに挟まれた高地メセタが中央高原をなしている。3819mの最高峰チリポ山、3432mの活火山イラス山があり、国名はスペイン語で「豊かな海岸」である。豊かな自然は動植物の宝庫で、地球上の動植物の5%がこの小国にあるといわれる。1502年コロンブスによって発見され、白人入植者のもとで閉鎖的な社会が形成された。1821年スペインより独立、中米諸州連合に加入後、48年単独での独立を果たす。48年大統領選挙の不正を巡って内乱状態になったが、70年グァルディア大統領のもとで近代化を推進。鉄道建設や公共事業に多額の外資が投入され、コーヒー、バナナ等の輸出農産物の拡大により経済の安定がもたらされた。20世紀前半はクーデターや極左政権による混乱はあったが、以後は民主政治が安定し1949年憲法で軍隊を廃止。83年には非武装中立を宣言し、87年中米紛争解決への功績によりアリアス大統領はノーベル平和賞授与された。教育水準や社会保障は中南米でトップクラス。「中米のスイス」といわれることもある非武装中立で、中米では最も安定した民主国家。

コロンビア共和国

Republic of Colombia

面積	113万9000 km²
人口	4770万人
首都	ボゴタ
通貨	ペソ
宗教	カトリック

SOCIAL PROBLEM 社会問題

犯罪と麻薬

　スペインの植民地時代には「エルドラド」(黄金郷)といわれたコロンビア。エメラルドの原石、カーネーションやラン、バラ等の切り花の生産は世界一の生産量を誇るが、あまりありがたくない世界一だったのがコカインの生産だった。

　国連薬物犯罪事務所(UNODC)の調査によると、南米の3大コカイン生産国(ペルー、ボリビア、コロンビア)でもコロンビアは長らくトップの座に君臨し、2001年には3カ国の生産量の7割近くを占めるほどだった。ところが、コカの不法栽培の取り締まり強化によって、09年には世界一の座をペルーに譲り、10年には生産量が01年の3分の1にまで減っている。

　麻薬組織間の抗争などが原因で犯罪発生率の高さも有名だったが、それにも変化が。04年には1年間で2万件を超えていた殺人件数(全国)が2010年には約1万5000件に、04年に年間1440件も発生していた誘拐件数(全国)も、10年には282件にまで減少している。

TOWN 街

植民地時代の街並みが残るカルタヘナ

　この国を代表するリゾート地がカルタヘナだ。輝く陽光、カリブの豊かな自然、サルサのリズム。近代的な施設を持ったホテルや賑やかな通りが観光客を迎える。そして、城壁に囲まれた旧市街に一歩入ると、中世にタイムスリップしたような雰囲気に包まれる。16世紀に入植したスペイン人は金、銀、カカオ、タバコ、香辛料等を積み出す貿易港としてこの街を建設。海賊などの攻撃に対応して築き上げた城壁がぐるりと周りを囲んでいる。旧市街東部のサン・フェリペ要塞は40mの丘の上に築かれ、複雑な通路やトンネルなどによって守られている。ボリバール広場のカテドラルや宗教施設など16世紀の建物が美しい。

HISTORY

　南アメリカ大陸の北西部で、カリブ海と太平洋に面している共和国。国土の40%がアンデス山地で南北に連なっている。沿岸部および東部のオリノコ川水系やアマゾン川水系には熱帯性の低地がある。16世紀まではチブチャ族が支配していたが、1500年スペイン人の植民が始まり、38年スペイン人が首都バカタ(後のボゴタ)を占領した。1810年にはクンディナマルカ共和国の独立を宣言したが国内的な統一に至らず、スペイン軍に勝利したボリバルのもとで、ベネズエラ・エクアドル・パナマを含むグラン・コロンビアを成立させたが、後に解体して、単独の独立を果たす。19世紀後半自由党と保守党のもとで連邦制、そして86年現在のコロンビア共和国が誕生した。20世紀に入ると、2大政党の対立が激化、「千日戦争」で20万人以上の死者を出した。その後は世界第3位のコーヒーの暴落などをへて、左右の勢力による交互の大統領の選出で一応の安定をみせている。もともとこの国は、世界的に有名になったコカインの密売が盛んで、1989年から91年にかけて政府と密売組織との麻薬戦争が激烈を極めた。

ジャマイカ

Jamaica

- 面積　1万990km²
- 人口　288万1000人
- 首都　キングストン
- 通貨　ジャマイカドル
- 宗教　プロテスタントなど

EVENT 出来事

国家非常事態宣言まで出た大物ギャング逮捕劇

　2010年5月、ジャマイカ政府は突如として国家非常事態を宣言し、首都キングストンには軍隊が出動して物々しい厳戒態勢が敷かれた。それは、米国で「最も危険な麻薬密輸組織のひとつ」（米司法省）と恐れられた同国のShower Posseのリーダー、クリストファー・コークを逮捕するのが目的だった。

　その後、軍隊と組織が壮絶な銃撃戦を街中で繰り広げ、双方で70名を超す死者を出しながらようやくコークの身柄が確保され、米国へ引き渡された。

　コークについては以前から米国が身柄の引き渡しを求めていたが、ジャマイカ政府が拒否してきた経緯がある。それは、コークが政府と密接な関係を築いていたからだと、米紙などは報じている。

　また、コークは地元に多額の寄付をしたり、貧しい子どもたちに教育を受けさせるなど慈善活動家としての顔も持っており、庶民からは絶大な支持があった。実際にコークの支持者らが逮捕に反発して暴動を起こしたほどであった。

　コークは米国の裁判所で麻薬犯罪の容疑に問われ、2012年に懲役23年の刑が確定している。

首都キングストンの町並み

©Shutterstock.com

HISTORY

　カリブ海の島国。キューバの南に位置する立憲君主国で、2000mを超える中央山地が東西に走る。海岸線は、良港に恵まれ、名産のコーヒーなどの積み出しが盛ん。

　1494年にコロンブスが到着。その後、スペイン人の入植が始まった。17世紀にイギリス人の勢力が増して1670年、イギリス領。18世紀に入り、黒人奴隷労働によるサトウキビ栽培が起こり、プランテーションが開かれた。黒人のほかインド人、中国人も労働力としてこの地へ。だが、20世紀前半から高まった黒人たちを中心とする労働運動の結果、1957年、自治権獲得。62年、カリブ海のイギリス植民地のなかで独立を達成した。独立以降は、ジャマイカ労働党（JLP）と人民国家党（PNP）が交代で政権を担当している。

スリナム共和国

Republic of Suriname

面積	16万3820 km²	通貨	スリナム・ドル
人口	55万8000人	宗教	キリスト教、ヒンドゥー教、イスラム教など
首都	パラマリボ		

WORLD HERITAGE 世界遺産

新種がまだまだ？ ギアナ高地の大自然

　北部の沿岸部に人口の多くが集中し、ギアナ高地が大半を占める南部には手つかずの自然が広がる。スリナム共和国は南米最小の独立国だが、その国土の1割に相当する160万haに「中部スリナム自然保護区」を創設し、2000年に世界遺産へ登録された。

　自然保護区ではコッペナメ川をはじめ重要な河川の上流域を含む山間部や低地に非常に高い生物多様性がみられる。6000種もの植物が分布し、動物の種類も豊富だ。なかでも鳥類は400種類以上が観察され、頭頂部に扇形の冠羽があるハーピーイーグル（オオギワシ）、全身がオレンジ色のイワドリ、赤や青、黄など色とりどり羽をまとったコンゴウインコなど日本の野外では見られない特徴的な鳥が多い。

　哺乳類ではジャガー、オオアルマジロ、オオアリクイ、オオカワウソ、バク、霊長類8種などが生息する。これらに加えて、世界遺産の登録段階では、魚が790種、爬虫類が152種、両生類が95種確認されている。しかし、まだまだ見つかっていない種が相当数あるといわれる。

　米自然保護団体が2012年1月に発表した調査結果によれば、スリナムで46種の新種生物が発見された。後ろ足の突起がウエスタンブーツの拍車に似ていることから「カウボーイ・フロッグ」のあだ名がついたカエルや、色鮮やかなキリギリス、ピラニアから身を守るため棘のある鎧に似た鱗で全身がおおわれたナマズなど目を引く生物が少なくない。2007年の同様の調査でも、24種の新種が発見されているという。

中部スリナム自然保護区を流れるコッペナメ川

©Shutterstock.com

HISTORY

　南米大陸の北部沿岸に位置するギアナ3国のうちの1国。人口が集中する北部太平洋岸の低地から南部のギアナ高地に至る国土の多くが熱帯雨林に覆われている。ヨーロッパ人の渡来以前は、沿岸部にアラワク系についでカリブ系の民族が生活していた。16～17世紀にスリナム川流域などにイギリス人とオランダ人が入植、黒人奴隷を労働力とするプランテーションでタバコやサトウキビなどの栽培を行った。1665～67年の第2次英蘭戦争ではオランダ軍が一帯を占領、67年のブレダ和約で北米ニューアムステルダムとの交換を条件にオランダが統治権を獲得、1815年にオランダへの帰属が最終確認された。63年の奴隷制廃止で、労働力不足が発生、インドやジャワから年季契約の移民を新しい労働力とした。19世紀からは中国と中東からも移民を受け入れた。1954年に自治権を獲得、75年11月25日に独立した。独立後はスリナム国民党のヘンク・アロンが政権を担ったが、80年と90年に2度、ボーターセ司令官による軍部クーデターが起こり、政権掌握をめぐって軍部勢力と民政勢力のつばぜり合いが今日まで続いている。

セントヴィンセントおよびグレナディーン諸島

Saint Vincent and the Grenadines

- 面積　389 km²
- 人口　10万9000人
- 首都　キングスタウン
- 通貨　東カリブドル
- 宗教　キリスト教（イギリス国教会、カトリック、プロテスタント）

   この国と日本

首都の繁華街にできたリトル・トーキョー

主要産業といえば、伝統的農産物であるバナナの栽培および、美しいカリブ海のビーチを生かした観光業。近年は、これらに続く産業として漁業を育てようと、日本が支援している。

1988年、無償資金協力で首都キングスタウンに魚市場が建設され、アジやカツオを中心にセントビンセント島の漁獲量の80〜90％が水揚げされるようになった。零細漁民にとって生産流通・輸出の拠点になると同時に、地元民にとって憩いの場となり、日本の支援でできたことから「リトル・トーキョー」と呼ばれる。

2005年には、再び日本の資金協力で老朽化した市場の建物を改修するとともに、加工・衛生検査施設も整備した。1999年、東カリブ海一帯で原因のわからないまま大量の魚が死ぬ事件が発生。健康被害はなかったものの、その影響で水産物の輸出が一部停止するなど経済的な損失を被ったこともあり、水産物の衛生・品質に対する意識が高まる契機となった。

2013年からは、JICA（国際協力事業団）の技術協力として、「カリブ地域における漁民と行政の共同による漁業管理プロジェクト」が進められている。カリブ海の各国が無計画なまま過剰な漁獲を続け、水産資源の減少が指摘されるからだ。漁業情報を収集・整理・更新し資源の管理体制を構築するとともに、海中や海上に浮かせる人工漁礁のFAD（浮漁礁）を導入し、漁獲量の向上も目指す。

魚の消費を増やそうと魚料理のコンテストも始まっている。もともと、同国では一般市民は魚を食べる機会はあまり多くない。豊富な水産資源を貴重なタンパク源として生かすと同時に、生活習慣病の予防にもなることから、魚料理の普及を目指している。

首都キングスタウンの町並み　©Shutterstock.com

HISTORY

カリブ海の東方、小アンティル諸島内のウィンドワード諸島南部に位置する大小30以上の島々で構成される群島国家。主となるのは東西15km、南北30kmの火山島のセントヴィンセント島で、人口の大半はこの島に住む。住民の多くはアフリカ系黒人かその混血で、ほかに白人、アジア系、先住民カリブ族系が少数いる。グレナディーン諸島は約600の小島やサンゴ礁からなり、南部の島はグレナダの領土である。1498年にコロンブスによって「発見」され、18世紀に入るとフランスの植民地となり、奴隷制プランテーションでの砂糖の生産が拡大。1763年にイギリスの領土となり、その後フランスの占領をへて、アメリカ独立戦争の講和条約として83年にイギリスとフランス・スペインの間で結ばれたヴェルサイユ条約により、イギリスの植民地と確定した。1967年に内政自治権を獲得し、イギリス連邦内の自治国として79年10月独立した。経済の主力は農業でバナナが主体だが、ノーカーボン紙を作る際の糊として有用なクズウコンのでんぷんも輸出しており、それは世界需要の9割を占める。

セントクリストファー・ネイヴィス

Saint Christopher and Nevis

面積 262 km²
人口 5万4000人
首都 バセテール（セントキッツ島）
通貨 東カリブドル
宗教 イギリス国教会など

ECONOMY 経済

投資をすれば市民権がもらえて所得税ゼロ？

国家経済は伝統的に砂糖産業に支えられてきたが、世界的な砂糖市場の低迷や1990年代後半のハリケーン被害もあって、2005年に砂糖産業を閉鎖し、新たな産業分野への移行を図りつつある。

特に期待されるのが観光産業である。なかでも、定評のある美しいビーチと並び、ブリームストーン・ヒル（硫黄の丘）要塞は目玉のひとつ。重厚な石造りの建築物からなる要塞は、セントクリストファー島で標高250mの山の上に築かれ、美しい海岸線やカリブ海、島影が織りなす島内でも随一の絶景を楽しめる。

フランスとイギリスがカリブ海の覇権を争い戦っていた17世紀から18世紀にかけて建設された。アフリカから連れてこられた黒人奴隷が90年かけて完成したといわれる。カリブ海で最大級の規模を誇り、イギリスにとって「西インド諸島のジブラルタル」と呼ばれるほど重要拠点であり、要塞の完成直後にも、フランス軍が侵攻し両国の激戦地となった。要塞は1965年から修復され、1999年には世界遺産に登録された。

意外なところでは、市民権取得プログラムが同国の歳入増に結びついているといわれる。このプログラムでは、一定以上の資金を、砂糖依存型経済をサービス業中心に移行させる目的で設立された砂糖産業多様化財団（SIDF）へ25万ドルを寄付するか、政府認可の開発プロジェクトへ投資をすれば、市民権を取得できるというもの。市民になれば二重国籍は認められ、所得税がかからない。イギリス連邦に加盟しているため、世界130近い国へビザなしで訪問できるという。

カリブ海の島で暮らすのも悪くない（セントキッツ島の繁華街）
©Shutterstock.com

HISTORY

カリブ海のリーワード諸島北部に位置するセントキッツ島とネイヴィス島、2つの火山島からなる立憲君主国。ヨーロッパ人の渡来以前は、南米大陸から移り住んだアラワク系とカリブ系の先住民が居住していた。1623年にイギリス人がセントクリストファー島に入植、25年に来航したフランス人と連携してカリブ系先住民を殲滅。27年には島の中央部をイギリスが、北部と南部をフランスが統治することになった。28年にはイギリスがネイヴィス島への入植にも着手した。やがて両国は島の領有をめぐって激しく争うようになり、最終的には1783年のヴェルサイユ条約でイギリスへの帰属が確定した。18世紀には黒人奴隷を労働力に砂糖プランテーションが発達したが、1834年の奴隷制廃止により経済は停滞を余儀なくされた。1967年に西インド諸島連合州の1州として自治権を獲得、83年9月19日にイギリス連邦内で独立を果たした。

セントルシア

Saint Lucia

- 面積 620 km²
- 人口 17万8000人
- 首都 カストリーズ
- 通貨 東カリブドル
- 宗教 キリスト教など

NATURE 自然

国旗に描かれた2つの山は世界遺産

　バナナなど伝統的な農業に代わって新たな経済の柱として、同国が力を注ぐのが観光産業である。その目玉が、セントルシア島南西部にそびえる2つの火山、グロ・ピトン（大ピトン山、770m）とプチ・ピトン（小ピトン山、743m）である。海から突き出たトンガリ帽子のように双子の山が並ぶ。2909haに及ぶ「ピトン管理地域」として2004年、ユネスコの世界自然遺産に登録され、同国の象徴的な存在として国旗にも描かれている。

　火山島であるため、噴火口や溶岩流、硫黄地帯など火山帯特有の地形を眺められる。温泉もあり、体じゅうに泥を塗って洗い流す「マッド・バス（泥風呂）」は美容によいとされ女性に人気である。カリブ海では珍しい火山島がユニークな自然も育んできた。8種の希少種を含め、グロ・ピトンには少なくとも148種の植物が、プチ・ピトンには97種の植物が確認されている。

　また、グロ・ピトンには、5種の固有種を含め鳥類27種や、固有種のげっ歯類動物（ネズミやリスなど）3種、オポッサム1種、コウモリ3種、爬虫類8種、両生類3種がみられる。世界遺産に登録された海域の6割はサンゴ礁に覆われ魚類168種、軟体動物8種、海綿動物14種、節足動物15種が観察されている。

　こうした自然を自分で歩いて間近に見られる。2つのピトン山に登れるほか、ピトン山周辺やピジョン・アイランド国立公園内には、ハイキングコースやネイチャー・トレイルが整備されている。ビーチではシュノーケリングも楽しめる。

世界遺産の双子のピトン山　©istockphoto.com/ThomasFluegge

HISTORY

　カリブ海南東部に位置する。年間平均気温が26度と高い島国。17世紀前半にオランダ、フランス、イギリスが、それぞれこの島に入植を試みるが、カリブ系先住民の抵抗にあい失敗。その後、イギリス、フランスの争奪戦をへて1814年にイギリス領となる。1967年に自治権を獲得し、79年に独立。イギリス女王エリザベス2世を元首とし、総督がおかれている。議会は2院制だが、上院は総督による任命制でその議席数は11。下院は直接選挙によって選ばれ、議席数は17で、首相は下院議席で多数派の代表から選ばれ、それを総督が承認するというシステムになっている。経済はバナナの生産が中心だったが、観光産業が中心になりつつある。

チリ共和国

Republic of Chile

面積	75万6000 km²	通貨	ペソ
人口	1791万人	宗教	カトリック約88%、ほかにプロテスタント諸派
首都	サンティアゴ		

TABLE 食卓

日本に輸入されるワインでチリ産がトップになった理由

　ワインといえば、フランス、イタリア、ドイツなどヨーロッパのイメージが強いが、近年、わが国の輸入ワイン市場の勢力図が大きく変わりつつある。なかでも注目されるのがチリ。2015年以降、国別ワイン輸入量で、長年首位の座を占めてきたフランスを抜きトップに立ち、以後、その座を守っている。

　チリ産ワインの輸入量は2005年から2015年の10年間に7倍に急拡大したが、その人気の秘密は、お手頃価格ながらバランスのとれた質の高いワインを味わえることにある。2007年に日本とチリの間でEPA（経済連携協定）が発効、関税が引き下げられたことも追い風になった。リーズナブルで豊富な種類のワインが市場に出回ることで、以前はあまりワインに縁のなかった40、50代の中高年男性も愛好家になり、さらなる消費拡大につながったとみられる。

　チリはアンデス山脈のふもとに広がり寒暖差が大きい。ワイン生産の中心である中部は雨が少なく日照時間が長く地中海性気候に分類され、ブドウ栽培として理想的とされる。乾燥した健全な土壌に恵まれて病害虫やカビが少なく、農薬や防腐剤を使う必要がないことから、オーガニックワインが多いことも特徴。南北4000kmを超えて延びる細長い地形のおかげで、地域ごとに最適のブドウの品種が選ばれている。

　歴史をひもとくと、すでに16世紀にはスペイン人にもたらされた苗木をもとにブドウ栽培が始められたが、本格的なワイン製造は19世紀に入ってから。この時期、フランスでブドウ栽培が害虫の被害を受けたため、病害虫の影響がない同国に新たな栽培地を求める移住者が増加。20世紀後半になると、ワイン生産の潜在能力に目をつけた欧米のワイナリーが進出、チリワインの品質を大きく押し上げたという。

首都サンティアゴの街並み。背後はアンデス山脈
©Shutterstock.com

HISTORY

　ヨーロッパ人の侵入前には、スペイン人がアラウコと呼んだマプーチェ人が小集団で農業を営んでいた。インカやスペイン人の侵入にも激しく抵抗し、その「アラウコ戦争」は19世紀末まで間断なく続いた。1520年のマゼラン到着後、35年にはスペインが本格進出し、41年にはサンティアゴを建設、ペルー副王領管轄下におかれ、次いで軍事総督領となった。1818年オイヒンスがアルゼンチンの援助を受けて独立を宣言、33年憲法を制定した。79年～83年にはボリビア、ペルーと太平洋戦争を戦い勝利し、北部の領土を拡大した。1925年、アレサンドリ政権は「25年憲法」を制定、政教分離などを定めた。38年左派を含む人民戦線内閣が生まれ、工業化を推進。第2次大戦後の70年アジェンデ人民連合政権が生まれ、鉱山などの国有化を進めたが、クーデターでアジェンデは死亡。次のピノチェト政権は、経済成長には成功したが、反対派を弾圧した。90年民政復帰。経済を順調に成長させ、中南米の「優等生」と評される。

ドミニカ共和国

Dominican Republic

- 面積 4万8442 km²
- 人口 1065万人
- 首都 サント・ドミンゴ
- 通貨 ドミニカ・ペソ
- 宗教 カトリック

   この国と日本

ドミニカ移民が味わった過酷な現実

　戦後の就職難を背景に、日本政府によってドミニカ共和国への移民が1956年から始まった。応募したのは3年間で249家族、1319人。「カリブの楽園」とのうたい文句に期待して渡ったその地は、楽園ならぬ地獄ともいうべき過酷な現実が待っていた……。

　当初約束された土地の30％しか支給されず、開拓者が所有できるはずだったそれも耕作権のみだったことが後に発覚する。しかも到着してみると岩石だらけの荒地で、砂漠地帯なのに灌漑設備すらない。あるいは土中に塩分が大量に含まれていて、耕作は困難を極めた。

　日本人移民の推進者だったトルヒーヨ大統領が暗殺されてしまったことも災いし、1962年までに136家族628人が帰国を余儀なくされる。残る人々もほかの場所に移ったり、都市部に出て商業に従事することになった。

　2000年にドミニカ移民176人が、国を相手取って25億円の損害賠償訴訟を起こす。6年をついやした1審の判決は時効を理由に請求棄却、元移民側の敗訴だった。だが判決のなかでは外務省による調査不足などが指摘されたため、当時の小泉純一郎首相が判決の翌月に謝罪に踏み切った。ドミニカ移住者には特別一時金として50万から200万円が支払われることになった。

（左）（右）首都サント・ドミンゴにあるコロンブスの灯台

©Dominican Republic Ministry of Tourism

HISTORY

　西インド諸島の中央に位置するエスパニョラ島の東側3分の2を占める山岳国。北西から南東に連なるセントラル山脈のドゥアルテ山はこの地域の最高峰。15世紀末コロンブスが到達し、南岸にサント・ドミンゴが建設された。1795年フランスとスペインが戦争、その結果フランスが領有。1804年ハイチとして独立。14年に再びスペイン統治下に。21年ハイチに統合されるも44年ドミニカ共和国として独立。度々の侵略に屈せず65年独立を果たした。20世紀に入るとアメリカの占領下におかれるが1930年クーデターで政権を掌握したトルヒーヨが30年にわたる長期独裁政権を維持する。トルヒーヨの暗殺後62年民主的な進歩派政権が生まれるもののクーデターで崩壊、軍内部の対立から内戦に発展したが、以降は平和裡に民主的な政権運営が行われている。隣国ハイチとは98年に62年ぶりに和解。主要な外貨獲得源は農産物から軽工業品の輸出、観光業に移りつつある。

ドミニカ国

Commonwealth of Dominica

面積	750 km²
人口	7万4000人
首都	ロゾー
通貨	東カリブドル
宗教	カトリック、プロテスタントなど

NATURE 自然

絶滅危惧種の国鳥ミカドボウシインコ

起伏に富んだ地形に年間7000mmを超える雨が降り、「カリブ海の植物園」と呼ばれる豊かな自然を育んでいる。なかでも島南部で70km²にわたって広がるモゥーン・トワ・ピトン国立公園は、標高1342mのトワ・ピトン山を含む5つの火山があり独特の景観や生態系を形成。1997年、世界遺産に登録された。

島には多種多様な動物が暮らし、鳥類はハチドリ、アマツバメ、オウムなど175種類を数える。「マウンテン・チキン」と呼ばれる20cmの大型カエル、カブトムシで世界最大といわれるヘラクレスオオカブト、大人の手のひらほどの大きさがあるナナフシ、国際的な希少種であるレッサーアンティルイグアナなど珍しい動物も生息する。

この国の固有種で、国鳥として国章に描かれているのはミカドボウシインコだ。インコといっても成鳥は全長50cmにもなり、美しい濃緑色の羽と紫色の胸部が特徴的な大型の鳥である。標高600m以上の山林に生息する。

ところがこのミカドボウシインコは、国際自然保護連合(IUCN)の定めるレッドリストで2000年以降、絶滅危惧種に指定されてきた。たびたびこの島を襲ったハリケーンや密猟により1990年代には全個体数が100羽ほどまで減ったが、懸命な保護活動によって現在は増加傾向にあるという。

ドミニカ国の国章。両サイドの鳥が国鳥のミカドボウシインコ

HISTORY

カリブ海東部の小アンティル諸島のウィンドワード諸島の北端に位置する火山島。火山起源のドミニカ島には噴気孔や硫黄泉が多く、広大な熱帯林など豊富な自然が残り「カリブ海の植物園」ともいわれる。コロンブスの第2次航海中の1493年に発見され、その日が日曜日（ドミンゴ）であったためにドミニカと命名された。しかし、スペインによる領有は成功せず、英仏が領有権をめぐって争奪戦を展開したが、19世紀初頭、英国による支配権が確定した。1940年ウィンドワード諸島に所属を移し、58年カリブ海域のイギリス植民地とともに、西インド諸島連合に加盟。67年自治権を確立し78年共和国として独立。80年の総選挙で親米反共のドミニカ自由党（DFP）が圧勝、メアリ・チャールズがカリブ海諸島初の女性首相として"カリブのサッチャー"とも呼ばれた。グレナダ侵攻ではアメリカ軍を中心とする連合軍に参加した。バナナの生産やクルーズ船寄港地としての観光業が盛ん。

トリニダード・トバゴ共和国

Republic of Trinidad and Tobago

面積 5128 km²
人口 136万5000人
首都 ポートオブスペイン（トリニダード島）
通貨 トリニダード・トバゴ・ドル
宗教 キリスト教、ヒンドゥー教、イスラム教など

MUSIC 音楽
抑圧への反抗から生まれた楽器

　音楽のファンでパーカッションに通じる人にこの国の名を問えば、合言葉のように「スチールパン」（スチールドラムともいう）と返ってくる。スチールパンは「20世紀に生まれた最後のアコースティック楽器」と称され、基本的にはドラム缶から作られる。透明度のある高音が特徴の、音階のある打楽器で、現在では世界的に広まり、パレード用からバンド演奏、クラシックのオーケストラまで多様な形で使用されるようになっているが、元はこの国の抑圧された黒人社会が生み出した、奇跡の楽器である。

　この国では1834年に奴隷制が廃止され、解放された黒人奴隷とアフリカやインドから導入された年季労働者が、プランテーションや砂糖工場の労働に従事した。労働条件は過酷で、待遇改善を求める集会やストライキも起こるようになる。農場主や工場経営者、植民地政府はそれに危機感を持ち、集会や毎年2月に行われるカーニバルで人々を盛り上げるのが太鼓の演奏であることに着目。1881年、反乱の危険を抑止する目的で、太鼓の演奏を禁止した。

　楽器を取り上げられ、彼らは代わりに長さの異なる竹の棒を地面に打ちつけて音を出す「タンブーバンブー」という楽器を開発、カーニバルで使用するようになった。20世紀に入って石油会社が設立されると労働争議が多発したため、今度はタンブーバンブーの使用も禁止となる。

　楽器なしのカーニバルは盛り上がらない。そこで今度は身近にあった空き缶などのガラクタを打ち鳴らして代用とした。1930年代後半に空き缶のへこみ具合で音階を表現できることに気づいた者がいて、考えだしたのがスチールパンの原型である。それが石油のドラム缶で作られるようになり、さまざまなアーティストが改良を加えていった。現在ではテナー、ダブル・セコンド、ベースなどさまざまな音域が出せる種類が生み出され、音楽シーンを彩っている。

スティールパンとスティック
©istockphoto.com/stuartrothwell

HISTORY

　カリブ海南東部、西インド諸島の最南端に位置するトリニダード島とトバゴ島からなる共和国。トリニダード島はオリノコ川河口の北方沖にパリア湾をふさぐ形で位置し、天然の良港を有する。コロンブスが1498年に到達、両島に住んでいたアラワク系やカリブ系の先住民が征服され、1532年にスペインの植民地とされた。その後、両島ともイギリス、オランダ、フランス、バルト海のクールランド公国と統治者が入れ替わり、トリニダード島は1802年のアミアンの和約で正式にイギリス領、トバゴ島もオランダやフランスによる占領をへて14年にイギリス領となった。トリニダード島には1780年以降フランス人が黒人奴隷とともに移り住み、主に砂糖のプランテーションを営んだが、1834年の奴隷制廃止で労働力が欠損し、契約労働者としてインド人が導入された。20世紀初めには石油生産が始まり、1958年の西インド諸島連合への参加をへて、62年8月31日に独立を果たした。独立後、76年に共和制に移行。政治はアフリカ系住民を支持基盤とする政党とインド人系の政党がせめぎ合う形で動いている。

ニカラグア共和国

Republic of Nicaragua

- 面積 13万370 km²
- 人口 615万人
- 首都 マナグア
- 通貨 コルドバ
- 宗教 キリスト教

MYSTERY ミステリー
立ち消えになった超巨大プロジェクト「ニカラグア運河」

スペイン統治時代から、太平洋とカリブ海を結ぶ運河を中米の地峡に造る構想はあり、ニカラグア運河案は有力案のひとつだった。パナマ運河が実現すると完全に消え去ったかにみえたが、一挙に現実味を帯びたのは香港企業が2014年12月、ニカラグア運河の着工を発表したからだ。

計画では、太平洋側から中米最大の淡水湖、ニカラグア湖を経てカリブ海側に抜ける全長278kmの運河を建設する。現在あるパナマ運河に比べ約3.5倍の距離があるが、水深は約28mと2倍あり、より大きな船舶が航行可能となる。総事業費は約6兆円という。

建設・運営する香港企業と中国政府との関係は明らかになっていないが、海洋進出の強化を狙う中国の影を指摘する声もある。ニカラグア運河が開通すれば、米国の影響力が強いパナマ運河を避け、独自に大西洋への出口を確保でき、中米における拠点づくりにもなる。

しかし、運河建設は思うように進まなかった。土地接収や環境破壊を恐れ国民の間で反対運動が拡大し、ニカラグア政府と香港企業の契約に対する批判も出た。香港企業は50年間の運河運営権を与えられ、さらに50年間の延長が可能なことから「1世紀にわたる事実上の租借地」と反発を招いた。

その後の現地報道などによると、香港企業のオーナーが中国株式市場の暴落で資産を失うなどして工事は中断され、ついには2018年2月に建設計画そのものが中止になったと伝えられた。

計画段階のニカラグア運河ルート（青線部分）
©Shutterstock.com（地図）

HISTORY

中央アメリカの中央部に位置し、西はホンジュラス、南はコスタリカと国境を接し、カリブ海と太平洋に面している。国の中央部をイサベリア山脈が走る火山国である。ニカラグア湖は中米最大の火山湖。カリブ海にコーン諸島を領有。1502年コロンブスが発見上陸。長くスペイン領であったが、19世紀になって独立。1912年からアメリカが占領、反米ゲリラ戦が激化。アメリカの支援のもと1936年ソモサ政権が発足、以降ソモサ一族の独裁が続いた。1979年、反ソモサを掲げた左翼ゲリラ組織サンディニスタ民族解放戦線（FSLN）が政権奪取。その後、アメリカの意を受けた反政府ゲリラ（コントラ）との間で内戦が起き、その犠牲者は6万人ともいわれる。90年、野党国民連合のチャモロ女史が大統領選に勝利。内戦終結、コントラは解散する。2006年大統領にFSLNのオルテガ元大統領が返りざき、16年の大統領選挙でも高得票を得て連続三選となった。オルテガ政権は、米国との関係を維持しつつもベネズエラやキューバ、イラン、ロシアとの関係を強化している。

ハイチ共和国

Republic of Haiti

- 面積　2万7750 km²
- 人口　1085万人
- 首都　ポルトープランス
- 通貨　グルド
- 宗教　カトリックなど

PEOPLE 人々

トランプ大統領の暴言に負けず活躍するハイチ人

　度重なる政情不安や未整備のインフラに加え、自然災害が相次ぎ「西半球で最も貧しい国」と呼ばれる状況が続く。2010年1月の大規模地震では、死者31万人を含む370万人が被災し、2016年10月のハリケーン襲来では、被害総額はGDPの5分の1に相当する20億ドルに達したという。このため、仕事や生活基盤を求めて海外に移住するハイチ人は多いが、近年は世界的な経済の行き詰まりもあり、各国で自国民優先を掲げる政治勢力が拡大し、移民に対する視線は厳しい。

　特に、主要受け入れ国のアメリカでは移民規制が強化されつつあり、大地震で避難していたハイチ人約6万人の一時保護資格を打ち切る方針が、2017年11月には発表された。こうした傾向は、移民改革をめぐる議員との会合でトランプ大統領が18年1月、アフリカ諸国とともにハイチを「肥だめ国家」と呼んだとされ物議を醸したことに象徴されよう。

　しかし、ハイチからアメリカへの移民はすでに1960年代〜70年代には目立つようになり、アメリカ国内に50万人を超えるハイチ系移民が住むといわれる。ニューヨーク州やフロリダ州で占める比率が高く、各方面で活躍する人も少なくない。その中には、日本との結びつきがある人もいる。

　2017年10月のキリンチャレンジカップでサッカー日本代表と3対3で引き分けたハイチ代表のMFザカリー・エルボー選手は、ハイチ出身の父と日本人の母を持つ。日本生まれのアメリカ育ちで、関西弁まじりの流暢な日本語を話す。アメリカU-15の代表候補に選ばれたこともありアメリカのプロサッカーリーグMLSで活躍する。

　女子プロテニスの大坂なおみ選手も、ハイチ出身の父と日本人の母を持ち、日本生まれのアメリカ育ち。180cmの長身から繰り出す強烈なサーブなどを武器に世界の強豪と熱戦を繰り広げ、2018年3月には元世界ランキング1位のマリア・シャラポアを下した。2017年に父親の出身国ハイチを訪れた時には、地元紙が特集を組むなど大きな話題になった。

HISTORY

　西インド諸島中部のエスパニョラ島西側3分の1を占める。東部はドミニカ共和国。北部と南部に山脈が走り、平地は少ない、亜熱帯性気候。アメリカ大陸では国としての歴史は古く、アメリカ合衆国に次ぐ2番目の独立国（1840年）となった。なお、この独立はフランス領から脱したもので中南米では初めてとなった。しかし独立後は内紛がたえず、1915年に、ドイツの勢力拡大を警戒するアメリカが占領、それが34年まで続いた。米軍が撤退すると再び国内は混乱状態となったが、57年に黒人医師のデュヴァリエが権力を握り、大統領に就任する。強力な秘密警察による恐怖政治が、親子2代にわたり29年間も続いた。以降も軍事クーデターの勃発、米軍の一時駐留などの混乱が続き、さらにハイチ地震（2010年）では31万人以上が死亡する大災害となった。16年のハリケーンによって農業生産の9割が被害を受けるなど、経済はきびしい状態が続いている。

パナマ共和国

Republic of Panama

- 面積 7万5517 km²
- 人口 403万人
- 首都 パナマシティー
- 通貨 バルボア（硬貨のみ）、米ドル
- 宗教 カトリック

初めてパナマ運河を通った日本の船は？

1914年（大正3年）、日本郵船の貨物船「徳島丸」がアメリカ東海岸へ向け、この年に開通したばかりのパナマ運河を通過した。開通直後の通過という栄誉に浴した徳島丸は、日本郵船が極東〜アメリカ東海岸〜ヨーロッパという遠洋航路用に開発した貨物船の第1番船であった。姉妹船には第2次世界大戦時、米潜水艦の魚雷攻撃で沈没した悲劇の学童疎開船「対馬丸」などがある。

それまでの太平洋—大西洋航路は、荒れ海として有名な南米大陸最南端のホーン岬をこえて2万9000kmを行く難コースだった。運河建設が実際に動きだしたのは1880年。スエズ運河建設のフェルディナンド・レセップスがフランス主導で工事を始めるも、熱帯地方特有の黄熱病やマラリアの蔓延と難工事のため1889年に工事を放棄した。

次に乗り出したのはアメリカだった。後押ししてコロンビアからパナマを独立させると、すぐにパナマ運河条約を結び、運河の建設権とこの地域の永久租借権を取得したのだ。

パナマ運河は独特の閘門式で、閘門（水門）で水位を上下させることによって船を移動させ、海抜26mにあるガトゥン湖まで上昇させる。全長約80kmの距離を、船は24時間かけて超えてゆくのである。

航行可能な船のサイズは、全長294m、全幅32.3m、喫水12m以下。これをパナマックスサイズという。第2次世界大戦時に建造されたアメリカの艦船は、太平洋へ向かうため、このサイズで造られていた。試みに戦艦大和が通過を果たそうとしても不可能だった。全幅が38.9mとオーバーしてしまうからだ。

パナマ運河　　　　　　©Wikipedia

HISTORY

中央アメリカの最南端、南北アメリカをつなぐパナマ地峡に位置し、東はコロンビア、西はコスタリカに接し、北はカリブ海、南は太平洋に面する。1501年スペイン人バスティダスがヨーロッパ人として初上陸。翌年に第4次航海中のコロンブスが到来するなど航海者の上陸が相次いだ。13年バルボアが初めて地峡を横断し太平洋側に到達した。1903年パナマ運河建設を推進するアメリカの支援のもと独立。68年国家警備隊がクーデター、トリホス将軍が実権を握るも、81年航空機事故で急死、ノリエガ将軍がとってかわった。しかし、トリホス将軍暗殺関与を指弾され、89年アメリカが侵攻、90年ノリエガ将軍は投降した。99年モスコソが初の女性大統領に就任。パナマ運河は、先に決定されていたアメリカからの返還が実現した。パナマ運河からの収入を中心に観光業も発展、国民生活は中米地域で最高水準である。

バハマ国

Commonwealth of The Bahamas

面積	1万3878 km²
人口	39万1000人
首都	ナッソー

| 通貨 | バハマ・ドル |
| 宗教 | イギリス国教会などプロテスタント諸派、カトリック |

SIGHTSEEING 観光
世界有数のビーチリゾート

　バハマ諸島は723の島と2500近い岩礁からなるが、バハマという名前は、そのどこまでも続く浅瀬のところどころが干上がって島になった風景をスペイン人がバハ・マール（Baja Mar ＝干潮）と呼んだことに由来するという。初めてこの地を訪れたコロンブスが「これこそ、この世最大の美である」と称えたといわれているように、点在する島々のビーチの美しさは世界に知られるところだが、特に有名なのが諸島中2番目に大きなエルーセラ島だ。細長いサンゴ岩礁の島で、島北部近くに浮かぶハーバー・アイランドには約5kmにわたってピンク色のビーチが続く。その名もピンク・ビーチで、砕けた巻貝や珊瑚が白砂に混じっているためだ。

　また、1973年に独立するまでイギリスの植民地だったため、ニュー・プロビデンス島にある首都ナッソーの街には今なおイギリスの面影が濃く残り、パステルカラーも鮮やかなコロニアル調のアンティークな家が建ち並ぶ。タックスフリーのショッピング、カジノなども楽しめるリゾートアイランドだ。

エルーセラ島では左右で色の違う海を見られる
©Shutterstock.com

HISTORY

　西インド諸島北西部にあり、フロリダ半島沖88kmの地点から南東約800kmにわたって700の島と2400の岩礁からなる国である。多くは無人島で、首都ナッソーがあるニュープロヴィデンス島に国民の7割が住んでいる。1492年10月12日、コロンブスが新大陸として初めて上陸したのがバハマの1島サン・サルバドルだったという（異説もある）。スペイン人はこの地域には入植せず、バミューダ諸島に上陸したイギリス人ピューリタンが後にこれらのナッソーなどに入植した。しかし、18世紀初めまでは海賊の巣窟ともなっていた。1780年代、アメリカ独立革命に敗れた王党派が黒人奴隷を引き連れてやって来て綿花プランテーションを始めたが、英国は1833年奴隷制度を廃止したので、まもなく農園主は去っていった。1919年米禁酒法が制定されるとラム酒密輸の拠点となった。第2次世界大戦後の67年総選挙で黒人系の進歩自由党（PLP）が勝利し、白人支配が終わった。73年英連邦内で独立、英女王を元首に戴いている。

パラグアイ共和国

Republic of Paraguay

面積	40万6752 km²	通貨	グアラニー
人口	685万人	宗教	カトリック
首都	アスンシオン		

パラグアイの疲弊を救った日系移民

　パラグアイ日系移民の歴史は1936年（昭和11年）に始まる。メキシコ1897年、ペルー1899年、ブラジルの1908年に次ぐものだが、当時ブラジル政府が新規移住の制限法を公布したため、この地への移住が始まったのである。

　戦後、日本とパラグアイ両国政府の間で移住協定が結ばれると、各地に日本人移住地が広がった。現在約7000人の日本人および日系人が現地に在住している。

　日本人移民の力は同国の経済に貢献した。農業技術によって大豆生産量を飛躍的に伸ばし、現在、世界4位の輸出量を誇る。小麦生産も3分の1が日系農家によるもので、輸入超過だったものが輸出に転じるまでになった。

EPISODE エピソード

ニーチェの妹が築いた ドイツ人開拓村

　ドイツを代表する哲学者フリードリヒ・ニーチェにはエリザベートという妹がいた。エリザベートは反ユダヤ主義者の男と結婚し、1886年にアーリア人の理想郷「新ゲルマニア」をつくろうとドイツ人開拓団と共にパラグアイへ移住している。

　反ユダヤ思想に傾倒した彼女を兄ニーチェは忌み嫌い、絶縁状態となった。その後「新ゲルマニア」は失敗して夫は自殺。帰国したエリザベートは生涯、ナチスへの協力を惜しまなかったという。

世界文化遺産のイエズス会伝導施設遺跡（建造は17世紀）
©Shutterstock.com

HISTORY

　南米大陸の中南部に位置する内陸国。国土の中央を貫くパラグアイ川の東西で地勢が異なる。西側のグラン・チャコ地方は大平原で農耕に適さず、東側の平原や丘陵地帯に人口が集中。1537年、ラプラタ川の河口からやって来たスペイン人によってアスンシオンが建設され、スペイン領に。その後スペイン人総督の支配する領地のなかの1州であったが、1811年パラグアイ州は独立を宣言、44年共和国となった。64年～70年間のアルゼンチン・ブラジル・ウルグアイ3国との戦争に敗れ領土の半分を失った。第2次世界大戦後は、たび重なるクーデター、独裁政権という転変をへて、1993年大統領選で39年ぶりの文民大統領が誕生。しかし、政権内の腐敗、権力闘争が十数年続き混迷を深めた。2008年の大統領選で中道左派のフェルナンド・ルゴ元カトリック司教が勝利して61年続いた右派コロラド党政権に終止符が打たれた。経済的には農牧業と林業が主体。1995年にアルゼンチン・ウルグアイと南米南部共同市場（メルコスール）を発足。

バルバドス

Barbados

- 面積 430 km²
- 人口 28万4000人
- 首都 ブリッジタウン
- 通貨 バルバドス・ドル
- 宗教 イギリス国教会などプロテスタント諸派、カトリック

TABLE 食卓

カリブが生んだ銘酒、ラムの故郷

バルバドスは最も高い山が標高314mという、南北34km、東西22kmの小さな島だ。首都ブリッジタウンには「リトルイングランド」と名がつけられた通りもあり、17～18世紀のイギリス植民地時代の建物が立ち並ぶ。

ラム酒誕生の地としても知られる。いうまでもなく、ラム酒はサトウキビの糖蜜や搾り汁を発酵させて蒸留した強い酒である。テキーラ、ジン、ウオッカとともに4大スピリッツと呼ばれ、多彩なカクテルを楽しむのに欠かせない。

ラム酒をつくったのはイギリス人で、17世紀初めのことという。これを住民たちに飲ませてみたら大いに騒いだので、その酒をランバリヨンと名付けた。現地の言葉で「興奮」という意味だったそうだ。1655年には年間90万ガロン（約400万リットル）を生産し、ほかの島々に輸出した。現在では、ジャマイカ産に押され気味だ。

1703年に創業されたマウントゲイ蒸留所の「マウントゲイ・ラム」（度数は43度）は日本でも売られている。同社はもちろん世界で最も古いラム酒メーカーということになる。

バルバドスのバーの風景

イギリス国教会系でも聖公会信者が多い

マウントゲイ・ラム

©Barbados Tourism Authority

HISTORY

カリブ海東部、西インド諸島の最東端に位置するバルバドス島を領土としている。この島には1536年ブラジルへ向かう途中のポルトガル人が、ヨーロッパ人としては初めて上陸した。その後、100年近くたった1627年イギリス人が入植、英植民地とした。40年以降ブラジルを追われたオランダ人が入植し、サトウキビ栽培を広めた。最初はヨーロッパの年季契約労働者が働いていたが、やがて黒人奴隷を導入した。1834年、奴隷制度が廃止されたが、製糖業は引き続き続けられた。それから100年前後経過した1937年世界恐慌の不景気のなかで黒人労働者は暴動を起こし、バルバドス労働党（BLP）が結成された。40年代以降政治改革が進み、51年の選挙でBLPが勝利し、アダムスが大統領に就任。58年西インド諸島連合に加わったが、62年の解体を機に、66年英連邦内で独立した。その後はBLPとDLP（民主労働党）が政権交代を繰り返している。94年カリブ諸国連合に加盟し、経済協力の強化を推進している。経済は観光業が中心。

ブラジル連邦共和国

Federative Republic of Brazil

- 面積　851万2000 km²
- 人口　2億784万人
- 首都　ブラジリア
- 通貨　レアル
- 宗教　カトリック、プロテスタントなど

CRISIS 危機
熱帯雨林保護とダム建設の難しいバランス

　地球温暖化が世界的に叫ばれる中、温室効果ガスを生まないクリーンエネルギーとして水力発電は見直されているが、それがアマゾンとなれば話は別である。2015年までにアマゾン川流域には150ほどのダムが完成している上、今後数百というダム建設が計画されている。

　成長を続けるブラジルのような新興国にとってエネルギーの確保は避けて通れない問題。豊かな水量に恵まれたアマゾンにおいて、水力発電は他の発電手段に比べ安いコストで安定的に電力を供給できる。世界的にみれば、総発電量のうち水力発電が占める割合は16％程度だが、ラテンアメリカでは70％を超え、アマゾン地域でその割合はさらに高い。

　しかし、アマゾン川流域の低地で発電するには、人工的に水位を上げて落差をつくらねばならず、巨大なダムが必要になり、広範囲にわたって豊かな熱帯雨林を水没させることになる。さらにダム建設は、河川が運んでいた肥沃な堆積物をせき止め、生態系にとって貴重な栄養分の供給を遮断する。下流域では水量が減って湿地帯が干上がったり、上流にさかのぼって産卵する魚の通り道を奪ったりすることにもなる。実際、2015年に英国の大学研究グループが発表した調査結果によれば、ブラジルで1989年から稼働しているバルビナダムによって、3129km²にも及ぶ原生林が3500余りの島々が浮かぶダム湖となり、そこに生息していた野生動物の7割が死滅したとみられる。

　アマゾンが育む熱帯雨林の貴重さは、世界最大という規模だけでなく生物多様性にもある。世界自然保護基金（WWF）とブラジルの環境保護団体が実施した調査によれば、2014年から2015年にかけて381種もの新種が発見されている。なかでも、ティティモンキーと呼ばれる新種のサルや新種のカワイルカなどは驚きをもって伝えられた。しかも、こうした新種も発見されたそばから、絶滅の危機に瀕していることも明らかになった。

　生息地を脅かすのはダム建設だけではない。農地や牧草地などの農地にしたり、地下に眠る抱負な地下資源を掘り出したりするため、熱帯雨林の伐採が進んでいる。アマゾンの木々が蓄える炭素の量は900億〜1400億トンと推定され、森林破壊が進めば空気中に放出され地球温暖化を加速させるといわれる。

HISTORY

　南米大陸中央部の大西洋岸に位置し、北部を横切るアマゾン川流域の低地と南東部のブラジル高原で国土が二分されている。1500年、ポルトガルのカブラルが沿岸に到着し同国の領土とした。16世紀後半北部で先住民やアフリカ黒人奴隷を使役してのサトウキビ栽培が盛んになり一時繁栄した。17世紀末ミナス・ジェライスで金鉱が発見され、活況を呈し、1763年にはその外港にあたるリオデジャネイロが、サルバドルに代わって首都となった。1808年ナポレオン軍の侵略を恐れたポルトガル王室がリオに遷都、22年に王子ペドロが初代皇帝になり独立を宣言した。89年無血革命で帝政は廃止されたが、20世紀になるとサンパウロ周辺でのコーヒー栽培がヒットし、経済を支えた。1930年代世界的な不況のなかコーヒー産業も低迷し、クーデターでバルガス政権が生まれた。60年人工都市ブラジリアへ遷都。85年民政移管が行われカルドーゾ政権下で経済立て直しに成功、南米で最大の経済規模を有し新興経済国の一角を担う。

森林の年平均減少率（上位7カ国）

ブラジル	219万ha
オーストラリア	92万ha
インドネシア	69万ha
ナイジェリア	41万ha
タンザニア	40万ha
ジンバブエ	33万ha
コンゴ民主共和国	31万ha

※ データは2005年から2010年の年平均減少面積
※ 出典／World Development Indicator2014

「地球の肺」と呼ばれる熱帯雨林が年々減少の一途をたどる（写真はアマゾンの熱帯雨林）

©Shutterstock.com

 この国と日本

世界第2位の大豆生産に貢献した日本の技術協力

　大豆は豆腐や醤油、味噌などの原料であり日本の食文化に欠かせない。世界的にも貴重なタンパク源であり家畜飼料としての需要は大きく、重要作物のひとつ。世界最大の生産国は米国だが、近年急速に生産量を伸ばしその地位を脅かしているのがブラジルである。2015／2016年の統計によれば、生産量は米国の1億700万トンに対して、ブラジルが1億トンと肉薄している。

　生産拡大の原動力になったのが、セラード開発といわれる。セラードとはポルトガル語で「閉ざされた」を意味し、日本の国土面積の5倍以上にあたる2億haにわたって中西部を中心に広がる。強い酸性土壌のため長らく「不毛の地」とされてきたが、石灰石などで中和することによって、耕作可能地に変わることがわかり開発が始まった。

　この開発には日本も一役買っている。1974年に当時の田中角栄首相がブラジル訪問し支援を表明した。まもなく「日伯セラード農業開発協力事業」がスタートし、セラード地域内に21の拠点を設置。農家への資金援助や栽培技術の改良などで2001年まで協力を続けた。この地域の大豆生産量は1970年代半ばで43万トンだったのが、2010年には4000万トンと飛躍的に伸びている。

　ただ、ブラジル国内には急激な開発に対する懸念も小さくない。セラードが育む独特の生態系を大きく損なう上、アマゾン川流域や世界最大の湿原パンタナールの水源になっていて環境への影響が憂慮される。また、開発事業は数百haから数千haの大規模農家が中心であり、もともと国内では大きいといわれる貧富の格差をさらに広げたと指摘される。

セラードの大豆収穫風景（マト・グロッソ州）

©Shutterstock.com

ベネズエラ・ボリバル共和国

Bolivarian Republic of Venezuela

面積 91万2050 km²
人口 3150万人
首都 カラカス
通貨 ボリバル・フエルテ
宗教 カトリック

BEST IN THE WORLD 世界一
この国の世界一は「石油」と「美人」

　この国を代表する世界一は「石油」。石油の確認埋蔵量ではこれまで中東のサウジアラビア王国が世界一の座にあったが、イギリスのメジャーBP社の2011年度調査でベネズエラがサウジアラビアを抜いて世界一となった（石油輸出国機構の調査では2010年）。理由はオリノコタールと呼ばれる、この国を流れるオリノコ川北岸一帯の地下に膨大に存在する高粘度の重質油。近年になってその採掘技術が開発されたことで埋蔵量を一気に増やした。この国は輸出収入の9割を石油に頼る。

　もう一つの世界一は「美女」。ミス・ユニバースなど世界的に知られる4大美人コンテストで優勝した女性を国籍別にみると、圧倒的にベネズエラが多い。首都のカラカスにはコンテスト出場のためのモデル養成所が数多くあり、国民的な熱意で美女を世界に送り出しているのだという。

原油の確認埋蔵量
（英BP社調べ 2012年度/単位10億トン）

1	ベネズエラ	46.5
2	サウジアラビア	36.5
3	カナダ	28.0
4	イラン	21.6
5	イラク	20.2
6	クエート	14.0
7	アラブ首長国連邦	13.0
8	ロシア	11.9
9	アメリカ	4.2
10	カザフスタン	3.9

世界4大ミス・コンテストの国別優勝回数

◆ミス・ユニバース（1952〜2017）
1　アメリカ　　8回
2　ベネズエラ　7回
3　プエルトリコ　5回

◆ミス・インターナショナル（1960〜2017）
1　ベネズエラ　　7回
2　フィリピン　　6回
3　コロンビア他　3回

◆ミス・ワールド（1951〜2017）
1　ベネズエラ、インド　6回
2　イギリス　　4回
3　アメリカ他　3回

◆ミス・アース（2001〜2017）
1　フィリピン　4回
2　ベネズエラ他　2回

首都カラカスの町並み
©Shutterstock.com

HISTORY

　南米大陸の最北部に位置し、北部と南東部をギアナ高地が占め、オリノコ川北方に平原地帯、マラカイボ湖周辺に低地が広がる。1498年8月にコロンブスが渡来、翌年スペインが領有を宣言した。先住民の反乱鎮圧をへて、1717年にボゴダを本拠地とするヌエバ・グラナダ副王領、続いて77年にカラカスのベネズエラ総督領。19世紀に入り、現地生まれの白人であるクリオージョがスペイン本国の支配に反発、フランシスコ・デ・ミランダやシモン・ボリバルの独立戦争が結実して1811年に独立宣言。19年にはボリバルがコロンビア、エクアドルとでグラン・コロンビアを結成、その一部として21年に正式にベネズエラ共和国を誕生させた。しかし地域間の紛争で30年に離脱、アントニオ・パエスが初代大統領に就いた。その後、政情は不安定で70〜88年のグスマン・ブランコを最初に、第2次世界大戦後まで軍人独裁が続いた。その間、マラカイボ湖で発見された石油の開発が進んだ。1958年以降に民主行動党とキリスト教社会党の二大政党制が定着。

ベリーズ

Belize

面積	2万2963 km²	通貨	ベリーズ・ドル
人口	36万7000人	宗教	カトリック、イギリス国教会など
首都	ベルモパン		

CRISIS 危機
危機に瀕する北半球最大のサンゴ礁

　沖合約100kmのサンゴ礁ライトハウス・リーフには、上空から眺めると深い青色をたたえた円形が目を引く。周囲の海に比べここだけ急に深くなり、まんまるの形をしていて、自然の造形物とは思えない色と形が際立つ。直径約300m、深さは130m。「グレート・ブルーホール」と呼ばれ、その神秘的な地形の美しさは「海の怪物の寝床」との異名を持つ。周辺の海ではイルカやウミガメ、マンタ、サメなど「大物」にも遭遇でき、世界中からダイバーを引きつけている。

　ベリーズのサンゴ礁は長さ240kmにわたって広がる。北半球最大であり、世界全体を見渡してもオーストラリアのグレートバリアリーフに次ぐ規模を誇る。この海域にはサンゴでできた小島が真珠のように点在し、その数は175以上ある。数十種類のサンゴがみられるほか、マングローブ林や沿岸の浅瀬、入り江など変化に富んだ自然保護区は、世界遺産に登録されている。国民の半分以上はサンゴ礁に関連した観光業や保護活動を主な収入源にしているといわれる。

　しかし、マングローブ林の伐採など開発が進むことから、2009年には世界遺産委員会が同区を危機遺産リストに追加。2017年に国際自然保護連合が発表した報告書は、地球温暖化など気候変動による白化現象によって、同区のサンゴ礁が壊滅的な被害を受けたと指摘する。さらに、同区には石油やガスの掘削計画も浮上しており、サンゴ礁をめぐる環境悪化を危ぶむ声は強い。

グレート・ブルーホール（左）と豊かなサンゴの様子（右）

©Shutterstock.com

HISTORY

　かつてイギリス領ホンジュラスとよばれていた地域が、1981年、ベリーズという名で英連邦内の独立国となった。マヤ系住民が先住民で、紀元前1500年頃から紀元後900年までの間には、マヤ文化の中心であったこともある。16世紀初めスペイン人が上陸したが、激しく反撃、支配することはできなかった。17世紀のイギリス人の到達は最初は海賊中心だったが、のちに入植し、ログウッドの伐採を盛んに行った。18世紀、イギリスはスペインと領有権を争ったが、1763年のパリ条約でイギリスの木材伐採権が認められた。89年、スペインとイギリスは再び激しく戦火を交え、戦いに勝ったイギリスの事実上の植民地となった。1839年独立国となったグアテマラが領有権を主張、のちカリブ海へ通じる道路建設と引き替えに妥協、62年イギリス領ホンジュラスとなった。第2次大戦後普通選挙や憲法制定などをへて自治権を拡大、1973年ベリーズと改称、81年国連が独立を承認し、91年にはグアテマラも承認した。94年イギリス軍の撤退が完了、名実共に独立を達成した。

ペルー共和国

Republic of Peru

面積	129万 km²
人口	3182万人
首都	リマ
通貨	ソル
宗教	キリスト教（カトリック）

TREASURE 至宝

南米第2の世界遺産登録数を誇るペルー

　南米の世界遺産登録件数では第2位（12件。1位はブラジルの21件。2017年現在）だが、文化遺産と自然遺産両方の価値を有する複合遺産があるのは南米諸国のうちペルーのみ。そのひとつは、インカの空中都市として世界中から観光客を集める「マチュピチュ遺跡」。さらにもうひとつ「リオ・アピセオ国立公園」である。ここは1983年、熱帯雨林の動植物保護のために設立された国立公園だが、公園内から前インカ時代の建築群跡が36カ所も発見された。

　他にも地上絵で有名な「ナスカ平原」や、最近の発掘調査でアメリカ大陸最古の文明発祥の地ではないかとも指摘される「カラル遺跡」、円形広場を中心にした「チャビン遺跡」など、ペルーは古代文明遺跡の宝庫なのだ。

世界複合遺産のマチュピチュ遺跡（左）。右はナスカ平原の地上絵

©Shutterstock.com

HISTORY

　南米大陸の中部太平洋岸に沿って南北に伸び、沿岸部は幅の狭い砂漠と平野があり、その東側は標高5000～6000m級のアンデス山脈が南北に走る。山脈の東斜面はアマゾンへ続く森林地帯が広がる。紀元前は、地上絵で有名なナスカ文明が栄え、13世紀になると、現在のクスコを中心にインカ帝国の前身クスコ王国が成立。1438年パチャクテク王が即位、インカ帝国が誕生。16世紀に入り、スペインのピサロの侵略に遭い、1533年インカ帝国は滅亡。その後、スペイン領となり同国の南米植民地支配の中心となった。1821年アルゼンチンから遠征したサン・マルティン将軍がリマを解放し独立。79年から4年間、チリとの戦争で敗れ南部州を失う。第2次世界大戦後、1968年軍部がクーデターで政権を握るが、80年総選挙で民政移管。90年には日系人アルベルト・フジモリが大統領に選ばれた。銀や銅、亜鉛などの豊富な鉱物資源の輸出が経済をけん引する。

ボリビア多民族国

Plurinational State of Bolivia

- 面積 110万 km²
- 人口 1082万5000人
- 首都 ラパス（憲法上の首都はスクレ）
- 通貨 ボリビアノス
- 宗教 カトリック 95%

RESOURCE 資源

広大な「ウユニ塩地」がハイテク社会を救う？

　西部に位置する標高3700mの高原に南北100km、東西250kmにわたって広がるウユニ塩地。雨水がたまると空の景色が巨大な鏡のような湖面へ映し出される「奇跡の絶景」で知られるが、同時に、莫大な量のリチウムが埋蔵されていることで世界の産業界から注目を集めている。

　その埋蔵量は世界全体の半分を占めるとも。リチウムはパソコンや携帯電話、電気自動車などの充電式電池の材料としてハイテク産業やクリーンエネルギー産業に欠かせない。需要は急速に伸びて価格が高騰し、近い将来、リチウム不足が起こりかねないだけに、各国が争奪戦を繰り広げている。

ウユニ塩地をドライブする車　　©Shutterstock.com

　ウユニ塩地はもともと海底だった地域が隆起してアンデス山脈になったとき、陸地に海水が取り残されて生まれたとされる。大量のリチウムが含まれ、隣国のチリやアルゼンチンでは同様に形成された塩地からリチウムが採掘され世界的な産出国となっているのに対して、ボリビアでは採掘が進んでいない。

　その理由はエボ・モラレス現大統領の政治方針にあるという。同国は天然ガス、石油、スズ、銀、銅など地下資源に恵まれるものの、住民の生活水準は低く南米の最貧国のひとつに挙げられる。植民地時代から国内の富の多くが国外に持ち出されてきた歴史を教訓に、先住民出身の大統領はウユニ塩地産リチウムを自国の手で開発し、経済発展の起爆剤にしたいという思いが強い。

　しかし、塩湖からの採掘には高度な技術が必要であり、開発に必要な資本が国内に十分育っているとはいいがたい。外国資本との連携は避けられないとみられるが、採掘や精製に伴う環境問題も危惧される。

HISTORY

　南米大陸の中央部に位置する。西部のアンデス高地地帯、アンデス東麓地帯、東部の平原地帯と分かれるが、東部平原地帯はさらに北部のアマゾン地方、南部のチャコ地方に分かれる。チチカカ湖南東岸に独特な宗教文化を築いた住民がいたが、15世紀にインカ人に征服された。そのインカ帝国は1532年スペイン人が征服し、ラプラタ（今のスクレ）にアウディエンシア（司法・行政・立法を司った王室機関）が置かれた。45年銀鉱山発見でポトシは大いに繁栄し、人口16万に達し、南米最大の都市となった。1809年独立運動が起こり、鎮圧されながらも25年ボリバル将軍（ラテンアメリカの解放者と称される）の副官スクレにより独立を達成した。その後、79年チリとの「太平洋戦争」で海への出口を失い、1932年パラグアイとのチャコ戦争で広大な領土を失った。独立以来軍部のクーデターが相次ぎ政権はめまぐるしく代わったが、82年に民政移管。2006年に先住民として初めてフアン・エボ・モラレス・アイマが大統領に選ばれ、09年に国名を「ボリビア共和国」から「ボリビア多民族国」に変更した。

ホンジュラス共和国

Republic of Honduras

面積	11万2492 km²	通貨	レンピーラ
人口	911万人	宗教	カトリック
首都	テグシガルパ		

WORLD HERITAGE 世界遺産

壮麗な黄金の文明、コパンのマヤ遺跡

　グアテマラの国境に近いコパン渓谷のマヤ遺跡は紀元前1200年までさかのぼるといわれている。紀元前900年～前600年にかけてこの地にオルメカ文化の影響が顕著に見られる。紀元後は5世紀にケツァル・パパガヨ大王が国を統一し、黒曜石、翡翠、農作物などで商業的にも繁栄の時代を築きあげた。一面に4人ずつ、計16人の歴代王を刻んだ四角形の「祭壇Q」や2000以上の象形文字を刻んだ30m、63段の階段のあるアクロポリス、貴族の館跡など、黄金期を彷彿とさせる壮大さである。

　忘れてはならないのがこの国のもう1つの世界遺産、リオ・プラタノ生物圏保護区（自然遺産）だ。プラタノ川流域に広がる原生熱帯雨林で、絶滅が危惧されるジャガーやオオアリクイ、マナティーなど多くの貴重種が棲息する。1982年に登録されたが違法な伐採や密猟が後をたたず、2011年にユネスコは危機遺産リストに登録。同区の危機遺産指定はこれで2度目、保全への対策が急がれる。

コパン渓谷のマヤ遺跡　　©Shutterstock.com

HISTORY

　中米のほぼ中央に位置し、グアテマラ、エルサルバドル、ニカラグアと国境を接する。西部はマヤ文化圏の東端で、グアテマラに近いコパンは9世紀頃まで一大祭祀センターとして繁栄した。1502年にコロンブスがこの地に到達、スペインによる征服が始まってグアテマラ総督府の管轄となる。一時は金などの産出で栄えるが、17世紀以降は農業が中心となる。1821年に独立後、メキシコによる併合をへて中米諸州と連邦共和国を形成、38年には連邦からも独立。20世紀にバナナ輸出が主要産業となり"バナナ共和国"と呼ばれた。1963年の軍部によるクーデターから軍政が続くが、82年に民政に移行。以降2大政党による民主主義が定着した。2000年、国際通貨基金（IMF）から重債務貧困国指定を受け、債務救済を受けた。コーヒーやバナナの生産に依存せず、製造業、観光業の拡大が課題。

メキシコ合衆国

United Mexican States

面積 196万km²
人口 1億2701万人
首都 メキシコ・シティ
通貨 メキシコ・ペソ
宗教 カトリック90%

TREASURE 至宝
荘厳な宗教都市テオティワカン

メキシコ・シティ郊外、アナワク高原に残る古代都市テオティワカンは南北アメリカ大陸で最大規模の都市遺跡だ。紀元前200年頃この地にテオティワカン人の集落が統合され始め「太陽のピラミッド」に代表される巨大宗教都市がつくられたという。3～6世紀頃には人口15万人を超える大都市となり、周辺の農民たちの巡礼や、土器や石細工の交易でにぎわった。

中央にケツァルコアトルの神殿を配し、周囲に階段状ピラミッドや宮殿が整然と並ぶ。なかでも月のピラミッドと対極の位置にある太陽のピラミッドは、底辺の幅225m、高さ63mで最大のもの。夏至の日の太陽が、このピラミッドの真向かいに沈む。マヤ文明が高度の天文知識を有していたことを目の当たりに出来る。1987年、世界文化遺産に登録された。

テオティワカン遺跡の「太陽のピラミッド」。右は上空から見たもの

©Shutterstock.com

HISTORY

北米大陸南部に位置する連邦共和国。東西のシエラ・マドレ山脈に挟まれた中央部に高原が広がり、南東端のユカタン半島がメキシコ湾に大きく突き出している。前1200年頃、メキシコ湾岸にオルメカ文明が栄え、その後3世紀頃からユカタン半島の古代都市チチェン・イッツアなどで知られるマヤ文明が繁栄をきわめる。14世紀にアステカ（メシカ）人が現在のメキシコ・シティを中心にアステカ文明を発展させた。テスココ湖上のテノチティトランを首都と定め、勢力範囲を拡大、16世紀までに中南部に覇を唱えるに至った。1517年コルテス率いるスペイン人が侵入、21年アステカ王国は征服され、スペインの植民地となる。その後1810年に独立戦争が起こり21年独立を達した。45～48年領土問題でアメリカ合衆国と戦って敗れ、テキサス、カリフォルニアなど広大な領土を失う。その後、1910年に始まったメキシコ革命は20数年間続いた。長年にわたって制度的革命党（PRI）が与党に君臨していたが、政治腐敗や経済的不平等を背景に2000年、国民行動党（PAN）から大統領が選出され、71年ぶりに政権交代が行われた。

あのころと今ランキング──世界長者番付ベスト10

（単位：億ドル）

2018年

順位	氏名	国	肩書	資産
1位	ジェフ・ベゾス	アメリカ	アマゾン・ドット・コム創業者	1120
2位	ビル・ゲイツ	アメリカ	マイクロソフト創業者	900
3位	ウォーレン・バフェット	アメリカ	バークシャー・ハサウェイCEO	840
4位	ベルナール・アルノーとその家族	フランス	モエ・ヘネシー・ルイ・ヴィトンCEO	720
5位	マーク・ザッカーバーグ	アメリカ	フェイスブックCEO	710
6位	アマンシオ・オルテガ	スペイン	インディテックス創業者	700
7位	カルロス・スリム・ヘル	メキシコ	テルメックス会長	671
8位	チャールズ・コーク	アメリカ	コーク・インダストリーCEO	600
8位	デヴィッド・コーク	アメリカ	同上副社長	600
10位	ラリー・エリソン	アメリカ	オラクル創業者	585

1990年

順位	氏名	国	肩書	資産
1位	ハサナル・ボルキア	ブルネイ	国王（29代）	250
2位	ファハド・ビン＝アブドゥルアジズ	サウジアラビア	国王	180
3位	フォレスト・マース	アメリカ	MARS社創業一族	125
4位	クイーン・エリザベス2世	イギリス	女王	117
5位	サミュエル・ニューハウス・ジュニア	アメリカ	ニューハウス社創業者	115
6位	アルバート・レイヒマン	カナダ	オリンピア＆ヨーク社創業者	111
7位	堤　義明	日本	西武グループ会長	73
8位	サム・ウォルトン	アメリカ	ウォルマート創業者	73
9位	ジョン・クルーグ	アメリカ	TV局オーナー、事業家	70
10位	蔡万霖	台湾	霖園集団創業者	65

※2018年はフォーブス誌、1990年はフォーチュン誌のデータによる

  この国と日本

永田町にメキシコ大使館がある理由とは？

　国会議事堂や総理大臣官邸などが集まる日本の政治の中心地が東京の永田町（千代田区）。衆議院議長公邸と日比谷高校の間にある駐日メキシコ大使館は、外国の大使館のなかで唯一永田町に居を構えている。

　明治維新後の日本は欧米諸国との間で不平等条約を結ばされ、それを対等な条約に改正することは悲願でもあった。そのなかで1888（明治21）年、日本がアジア以外の国と初めて平等条約を結んだのがメキシコだった（日本・メキシコ修好通商条約）。この外交上の成功が日本政府に自信をつけさせ、ほかの欧米諸国との不平等条約を次々に改正していくきっかけともなった。このことを喜んだ明治天皇の配慮で、この政治的中枢の地に大使館用地がメキシコに提供されたのだった。

　第2次世界大戦時は敵味方に別れたものの、サンフランシスコ講和条約後は再びこの地にメキシコ大使館が建てられた。この講和条約をいち早く批准してくれた国の一つもメキシコだった。日本の近代の道筋をしのばせる物語が、この建物にはある。

メキシコの代表的な料理タコス
©Shutterstock.com

アメリカ領ヴァージン諸島

Virgin Islands of the United States

面積 346 km²
人口 10万3574人
政庁所在地 シャーロット・アマリー
通貨 アメリカドル
宗教 プロテスタント諸派、カトリック

CRISIS 危機
「常夏の島」を悩ますエネルギー問題

　ニューヨークから直行便を利用すれば3時間余り。アメリカ本土から短時間で気軽に来られ、しかも世界屈指の美しいビーチと異国情緒を楽しめる国内の常夏リゾートである。カリブ海クルーズの寄港・停泊地にもなっていて、アジアやヨーロッパからも多くの観光客を集めている。

　17世紀からデンマーク領だったため、セント・トーマス島にある首都シャーロット・アマリーには格子状の石畳道など歴史を感じさせる街並みが残り、デンマーク様式の教会や砦がある。かつて港はカリブ海貿易の中心として栄えたことから、この砦はたびたび海賊に襲われたという。周辺には、マリンスポーツが盛んで島の半分以上が国立公園のセント・ジョン島や、きめ細かいホワイトサンドで知られるセント・クロイ島など自然豊かな島々が点在する。

　このようなカリブ海のリゾート地を悩ますのがエネルギー問題。本土とはパイプラインや送電網でつながっていないため、高いコストを払って環境汚染の原因にもなるディーゼル油をタンカーで運ばなければならない。2008年に石油価格が高騰したときは、ヴァージン諸島では電気料金が全米平均の4倍に跳ね上がったという。

　リゾート地の環境を壊さないためにも、公園に太陽光パネルを設置するなど石油への依存を減らすエネルギー戦略を打ち出している。世界的には近年、太陽、風、波など自然を生かしたクリーン・エネルギー開発へ積極的な投資が行われているものの、カリブ海の小さな島々では市場が小さく投資の呼び込みや技術者の育成はなかなか容易ではない、というのが専門家の見方である。

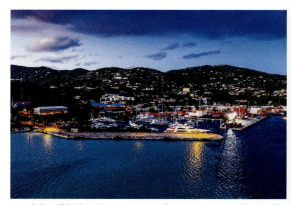

この夜景の電気代もバカにならない（セント・トーマス島の風景）
©Shutterstock.com

HISTORY

　カリブ海北東部に位置するアメリカ領の群島。ヴァージン諸島の西側がアメリカ領で東側がイギリス領となる。アメリカ領では、政庁所在地のあるセント・トーマス島など50以上の島があるが、大半は無人島。1493年、コロンブスが到達し、命名。以後入植は進まず、カリブ海に出没する海賊などの拠点になった。17世紀に西欧列強が領有を競い、デンマークが入植、1754年に同国王室直轄領となりデンマーク領西インド諸島となる。砂糖プランテーションが栄えるが、奴隷制廃止とともに衰退。第1次世界大戦を契機に米国が戦略的観点からセント・トーマス島など3島をデンマークから購入。1960年以降、観光地として発展するようになった。

アルバ

Aruba

面積 180 km²
人口 11万2162人
政庁所在地 オラニェスタット
通貨 アルバフローリン
宗教 カトリック、プロテスタント諸派

INDUSTRY 産業

「カリブ海のラスベガス」と呼ばれるリゾート地

　小さな島の西海岸には30軒近い大小のリゾートホテルがひしめき、首都オラニェスタットにある港にカリブ海クルーズの大型客船が次々に寄港するたびに、大勢の観光客が上陸してくる。ショッピングにグルメ、マリンスポーツからスパなど、ホテル内だけですんでしまうオールインクルーシブ型の滞在が可能だ。

　とくにカジノは各ホテルが競い合うように充実しており、24時間営業のところが大半。カリブ海のラスベガスと称される所以である。

　年間を通じて降水量が少なく、気温もほぼ27度のため、雨季の心配はほとんどない。3月には盛大なカーニバルが開催されるため、4〜5月が観光シーズンとなる。

カーニバル

貴重な動植物が見られるアリコック国立公園

伝統音楽を演奏するグループ

© Aruba Tourism Authority

HISTORY

　カリブ海の小アンティル諸島に属し、ベネズエラのパラグァナ半島北方沖に位置している。西半分は平坦な大地であり、南部には白い砂浜の美しい海辺がある。1499年スペイン人が最初に到達したが、彼らは先住民をエスパニョーラ島に送りこんで強制労働に従事させた。1636年オランダが占領し、牧畜業をすすめ、他のカリブ海植民地への食肉供給源とした。1805年、一時的にイギリスが占領したが、16年再びオランダが占領した。24年金鉱が発見され20世紀初頭までヨーロッパ人やベネズエラ人が殺到し、ゴールドラッシュが続いた。金ブームの後はベネズエラ産石油の精製が盛んとなり、1920年代には好景気に沸いた。その後、世界的な石油増産の波に押されて91年精製所は閉鎖された。この間政治的には54年オランダ領アンティル（2010年解体消滅）の一部として内政自治権を獲得、86年アンティルから分離した。現在はオランダ国王任命の総督が外交・防衛を担当し、首相が内政を担当している。主産業は観光業で、年間100万人を超える旅行者が訪れている。

アンギラ

Anguilla

面積 91 km²
人口 1万6418人
政庁所在地 ザ・ヴァリー
通貨 東カリブドル
宗教 キリスト教（プロテスタント）

EVENT 出来事

独立よりイギリスの植民地を選んだ理由

　イギリスは、経済的に採算のあわない小さな植民地を世界中に数多く抱えており、それは悩みの種でもあった。そこで、まずカリブ海の植民地をひとつにまとめて独立させようとした。1958年に結成された「西インド諸島連合」である。これによりカリブ海の植民地はイギリス連邦内の自治国となった。

　しかし、点在する島々をひとくくりの自治国とするのには無理があった。比較的面積の大きなジャマイカと、石油が産出されて経済基盤ができたトリニダード・トバゴがそれぞれ単独で独立してしまったのである。その結果、経済基盤の弱い小さな島ばかりが残ってしまった。そこでイギリスは、いくつかのグループに分けて自治権を与え、独立させようと試みた。

1967年にセントクリストファー島、ネイヴィス島、アンギラ島がグループ化されて「セントクリストファー・ネイヴィス・アンギラ」となり、首都は一番大きな島のセントクリストファー島におかれた。

　ところがアンギラはこの取り決めに猛反発。なぜなら、セントクリストファー島とネイヴィス島は隣接しているが、アンギラ島との間には、フランス領、オランダ領などが存在するうえに150kmも離れているのである。将来このまま独立ということになれば、首都のあるセントクリストファー島が優位となるのは確実で、アンギラ島は事実上その支配下となる。近隣の島に支配されるのはもうまっぴらとアンギラは自治領政府の統治を拒否。69年には人口わずか6000人のアンギラ共和国の成立を宣言した。

　それに対し、自治領政府ではあるものの軍隊もないセントクリストファー政府は、本国イギリスにアンギラの制圧を要請。しかし、イギリスの軍隊がアンギラへ上陸すると、住民たちは抵抗するどころかイギリス国家を歌いながら彼らを大歓迎。無血降伏してめでたくイギリス植民地に戻ったというわけである。

　1976年には自治権も与えられ、1980年には願い通りセントクリストファー・ネイヴィスと分離されて今日に至っている。

HISTORY

　アンギラは、カリブ海小アンティル諸島北端のリーワード諸島に属するサンゴ礁の小島。付近のスクラブ島、ドッグ島、プリックリー・ペア諸島、シール島、サンデー島、アンギリータ島など小島も含まれる。先住民のアラワク族を滅ぼしたカリブ族が住んでいたが、1493年にクリストファー・コロンブスに発見される。1632年、イギリス領アンティグアの管理下におかれる。1650年、イギリス人がアンギラへ入植。1825年、イギリス植民地のセントクリストファーの管理下におかれる。1967年にはセントクリストファー・ネイヴィス・アンギラとしてイギリスの自治領となる。しかし、アンギラはセントクリストファー主導の政策を不満とし独立を宣言、アンギラ共和国を樹立。これに対しセントクリストファー・ネイヴィスは69年にイギリスに軍隊の派遣を要請。アンギラは無血投降し、再びイギリス統治下の植民地となる。76年には改めて自治権が付与され、80年にセントクリストファー・ネイヴィスから正式に分離された。主な産業は綿花栽培とロブスターの輸出、観光業、オフショア金融である。

イギリス領ヴァージン諸島

British Virgin Islands

面積 151 km²
人口 3万3454人
政庁所在地 ロード・タウン
通貨 アメリカドル
宗教 プロテスタント諸派、カトリック

ECONOMY 経済

この諸島が誇る米中露に次ぐ「世界第4位」とは？

ヴァージン諸島は西のアメリカ領と東のイギリス領に分かれるが、経済的にはアメリカ領との関係は深く、通貨はポンドでなくアメリカドルが使われる。かつてはサトウキビ産業が盛んだったが、現在は観光が島の基幹産業になっている。

小さなエリアながら20以上もの国立公園が存在。熱帯雨林や野鳥のサンクチュアリ、プランテーション時代の遺構などが見られるとともに、マリンアクティビティが充実している。トートラ島にある首都のロード・タウンは、クルーズ船や個人所有のヨットが停泊し、市内や周辺には数多くのリゾートホテルがある。欧米人観光客は、1週間近くのんびり滞在することが多いという。

トートラ島に次ぐ大きさのヴァージン・ゴルダ島は、ヨットハーバー付きのリゾート施設がつくられ注目されるようになった。長期滞在者むけのプライベート空間を重視したヴィラ形式のホテルであり、日中はヨットやクルージングを楽しめる。欧米では、隣のアメリカ領よりも高級リゾートとして知られる。

同諸島は別の顔も持つ。カリブ海ではケイマン諸島などと並びタックス・ヘイブン（租税回避地）になっている。国連貿易開発会議（UNCTAD）が発表した調査結果によれば、2013年、同諸島への海外直接投資額は920億ドルに達し、アメリカ、中国、ロシアに次ぎ世界第4位。主要新興国のブラジルやインドを上回った。多国籍企業が子会社を通じ売り上げの送金をしているとみられ、UNCTAD幹部は「（同諸島は）多国籍企業の財務部のような役割を果たしている」と指摘する。

こんなにのどかな島に世界4位の海外投資が（写真はトートラ島）
©Shutterstock.com

HISTORY

ヴァージン諸島の東半分を占める。政庁所在地であるトートラ島など25以上の島や岩礁から成り立っているが、そのうち人が住む島は約16。1672年、すでに入植していたオランダからイギリスが奪う形でイギリス領として併合。黒人奴隷を労働力として使用し、サトウキビ、綿花、インディゴなどのプランテーション栽培が盛んになった。1834年に奴隷制が廃止されるとプランテーションは衰退。イギリスの直轄植民地となり、現在はイギリス国王の名代として派遣された総督のもとに、内閣に相当する執行評議会と立法議会が存在し、内政自治を行っている。ヴァージン諸島党と国民民主党の2大政党が議席を争う。農業、漁業がGDPに占める割合はわずかで、ほかにケイマンなどカリブ海諸国の多くが手掛けるオフショア金融業や観光産業が成長している。

キュラソー

Curaçao

面積	444 km²	通貨	アンティル・ギルダー
人口	14万8406人	宗教	カトリック、プロテスタント諸派、ユダヤ教
政庁所在地	ウィレムスタッド		

TABLE 食卓

カクテルの名脇役、オレンジキュラソーの故郷

キュラソーというリキュールがなくてはつくれないカクテルが数多くある。日本で有名な"雪国"、ほかにサイド・カー、フローズン・ダイキリなどだが、そもそもキュラソーはどうやってできたのだろうか。

15世紀、スペイン人はこの島にバレンシアオレンジの種子を持ち込み、栽培しようとした。ところが、気候や土壌が合わなかったのか苦いだけでまったく食用に適さない果実ができた。家畜のヤギですら食べようとしなかったという。

しばらくして、このできそこないのキュラソー産オレンジの皮を日光で乾燥させてみたら、バレンシア産などかなわないほどの驚くべき強い香りを放つことがわかった。そこでこの果皮を水で戻し、アルコールと共に蒸留して、さわやかな香味成分を抽出。そこにいくつかのスパイスを調合してできたのが、キュラソーリキュールだったのである。

これにオレンジシロップを加えるとオレンジキュラソー、ホワイトシロップでホワイトキュラソー、青く着色したものはブルーキュラソーとなるわけである。ハワイの青い海を思い浮かべながら飲むブルー・ハワイ、まさしく逸品である。

18世紀のオーストリアの女帝マリア・テレジアがコーヒーにキュラソーを注ぎ、ホイップクリームを浮かせる飲み物を好んだともいわれ、それを「カフェ・マリア・テレジア」という。

世界を酔わせたキュラソー産オレンジはその後、ララハという固有種の名前がつけられた。この島では今、栽培される原木はたったの45本なのだという。

ウィレムスタッドのカラフルな街並み

キュラソー産ブルーキュラソー

©istockphoto.com/FrankvandenBergh

HISTORY

2010年までオランダ領アンティルを構成していた島のひとつ。ヨーロッパ人到来以前にはアラワク系やカリブ系の先住民が暮らしていた。1499年アロンソ・デ・オヘーダが到達し、のちスペイン領となる。1630年代オランダが占領、オランダ西インド会社の管理下におかれた。17～18世紀にかけて奴隷貿易、密貿易、プランテーション農業で栄えた。20世紀初めに大規模な石油精製所が建設され、ベネズエラのマラカイボ湖から輸送される原油の精製が重要な経済活動となった。1985年に精製所の操業が一時停止されて経済的なダメージを受けたが、近年では観光業やオフショア金融業も主要な産業に成長している。1954年、オランダ領アンティル諸島として周辺群島とともに内政自治権を認められたが、2010年10月、先に独立していたアルバ同様、オランダ王国を構成する自治領となった。

グァドループ

Guadeloupe

面積	1705 km²
人口	44万3000人
政庁所在地	バス・テール
通貨	ユーロ
宗教	カトリック

TABLE 食卓

伝統製法を守る高級ラム酒

　グァドループ産で世界的に知られるものが2つある。1つはラム酒。一般的にはサトウキビから搾ったサトウキビジュースを煮詰めて砂糖の結晶を分離し、その後に残る糖蜜を発酵・蒸留させて作るインダストリアル・ラムが主流だが、近隣のマルティニークとともにグァドループでは伝統的な製法によるアグリコール・ラムが製造されている。この製法で作られているのは、ラム酒全体のわずか2％でしかないといわれる。

　インダストリアル・ラムは、サトウキビから砂糖とラム酒を同時に作ることができるため、合理的で安価だ。一方、アグリコール・ラムはサトウキビから搾られるジュースから砂糖の結晶を分離せず、サトウキビジュースをすべてラム酒だけのために使い、発酵・蒸留させる。それゆえの味わい深さが特徴とされ、高級ラム酒として世界的に評価されているのである。

　グァドループで生産されたこのラム酒は、昔から海運でヨーロッパ本土へ運ばれていった。そのルートを"La Route du Rhum"（ラム酒の道）と呼ぶ。

　この"La Route du Rhum"の名を冠した大西洋単独横断ヨットレースが1978年から4年に1度、開催されている。フランスを出発し、およそ6500kmを1週間以上かけて航行し、グァドループでゴールするのだ。

NATURE 自然

世界最大のカブトムシの産地

　グァドループのもう1つの世界的産物は、ヘラクレスオオカブト。ギリシャ神話の英雄ヘラクレスに由来する名を持つカブトムシで、愛好家でなくても一度はその名を耳にしたことがあるかもしれない。なかでも、グァドループとドミニカに生息する「ヘラクレス・ヘラクレス」は世界最大、体長は180mmにも達するという。その大きさはもとより、長くて太い胸角と明色の上翅が美しいと、世界的に人気が高い。また、短命なものが多いカブトムシのなかでは成虫の寿命が1年から1年半と長く、他種と比べて性格が温和で飼いやすいともいわれる。カブトムシのなかでも産卵数が50〜100個と多く、繁殖が簡単な種であることも需要が高い理由だ。

ヘラクレスオオカブトムシ
©Shutterstock.com

HISTORY

　グァドループはカリブ海西インド諸島東部に位置する島嶼群で、最大の島はグァドループ島を結成しているバス・テール島とグランド・テール島である。このほかに、マリ・ガラント島、レ・サント諸島、ラ・デジラード島からなっている。バス・テール島とグランド・テール島は蝶が羽を広げたような形が特徴的である。バス・テール島は起伏の激しい火山島で、最高峰のスフリエール山は標高1467m、落差125mの滝も存在する。中央部は雨林帯、海岸は黒浜である。グランド・テール島は標高の低い石灰岩からなり、白浜の海岸が多い。1493年にコロンブスが上陸してヨーロッパにその存在が知られた。1635年に最初にフランスが領有し、黒人奴隷制によるサトウキビ栽培で発展した。その後、1759年にイギリス占領下となるが、以後、幾度となくイギリスとフランスが占領を繰り返し、1946年にフランスの海外県となる。1848年に奴隷制は廃止された。砂糖とバナナが産業の中心だが、観光業も盛んである。民族はクレオール人（植民地出身の混血）が大半である。2002年にはユーロの流通がスタートした。

グリーンランド

Greenland

面積	216万6086 km²	通貨	デンマーク・クローネ
人口	5万7733人	宗教	キリスト教（プロテスタント）
政庁所在地	ヌーク

CRISIS 危機
この島の氷が全部溶けたら地球はどうなる!?

今後、地球温暖化による影響で最も注目される場所のひとつが、グリーンランドである。世界で最も大きな島であり、その85％が厚い氷で覆われているからだ。

地球温暖化に伴って海水面が上昇する要因としては、①海水の膨張、②陸域の貯水量の変化、③グリーンランドや南極の氷河・氷床の融解、の3つが挙げられる。2017年にイギリスの科学誌に発表された研究結果によれば、1990年代前半に比べると2010年代前半は海面上昇のペースが50％増加。上昇の要因も1990年代前半では海水の膨張が50％を占めていたが、20年後には30％に下がる一方、グリーンランドの氷河・氷床の消失による影響は5％から25％へ拡大したという。

実際、2015年には西部の大規模氷河で、13km²もの氷が短期間のうち割れて失われたことが、人工衛星の画像から確認されている。この氷河の氷がすべて溶ければ海面を30cm上昇させるという推計もある。グリーンランド全体では海水面を7m上昇させる氷河・氷床が存在するともいわれる。NASA（アメリカ航空宇宙局）などは、グリーンランドの海岸の精緻な地図を作成し氷河の後退状況を継続的に観測するとともに、氷河の先端部分の温度や塩分濃度を測定し、氷の溶ける速度を計算しようとしている。

一方、グリーンランドにとって氷が溶けることは必ずしも悪いことばかりではない。地下には石油に加え、金、ウラン、鉄、亜鉛など鉱物資源が豊富に眠るといわれるが、地上を覆う厚い氷や雪が温暖化で溶けることによって採掘しやすくなるからだ。石油の埋蔵量は中東に匹敵するという説もある。

この島の氷が全て溶けると深刻な海面上昇に（写真はグリーンランドの風景） ©Shutterstock.com

HISTORY

北極海と北大西洋の間にある世界最大の島で、自治政府がおかれているデンマーク領である。島の大半が北極圏内にあり、沿岸部以外は氷床と万年雪に覆われ、人が定住する最北地とされる。10世紀から15世紀後半まではアイスランドから移住したヴァイキングが定住していたが、考古学的にはそれ以前の先史時代にも先住民が居住していたとされる。14世紀に入ってキリスト教布教のために再びヨーロッパ人が上陸するようになり、デンマーク・ノルウェー連合王国の領有となった。1536年にノルウェーがデンマークの支配下となり、グリーンランドもデンマーク領となった。19世紀の初めにデンマークはナポレオン戦争で敗れたため、1814年にノルウェーがデンマークから分離したが、グリーンランドはデンマーク領のまま残された。1979年から自治領となった。デンマークとは地理的にも文化的にも遠いため独立を望む声が多い。温暖化の影響で氷床が薄くなり、中東地域に匹敵するとされる原油の採掘が早まればグリーンランドの独立もそう遠くないという見方もある。

ケイマン諸島

Cayman Islands

面積 264 km²
人口 5万6092人
政庁所在地 ジョージタウン
通貨 ケイマン諸島ドル
宗教 プロテスタント諸派、カトリック

SIGHTSEEING 観光
世界屈指のダイビング・リゾート

　広大なサンゴ礁に囲まれたケイマン諸島は、カリブ海のなかでも屈指のダイビング・リゾートとして世界にその名を馳せている。ダイビングスポットは100ヵ所以上、海底に沈んださまざまな時代の船などが見られる沈船スポットのほか、浅瀬から突然、深海数千mまで続く海中の断崖絶壁が見られるスポット「ブラッディーベイ・ウォール」は世界最高とも称される。

　美しいウミガメと戯れたい方は、ボーツウェインズ・ビーチ・アドベンチャー・パーク＆タートル・ファームへ。ここでは緑ウミガメ（サー・タートル）やブルーイグアナ、熱帯の鳥を間近に見たり触ったりできる。もとはカメの肉を売るために飼育していたところだが、今はもちろん観賞用だ。

INDUSTRY 産業
人口5万でも大阪を凌ぐ金融センターに!?

　イギリスのシンクタンク、Z/Yenが定期的に発表している「世界金融センター指数」（GFCI, 2018年3月）によると、ケイマン諸島はなんと大阪やフランスのパリ、ソウルなどを押さえて23位に入っている。ちなみに1位はロンドン（イギリス）で、日本の東京は5位にランクインしている。

　会社を設立しても法人税がなく、金融の規制もゆるいために世界中から資金が集まる仕組みだが、一方で脱税やマネーロンダリング、金融がらみの事件の舞台としてたびたび登場してきた。

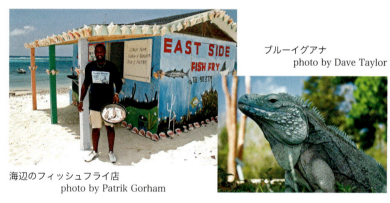

海辺のフィッシュフライ店
photo by Patrik Gorham

ブルーイグアナ
photo by Dave Taylor

©the Cayman Islands Department of Tourism

HISTORY

　カリブ海北西部、キューバの南方、ジャマイカの北西に位置し、グランド・ケイマン島、リトル・ケイマン島、ケイマン・ブラック島からなる。1503年コロンブスが第4回目の航海でリトル・ケイマンとケイマン・ブラックに上陸したが、先住民はいなかった。ウミガメが多かったのでスペイン語のカメにあたる「トルトゥーガス」と名付けたが、のちカリブ海先住民系の言葉でワニの「カイマナス」と呼ばれるようになり、今の名称となった。17世紀には海賊やヨーロッパからの航海者の水や食糧補給地となった。1655年イギリスがスペイン領のジャマイカを占領、70年のマドリード条約でジャマイカとともに英領となった。大きなプランテーションは発達しなかったが、アフリカ黒人奴隷は投入された。奴隷解放後、残った人々は綿花栽培、ウミガメ漁、造船などに従事。1863年ジャマイカ領になったが、1962年ジャマイカが独立したとき、英領にとどまった。72年新憲法を制定、自治権を拡大したが、元首はイギリス国王。タックスヘイブン（租税回避地）として知られる。

サウス・ジョージア=サウス・サンドウィッチ諸島

South Georgia and the South Sandwich Islands

面積 3903 km²
人口 定住者なし

NATURE 自然

豊かな海が育む野生生物の楽園

　もともと南極に近い不毛の地であり、島の主な産業だった捕鯨が禁止されたこともあり、定住者がほとんどいない状態が長らく続いていたが、近年は「南極のガラパゴス」と呼ばれ多種多様な野生生物が注目され、南極クルーズ船の寄港地にもなっている。

　クルーズの拠点となるサウス・ジョージア島では、数万つがいものキングペンギンや何千頭もの巨大アザラシが、平原や浜辺を埋める光景がみられる。周辺にある小さな島も、マカロニペンギンやオットセイが生息し、ミズナギドリ、アホウドリ、ウミツバメ、タヒバリなど20種類以上の野鳥の繁殖地になっている。

　陸上を見渡すかぎりは、草木がほとんど見られない極寒の地に、なぜ野生生物の楽園が生まれるか疑問に思うだろう。その答えを解く鍵は周辺の海にある。ここでは深海から流れに乗って湧きあがるミネラル類や、南極の氷から溶け出した栄養塩などによって、植物プランクトンが大量発生し、これを餌に膨大な数のオキアミが生育する。さらに、これらを目当てに魚やイカが群がり、海鳥、ペンギン、オットセイ、アザラシ、クジラなども引き寄せ巨大な食物連鎖が形成される。温かさ=豊かさという私たちの常識を覆す豊穣の海が潜んでいるといえよう

　また、英国南極観測局による調査によれば、近年、サウス・ジョージア諸島近くに十数個の海底火山があり、一部は3000mに達することがわかった。熱水噴出孔付近には特異な生態系が形づくられ、海底火山に広がる斜面の岩場にも多くの海洋生物が育まれる。専門家から「サンゴ礁に近い存在」と評され、新種の生物発見にも期待が寄せられる。

ペンギンとミナミゾウアザラシの群れ（サウス・ジョージア島）
©Shutterstock.com

HISTORY

　南アメリカ大陸の南東部、南大西洋に位置するサウス・ジョージア=サウス・サンドウィッチ諸島は、イギリスの海外領土。フォークランド諸島の約1000km東にあり、1502年に南極領域のなかで最初に発見された場所でもある。1675年、ロンドン商人のアンソニー・デ・ラ・ロッシュにより再発見された。1775年にイギリス海軍のジェームズ・クック（キャプテン・クック）が領有を宣言して以降、イギリス領のフォークランド諸島の一部として統治されてきた。1985年に同諸島から分離した。1982年にはフォークランド紛争が勃発したが、アルゼンチンが敗北し、イギリスの領有権は守られた。南極大陸に近いため土は不毛である。かつては捕鯨基地として栄え、最盛期の1909年に行われた人口調査では720人の漁民が暮らしていた。しかし、捕鯨の禁止に伴い人口は減少の一途を辿り、現在は限りなく無人島に近い。サウス・ジョージア島の停泊地グリトヴィケンにある各施設の管理者と、極地研究の基地で勤治する研究者以外に定住者はおらず、ほかには南極周遊船の観光客が時折訪れる程度である。

シント・マールテン

Sint Maarten

面積	34 km²	通貨	アンティル・ギルダー
人口	3万7132人	宗教	カトリック、プロテスタント諸派、ユダヤ教
政庁所在地	フィリップスブルフ		

BEST IN THE WORLD 世界一
世界で最もスリルある空港がここに？

　1943年に開業したプリンセス・ジュリアナ国際空港のすぐ隣には観光客でにぎわうマホ・ビーチが広がるが、ここでは頭上数十mを飛ぶ大型旅客機が名物になっている。さらに、空港との境のフェンス近くでは、ジェットエンジンが巻き起こす爆音や強力な後方気流も体験でき、スリリングな体験を求める観光客や航空ファンを引き寄せている。

　同空港に着陸する飛行機の乗客にも鮮烈な印象を与えており、プライベートジェットのチャーター会社「プライベートフライ・ドットコム」は2013年、「世界で最も目を見張る着陸」を体験できる空港の世界一に選んだ。ビーチと旅客機の近さは、同空港の滑走路が2400m余りと大型旅客機が離着陸するには短く、滑走路の端へ低空で降りる必要があるために起こる。

　大型旅客機の後方気流を体感しようと、フェンスにしがみつく観光客らの姿がよく見られる。この光景がテレビ的に「絵になる」らしく、傘を持ったお笑い芸人が後方気流で吹き飛ばされるシーンを撮影するなど、日本のバラエティ番組が取り上げたこともある。

　もちろんこうした行為は危険で、空港や地元警察は警告板を立てたりパトロールをしたりしてフェンスに近づかないよう注意を促している。実際、これまでに何十人ものけが人を出していたが、2017年7月には初めての死者を出した。ニュージーランドから来ていた57歳の女性が吹き飛ばされて転倒し死亡したという。事故後、当局関係者は「大型旅客機の後方気流を甘くみてはいけない」と厳しく忠告している。

確かにスリルはあるけれど……（プリンセス・ジュリアナ国際空港に着陸するジェット機）

©Shutterstock.com

HISTORY

　コロンブスの到達により1493年にサン・マルティン島と名づけられ、のちスペイン領となったが定住は進まなかった。ヨーロッパ人到来以前にはアラワク系やカリブ系の先住民が暮らしていた。1630年代オランダが占領、オランダ西インド会社の管理下におかれたが、岩塩採掘が成功をみせ、またフランス人、イギリス人の入植が増すのをみてスペインもその重要性を認知、これらを排除し再びスペインが占領した。オランダはその後何度も奪還を試みたがスペインはそれを退け、ヨーロッパでの30年戦争が終結した48年、既に興味を失っていたスペインは島を放棄、オランダとフランスによる分割統治が導入された。17〜18世紀にかけて奴隷貿易、密貿易、塩の生産などで栄えた。1863年奴隷制が廃止されると、島の経済は衰退していったが、1939年から無関税港となり、54年、オランダ領アンティル諸島として周辺群島とともに内政自治権を認められた頃から観光業が盛んになった。2010年10月、先に独立していたアルバ同様、キュラソーとともにオランダ王国を構成する自治領となった。

バミューダ

Bermuda

面積	54 km²	通貨	バミューダ・ドル
人口	7万196人	宗教	イギリス国教会などプロテスタント諸派、カトリック
政庁所在地	ハミルトン		

MYSTERY ミステリー
消えないバミューダ・トライアングル伝説

　バミューダ・トライアングルというのは、フロリダ半島の先端、プエルト・リコ、バミューダ諸島を結んだ三角形の海域を指す。いつの頃からか、この海域では船の遭難が多く、後になると飛行機の遭難も多発し、しかもその大半が捜索しても船や飛行機はおろか、乗務員すら見つからないという話になった。一種の伝説で、確たる根拠はないが、そこから「魔の三角地帯」と呼ばれるようになった。100年以上前からこの種の不可解な遭難事件が100件以上起こっているとされている。

　しかし、多くの冷静な研究者によると、その多くは「作り話」「通信記録の改ざん」「事実の歪曲や誇張」であり、太平洋上で起こった海難事故まで含めて「魔の三角地帯」を強調しているケースも見られるようだ。

　確かに、この海域ではハリケーンが多発し、メキシコ湾流に乗って船や飛行機が流されて現場に到着しても事故の残骸が発見されにくいという事情もある。

　それだけに、これまで伝説にのったさまざまな説が流布されてきた。小さなブラックホールがあり、呑み込まれたのではないか？　宇宙人のせいかも？　などはその典型例だ。

　2003年にはオーストラリアのモナッシュ大学のジョセフ・モナガン教授が発表したメタンハイドレート説は注目された。メタンガスが大量に瞬時に発生して、船の浮力を失わせたり、飛行機の燃料燃焼に影響を与え、事故が起こるというものである。しかし、この説にも、この海域に限って大量のメタンハイドレート（水分子にメタンが結合しシャーベット状になったもので水深200m以深の大陸棚に埋まっている）があるわけではないという批判がある。

　マイクロバースト説というのもあり、局地的・短時間に猛烈な下降気流が発生しやすいというものだ。しかし、これでは飛行機事故の説明がつかない。離着陸中の飛行機がこのマイクロバーストに出遭って事故を起こした例は少なくないが、高高度を飛行中の飛行機には関係がない。

　ともかく、バミューダ・トライアングルの謎は、さまざまな反論にあいつつも、好事家のあくなき追求の現象であるらしく、映画や小説、アニメやゲームにといまても盛んに取り上げられているのは事実なのである。

HISTORY

　北大西洋西部、米東海岸のノースカロライナ州ハッテラス岬の東方沖約1000kmほどのところにある。イギリス領だが、島の名前はヨーロッパ人として初めてここに上陸したスペイン人のベルムデスに由来している。しかしスペイン人は入植しなかった。1609年イギリス船が難破して上陸したことがきっかけで、入植が始まった。当初は煙草が栽培されたが、品質が悪く売れなかった。その後クークス島の塩が採取されるようになり、次いで造船や海軍基地として栄えるようになった。18世紀末の米独立革命時には火薬を製造して植民地側に売り、1812年の米英戦争では英海軍の前線基地となった。60年代の南北戦争では南軍の密輸商業の基地となり、1919年禁酒法ができると酒を求める米観光客が増えた。第2次世界大戦中、多数の駆逐艦と引き替えに米国が租借（99年）した。第2次大戦後の68年自治権拡大運動で憲法が制定され、議会が選んだ首相を総督が任命するようになった。95年独立の是非を問う国民投票が行われたが、反対多数で否決され、今もイギリス領にとどまっている。

プエルト・リコ

Commonwealth of Puerto Rico

面積	8870 km²
人口	359万8000人
州都	サンファン
通貨	USドル
宗教	カトリック、プロテスタント

PEOPLE 人々

野球界、音楽界に多士済々

　プエルト・リコは、ドミニカ共和国と共に多くの野球選手を輩出している。メジャーリーグはもちろんのこと日本のプロ野球チームにも数多く在籍してきた。

　メジャーでは、生涯ヒット数3000本安打、リーグ首位打者4回の記録を打ち立てたヒスパニック系選手の草分け的存在、パイレーツ外野手ロベルト・クレメンテが有名だ。1972年の3000本安打祝賀式の日、ニカラグアのマナグアで大地震が発生。救援物資を届けようとしたクレメンテが乗った飛行機が墜落事故を起こし、帰らぬ人となった。クレメンテは殿堂入りし、以後メジャーリーガーで慈善活動をした者に贈られる「コミッショナー賞」は、彼を記念して「ロベルト・クレメンテ賞」と改められた。

　音楽の分野でも、これまた多くの才能を生み出している。ラテン音楽といえばこの名が浮かぶほどに知られている歌手ホセ・フェリシアーノやリッキー・マーティン。さらにラテンの名曲「エル・クンバンチェロ」の作曲者ラファエル・エルナンデスらがいる。古くはラテントリオで一世を風靡、日本でもおなじみの「トリオ・ロス・パンチョス」も、第一ボーカルはすべてプエルト・リコ出身だった。

米国には多くのプエルト・リコ人が移住し、ラテン音楽の普及に貢献した
（写真はサンファンの路上で演奏するミュージシャン）　　©Shutterstock.com

HISTORY

　カリブ海北東に位置するアメリカ合衆国の自由連合州。プエルト・リコ本島、ピエケス島、クレブラ島などからなる。西はモナ海峡を隔ててドミニカ共和国、東にはヴァージン諸島がある。亜熱帯に属し平均気温25.4度と過ごしやすい。アメリカの各州との違いは、自治権を有するも住民はアメリカ合衆国の税金の納税義務を持たず、大統領選挙の投票権もなく、合衆国下院議会に代表者を送り出すことができるが本会議の採決権がない。アメリカはここに多くの基地を持ち、軍事的要衝と位置付けている。多分にキューバを意識したものであろう。このような特殊な地域になった歴史的な背景がある。カリブ海の他の地域同様当初はスペインの植民地から出発。19世紀末、米西戦争でアメリカが勝利し、アメリカ領となり現在に至る。いま国内では、自治拡大派のプエルト・リコ人民民主党と、州昇格派のプエルト・リコ新進歩党、さらには独立を目指すプエルト・リコ独立党が存在するが、国民の独立への気運は薄い。

フランス領ギアナ

French Guiana

- 面積 8万3534 km²
- 人口 22万1500人（推計）
- 県都 カイエンヌ
- 通貨 ユーロ
- 宗教 カトリック、プロテスタント

SOCIAL PROBLEM 社会問題

「宇宙センター」は経済格差の元凶？

　フランス領ギアナは、国土の9割をアマゾンの密林が占める。本物の自然が守られていることから「エコツーリズムの楽園」とも呼ばれ、ギアナの2大河川のひとつ、マロニ川の川下りクルーズは人気のツアーになっている。その一方で、時代の最先端であるフランス国立宇宙センターのロケット発射基地も存在する。

　フランスは1960年代初頭、アルジェリアのアマギールでロケット発射実験をしていたが、アルジェリアが独立したことから新たな発射場として、赤道近くに位置し静止軌道の打ち上げに適したギアナを選定した。1968年から打ち上げを実施、1977年からは欧州宇宙機関がアリアンロケットを発射している。人工衛星の組み立て棟や固体燃料工場もあり、ギアナ宇宙センター関連の産業は、1700人を雇用しギアナのGDPの25％を占めるという。

　宇宙センターは経済格差の象徴にもなっている。センターで働く技術者らが住む地区では芝生が整備され明るい街灯が照らしているのに対して、それ以外の地区では子供の遊び場に雑草が生え放題で、街灯は何年もついていない状態が続く。

　2017年3月から4月にかけて労働条件の改善や治安の向上を求めてストライキやデモが相次ぎ、宇宙センターの周囲にデモ隊が押し寄せロケット基地の占拠を試みた。23％と高い失業率に加え、不法移民の流入や公共インフラの遅れが目立ち、ギアナの住民にはフランス中央政府に無視されているとの思いがある。2017年10月にマクロン大統領がギアナを訪問した際にもデモが起きている。

クールーのアリアンロケット発射場

©Matyas Rehak / Shutterstock.com

HISTORY

　フランス領ギアナは、南アメリカ大陸北東部に位置し、北側は大西洋に面し、西側はスリナム、南と東側はブラジルに面しているフランスの海外県で、領土の最南部はギアナ高地である。先史時代より先住民族が居住していた。ギアナ地方はオランダ、イギリス、フランスがそれぞれ植民地化を試みていたが、先住民の抵抗に遭い、失敗を繰り返した。フランスは、1604年に港湾を建設し、アマゾン流域への植民の可能性を調査。先住民の襲撃に遭い、なかなか植民地化は進まなかったが、30年代に入ってフランス・ノルマンディーの商人が「ノルマンディー会社」を設立し、フランス王からギアナの開発と領有の認可を得て、37年から38年にかけてカイエンヌに初めて植民地を建設した。64年にはフランス西インド会社が設立され、カイエンヌに本格的に植民地建設を始めた。67年のブレダ条約によってオランダ、イギリス、フランスがギアナ地方を分割した結果が現在のスリナム、ガイアナ、フランス領ギアナである。1946年に、植民地からフランスの海外県に変更された。

マルティニーク

Martinique

面積	1106 km²
人口	39万3000人（推計）
県都	フォール・ド・フランス
通貨	ユーロ
宗教	カトリック、プロテスタント

RESORT リゾート
フランス人のバカンスリゾート

　その名はかつての先住民であるカリブ族の言葉「マディニーナ（Madinina）」（＝花の島）に由来し、ブーゲンビリアやトーチジンジャーをはじめじつに多くの熱帯性植物が美しい花を咲かせるマルティニーク。透明度が高く鮮やかな青い海に囲まれ、まさに"常夏の楽園"と呼ぶにふさわしい島だ。初めて島に上陸したコロンブスに"世界で最も美しい地"と言わしめたというが、その魅力は今なお衰えることなく、知る人ぞ知る高級リゾートとして人気を博している。とりわけフランス本土からは、多くのフランス人がバカンスに訪れる。

　入り江に係留されたヨットやクルーザーが物語るようにマリンスポーツが盛んなほか、長期滞在型の宿泊施設はもちろん、自然景観に即して設計されたゴルフコースなどもあり、さまざまなリゾートライフが楽しめる。フランスの海外県だけあって、県都フォール・ド・フランスなどには高級フランス料理店が集まり、本土にも負けない本格料理が味わえる。

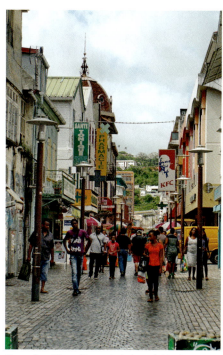

フォール・ド・フランスのメインストリート
©Angela N Perryman / shutterstock.com

HISTORY

　カリブ海のウィンドワード諸島に位置するフランスの海外県の1つ。北のドミニカ、南のセントルシアに挟まれている。山地部が多い火山島である。1493年、コロンブスが到達し、1635年にフランス人が入植して以来、フランス領。その後、サトウキビ栽培の奴隷制プランテーションに黒人奴隷が大量に導入されたが、1848年に奴隷制は廃止された。現在も住民の大半は奴隷としてアフリカから連れてこられた人々の子孫。ほかに、旧フランス領インドシナからの移民の子孫、ムラート（ヨーロッパ系とアフリカ系の混血）のクレオール（植民地出身者の混血子孫）、フランス系白人、中国系、インド系、アラブ系が在住する。1946年、フランスの海外県となり、74年には地域圏（region）となった。産業は農業が中心で、バナナ、サトウキビを主体に、パイナップル、野菜などを栽培している。森林地帯ではマホガニーの植林も行われている。ほかに、石油精製、遠洋漁業、魚類加工、砂糖とラム酒の製造、ビール醸造、果物加工も行われている。輸出入ともフランス本国との貿易が80％を占めている。

マルビナス諸島（フォークランド諸島）

Islas Malvinas (Falkland Islands)

面積	1万2173 km²
人口	2931 人（推計）
政庁所在地	スタンリー

| 通貨 | フォークランド諸島ポンド、イギリス・ポンド |
| 宗教 | キリスト教（イギリス国教会、プロテスタント） |

RESOURCE 資源
絶海の孤島が今なお領有権をめぐり争われる理由

イギリスとアルゼンチンが同諸島をめぐり戦火を交えてから30年以上経過するが、両国の領有権争いが再燃している。直接のきっかけは1990年代末、同諸島沖合で大規模な油田・天然ガス田が発見されたことにある。いったんは海底の石油資源について両国間で協定が結ばれたものの、2007年には破棄。2010年からイギリス系企業が採掘調査を開始し、石油の埋蔵量は数億バレルとも数十億バレルともいわれる。

同諸島を実行支配するイギリスに対抗してアルゼンチン政府は、さまざまな手段を駆使して領有権を主張している。同諸島や周辺海域で採掘に関与する企業に対して法的な措置に訴えると警告するとともに、アルゼンチンの海域を通過して同諸島へ向かう船舶に対しては事前に同国の許可を得ることを義務づけた。2015年3月には、同諸島の地図を印刷した50ペソの新紙幣を発行した。裏面には、同諸島が1833年にイギリスに占領された時にイギリス軍と戦い、アルゼンチン国旗を振りかざすガウチョ（カーボイ）の姿が描かれている。

2015年4月、アルゼンチンのクリスティーナ・フェルナンデス大統領がロシアを訪問。石油・天然ガス開発の共同開発など両国のエネルギー協力を拡大するとともに、同諸島の領有権問題でアルゼンチン支持を改めてプーチン大統領から引き出したといわれる。2016年4月には国連の大陸棚限界委員会において、天然資源の探査・採掘が可能なアルゼンチンの大陸棚を、同諸島周辺海域がすっぽり入る陸地から350カイリまで延長することが認められた。

人よりもペンギンの方が多いこの島をめぐり、イギリスとアルゼンチンが火花を散らす

©Shutterstock.com

HISTORY

マルビナス諸島は南大西洋上にあり、イギリスが実効支配している群島。主な島はグラン・マルビナ島（西フォークランド島）とソレダッド島（東フォークランド島）。島名はスペイン語でマルビナス諸島、英語ではフォークランド諸島。1592年にイギリスがこの島の存在を公式に確認。その後オランダ人が上陸し、セバルドと名づけた。1764年にはフランス人が入植してマルイヌと命名し、これがスペイン語名マルビナス諸島の語源となった。翌年、イギリス人が入植して領有を主張。67年にはフランスから譲渡されたスペインが領有を宣言。70年代に入り、アメリカ独立戦争を控えていたイギリスが撤退。1811年には南米の独立運動とイギリスの圧力からスペイン人も撤退。16年にアルゼンチンが独立と同時にスペインから継承したとして領有を宣言。33年にイギリスが改めて占領。これに抗議したアルゼンチンとの間で戦争となり、49年にイギリスが撤退したが島の実効支配は維持。1982年に再び領有をめぐってイギリスとアルゼンチンの間でマルビナス戦争が起こりイギリスが勝利。90年の国交再開時に諸島の領有権は棚上げ。

モンセラット

Montserrat

面積	102 km²
人口	5241人（推計）
政府所在地	プリマス（※1）
通貨	東カリブ・ドル
宗教	イギリス国教会38％、メソジスト28％、カトリック

※1　火山災害のためブレイズに臨時行政府をおく

NATURE 自然

政庁所在地を廃墟と化した活発な火山活動

　温暖な気候と豊かな自然、とりわけ美しいカリブ海の景観をもつが、同時にハリケーンが多発する地域であり、島全体が疲弊し復興が困難となるような大きなハリケーンに見舞われることもしばしばである。モンセラットも1989年にハリケーンの襲来によって深刻なダメージを受けた。

　自然災害という点では、モンセラットの場合もう一つ大きな問題を抱えている。面積100km²あまりの島内にはスフリエール・ヒルズ火山が活発な活動を続けているのだ。1995年の噴火では人口の3分の2が島外への避難を余儀なくされ、本国イギリスが救助のために軍艦を派遣した。その翌々年1997年、ふたたび大きな噴火が起きると、火山灰と火山性有毒ガスによって19人の居住者が命を奪われた。また、政庁所在地プリマスは壊滅的な被害を受けて都市としての機能を失い、その光景はポンペイを思わせるほどの廃墟と化していたという。

　以来、大きな噴火こそ起きてはいないものの、溶岩の流出は海に向かって今も続いており、島の海岸線もそれにより変化している。現在、火山活動による被災地を訪ね、自然の猛威を体感するツアーも実施されており、火山が新たな観光資源ともなっている。

モンセラットのスフリエール・ヒルズ火山　　©Sutterstock.com

HISTORY

　ヨーロッパ人が来る以前はアラワク系やカリブ系の先住民が居住していたが、1493年、第2次航海中のコロンブスが到達。ただちに入植は進まなかったが、1632年イギリス人が入植を開始。当初はタバコが主要作物であったが、17世紀後半からサトウキビの栽培が発展、労働力として多くの黒人奴隷が投入された。途中幾度もフランスの占領下におかれながらも、1783年ヴェルサイユ条約によりイギリス領となった。1834年、奴隷制廃止とともにプランテーション経済は衰退した。1833年以来イギリス領リーワード諸島を構成する一地域であったが、1958年に創設された西インド諸島連合に加盟し、62年に同連合が解体されたあとは直轄植民地となった。89年にハリケーンによる被害を受け、また追い打ちをかけるように95年にはスフリエール・ヒルズ火山の噴火により政庁所在地プリマスを含む南部地域が壊滅的なダメージをうけると、住民は同島北部や他島、イギリス本国などへ避難を余儀なくされた。

アイスランド共和国

Republic of Iceland

面積 10万3000 km²
人口 35万人
首都 レイキャビーク
通貨 アイスランド・クローナ
宗教 8割弱が福音ルーテル教会（国教）

RESOURCE 資源
地熱発電で得た電力の輸出を目指す国

「煙たなびく港」。これが首都レイキャビークの語源だ。最初にこの地を見たヴァイキングが、温泉から噴き出す煙を炎の煙と誤認したためといわれるが、それもそのはず。この国ではどこを掘っても温泉が湧いてくる、火山国なのだ。2010年4月に同国の火山が噴火し、その火山灰のためにヨーロッパの航空路が大混乱したことは記憶に新しい。レイキャビークでは郊外の丘の上にある温水貯蔵施設から配られる温泉水で生活している。

発電エネルギーも水力発電が中心だったが、近年設置を進めているのが火山国ならではの地熱利用による発電である。240度にも達する地下水を蒸気に変えてタービンを回す方法で、地熱発電所を日本企業の協力を得て建設した。

地熱発電は、原子力はもちろんのこと水力、火力などのほかの発電方法に比べ、自然環境に対するダメージが少なく、理想的なものとされている。アイスランドは、その地形上から地熱資源が莫大に存在するため、現在総電力の25%が地熱で、全住宅の9割の暖房をまかなう。また、自国で使用する電力をまかなうだけでなく、その余力を将来ヨーロッパ各国に輸出しようとしている。

あまりにも広大な天然温泉　©Shutterstock.com

HISTORY

北極圏に接する島国だが、首都のレイキャビークは日本の秋田市と同じくらいの寒さで、シカゴやウィーンより暖かい。860年頃にヴァイキングが住み着いたことからノルウェーの植民地になったが、19世紀にノルウェーがデンマークの支配下になったことからアイスランドもその直接支配をうけた。だが、1904年に自治権を獲得し、18年にデンマーク主権下の自治国となる。44年に国民投票を行い、賛成97%の圧倒的多数で共和国として独立した。第2次世界大戦前に永世中立を宣言。非核、非武装国家だが、49年に政府は国内世論の反対を押し切ってNATOに加盟。それ以降、軍隊を保有しないアイスランドは国防をアメリカに依存していたが、2006年にアメリカ軍が完全撤退し、国防の見直しが急務となっている。漁業中心の産業から情報や金融業が成長しつつある。

アイルランド

Ireland

- 面積 7万300 km²
- 人口 476万人
- 首都 ダブリン
- 通貨 ユーロ
- 宗教 カトリック（87％）

PEOPLE 人々

新天地を求めたアイルランド人

　ケルト語（アイルランドの第1公用語。英語は第2公用語）にバグパイプ、パブでギネス・ビールにアイリッシュウイスキー……。音楽ファンだったら、ポップスからジャズ、クラシックと幅広く演奏される「ダニー・ボーイ」（アイルランド民謡"ロンドンデリーの歌"と同じメロディー）と、アイルランド文化は意外に身近にある。

　19世紀なかば、大飢饉のために100万人が故国を離れ、アメリカに渡ったとされる。アイルランド出身者を父母のどちらかでルーツとして持つ著名人は多い。大統領だけでも、ジョン・F・ケネディにロナルド・レーガン、ビル・クリントン……。アメリカンドリームを体現したアイリッシュ・アメリカンは大勢いる。

創業1840年という老舗のダブリン名物パブ、テンプルバー　©Shutterstock.com

HISTORY

　北東部が英領北アイルランド、北部と南部が高地、西部と中部が平地。前5世紀頃、ケルト人がアイルランドに侵入。以降、ケルト系民族がこの島を支配していたが、12世紀に入るとイギリスが征服。1801年に併合。1922年、北アイルランド地方を除くニナスサが自治領として発足。37年、憲法を制定し、独立。49年、共和制を宣言し、イギリス連邦から離脱。プロテスタント系が強い北アイルランド地方では、1920年に自治政府をつくる。カトリック系とプロテスタント系の対立が激化したため、72年以降イギリスが同地域を直接統治するようになる。それに反発した自治政府のIRA（アイルランド共和国軍）は、ゲリラ、テロ作戦を展開し、流血が日常化した。和平の道は遠く、2005年にようやくIRAは武装解除。07年、自治政府が復活した。

アルバニア共和国

Republic of Albania

- 面積 2万8700 km²
- 人口 289万人
- 首都 ティラナ
- 通貨 レク
- 宗教 イスラム教 70%、ギリシャ正教 20%、カトリック 10%

EVENT 出来事

ネズミ講で国を揺るがす大騒動に

　冷戦終結後の1997年3月、この国で大規模な暴動が起き、全土に拡大した。その背景はネズミ講による国民生活の破たんだった。当時はアルバニア民主党が経済自由化を推進していたが、旧ソ連圏の国々同様、経済的な混乱に続く経済犯罪が急増した。

　そういうところへ複数の大手金融会社がネズミ講式に顧客集めを始めた。毎月10〜100%の高利回りで、投資すれば労せずして金持ちになれるという触れ込みで次々に客を引っ張り込み、結果として国民の半分以上が投資したといわれる。投資総額は約12億ドルとも推計されている。

　その後、ネズミ講会社は当然ながら破たん、投資資金を回収できなくなったその不満と批判は当時のサリ・ベリシャ政権に向けられ、暴動に発展。国民はベリシャ政権がネズミ講を黙認し続けていたことを知っていた。

　軍や警察は暴動の弾圧に乗り出したが、騒ぎは収まらず、一時的に無政府状態となった。事態を憂慮した各国はイタリアを中心とした多国籍軍をアルバニアに投入（アルバ作戦）、自国民の救出や人道物資支援を始めた。難民も発生し、周辺国も黙視していることができなくなった。

　結局、ベリシャ政権は退陣せざるを得なくなり97年6月に実施された選挙では社会党のレジェプ・メイダニ大統領が誕生した。大統領の権限を大幅に縮小し、行政のほとんどの権限は大統領任命の首相に移された。

アルバニアの世界遺産、古代ギリシャ・ローマ時代の遺跡が残るブトリント

©Shutterstock.com

HISTORY

　紀元前3世紀には現在のアルバニア人の祖先とされるイリュリア人とトラキア人が国家を形成した。その後、ローマ帝国、ビザンツ帝国、ブルガリア帝国などの支配を受け、14世紀前半にはセルビア王国に併合された。14世紀後半、勢力を増したオスマン帝国の支配下に入ったが、19世紀になるとその勢力が衰退し始め独立運動が起こった。1912年、第1次大戦前の第1次バルカン戦争後のロンドン会議で独立を承認されたが、第1次大戦中はオーストリア・ハンガリー帝国、イタリア、フランスなどに占領され、戦後になって新政府樹立を宣言、25年に共和制宣言。ところが28年に君主世襲制国に変わった。第2次大戦中はナチス・ドイツに占領された。44年11月解放、ホッジャ首班の共産党政権が成立した。しかし、ソ連との関係は61年に、中国との関係は78年に途絶え、孤立化した。85年ホッジャ死後、一党独裁体制を放棄、民主化と対外開放を進めてきた。97年のねずみ講問題に端を発した大規模な騒乱以降も、政治的な対立による反政府デモで死者が出るなど、内政には課題が残る。

アンドラ公国

Principality of Andorra

面積	468 km²
人口	7万3000人
首都	アンドララベリャ
通貨	ユーロ
宗教	カトリック

FEATURE 特色
金沢市と同じ面積のミニ国家

　アンドラ公国のような歴史を持つ国家は日本人にはなかなか理解しにくいところがある。とにかく金沢市とほぼ等しい面積にわずか8万4000人が、中立政策を長く維持して幸せに過ごしているミニ国家である。金沢市の人口は約46万3000人で1km²あたり989人、一方のアンドラは1km²あたりわずか183人である。

　よく知られているように世界で最も人口が少ないのは500人足らずのバチカンだが、アンドラ公国よりも少ない人口を持つ国家はバチカンを含めて11ヵ国もある（国際連合「世界の人口推計・2010年版」）。

　アンドラ公国の「幸せな」点の1つは直接税がないということでもある。ところがこの制度を租税回避地として悪用する者がいるらしい。フランスやOECD（経済開発協力機構）などは、不正資金の洗浄に利用されているとして、しばしば金融制度の改革を勧告している。アンドラはEU（欧州連合）にこそ入っていないが、関税同盟や貿易協定には加盟しており、自国の政策が外国に及ぼす問題にも直面しているわけだ。

TRAFFIC 交通
空港も鉄道もない国

　アンドラ公国には鉄道も走っていないし、空港もない。首都アンドララベリャに行くにはスペインからだとバルセロナから、フランスからだとトゥールーズからのバス便がある。バルセロナからは日帰り観光ができる。ただ、11月から春までは雪のためツアーはできない。トゥールーズからだと日帰りは無理で、ホテルに1泊ということになる。ただし、アンドララベリャのホテルは3つ星でもバルセロナのペンション並みに格安である。

　街そのものは山間にひっそりとたたずんでおり、旧市街地も新市街地もゆっくり歩いて観光できるほどの広さ。物価も安くスペイン人も買い物にやってくる

ピレネー山脈の山中にあるアンドララベリャは標高1000mを超える
©Shutterstock.com

HISTORY

　フランスとスペインの国境となっているピレネー山脈のなかにある。紀元前1世紀頃にはアンジェの名で歴史書に登場する地域である。819年、フランク王国がスペインのカタルニャ州の教区の司教ウルヘルに主権を譲渡した。ウルヘル司教はその封臣カンブエット家に委譲したが、その後その諸権利はフランスのフォア家が引き継いだ。ウルヘル司教とフォア家との争いのあと、1278年両者が共同で統治することになった。フォア家の権利はその後、アルプル家次いでブルボン家へ移り、やがてフランスが引き継いだ。15世紀初頭には議会が創設され、行政機構も整備されたが、主権を行使する「政府」はなかった。しかし、近世以来厳格な中立政策をとり、14年間におよぶスペイン継承戦争（1701～14年）でも中立を守った。第2次世界大戦後の改革で普通選挙法や労組の誕生など近代化が進められたが、成文憲法を制定して政府をつくり、「国家」として成立したのは1993年である。今でもウルヘル司教とフランス大統領の共同元首を立てているが、国連にも加盟している独立国家である。

イギリス（グレートブリテンおよび北アイルランド連合王国）

United Kingdom of Great Britain and Northern Ireland

面積	24万3000 km²	通貨	スターリング・ポンド
人口	6565万人	宗教	イギリス国教会など
首都	ロンドン		

LEGEND 伝説

「三浦按針」は『ガリバー旅行記』のモデル？

　2013年は日英交流400周年。江戸幕府の鎖国体制下ではオランダ、中国にだけ長崎の出島を通じて門戸を開いていたが、イギリスとの関係はそれ以前の「三浦按針」と徳川家康の関係にまでさかのぼる。

　関ケ原の戦いの直前となる1600年3月、オランダ船「リーフデ号」が豊後国臼杵（現在の大分県）へ漂着。その船に航海長として乗り組んでいたのがウィリアム・アダムズ（1564～1620）で、日本へ訪れた最初のイギリス人とされる。アダムズは徳川家康に謁見を許され、大変気に入られて幕府の外交顧問として仕えた。彼の支援で1613年、イギリスの東インド会社が長崎の平戸に商館を開設したのが日英交流の始まりである。

　アダムズは後に「三浦按針」の日本名と領地を与えられ、日本で亡くなった。1726年にジョナサン・スウィフトが著した有名な小説『ガリバー旅行記』の第3部には日本が登場する。アダムズによる日本での見聞記録が元になったとする説や、小説の主人公であるガリバーのモデルがアダムズではないか、とする説もある。

　日英関係が再開するのは江戸末期。初代総理となる伊藤博文は21歳で井上馨（後の外相、蔵相）らとイギリスに留学し、その圧倒的な国力差をみて開国派に転じた。1864（元治元年）に英米4国連合艦隊の長州藩攻撃が近いことを知り、切腹覚悟で急遽、帰国して戦争回避に奔走した。

　明治新政府は、殖産興業の方針の下、多くの西洋人を高給で雇い入れ、西洋式の工業や議会・教育制度を導入して近代化を図った。その"お雇い外国人"の実に5割（4353人）がイギリス人であり、多くが工部省に雇用されて鉄道や造船、製鉄、建築などで技術指導を担い、日本の発展に貢献した。

　両国の関係は20世紀に入ってさらに緊密となる。清国（中国）の衰退を機にロシアが満州を占領するなど拡張姿勢を見せ始めた。朝鮮半島を勢力下に置いてロシアに対抗したい日本と清国での権益を保護したいイギリスとの利害関係の一致から1902年（明治35）に結ばれたのが日英同盟（～1923）である。

　その後、第2次世界大戦では相争う時代もあったが、戦後は皇室同士の交流など良好な関係を保っている。2013年には交流400年を祝い、イギリスで徳川家康の肖像をあしらった記念硬貨が発行された。ちなみに発行元の会社名は「東インド会社」。かつての東インド会社とは関係ないそうだ。

HISTORY

　グレートブリテン島とアイルランド島北東部からなり、イングランド、ウェールズ、スコットランド、北アイルランドの4つの地域。北大西洋と北海に面し、ドーヴァー海峡を隔ててフランスに接する。先住民はケルト人。ローマ帝国がイングランド南部を支配したが、5世紀以降はアングロ・サクソン人が王国を形成、11世紀にノルマン王朝が成立、「マグナカルタ」（大憲章）を定め、13世紀にウェールズ併合、14世紀には上下2院制が開始、16世紀宗教改革、イギリス国教会成立。英仏百年戦争、ばら戦争、エリザベス王朝、スペイン無敵艦隊の撃破（1588年）、クロムウェルの革命による共和制（1649年）、名誉革命で立憲政治の確立（1688年）。「王は君臨すれど統治せず」の原則確立。18世紀議院内閣制成立、19世紀まで産業革命が進行する。ヴィクトリア王朝時代、大英帝国の絶頂期が到来。第2次世界大戦後は植民地が次々に独立。1949年NATO、73年ECに加盟。アメリカとの強固な同盟関係を維持するが、一時は"英国病"と国力の低下により「老大国」と名指しされたが、その後は史上初の女性首相サッチャーが大胆な施策を実行、産業の回復を果たした。2016年の国民投票の結果を受け、17年にEU離脱を通告。

あの頃と今ランキング　政府開発援助とその受領国

※DAC加盟国の政府開発援助国※

1992　（単位：100万アメリカドル）

1位	アメリカ	11709
2位	日本	11151
3位	フランス	8270
4位	ドイツ	7572
5位	イタリア	4122
6位	イギリス	3217
7位	オランダ	2753
8位	カナダ	2515
9位	スウェーデン	2460
10位	スペイン	1518

2015　（単位：100万アメリカドル）

1位	アメリカ	30986
2位	イギリス	18545
3位	ドイツ	17940
4位	日本	9203
5位	フランス	9039
6位	スウェーデン	7089
7位	オランダ	5726
8位	ノルウェー	4278
9位	カナダ	4277
10位	イタリア	4004

※OECD Development Co-operation Report 2016 より

※政府開発援助の受領国※

1991　（単位：100万アメリカドル）

1位	エジプト	5025
2位	インド	2745
3位	中国	1999
4位	バングラデシュ	1889
5位	インドネシア	1875
6位	トルコ	1622
7位	パキスタン	1371
8位	モロッコ	1232
9位	エチオピア	1097
10位	タンザニア	1083

2015　（単位：100万アメリカドル）

1位	シリア	4882
2位	アフガニスタン	4239
3位	パキスタン	3790
4位	エチオピア	3234
5位	インド	3163
6位	ベトナム	3157
7位	コンゴ民主	2599
8位	タンザニア	2580
9位	バングラデシュ	2570
10位	エジプト	2488

※World Development Indicators 2016 より。DAC加盟国からの供与分。

NATIONAL FLAG　国旗

英国旗ユニオンジャックの由来

「グレートブリテンおよび北アイルランド連合王国」。何とも長い名前だが、これがイギリスの正式名称だ。グレートブリテンにはイングランド、ウェールズ、スコットランドが含まれる。つまりイギリスはこれら4つの国からなっている。つまり国旗のユニオンジャックはそれぞれを重ねたもの。それぞれをそのまま載せていくと、完成するのである。

まずイングランドは白地に赤の「セント・ジョージ・クロス」、スコットランドは青の地色に白抜きの斜めの十字「セント・アンドリュー・クロス」、旧アイルランドは白地に赤の斜めの十字「セント・パトリック・クロス」、これらの名前はキリスト教の聖人にちなんでおり、国の守り神である。これらの3つの旗を重ねるとユニオンジャックになる。ところで、ウェールズの国旗は白と緑の下地にドライグ・コッホという赤いドラゴンが描かれている。さて、ユニオンジャックに赤い竜がいない。おそらく、ウェールズは13世紀にイングランドに併合されたので却下されたのだろうといわれている。

ロンドンのウェストミンスター橋とイギリス国会議事堂の時計台（通称ビッグ・ベン）　©Pedro Rufo/Shutterstock.com

イタリア共和国

Italian Republic

- 面積 30万1000 km²
- 人口 6050万人
- 首都 ローマ
- 通貨 ユーロ
- 宗教 カトリックが90％以上。ほかにプロテスタント、イスラム教など

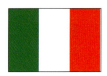

WORLD HERITAGE 世界遺産

イタリアの世界遺産を全部見るのにどれだけかかる？

ユネスコの世界遺産に登録された世界の史跡・自然は2017年で計1073にのぼるが、それを国別で見ると、イタリアが最多の53件を誇る（日本は21件）。しかも、自然遺産は5件で、それ以外はすべて文化遺産。何しろかつてはローマ帝国の中心地で、キリスト教カトリックの総本山を有し、中世15～16世紀にルネサンスが興隆した地だから見どころはありすぎるほどだ。

まず首都ローマなら帝国時代の史跡が集まる「ローマ歴史地区」へ。経済の中心だったフォロ・ロマーノやカラカラ帝が築いた巨大なカラカラ浴場、競技場のコロッセオなど丸一日かけても手にあまる。さらに足を延ばして街全体が博物館と称される「フィレンツェ歴史地区」、有名なダ・ヴィンチのフレスコ画『聖なる晩餐』があるミラノの「サンタ・マリア・デッレ・グラツィエ教会」……。53件全部見るのに2カ月はかかりそう。

コロシアムの語源となったローマのコロッセオ

世界遺産登録件数 国別ベスト10

（2017年度現在）

1	イタリア	53件
2	中国	52件
3	スペイン	46件
4	フランス	43件
5	ドイツ	42件
6	インド	36件
7	メキシコ	34件
8	イギリス	31件
9	ロシア	28件
10	アメリカ	23件

（12位　日本／ブラジル　21件）

HISTORY

長靴の形をしたイタリア半島と地中海に浮かぶシチリア、サルデーニャなどの諸島からなる。火山帯が走り、地中海に面しているので概して温暖で雨は冬に多く、夏は少ない。前1000年頃にラテン人がローマを建設。ローマ帝国は前1世紀頃に地中海地域を支配するが、4世紀に分裂する。中世以降、南部はイスラムの侵攻で両シチリア帝国となり、北部ではヴェネチアやフィレンツェなどの港湾都市が繁栄する。19世紀に国家統一運動が起こり、1861年にイタリア王国が誕生。1922年、ムッソリーニによるファシスト政権が権力を握り、日本・ドイツと同盟を結んで第2次世界大戦を引き起こすが、敗北。戦後は国民投票により王政を廃し、46年から共和制へ。中道派政党を核とした連立政権による政治運営が続いた。2009年のギリシャ危機のあおりを受け、財政問題が浮上。国際通貨基金（IMF）などの監視を受け入れ、財政健全化に乗り出した。

ヴァチカン

State of the City of Vatican

面積	0.44 km²	通貨	ユーロ
人口	809人（2011年）	宗教	キリスト教（カトリック）
首都	ヴァチカン		

DEFENSE 国防
ヴァチカンを守る「スイス人傭兵」

　カトリック教会の総本山ともいえるヴァチカンは、軍事力はもとより出入国管理体制も持っておらず、ローマ教皇庁はスイスからの傭兵「市国警備員（スイス人衛兵）」が常駐・警護にあたっている。

　スイス衛兵の創設は教皇ユリウス2世の統治下だった1505年にさかのぼるといわれ、1527年ローマがカール5世の神聖ローマ皇帝軍に侵攻された際（ローマ略奪）、身を犠牲にしてクレメンス7世の避難を助けたことが伝えられている。以降、戦闘に優れたスイス傭兵を欧州各国が競って雇い入れ、各地の戦争で活躍した。1690年にはローマ教皇庁に200名が働いていたという。

　現在、傭兵の輸出は原則禁止となっているが、ヴァチカン警護は連綿と続くひとつの伝統でもあることから、例外的に行われている。かつてはスイス人衛兵だけでなく、教皇騎馬衛兵や宮殿衛兵といわれる衛兵隊も存在したが、1970年にパウロ6世によって廃止された。

　衛兵の制服は1914年に制定されたものだが、ミケランジェロによってデザインされたという説もある。スイス人衛兵たちは一応武器を携行しているが、本質的に儀仗兵である。また、1981年にヨハネ・パウロ2世が襲撃された事件以来、教皇が公の場に出向く際には、スイス人衛兵たちは催涙スプレーを常時携行するようになった。

ヴァチカン名物のスイス人傭兵たち　　©Shutterstock.com

HISTORY

　ヴァチカンはイタリアのローマ市内にある世界最小の主権国家で、統治者はローマ教皇（法王）。国土全域がユネスコの世界文化遺産に登録されている。64年頃、ネロ皇帝の迫害により殉教したキリストの使徒ペテロがヴァチカンの丘に埋葬され、349年にその墓の上にサン・ピエトロ大聖堂が建設された。この地にローマ司教が居住するようになり、756年、カロリング朝ピピンがイタリアの一部の都市をローマ教皇に寄進し教皇領とされた。教皇の影響力が強くなるにしたがってヴァチカンはカトリック教会の本拠地として発展していった。1860年のイタリア統一により北部の教皇領はイタリアに接収された。1870年の普仏戦争の際に、残る教皇領もイタリア軍が接収し、ヴァチカンはイタリア領となった。イタリアは翌年にヴァチカンを教皇の領有と認めたが、そもそもイタリア軍による教皇領への侵入だとして、ローマ教皇ピウス9世はこれを拒否。以後、50年以上イタリアと教皇庁は断絶し「ローマ問題」となる。1929年にイタリアとローマ教皇庁との間でラテラノ条約が締結され、イタリアはヴァチカンを独立した主権国家として承認した。

ウクライナ

Ukraine

- 面積 60万3700 km²
- 人口 4260万人
- 首都 キエフ
- 通貨 フリヴニャ
- 宗教 ウクライナ正教、東方帰一教会、ロシア正教

TRAGEDY 悲劇
いまだに消えないソ連邦時代の大飢饉の記憶

　この国はかつて、実に国民の1割以上が命を落としたという大飢饉（現地語で「ホロドモール」）に見舞われたことがある。しかもそれは天災（不作）によるだけでなく、人為的に引き起こされたものであると考えられている。中国の大躍進政策による大飢饉に並ぶ、20世紀の悲劇のひとつだ。

　ウクライナは1919年に社会主義共和国が樹立され、1922年にソヴィエト連邦（ソ連）に加盟した。まもなく農業の全面的集団化や、労働者を雇い入れて農業を営んできた富農層のクラークと呼ばれる階層の撲滅、穀物の徴発といった「革命的な」政策が押し進められることになるが、これらは大飢饉への引き金のようなものだった。

　集団化のため都市から農村に労働者が送り込まれると、農民との対立が生じた。農民は抵抗のため家畜を屠殺するなどし、生産量も低下の一途をたどった。そしてついに1931年から翌年にかけ、不作に見舞われたウクライナの穀倉地帯では破局的な大飢饉を迎え、この2年間で400～600万人もの死者を出す一大惨事となった。

　行き過ぎた集団化が大きな原因だが、農村の飢餓状態を伝えられても党中央が無視して過酷な徴発を続行したことや、ソヴィエト政府が国際的にこの事態を隠ぺいするなどして食糧支援などがまったく行われなかったことも、死者を拡大させた要因だった。

　現在でもこの大飢饉が引き起こされた真相を究明する動きがあり、ウクライナ議会は2006年に「ウクライナ人に対するジェノサイド（大量虐殺）」、欧州議会も2008年にこの大飢饉を「人道に対する罪」と決議するに至った。一方のロシアは「人道に対する罪」として承認したものの、「ジェノサイド」ではなかったとしている。

HISTORY

　ヨーロッパ東部の共和国。古くは前7世紀～前4世紀にかけて騎馬民族スキタイが繁栄、4～6世紀に東スラブ民族が移動してきた。9世紀にキエフ公国が誕生、ギリシャ、ローマに次ぐキリスト教圏を確立、ヨーロッパの大国の1つとなった。1240年にモンゴルの侵略をうけて壊滅すると、キエフ大公の称号はガーリチ・ヴォルイニ公国が継承、しかし1392年にリトアニア大公国とポーランド王国に分割併合された。1569年、両国はポーランド・リトアニア共和国を発足させ、その結果、ウクライナの領土はポーランド領とされた。15世紀の後半、ウクライナの草原にコサックという武人の共同体が成立、共和国の援軍として多くの戦争に参加した。1654年、コサック軍を率いて反乱を起こしたボフダン・フメリニツキーがロシアへの合併を要請、結果として67年にドニエプル川の右岸だけが、18世紀後半には左岸もロシア領になった。ロシア革命後の1919年、ウクライナ・ソヴィエト社会主義共和国。ソ連崩壊で91年に独立。2014年、南部のクリミア自治共和国が住民投票を経てロシアに併合され、欧米諸国による経済制裁を引き起こした。

エストニア共和国

Republic of Estonia

面積 4万5000km²
人口 131万人
首都 タリン
通貨 ユーロ
宗教 プロテスタント（ルター派）、ロシア正教

FESTIVAL 祭り

魔女たちの祭り？ ヴォルブリュー

　エストニアでは、5月1日の休日「メーデー」前夜に行われる奇祭、ヴォルブリューが有名だ。北欧で一般的に「ヴァルプルギスの夜」と呼ばれるお祭りで、魔女たちが跋扈し夜会を開くというケルトの伝説に基づく。闇に出てくる死者を炎で囲い込むため、スウェーデンなどでは盛大にかがり火が焚かれる。

　この国では夜、魔女のいでたちに着替えてカーニバルのような雰囲気で街に繰り出す。市民は夜通し飲んで、パーティーに参加し春の到来を祝うのである。

SPORT スポーツ

回転するブランコ「キーキング」とは

　公園にあるブランコは誰でも知っているが、360度回転してしまうブランコは日本人にはあまりなじみがないだろう。

　エストニアのアド・コスクという人物が考えだした、キーキング（Kiiking）というのがそれだ。座板と支柱をつなぐのは鎖ではなく鋼鉄製の棒で、足を固定して回転させるもので、棒が長いほど難易度が上がる。

　すでに公式競技としてキーキング連盟がつくられ、フィンランドやスウェーデンにも広がっているという。ちなみに3分以上続けるのが難しいほど足腰に負担がかかるハードなスポーツで、ギネス記録は棒の長さが7m2cmだそうだ。

首都タリンの町並み　©photo by Jaak Nilson/ VisitEstonia.com

HISTORY

　ヨーロッパ北東部のバルト3国のうち北に位置する国。北はフィンランド湾、東にロシア、南はラトヴィアに接する。古くからエストニア人が定住していた。5～8世紀にヴァイキング、スラブ人が侵入、13世紀はデンマーク、14世紀はドイツ騎士団、17世紀にはスウェーデンが支配。18世紀の「北方戦争」でロシア帝国の支配下に入った。ロシア革命で1918年独立を宣言するが、ドイツとロシア赤軍との間で政情不安が続いた。40年独ソ密約でソ連に併呑。49年から10年間で反ソ活動により4万人以上がシベリアの強制労働に送られた。87年ペレストロイカの進行にともない起こった「歌いながらの革命（ラウレフ・レボルシオーン）」で民主化の欲求が拡大していった。88年バルト3国で初めての人民戦線を結成、90年共和国最高会議選挙で人民戦線が圧勝、移行期間をへて独立を果たす。2004年3月NATO、5月EUに加盟。

オーストリア共和国

Republic of Austria

- 面積 8万4000 km²
- 人口 880万人
- 首都 ウィーン
- 通貨 ユーロ
- 宗教 カトリック78%、プロテスタント5%など

CULTURE 文化

ウィーン少年合唱団の歴史

巨匠トスカニーニが「天使の歌声」と絶賛したウィーン少年合唱団だが、その歴史は古く、1498年に神聖ローマ皇帝マクシミリアン1世が宮廷礼拝堂少年聖歌隊として創設したのが始まりだ。マクシミリアンはインスブルックのヴィルテン少年合唱団にいたく感激し、彼らをウィーンに呼び寄せ、この聖歌隊をつくったという。

当初は20人ほどの規模でミサ曲を合唱した。そういう時代が300年余り続いてオーストリア・ハンガリー帝国は第1次世界大戦に敗北。帝国そのものが解体され、聖歌隊の少年たちも解散した。

復活は1924年で、このときウィーン少年合唱団と名乗った。全寮制の私立学校の形式をとり、第2次世界大戦終了後の48年以降はアウガルテン宮殿内で起居を共にし、練習に励んだ。

メンバーも100人ほどに拡充され、4つのグループに分けられてそれぞれ「モーツァルト」「シューベルト」「ハイドン」「ブルックナー」と命名された。シューベルトはかつて聖歌隊の隊員だったし、ハイドンは聖歌隊と共に合唱したことがあり、ブルックナーは歌唱指導者だった。

周知のようにパートはソプラノとアルトだけ、だから14歳に達したり声変わりすれば退団になる。グループごとに世界各国を演奏旅行しているが、1グループだけは聖歌隊本来の仕事のため残るシステムだ。日本にも2～3年に1回講演に訪れており、2012年もやってきてレパートリーのほかに「上を向いて歩こう」「見上げてごらん夜の星を」などを披露した。

美しい声を披露するウィーン少年合唱団　©Shutterstock.com

HISTORY

8世紀末、フランク王国の東部辺境の伯爵領となったが、ゲルマン民族（ドイツ人）の支配と植民が続いた。1278年ハプスブルク家の領有となり、1438～1806年にかけては神聖ローマ帝国の王位を独占した。16世紀半ばにボヘミアとハンガリーの一部を統合、1529年、1683年の2度にわたるオスマン帝国軍のウィーン包囲網を撃退した。18世紀にはマリア・テレジアとヨゼフ2世が中央集権体制と重商主義政策を推進、絶対主義体制を確立した。1814年ウィーン会議でオーストリア皇帝を首座とするドイツ連邦を結成したが、1866年プロイセン軍に敗れた後、妥協してオーストリア・ハンガリー帝国（二重君主制）となった。第1次世界大戦で敗北、帝国は解体し、1918年オーストリア共和国を宣言した。38年ナチス・ドイツに併合され、大戦後は米・英・仏・ソ連により分割占領下におかれた。55年5月国家条約に調印して独立を回復、永世中立国を宣言した。95年EUに加盟し、現在に至っている。

オランダ王国

Kingdom of the Netherlands

面積	4万1864 km²（本土）
人口	1709万人
首都	アムステルダム
通貨	ユーロ
宗教	キリスト教（カトリック、プロテスタント）

CULTURE 文化

なぜ大麻の所持・使用が認められているのか

　先進国のなかでオランダほどユニークかつ自由度の高い国はないかもしれない。その象徴的なもののひとつが、大麻を所持したり使用したりすることが容認されていることだ。

　街なかでは"コーヒーショップ"がよく見られるが、それは喫茶店ではなく大麻を購入、吸飲する場所だ。18歳以上の成人であれば1人当たり1日5gまで購入できる。また大麻の個人的所持に関しても、30gまでなら罰せられることはない。

　正確にいえば法律的に違法であるものの、健康リスクの低い大麻のみは上記のルールを順守している限り、刑事訴追の対象としないとするオランダ政府の方針による。薬物全般を制限することで危険性や常習性の高い薬物が非合法に広まるリスクを、大麻の容認によって減らそうという考え方だ。この国が薬物全般に寛容という意味ではないので要注意。コカインやヘロインといった薬物使用者には厳しい処罰が待っている。

　コーヒーショップについても厳格に監督されていて、宣伝活動をしたり大麻以外の薬物の販売、未成年者を入店させるなどすれば罰せられる。大麻の在庫も500gまでと決められ、それ以上はダメ。店舗の営業許可については地方自治体に判断が委ねられており、コーヒーショップを許可しない自治体ももちろんある。

　欧州と海外との交易拠点として多種多様な人々が往来する長い歴史をもち、かねてから深刻な薬物汚染に悩まされてきた国ならではの、「逆転の発想」ともいえる。

アムステルダムのコーヒーショップ
©Shutterstock.com

HISTORY

　オランダ本土はヨーロッパ北西部に位置し、他にカリブ海のアルバ、キュラソー、サバ島、シントマールテン、シントユースタティウス、ボネール島を有す。

　ライン川とマース川のデルタと干拓地からできた国土は、その4分の1が海面下の標高。歴史上ヨーロッパの交通の要衝であり、この地の領有をめぐり争奪が繰り返された。15世紀にはブルゴーニュ・ハプスブルク家、16世紀半ばからスペイン領。1581年北部7州のユトレヒト同盟が結束、スペインからの分離宣言を勝ち取った。海外雄飛への希求は国民的総意ともいえ、1602年東インド会社を設立、鎖国下の日本との関係など世界をまたにかけた覇権は17世紀になってイギリスとの競争に敗れ衰退。その後、フランスに併合されたが、1815年のウィーン会議で南北オランダが統合され王国として復活。第2次世界大戦ではドイツ軍に占領された。戦後は中立主義を捨て発足直後からNATO、EEC（現EU）に加盟。1960年には、隣国ベルギー、ルクセンブルクと関税同盟を結成。政体は立憲君主制をとり、経済的には従来の農業国から工業国に転換を遂げている。

ギリシャ共和国

Hellenic Republic

- 面積　13万2000 km²
- 人口　1081万人
- 首都　アテネ
- 通貨　ユーロ
- 宗教　ギリシャ正教（国教）

CRISIS 危機
いまだ混迷と試練が続くギリシャの経済危機

　ギリシャが経済危機にある理由は、2009年の政権交代で旧政権が行ってきた財政赤字の隠蔽が暴露されたことによる。パパンドレウ率いる全ギリシャ社会主義運動（PASOK）が新政権を樹立すると、カラマンリスが党首を務めていた新民主主義党（ND）前政権が統計操作により巨額の財政赤字の隠蔽を行ってきたことを突き止めた。翌2010年1月になると欧州委員会がその会計処理の不備を指摘し、それを受けてソブリン債と呼ばれるギリシャ国債は暴落した。国債への信用不安は重債務国のアイルランド、ポルトガル、スペイン、イタリアに波及し、欧州連合（EU）全域を巻き込む金融危機（欧州ソブリン危機）へと発展した。

　その後、ギリシャ政府はEUから2010年（第1次）と2012年（第2次）の2回にわたり総額33兆円の金融支援を取り付け、EUが支援条件に突き付けた緊縮財政策を進めた。しかし、財政改善のめどは立たず、失業率の上昇、年金の引き下げなどで国民の不満も高まり続けた。混迷が続くなかで行われた2015年のギリシャ総選挙では、「反緊縮財政」を公約に掲げる急進左派連合のチプラス政権が誕生。これによって、一層の緊縮策を求めるEUとの溝は広がって交渉は行き詰まり、同年6月末に期限を迎えた国際通貨基金（IMF）からの借り入れ返済も延滞、同時にEUの第2次金融支援も終了した。

　7月5日、チプラス政権は国際債権団の緊縮財政策を受け入れるか否かについて国民投票を実施して改めて民意を問うた。結果は反対61％、賛成39％と、総選挙時の政権公約が支持される形で緊縮拒絶が圧倒的多数を占めた。しかし国民投票は「ユーロ圏に残ること」（チプラス首相）を前提にしていたため、同月13日、ユーロ圏の首脳は会談を開き、ギリシャが財政改革の具体策を法制化することを条件に、支援継続で合意した。

　その後、ギリシャ議会が年金給付の抑制や付加価値税の引き上げ、離島への軽減税率廃止などの緊縮策を盛り込んだ財政改革関連法を可決したことを受け、EUは欧州安定メカニズム（ESM）に基づき、3年総額860億ユーロ（約11兆8700億円）の第3次金融支援を正式決定した。これにより、債務不履行（デフォルト）とユーロ圏離脱（グレッグジッド）は回避されたものの、あくまでも一時的な鎮静をみたに過ぎず、ギリシャの経済危機はいまだ先行きが不透明のままである。

HISTORY

　バルカン半島南部、東はエーゲ海、西はイオニア海に面し、複雑な海岸線と大小3000余りの島々が点在する。ヨーロッパ文明の発祥の地である。前8世紀以降、アテネやスパルタでポリス（都市国家）が形成された。しかしポリス間の紛争で荒廃し、マケドニアに敗れ、次いでローマ帝国の属州となり、ローマ帝国の分裂後ビザンツ帝国に属した。この後19世紀まではオスマン帝国に支配された。1821年オスマン帝国に独立の戦いを挑み、露・英・仏の支援で30年独立を果たした。20世紀初めのバルカン戦争で領土を拡大したが、第2次世界大戦でドイツに占領され、解放後は政府軍と共産主義者との内戦が49年まで続いた。1967年軍事政権が王政を廃止、74年民政が復活した。80年NATOに復帰、81年EUに加盟。2000年念願のユーロを導入したが、10年旧政権の赤字隠しをきっかけに財政危機が表面化、ユーロ加盟国からの支援を受け改革を進めている。04年、第1回大会から108年ぶりにオリンピック大会がアテネで開催された。

クロアチア共和国

Republic of Croatia

面積	5万6594km²	通貨	クーナ
人口	428万5000人	宗教	カトリック、セルビア正教など
首都	ザグレブ		

WORLD HERITAGE 世界遺産

アドリア海の真珠「ドゥブロブニク旧市街」

　クロアチアには歴史的建造物が多くある。本土とショルタ島を結ぶ海上都市・トロギールは紀元前約400年頃にギリシャの植民都市として建設され、15世紀の回廊や聖セバスティアヌス教会、9世紀頃といわれる聖バルバラ教会、ロマネスクとゴシック様式の混合した聖ロブロ教会、その内部の中世の絵画彫刻など見るべきものが多い。

　しかし何といっても、長い歴史のなかで幾度も代わる宗主国の圧力に耐え、交易港として、あるいは独自の共和政体をもった自治都市として、変わらない発展を遂げたドゥブロブニクが最大の注目であろう。町を囲む城壁は8世紀頃の建築とされている。町が時代とともに大きく拡大されるにつれ、城壁も拡張され、随所に防衛のための塔が造られていった。政治の中心・クネズ宮殿は12世紀、15世紀と数度に分けてゴシック様式とルネサンス様式が用いられた。17世紀の大地震で破損したが回廊、噴水、彫刻などは現存している。ルザ広場のスポンザ宮は1520年の建設で、経済の中心として税関や造幣局が入っていた。この広場に面して建つ聖ブラホ聖堂は1度焼失し、18世紀に守護聖人ブラホに捧げるために再建されたものである。町の至る所に歴史的建造物があるこの町も、1991年の内戦で大きな被害を受け、「危機に瀕する世界遺産」に登録されたが、その後復興が進み、1998年の京都会議でリストからはずされ、美しい町並みが蘇りつつある。

世界遺産のドゥブロブニク旧市街　　　　©Shutterstock.com

HISTORY

　バルカン半島北西部に位置する。北東部にドナウ平原が開けているが、山がちで平地は全土の20％。北西部は石灰岩層のカルスト地形が発達し、アドリア海沿岸は地中海気候で温暖だが、冬には北東から乾燥した寒風「ボア」が吹きつける。

　古くからクロアチア人の祖先が定住していた。10世紀以降はオーストリア、ハンガリー王国の統治下にあり、ハプスブルク帝国の1918年の崩壊まで支配下にあった。第1次世界大戦後の1918年セルビア人、クロアチア人、スロベニア人王国が成立、29年にはユーゴスラヴィア王国に改称された。39年クロアチア自治州が設けられ、大幅な自治が認められた。第2次世界大戦後はユーゴスラヴィア連邦人民共和国が再建されクロアチア共和国が形成された。70年には「クロアチアの春」が起こり、91年独立した。独立を阻止しようとする連邦軍との内戦に発展したが、国連軍の介入で停戦。その後はクライナ地方のセルビア系住民との内戦が再開されたがこれを制圧、2000年代に入って民主同盟による右派連合、中道左派と揺れ動きつつも一応の安定をみせている。

コソヴォ共和国

Republic of Kosovo

- 面積　1万908 km²
- 人口　180万5000人
- 首都　プリシュティナ
- 通貨　ユーロ
- 宗教　イスラム教（主にアルバニア人）、セルビア正教（セルビア人）等

EVENT 出来事

民族対立から起こったコソヴォ紛争

コソヴォは長らくセルビア共和国に属するコソヴォ自治州となっていたが、人口の90%を占めるアルバニア系住民は独立を求め、セルビア当局との争いを続けてきた。民族融和を謳ったチトー体制下ではある程度の自治権を有していたが、1980年にチトー大統領が死去すると、共和国への格上げを求めるアルバニア系住民と、少数民族としての扱いに不満を抱くセルビア人との間で武力衝突が頻発するようになった。

セルビア共和国の幹部会議長であったミロシェヴィッチはこの状況を巧みに利用し、大統領に就任するとセルビア色の強い旧称「コソヴォ・メトヒヤ」を復活させるなどアルバニア系住民に対し強硬姿勢で臨み、セルビア人の支持を集めていった。

1990年、ミロシェヴィッチ大統領はコソヴォの自治権を剥奪。セルビア警察による支配体制がしかれ、州政府・議会を始めとするコソヴォの政治機構はことごとく解体。アルバニア語は公用語から外され、アルバニア語新聞は発禁処分となった。アルバニア系住民側は独立宣言で対抗し、96年頃からはコソヴォの分離独立を掲げたコソヴォ解放軍の動きも活発化する。

98年にセルビア議会は共和国憲法修正案を可決し、コソヴォ自治州の権限をさらに剥奪したことで紛争へと発展。99年1月にはレチャクという村で、子供も含む数十人が無惨に殺害されるという虐殺事件が発生。西側諸国や国連安保理は直ちにセルビアを非難した。99年2月、フランスのランブイエで欧米露がコソヴォ和平案をまとめたものの、ミロシェビッチ大統領は受諾を拒否。同年3月、北大西洋条約機構（NATO）はついに軍事介入に踏み切り、ユーゴ各地を78日に渡り空爆した。空爆の開始後も、ユーゴ連邦政府は民族浄化策を推進し、アルバニア系住民約90万人が難民となったといわれている。

同年6月、ミロシェビッチ大統領はG8提案に基づいた和平案を受諾し、空爆は停止された。和平合意に基づき、コソヴォは国連の暫定統治下におかれた。

2008年にコソヴォは独立を宣言。コソヴォ共和国を正式に国家として承認しているのは、18年1月現在で107カ国以上。同じスラブ民族としてセルビアを支持するロシアや、国内に民族問題を抱える中国などは未承認である。

HISTORY

バルカン半島の内陸部に位置し、セルビア・マケドニア・アルバニア・モンテネグロに囲まれている。先住民族はアルバニア人の先祖といわれるイシュリア人であるが、中世には長くローマ帝国、ビザンチン帝国の支配下におかれ、12世紀にはセルビア人によって王国が建国された。1389年のコソヴォの戦いにおいて、ムラト1世を殺害したものの、オスマン帝国に敗北。コソヴォにいたセルビア人の多くは西へと移り、過疎化したコソヴォにはイスラム教に改宗したアルバニア人が再び移住した。1913年、第1次バルカン戦争でトルコに勝利したセルビアはコソヴォを奪回。18年にユーゴスラビア王国の一部となった。45年にはユーゴスラビア社会主義連邦共和国が建国。コソヴォ・メトヒヤ自治区が設立され、のちコソヴォ自治州に改称された。経済的・社会的に差別されたアルバニア系住民は90年に「コソヴォ共和国」の樹立と独立を宣言するが、ユーゴ連邦が解体するなかにおいても国際的な承認は得られなかった。96年以降のコソヴォ解放軍とセルビア軍による武力闘争、いわゆるコソヴォ紛争の後、2008年にコソヴォ共和国は独立を宣言した。

サンマリノ共和国

Republic of San Marino

面積 61.2 km²
人口 3万3121人
首都 サンマリノ
通貨 ユーロ
宗教 カトリック（国教）

WORLD HERITAGE 世界遺産
世界遺産のなかで暮らす人々

13世紀に都市国家としての共和国を形成したサンマリノは、近代化の波や大きな戦火を免れたおかげで中世ヨーロッパの建造物や町並みが数多く残った。

そのため現在も国家機能が集まる首都のサンマリノ一帯が2008年、「サンマリノの歴史地区とティターノ山」としてユネスコ世界文化遺産に登録されている。歴史地区では「フランシスコ会の修道院」（1361年）や「サンタ・キアラ修道院」（1565～1609年）、「ティターノ劇場」（1777年）などが代表的な建造物だ。

サンマリノ国民の大半が世界遺産のなかで暮らしているといっても過言ではなく、ヨーロッパをはじめ全世界から中世ヨーロッパの面影を求めて観光客が訪れる。実際にこの国のGDPの半分以上が、観光によって賄われている。

SPORT スポーツ
イタリアとの関係を物語るサッカー事情

イタリアの山間部に位置するこの国の、イタリアとの関係をよく物語るのはサッカーだろう。

サンマリノにはサッカーのプロチームがひとつだけ存在し、イタリアの下部リーグで活動している。

またサンマリノ代表チームも別にある。初めてのFIFA公式戦は欧州選手権大会予選での対スイス戦（1990年）で、計8ヵ国との対戦結果は0勝8敗、奪われたゴールは33本、得点は1ゴールのみという惨憺たる結果だった。

以降、唯一の勝利は2004年の対リヒテンシュタイン戦のみで、FIFAランキングでも最下位レベル。ドイツに13対0で負けた試合は欧州選手権大会記録にもなった。メンバーの大半がアマチュアプレーヤーで、収入を得るための仕事とのかけもちなのだ。2015年の予選では、テストマッチの報酬が60ユーロという少なさなどから選手たちがストライキを起こそうとした。

代表チームによる参加が遅れたのも、国際サッカー界からサンマリノ人はイタリア人であると見なされていたからなのだという。

HISTORY

イタリア半島の中部、アペニン山脈のアドリア海側の山中にあるミニ国家で、世界最古の共和国。301年にアルベ島出身でキリスト教徒の石工マリヌスがローマ皇帝の迫害を逃れ、ティタール山中に仲間とともに潜伏したのが起源と伝えられる。1263年に共和制を樹立、13世紀に一部、14～15世紀に大部分の城壁を築いて首都を囲い、教皇庁勢力やイスラム教徒、ノルマン人の侵入に備えた。1463年、リミニのマテラスタ家に侵略されるが撃退、逆に追撃して領土を拡大した。1631年、教皇ウルバヌス8世より独立を承認され、ナポレオン戦争後の1815年のウィーン会議で国際的に独立が承認された。イタリア統一戦争中の49年、イタリアのジュゼッペ・ガリバルディ将軍をオーストリア軍から守り、また義勇軍を派遣したことから、62年、イタリア統一の功労を名目に友好善隣条約を締結した。条約はサンマリノが国防・外交・教育・医療の面でイタリアに依存することを内容とするもので、事実上の被保護国化であるが、条約は現在まで更新されている。観光が最重要産業だが、1990年代以降、金融や商業が発展している。

スイス連邦

Swiss Confederation

- 面積 4万1000km²
- 人口 824万人
- 首都 ベルン
- 通貨 スイスフラン
- 宗教 カトリック41%、プロテスタント35%

WORLD RECORD 世界記録
全人口分の核シェルターがある国

現地でスイス人のお宅に招かれたあなたは、ワインや古本が保存されている地下室の壁の厚さに驚くだろう。それもそのはず、家々の地下室は原子爆弾の攻撃に遭っても身を守れるよう核シェルターになっているからで、扉の横には換気装置とガスフィルターが設置されている。

この国では1962年、建物の新築や改築の際に核シェルターを設置することが連邦法によって義務づけられた。700m先で12メガトン級の核爆弾が爆発しても耐えられる強度を基準にして膨大な予算を投入した結果、2006年時点で家屋や施設、病院に30万ヵ所、公共の防衛施設として5100ヵ所の核シェルターが存在。その収容能力は860万人分、なんと全人口が入っても余るほどなのだ（人口比114%）。ノルウェーやフィンランドでも同じような法律を制定した経緯があるが、普及率ではスイスがダントツなのである。

さすがは永世中立国、戦争に巻き込まれて国が被害に遭うのはご免こうむりたいという国民性、危機回避をさぐる現実的な思想に基づいている。

ところが冷戦終結以降、核シェルター無用論が高まり、設置費用は経済的損失と考えられるようになって2005年、設置義務の撤廃を求める法案が議会に提出された。一旦は否決されたが、再提出後の2011年3月10日、可決された。まさに福島原発事故前日のことである。

名峰マッターホルン山麓を間近にみる村ツェルマット
©Shutterstock.com

HISTORY

中南部はアルプス山系の中央部と重なる位置にあり、マッターホルン、ユングフラウなど4000m級の山岳が連なる。元来はケルト系のヘルウェティイ人が部族国家を形成していた。前58年、ユリウス・カエサルがヘルウェティイ族を打ち破って占領、北の守りの地とした。5世紀初頭、ローマ軍の撤退後にゲルマン系のブルグント人、アレマン人、ランゴバルト人が侵入し、現在の民族・言語構成の源流を形づくった。11世紀、スイス全域は神聖ローマ帝国の一部とされ、13世紀にはヨーロッパを南北に結ぶ交通の要衝として重要視されるようになった。1291年、ウーリ、シュビーツ、ウンターヴァルデンの3邦が「永久同盟」を結び、各地域の自由と自治を守ることを盟約した。14世紀に5邦が加わり、1499年に神聖ローマ帝国から独立を果たし、13邦同盟体制となった。18世紀末にナポレオンが侵攻、ヘルヴェティア共和国を建国、短命に終わった。このとき「邦」がカントン（州）に呼び変えられた。1815年のウィーン会議で永世中立国を宣言。48年に憲法を制定して、22のカントンからなる連邦国家を誕生させた。

スウェーデン王国

Kingdom of Sweden

面積	45万 km²	通貨	クローナ
人口	1012万人	宗教	福音ルーテル派が多数
首都	ストックホルム		

CULTURE 文化
大江健三郎も影響を受けた児童文学

　スウェーデン発で毎年10月に新聞紙面を賑わせるのがノーベル賞受賞者の発表だ。日本では川端康成と大江健三郎の2人だけ（2013年時点）が受賞したノーベル文学賞で、スウェーデン人は7人もの作家が受賞している。同国の首都ストックホルムは北緯60度線に位置し、極東でいうとカムチャツカ半島のつけ根あたりに相当する。日照時間は少なく、冬至なら太陽は6時間しか出ていない。来る日も来る日も厚い雲に覆われた暗い日々が続き、光あふれる春が待ち遠しい。そんな自然条件からメルヘンやおとぎ話が生まれるのか、世界的に著名な児童文学作家が数多い。

　ノーベル文学賞を女性として初めて受賞（1909年）したセルマ・ラーゲルレーヴ（1858～1940）の作品としてあまりにも有名なのが『ニルスのふしぎな旅』（1906年）。魔法で小人になってしまった少年ニルスがガチョウにまたがってスウェーデン全土を旅する話だが、これは子ども向けの地理学習のための読み物として書かれたものだった。その後世界的ベストセラーとなり、大江健三郎が同文学賞受賞記念講演で幼少期に影響を受けた1冊に挙げたほど。

　赤毛でそばかす顔の少女が友達と冒険の旅に出る『長くつ下のピッピ』（1944年）も知らない人はいないだろう。やはりスウェーデン人作家、アストリッド・リンドグレーン（1907～2002）の手によるもので、ほかに『名探偵カッレくん』『やかまし村の子どもたち』などの絵本でも知られる国民的童話作家だ。

　それ以外にも絵本『ペッテルとロッタのクリスマス』のエルサ・ベスコフ、『小さなバイキングビッケ』のルーネル・ヨンソンなど、子どもの頃に誰もが1度は手にとったであろうスウェーデン発の絵本は多い。

LEGEND 伝説
本当の宝島、ゴットランド島

　バルト海にゴットランドという島がある。古代ゲルマン民族のゴート族に由来する島名とされ、5～6世紀の建造とみられるスウェーデン最大の石塁「トールの砦」跡や不思議な絵画石碑が多数残っている。中世にはハンザ同盟の一中心都市となったヴィズヴューが栄え、現在では観光地だが、9～11世紀半ばまではヴァイキングが支配し、各地に金貨銀貨を埋納した。発見された埋蔵遺跡は700カ所におよび、まだ人知れず眠っている財宝もあるという。

HISTORY

　スカンディナビア半島の東側を国土とし、国土の8.5%を湖沼が占める。古代においてはスベア人が諸部族を統合し、5世紀末ごろから東西交易を中心に活動した。9～11世紀にはヴァイキングが跋扈し、東はロシアからアラブ世界、西はイングランドまで遠征して略奪、建国、交易を行った。13世紀にフォルクンガ朝がフィンランドを含む地域を統一。1397年、ノルウェーとともにデンマーク王を同君と担ぐカルマル同盟を受け入れ、実質デンマークの支配下となった。1523年、同盟から離脱、グスタヴ1世がバーサ朝を建てた。ロシアと争い、95年にエストニアとナルバの割譲を得ると、グスタヴ2世が三十年戦争に介入して活躍、バルト帝国を確立した。バーサ朝からプファルツ朝に代わって後の1700年、カール12世がデンマークに侵攻して大北方戦争に突入、敗れてバルト海沿海地域の支配を失った。1809年にフィンランドをロシアに割譲、同年、国王と議会で権力を二分することを定めた「新政体書」を公布した。14年にデンマークからノルウェーの割譲をうけたが、ノルウェーが1905年に独立して現在に至る。

スペイン

Spain（Kingdom of Spain）

面積	50万6000 km²
通貨	ユーロ
人口	4645万人
宗教	カトリック
首都	マドリード

ARCHITECTURE 建築

いつまで続く？ サグラダ・ファミリアの建築

　世界的な観光地のスペインで最も有名な観光スポットといえるのが、1世紀を越えてまだ延々と建築中のサグラダ・ファミリア（日本語名は聖家族贖罪教会）である。2005年に世界遺産に登録されたこともあり、世界中から観光客がどっと詰めかけて大人気。もともとは貧しい人々の救済のために民間の「サン・ホセ・カトリック協会」が1882年に建設を計画したもので、当時は無名の建築家アントニ・ガウディ・コルネット（1852－1926）が途中から建築を引き受け、最初から設計をやり直した。

　スケールの大きな異色の芸術家ガウディはゴシック様式に幾何学を取り入れるなどして独自の発想で構造を考え、植物・動物・怪物などをリアルに細かく装飾した独創的なデザインやキリスト教の物語性を組み込んだ。その代表傑作がこれだ。

　ガウディは1926年に死亡したが、細部までの設計図を残しておらず、弟子たちが作成した資料も戦争などで消失していて、建設は中断した。その後、残されたわずかな資料を元にガウディの設計構想を推測するといった形で現在も建造・修繕が続けられている。彫刻家の外尾悦郎が主任彫刻家として日本人として初めて建築作業に参加し、外側はほぼ完成したが、今後は教会内部を装飾する。完成すると95m×45mの5廊式ラテン十字プランの上に、170mの塔を中心に18本の塔が林立する人類史上最も象徴主義的な大聖堂建築になるといわれる。

　完成予想は2020年前後を目指しているが、あと100年、いや200年かかると見る向きも。そのすぐ近くにあるカテドラル教会は完成までに400年以上かかったというから何とも気の長い話だ。

バルセロナのサグラダ・ファミリア　©Shutterstock.com

HISTORY

　ヨーロッパ大陸南西部のピレネー山脈南側、イベリア半島の5分の4を占める。北東はフランス、西はポルトガルに接し大西洋と地中海に面する。ローマ帝国の属領だったが5世紀にはゴート族の国家が成立。8世紀にはイスラム教徒のムーア人が支配したが、13世紀以降レコンキスタと呼ばれる国土回復運動が始まり、15世紀にはスペイン王国を形成した。16世紀スペイン国王カルロス1世は神聖ローマ皇帝を兼任し、ドイツ、オランダなども手中に欧州最強の国家となった。アメリカ大陸、フィリピンにまで版図を延ばし「太陽の沈まぬ国」となった。しかし、16世紀末にはオランダ、ポルトガルの独立、無敵艦隊のイギリスによる敗北、そして17世紀に入りハプスブルク家の崩壊と、ブルボン王朝の隆盛がとってかわった。19世紀、ナポレオンのスペイン侵攻に乗じてアメリカ大陸にあった植民地を失い国力は衰退。1931年リベラ将軍の軍事独裁をへて、共和制に移行した。36年に発足した人民戦線内閣にフランコ将軍が反乱を起こし、「スペイン市民戦争」が勃発。勝利したフランコ将軍の独裁が75年11月まで続いた。その死後、王政が復活、民主化が進んだ。82年NATO、86年EUに加盟。

スロヴァキア共和国

Slovak Republic

面積	4万9037 km²
人口	544万3000人
首都	ブラチスラヴァ
通貨	ユーロ
宗教	ローマカトリック69％、プロテスタント7％

WORLD HERITAGE 世界遺産
カルパティア山地のスロヴァキア地域の木造教会群

　スロヴァキアは北にタトラ山地、東にカルパチア山脈の北西山麓域を擁し、国の西端に位置する首都ブラチスラヴァ一帯の平地を除くと、小さな山国の趣がある。そんな限られた範囲に、ローマ・カトリックからプロテスタント、東方正教会、東方典礼カトリック教会など、異なる宗派の信仰が共存してきた。宗派ごとの教会は、伝統的な木造様式に加え、ゴシック様式やルネサンス様式、バロック様式を取り込みながら運営されてきた。そうした木造教会がプレショフ地方の北東部を中心に50棟以上現存する。そのうちの代表的な8つの教会と1つの鐘楼が2008年、世界文化遺産に登録された。

　ローマ・カトリック教会のうち、ヘルバルトウ村に残るアッシジの聖フランチェスカ教会は、木造では珍しい背の高い教会だ。ゴシック様式の祭壇から15世紀後半の建造と推測される。トゥバルドシーンの諸聖人教会も同じ頃のもので、17世紀にプロテスタントのルネサンス様式に改修された。星空を描いた17世紀の天井画がある。

　プロテスタント系は、1717年再建のケジュマロクの教会、1689年完成のレシュティニの教会、1726年竣工のフロンセクの教会の3カ所（すべてルター派）。釘など一切の金属を使わず、塔を持たないなど厳しい制約のもとに建造された。ケジュマロクとレシュティニは内装が美しく、フロンセクは長さが23mと18mの棟が十字架の形に交差する構造をもつ。

　東方教会系は、いずれも東方典礼カトリック。1658年建造のボドルジャルの聖ニコラオス教会、3つの塔を備えるラドミローバの大天使ミカエル教会（1742年）、1720～30年建造のルスカーメビストラーの聖ニコラオス教会は、農家の伝統的家屋に似た幾何学的な屋根が特徴で、2つの塔をもつ。

世界遺産の木造教会

©Shutterstock.com

HISTORY

　中央ヨーロッパの内陸部に位置し、全体の8割が海抜750m以上の高地だが、ドナウ川流域に平野も広がる。先住民はケルト人で、紀元前後にローマ人やゲルマン人の諸族も居住した。民族大移動でゲルマン人が立ち去った4～6世紀に重なる形で西スラブ人が移住した。6世紀末にアヴァール人が支配、9世紀初めにフランク王国が倒すと、西部地域に西スラブ人がニトラ公国を形成した。833年に同系のモラヴィア公国と合邦して大モラヴィア国を建国。906年に崩壊、11世紀までにハンガリー王国の版図に組み込まれた。16世紀前半、ハンガリー王国がオスマン帝国に敗れ、直轄地とトランシルヴァニア公国とハンガリー王国に3分割され、スロヴァキア地域はハンガリーに属した。19世紀に入ると民族再生の気運が高まったが、1867年のオーストリア・ハンガリー二重帝国の成立によって停滞を余儀なくされた。第1次世界大戦後の1918年、チェコスロヴァキアに編入。第2次世界大戦期にナチス・ドイツに一時解体されたが、戦後はソ連型の社会主義国として復活。68年に「プラハの春」民主化運動後、69年に連邦制へ移行。92年連邦を解体して93年独立。2004年EUへ加盟。

スロヴェニア共和国

Republic of Slovenia

- 面積 2万273km²
- 人口 206万5000人
- 首都 リュブリャナ
- 通貨 ユーロ
- 宗教 カトリックが多数、他にイスラム教など

SIGHTSEEING 観光
美しい自然と花があふれる街

　日本の四国と同じぐらいの面積しかない国だが、国土の66％が森林で多様な自然を擁している。北西側にはアルプス山脈の南端、ユリアン・アルプスがそびえ、南側には地理用語の「カルスト」の語源となったクラス地方の石灰岩台地が広がる。西はアドリア海に面し、東にはワインの産地ありと、自然のさまざまな景観にこと欠かない。

　観光地として有名なのは、ユリアン・アルプスの山々に囲まれて"アルプスの瞳"と称されるブレッド湖。湖の中央に小島があり、小舟で景色を楽しみながら渡ると、15世紀に建てられた聖マリア教会が、高さ55mの美しい尖塔をたたずませている。

　スロヴェニアには多くの鍾乳洞がある。代表的なのはヨーロッパで最大、世界でも第3位の規模を誇るポストイナ鍾乳洞と、世界遺産のシュコチアン鍾乳洞群。ポストイナ鍾乳洞は全長27kmもある。内部にはコンサートホールと呼ばれる広い場所があり、実際に数千人の観客を集める音楽会が開催されている。

　首都のリュブリャナはハプスブルク家時代の面影を残し、赤屋根の連なりが美しい旧市街は、中世の雰囲気を漂わせている。リュブリャナ城跡や三本橋の隣にある竜の橋、町の歴史を再現するバーチャル・ミュージアムなど、見どころは尽きない。花を愛する国民で、バルコニーや窓際にきまって飾られている色とりどりの花の寄せ植えが旅する者の心を和ませてくれる。

クリスマスにライトアップされたポストイナ鍾乳洞の内部
©Shutterstock.com

HISTORY

　バルカン半島北西部に位置し、国土の大半はアルプスに連なる山岳地帯。古くはローマの支配地として植民都市エモナ（現リュブリャナ）などが建設された。6世紀後半、スロヴェニア人の祖先がサヴァ川上流と周辺に定住、アヴァール人に従属した。8世紀の中頃にはフランク王国の統治をうけ、カール大帝の治世にカトリックを受容して西方教会の勢力下におかれた。布教はドイツ人による植民活動を伴っており、ドイツ要素の浸透が進んだ。13世紀後半以降はハプスブルク帝国下に編入され、1867年からはオーストリア・ハンガリー二重帝国の支配下となった。19世紀初頭以降、民族意識が高まりをみせた。第1次世界大戦の1918年12月、セルビア国王ペータル1世を国王とする「セルビア人・クロアチア人・スロヴェニア人王国」が建国されたが、スロヴェニア人地域がイタリア、オーストリア、ハンガリーの領土に残り、少数民族化した。第2次世界大戦後の45年11月、「ユーゴスラヴィア連邦」内のスロヴェニア共和国。91年6月25日に連邦から独立を宣言、10月8日に発効した。2004年5月、EUに加盟。

セルビア共和国

Republic of Serbia

面積	7万7474 km²	通貨	ディナール
人口	712万人	宗教	セルビア正教、イスラム教、カトリック
首都	ベオグラード		

EVENT 出来事

第一次世界大戦から100年で再考されるサラエボ事件

1914年6月28日、ボスニア・ヘルツェゴビナのサラエボでオーストリア・ハンガリー帝国の皇位継承者フランツ・フェルナンド大公夫妻が車上でセルビアの青年ガヴリロ・プリンツィプに銃撃されて殺されたサラエボ事件が起こった。それから始まった第一次世界大戦から、2014年で100年を迎えた。この間、時代時代を反映してさまざまな第一次世界大戦論が提出されてきたが、冷戦終結後に起こったユーゴスラビア連邦の分離独立をめぐる内戦の区切りもつき、最前線で対戦したドイツやフランスなどの歴史学者を中心に共通認識が模索され、いくつかの指摘が確認されるようになった。

サラエボ事件の背景には、オーストリア・ハンガリー帝国が1878年のベルリン会議でボスニア・ヘルツェゴビナを占領、1908年に正式に併合したことから、多くのボスニア住民とボスニアに居住するセルビア人の反発があった。加えて大公夫妻が訪問する6月28日はセルビアの重要な祝日・聖ウィトゥスの日と1389年にセルビアがオスマン帝国に敗北した日に重なり、なおかつ大公夫妻の14回目の結婚記念日に当たるため、神経を逆なでしたとされている。逆にみれば、オーストリア・ハンガリー帝国は危険な日に大公夫妻をボスニアにわざわざ送り込んだわけで、挑発の意味合いが否定できない。大公は穏健派で、オーストリア・ハンガリー帝国の復活は望むものの、理想は連邦形成による達成であるとする立場で、またゾフィー妃は伯爵家の出身だったためにハプスブルク家は彼女を皇族の一員とは認めておらず、宮廷内の意向から、あえて夫妻を危地へ赴かせたとも考えられている。

オーストリア・ハンガリー帝国は7月、10項目の最後通牒をセルビアに突きつけた。セルビア政府にとっては関与の証拠もなく不当な要求だったが、主権侵害の2項目を保留した以外全面的に受け入れた。しかしそれをオーストリア・ハンガリー帝国は拒否ととり、セルビア侵入を開始、第1次世界大戦へと拡大したのである。

HISTORY

バルカン半島中央部に位置し、中部以北には肥沃な平野が広がる。セルビア人がバルカン半島西部に定住したのは7世紀で、当初は諸部族に分かれて抗争を続けていたが、8〜12世紀にかけて隣接するブルガリア王国とビザンチン帝国の支配下となった。1168年、ステファン・ネマーニャが現在の西南部地方を統一、ビザンチン帝国の支配から脱し、ネマニッチ朝を建国した。後継王たちが国内統一や領土拡大に尽力し、14世紀の半ばに最盛期を迎えた。しかし1389年のコソヴォの戦いでオスマン帝国に敗れて衰微、1459年にオスマン帝国の完全支配下に落ちた。1830年、オスマン帝国宗主権下の自治公国に。その後、オスマン帝国がロシアとの戦争に敗れ、78年のベルリン条約でセルビア王国の独立が承認された。第1次世界大戦後、「セルビア人・クロアチア人・スロヴェニア人王国」を建てた。第2次世界大戦後の1945年11月、ユーゴスラヴィア連邦人民共和国を成立させたが、91〜92年にスロヴェニアほか3共和国が離脱して独立したコソヴォと関係改善で合意し、EU加盟へ向け交渉が進む。

チェコ共和国

Czech Republic

面積	7万8866 km²	通貨	チェコ・コルナ
人口	1060万人	宗教	カトリック 10.3%、無宗教 34.3%
首都	プラハ		

WORLD HERITAGE 世界遺産
「北のローマ」プラハ

ヴルタヴァ川のたもとから像が並ぶ石造りのカレル橋はプラハのシンボル。1357年に造られ、石像は30人の聖人たちだ。そのなかには日本へキリスト教を伝えたフランシスコ・ザビエルの像もある。橋の向こうにそびえ立つプラハ城の眺めはまさに絶景。9世紀に建設が始まり聖堂や公園なども増設され、圧倒的な偉容を誇る聖ヴィート大聖堂のゴシック様式と大伽藍は20世紀に現在の姿になったもの。

この町はスラヴ民族が8～9世紀頃にキリスト教の布教と合わせて司教座がおかれ発展していった。14世紀にボヘミア王が神聖ローマ皇帝となり、首都をプラハとし、カレル大学や旧市庁舎等を建設し、現在のような景観を整えた。チェコ出身の著名人は作曲家のスメタナ、ドヴォルザークを始め作家のカフカ、チャペック、画家ミュシャ等が思い浮かぶが、彼らはプラハ抜きには考えられない。

プラハの街並み（中央がカレル橋）　　©Shutterstock.com

HISTORY

ヨーロッパ中部に位置する内陸国。国土中央のボヘミア盆地から北へエルベ川が流れる。プラハを中心としてボヘミア、東部のモラヴィア、北部のシロンスクなどの地方からなる。かつてスラヴ諸族が定住していたが、9世紀前半に「大モラヴィア国」が栄え、チェコ、スロヴァキアの統一民族国家を形成。やがて神聖ローマ帝国の支配下となる。ボヘミア王国、ルクセンブルク家などさまざまな国家に制圧された後、1804年オーストリア帝国・ハプスブルク家の支配をうけ第1次世界大戦までその支配下に。1918年チェコスロヴァキアとして独立。第2次世界大戦中はナチス・ドイツに蹂躙されたが45年ソ連により解放、48年共産党が政権を掌握。60年チェコスロヴァキア社会主義共和国となる。68年第1書記ドプチェクの下で、「プラハの春」と呼ばれる自由化路線が推進されるが、ソ連を中心とするワルシャワ条約機構軍により鎮圧。77年反対派知識人による憲章77運動が起こり、89年民主化運動の「ビロード革命」により共産党政権が倒壊。93年連邦解体に向かい、チェコとスロヴァキアそれぞれが独立国家となる。2006年以降社会民主党と中道右派の連立政権などが続いている。04年EUに加盟。

デンマーク王国

Kingdom of Denmark

面積	4万3000 km²
人口	578万人
首都	コペンハーゲン
通貨	デンマーク・クローネ
宗教	福音ルーテル派（国教）

MYSTERY ミステリー
メルヘンの国の人魚姫

　デンマークの首都・コペンハーゲン港の岩の上に、エドワード・エッセンが制作した「人魚姫の像」が据えられている。この国を代表する童話作家・アンデルセンの悲しい愛の物語『人魚姫』を表現している。では、『人魚姫』とはどんな物語なのだろうか。

　人魚王には6人の娘がいた。その末娘が15歳になった時、海の上で人間を見ることが許される。船上の王子を見て、心を奪われた人魚姫は、嵐の中で難破しかけた船から王子を救助する。王子に恋いこがれる姫は、人魚であるため、王子に会うことができない。そこで海の魔女から、自分の美しい声と引き換えに尻尾を人間の脚にかえる薬をもらうが、歩くたびに脚に激痛が走るのだった。それでも、姫は城で暮らすことができるようになるが、「もし、王子が他の娘と結婚するようなことになれば、姫は海の泡となって消え失せる」と魔女にいわれていた。王子は自分を助けた姫に気づくことなく、別の女性と結ばれることになった。人魚姫を憐れに思った姉妹は魔女から預かった短刀で王子を殺せば、元の人魚にもどることができるという。そうでなければ海のもくずとなって消えてしまう。悩み抜いた人魚姫は海に身を投げて死んでしまう。空気の中で漂う魂の精となってしまうのであった。

　この銅像は小さなもので、なかなか探し当てられず、観光客が歩き回る姿がよく見られるという。派手なことを嫌う国民性が表れているというべきだろう。ハンス・クリスチャン・アンデルセンは『即興詩人』『みにくいアヒルの子』『裸の王様』『マッチ売りの少女』など、数々の名作童話を書き、1875年70歳で生涯を閉じた。

コペンハーゲン港の観光名物「人魚姫の像」
©Shutterstock.com

HISTORY

　ヨーロッパ北部ユトラント半島および周辺の島（約500）からなる。コペンハーゲンはシェラン島にある。高緯度のわりには北大西洋海流の関係で全土が温帯に属している。

　8世紀頃からヴァイキングで知られるノルマン人が住みつき、11世紀以降はデンマークとノルウェー、スウェーデン、次いでイングランド北海帝国を築いた。16世紀に至ってスウェーデンを分離、19世紀にはノルウェー割譲などで国力が衰えた。1849年憲法発布、立憲君主制に移行した。20世紀に入って第1次世界大戦では中立、第2次世界大戦ではドイツに占領された。1944年アイスランドが独立。73年EUに加盟した。欧州、環大西洋の活動とグローバルな協力関係が外交の基本。国連平和維持活動（PKO）にも参加している。2011年中道左派が勝利し女性首相が誕生した。生活水準、社会保障など福祉先進国として世界のトップクラスである。

145

ドイツ連邦共和国

Federal Republic of Germany

- 面積 35万7000 km²
- 人口 8247万人
- 首都 ベルリン
- 通貨 ユーロ
- 宗教 プロテスタント、カトリック、イスラム教

この国と日本

近代化にあたり日本が多くを学んだ国

　ドイツと日本との最初の接点は、16世紀後半、九州のキリシタン大名の名代として1582年から1590年にヨーロッパへ派遣された天正遣欧少年使節に求めることができる。使節がドイツを訪ねた記録はないが、1586年にアウグスブルグで「日本島からのニュース」と題する印刷物が発行されており、そこには天正遣欧少年使節の肖像画がかなり克明に描かれている。一方、使節はドイツ生まれのグーテンベルク印刷機を持ち帰り、初めて日本語書物の活版印刷が行われた。

　ドイツ人が日本を訪れたのは17世紀末のこと。レムゴー出身の医師エンゲルベルト・ケンペルは1691年と1692年に江戸幕府第5代将軍徳川綱吉に謁見し、著書『日本誌』の中で綱吉について「非常に英邁な君主であるという印象を受けた」と記している。その後1823年には、ヴュルツブルク出身の医師シーボルトが来日、鳴滝塾を開設して西洋医学（蘭学）を教えたほか、日本の文物をヨーロッパに持ち帰り広めた。

　国家としての直接外交はプロイセン王国（現ドイツ）の軍艦が品川沖に来航した1850年代以降である。1858年の日米修好通商条約締結で幕府が開国すると、プロイセン王国も日本と国交を樹立、1861年に日普修好通商条約を成立させたが、ほかの欧米諸国との条約同様、日本側に不利な不平等条約であり、明治維新後もそのまま引き継がれ1911年まで続いた。

　明治政府は近代国家建設を目的に1871年から1873年にかけて岩倉使節団を欧米に派遣し、使節団はドイツにも立ち寄った。ドイツ首相ビスマルクにも謁見したが、同時にドイツが蝦夷（北海道）を植民地にする計画があることを知り、欧州列強の植民地化を免れるためにも西欧諸国の規範を学び、近代化を図る必要を感じたとされている。日本は軍事、法制、医学などを始めとする多くの分野でドイツを手本として発展してきたといえる。

シーボルトの生誕200年（1996年）にドイツで発行された切手
Solodov Alexey / Shutterstock.com

HISTORY

　ヨーロッパ大陸の中央部にあって広大な平原、丘陵地、高原とアルプスの国土。古来ゲルマン民族が居住してフランク王国を形成、カール大帝の下で大帝国に成長したがやがて3王国に分裂、東フランク王国が後のドイツの母体である。オットー1世が神聖ローマ帝国（第1帝国）を創設。16世紀宗教改革で国土は荒廃、300余りの領邦がひしめいた。1806年神聖ローマ帝国崩壊、15年国家連合組織ドイツ連邦が成立したが、ビスマルクのプロイセンが最強となり普仏戦争をへて71年、統一国家ドイツ帝国（第2帝国）。1918年第1次世界大戦で大敗し、ワイマール共和国が成立。39年ドイツのポーランド侵攻で第2次世界大戦に突入。ナチス政権の台頭（第3帝国）。45年の敗戦で米英仏ソにより分割統治され、49年東西ドイツに分断。61年「ベルリンの壁」が築かれた。80年代末、東欧の民主化運動が東ドイツにも波及、「壁」は破壊され、90年西ドイツの主導で41年ぶりに再統一された。急テンポの統一政策は社会的混乱を招くが、98年の総選挙で社会民主党が勝利し、フランスとともにEUの核となって2005年キリスト教民主同盟で旧東ドイツ出身のメルケルが初の女性首相に就任。

ノルウェー王国

Kingdom of Norway

面積	38万6000 km²	通貨	クローネ
人口	526万人	宗教	ノルウェー国教会（福音ルーテル派）
首都	オスロ		

EVENT 出来事

戦後史上最悪のテロ事件

　世界広しといえども、この国ほど高度の社会福祉を実現した国はないといわれ、世界で最も住みやすい国との折り紙つきだ。国連による「人間開発指数」という、所得、教育、文化水準を分析する調査データで7年連続首位を維持している。この国でテロなど無縁だろうという大方の見方を裏切るかのような事件が起きた。それは、2011年7月22日に起きた「ノルウェー連続テロ事件」である。首都オスロの中心部にある17階建ての政府庁舎が車爆弾によって爆破され、8人の死者を出した。事件はこれだけで終わらなかった。オスロ近郊にあるウトヤ島で銃乱射事件が発生。69人が死亡。折から、ノルウェー労働党青年部の集会が開かれており、700人余りの若者が集まっていたのだ。当局は、複数犯によるテロ事件と捜査に乗り出したが、なんと、犯人は1人だった。銃乱射事件の直後に逮捕された極右青年アンネシュ・ブレイビク（当時23）による連続テロだった。

　現在に至るも共犯が見つからないことで、ほぼ単独犯であろうといわれている。いずれにせよ77人の死者をだしたこの事件は、ノルウェー国内における第2次大戦以降最悪の惨事となった。それどころか単独犯による連続テロでは、世界に前例のない事件となった。犯人ブレイビクの犯行動機は「イスラムから西欧を守るため」という。12年8月、オスロの裁判所は同被告に禁錮21年（最短で10年）の判決を言い渡し、確定した。ノルウェーには死刑や無期刑がなく、禁錮21年が最高刑なのだという

NATURE 自然

オーロラと雄大なフィヨルド

　ノルウェー観光の目玉は、何といってもフィヨルドとオーロラ。西海岸を南北に連なるフィヨルド地帯。フィヨルドとはノルウェー語で「入り江」という意味。氷河に浸食されて深いU字谷ができたもので、なかでもソグネ・フィヨルドは、ヨーロッパ最長、最深で、全長204km、深さ1306mもある。ここをめぐるツアーは人気があり、世界中から毎年50万人もの観光客が訪れる。

　次いでオーロラ。ノルウェー北部の北極圏で見ることができる。今ではオーロラ観測ツアーも数多く組まれている。夏場は太陽が沈まず日照時間が長いので、見ることができない。9月頃から4月頃までがよい。

HISTORY

　スカンディナビア半島の西部にあり、国土の大部分を山岳氷河と深く入り組んだフィヨルドが占め平地は少ない。北極海にスヴァールバル諸島、ヤンマイエン島、南大西洋にブーベ島を領有。9〜11世紀のヴァイキング時代の中心的存在であった北方ゲルマン人が9世紀末には統一王国を築いていた。その後、14世紀にノルウェー王家が黒死病（ペスト）で断絶、デンマークの属領になったりの転変の後1905年王国として独立。第2次大戦はドイツの占領下にあった。戦後、福祉国家を目指し実現、対外的にはNATO創設メンバーで、多国間との関係強化を進めている。さらに、パレスティナ・イスラエルの和平仲介（オスロ合意）や2007年には当時のストルテンベルグ首相の地球温暖化対策、クラスター爆弾使用禁止にも尽力するなど、内政外交ともに打ち出される施策の数々は、注目されている。北欧の一国にとどまらぬ積極姿勢は、これからの国際関係のなかで示唆的である。世界有数の漁業国、海運業も盛ん。水力発電利用のアルミ精錬、パルプ、造船などの工業も発達している。

ハンガリー

Hungary

- 面積　9万3000 km²
- 人口　980万人
- 首都　ブダペスト
- 通貨　フォリント
- 宗教　カトリックが多数を占め、少数のプロテスタント

EVENT 出来事

メルボルン大会で起こった"血の水球事件"

　南半球で初めて開催されたメルボルン・オリンピック大会（1956年）。この大会は、ハンガリー動乱に介入したソ連に抗議してオランダ、スペイン、スイスなどがボイコット。さらに第2次中東戦争の影響でエジプトなども同様にボイコットするなど、オリンピックに当時の政治対立が露骨に反映された。"当事者"だったハンガリーは大会に出場していた。

　この国は水球では強豪国として知られる。その試合の準決勝で、当のソ連と激突することになったのだ……。前大会では優勝しており、前評判ではハンガリー優位とみられていた。

　水球は"水中の格闘技"と呼ばれるほどの激しい競技。勢い余って殴る、蹴るの乱闘になることも珍しくない。異様な雰囲気のなかで観客も、両国代表らによる試合を見守った。

　4対0でハンガリーがリードしていたときのこと。何がきっかけになったのか不明だが、突然選手同士が水面下での蹴りあいから肘打ち、集団の殴り合いに発展してしまったのだ。ついには流血する選手も出て、このままでは試合続行が不可能と審判が試合を止めた。そのままハンガリーの勝利が認定され、決勝へ。ユーゴスラヴィアに快勝し、ハンガリーは"波乱"の金メダルを獲得したのだ。オリンピック史に残る、"血の水球事件"である。

ヨーロッパで最大規模とされるブダペストのセーチェニ温泉

©Shutterstock.com

HISTORY

　中央ヨーロッパに位置。国土の中央を流れるドナウ川とティサ川流域の地味豊かな平地と、西部や北東部の丘陵地帯に囲まれた降水量の少ない大陸気候の地で構成されている。896年に、アジア系のマジャール人が建国。諸部族が統一され、1000年にハンガリー王国が成立し、15世紀後半には中央ヨーロッパ最大の強国となった。だが、その後、オスマン帝国との戦いに敗れ、国土は三分割される。19世紀に入るとオーストリア・ハンガリーの二重君主国となるが、第1次世界大戦により二重君主国は崩壊。新しくハンガリー共和国が樹立したが、長続きせず、1920年のトリアノン講和条約により国土が分割される。それに不満を持った右翼急進主義グループが、ナチス・ドイツに接近。三国同盟にも加盟するが、敗戦によりソ連が介入する。56年民主化を求めるハンガリー動乱が起こるが、ソ連の軍事介入によって鎮圧された。共産主義政府が崩壊後、国名も人民共和国からハンガリー共和国となり、99年にNATOに、2004年5月にはEUに加盟。

フィンランド共和国

Republic of Finland

面積	33万8000 km²
人口	550万人
首都	ヘルシンキ
通貨	ユーロ
宗教	福音ルーテル派（国教）、正教会

SPORT スポーツ
奥様運び世界大会って何だ？

　なんとも風変わりな「奥様運び世界大会」なるものが、東スオミ州サヴォ郡ソンカヤルヴィで開催されている。

　競技の内容は、奥様役の女性を担いで障害のあるコースを早く走るというもの。19世紀後半、ソンカヤルヴィの森に住みつき、村々から食料や女性を強奪した盗賊の伝説をもとに生まれたのだという。運び方はおんぶやだっこに肩車、女性が男性の首回りを脚で挟み、男性の背後に逆さまでぶら下がって男性の腹部にしがみつくエストニア・スタイルというものもあるそうで、どんな姿勢であれ女性を落としたら失格だ。

　運ぶ女性は必ずしも奥様でなくともよいが、体重は49kg以上でなくてはならない。それで200m以上を走り抜けるのである。

　ちなみに、優勝者には運んだ女性の体重と同じ量のビールが贈られるそうだ。

WORLD RECORD 世界記録
北欧の「教育大国」

　OECD（経済協力開発機構）が世界の子供を対象に、3年ごとに実施しているPISA（学習到達度調査）で常に上位にランクされているのがフィンランドだ。各国の義務教育の最終学年である15歳の数学、読解力、科学、問題解決能力などを調査する。2003年では、ほとんどの項目で1、2位に輝いた。

　授業日数は190日と日本と比較すると40日程短いものの、生徒の個人差によってきめ細かなカリキュラムを組んでいる。1クラスは15人から25人で、それをさらに4人1組でチームを作り、習熟度を自分で評価し、自主性を大事にする。16歳になるまで試験というものがないのだという。

奥様運び大会は切手にも描かれている　©Shutterstock.com

HISTORY

　ヨーロッパ北東部、スカンジナビア半島の東端を占める。最も高緯度に位置する国の1つで3分の1が北極圏に属す。森林は陸地の74%、周囲200m以上の湖は6万余、湖水面積は3.2万km²におよぶことから"森と湖の国"と呼ばれる。1世紀以降フィン人とサーミ人が定住していた。1155年頃スウェーデン人が侵攻して征服、キリスト教が伝来した。13世紀にはほぼ全域をスウェーデンが支配。19世紀初頭にはこの地をロシアに割譲、ロシア皇帝が大公を兼ねるが、自治権の制限をし始める。これに反発し20世紀に入ってから国民議会が創設され、欧州初の婦人参政権が導入された。1917年のロシア革命に乗じて独立を勝ち取り、共和国となった。1939年からの冬戦争で旧ソ連に敗北、国土を割譲した。48年ソ連とは友好協力相互条約を締結したが、ワルシャワ条約機構には参加せず。95年EUに加盟。2000年、ハネロン外相が初の女性大統領に当選、中道右派政権が成立した。早い時期から人権、社会制度などが成熟しており、政治家のクリーンさは世界でもトップクラスである。

フランス共和国

French Republic

- 面積 54万4000 km²
- 人口 6718万人
- 首都 パリ
- 通貨 ユーロ
- 宗教 カトリック、イスラム教、プロテスタント、ユダヤ教

  この国と日本

ヨーロッパでも群を抜くマンガ大国

　19世紀のジャポニスムはフランス芸術家の間で日本の浮世絵などがブームになったものだが、21世紀のそれはやはりマンガである。この国で日本のマンガが浸透するようになったのは1990年頃からだ。大友克洋の『AKIRA』『童夢』、そして鳥山明の『ドラゴンボール』、高橋留美子『らんま½』、士郎正宗『アップルシード』などが翻訳されると、若者の間でにわかに人気となり、マンガ専門出版社もできた。96年にアニメ・マンガ専門誌が日本特集を組み、これが起爆剤となって主要な日本のマンガ家の作品が多数刊行されるようになった。2000年に入ってからは新刊マンガのうち、3～4割を日本のマンガが占めるようになっている。だが09年以降、フランスでのマンガ全体の売上げは減少傾向にあるという。

BIRTH RATE 出生率

出生率を回復させたフランスの少子化対策

　2011年の日本の出生率は1.39。出生率低下で悩むわが日本に比べるとフランスの出生率の高さ（2.01）はうらやましいばかりだ。そこには長年にわたるフランス政府と社会の取り組みがある。

　はやくも77年に育児休業の所得保障を実現し、02年に父親の育児休暇、次いで3歳児以降はほぼ100％保育学校へあずけられ、3歳未満では40％の保育サービスを実現している。

　家族手当ても充実している。子供2人で16000円の支給だが、3人になると1人20600円と一気に額が増え、20歳まで支給される。3人以上は交通機関、美術館、ホテルなどの割引もある。これに加えて新学期手当て（小学生）29000円、片親手当て76000円、乳幼児手当て（妊娠5ヵ月から生後3歳まで）23000円……。日本もうかうかしてはいられない。

フランスのマンガ売上げランキング　2010年

	本タイトル	冊
1	NARUTO	1763651
2	ONE PIECE	1210798
3	ドラゴンボール	574965
4	FAIRY TAIL	524269
5	BLEACH	376921
6	鋼の錬金術師	319619
7	デスノート	237313
8	ソウルイーター	214012
9	神の雫	188042
10	魔法先生ネギま！	183874

※JETRO「フランスを中心とする欧州のコンテンツ市場」（2011年3月）より

HISTORY

　ヨーロッパ大陸の西部、大西洋と地中海にはさまれた本土と、海外県として、仏領ギアナ、グアドループ、マルティニーク、レユニオンからなる。本土は南東部にヨーロッパ・アルプス、南西部をピレネー山脈に接する。古来ケルト人が居住していたが前1世紀頃ローマ帝国の支配下に、5世紀にはフランク族が建国。いくつかの王朝をへて10世紀には南フランスを征服、英国との百年戦争の後にルイ11世が全国土を制圧するに至った。17世紀にルイ14世が絶対王政を確立。1789年フランス革命が起こり、王政を廃して共和制に。1804年ナポレオン帝政、14年ブルボン王朝が復活したが、2月革命で第2共和制、ルイ＝ナポレオンの第2帝政、普仏戦争に敗れた後、パリ・コミューンをへて、第3共和制、第2次世界大戦におけるドイツの占領から復活して1946年ドゴールによる第4共和制、そしてさらにドゴールの再登場で第5共和制が誕生。57年ヨーロッパ経済共同体（現・欧州連合EU）の設立に参画。ヨーロッパ随一の食料自給率（穀類で176％。11年）を誇り、外国人旅行者受入数では世界一（8445万人。15年）という農業、観光大国でもある。

ブルガリア共和国

Republic of Bulgaria

面積	11万900 km²	通貨	レフ
人口	713万人	宗教	ブルガリア正教（多数）、イスラム教、カトリックなど
首都	ソフィア		

TABLE 食卓

ヨーグルトは、日本人の味噌のようなもの

　この国の名前を聞くと、日本人なら誰でもヨーグルトを連想するほど。実際はどうなのかというと、やはり現地では家庭で簡単に作る身近な常備食なのだ。庭か近くの山から葉のついた小枝を切り取ってきて、牛乳の中に入れる。一晩おくと、ヨーグルトができあがっているのだという。

　牛乳だけでなく水牛やヤギの乳でつくるなどさまざまな種類があるそうで、いわば日本の味噌に近い食品だ。そのまま食べるより、スープや料理のベースに使うところも似ている。

　消費量も半端ではなく、OECDの統計によれば、主要国1人当たりの年間消費量はブルガリアが32kgでダントツ。ちなみに2位はオランダの21kgで、日本は5kgだそうだ。

　ブルガリア菌を発見したのも同国の医師スタメン・グリゴロス（1878～1945）であった。ヨーグルトの入っている壺からヨーグルトを作り出す菌を発見、ブルガリア菌と名づけたのである。この国の独特な気候が、この菌を生んだともいえよう。グリゴロスはその業績が評価され、フランスなどで研究の舞台が用意されたが、自国で結核治療法の研究中に斃れたという。

ブルガリアの伝統的なクリスマスの食卓
©Shutterstock.com

首都ソフィアのアレクサンドル・ネフスキー大聖堂
©Shutterstock.com

HISTORY

　670年カフカス地方北部からブルガール人が侵入し、スラブ人を服従させ、681年ブルガリア国を誕生させた。10世紀初めにはフランク王国と並ぶ大国となったが、1018年ビザンツ帝国に併合された。1187年帝国を再興したが、14世紀末にはオスマン・トルコ帝国の支配下に入った。1886年露土戦争の結果、サンステファノ条約でロシアの意向で傀儡としての「大ブルガリア公国」が構想されたが、ロシアの南下政策を危険視したイギリスとオーストリア・ハンガリー帝国の呼びかけでベルリン会議が開かれ、領土を縮小され、オスマン帝国に貢納する自治公国となった。1908年青年トルコ革命をきっかけとして独立を宣言。12～13年のバルカン戦争では最後に大敗し領土をさらに縮小した。30年代半ばは国王による独裁政治が行われたが、第2次大戦後王政を廃止、ブルガリア人民民主主義共和国となりソ連の衛星国になった。ソ連崩壊後自由化路線に転じ、91年ブルガリア共和国と改称。2007年にEUへ加盟。

ベラルーシ共和国

Republic of Belarus

面積	20万7600 km²
人口	949万人
首都	ミンスク
通貨	ベラルーシ・ルーブル（BYR）
宗教	ロシア正教、カトリック

EPISODE エピソード

いまだ言論統制されるチェルノブイリ原発事故

　1986年4月26日、ウクライナの最北部にあるチェルノブイリ原子力発電所事故が発生した。約30年が経過した現在も、原発から半径30km以内の地域での居住は禁止され、北東へ向かって約350kmの範囲内には局地的な高濃度放射能汚染地域（ホットスポット）が約100カ所にわたって点在し、同地域では農業や畜産業などが全面的に禁止されている。

　最も被害が甚大だったのが、ベラルーシ共和国の南東部、ホミェリ（ゴメリ）州を中心とする地域で、事故発生当時、折からの南風にのって放射性物質が国境を越えて飛散、降下したとされている。

　旧ソ連の科学者の報告によると当時、約83万人がこの区域に居住し、約1万500km²が555kBq/m²を越えるセシウム137で汚染されたが、そのうちの7000km²はベラルーシ領内だった。

　ベラルーシのジャーナリスト、スヴェトラーナ・アレクシエーヴィッチが取材・執筆した『チェルノブイリの祈り』（1997年）は、チェルノブイリ原子力発電所事故に遭遇した人々の証言を取り上げながら真実に迫った作品として、世界中で高い評価を得た。しかしベラルーシでは独裁政権によっていまだに事故に対する言論統制が敷かれており、自国内では出版されていない。ちなみに、アレクシエーヴィッチは『チェルノブイリの祈り』のほか多数の優れたノンフィクション作品を手がけ、ジャーナリストとしては初となるノーベル文学賞を2015年に受賞した。

ベラルーシ西部スラブゴロドに建てられたチェルノブイリ事故の犠牲者を追悼する記念碑

©Shutterstock.com

HISTORY

　6～8世紀にかけて東スラブ諸族がこの地に移住し始めたが、この末裔たちが現在ベラルーシ国民の8割以上を占める「ベラルーシ人」である。11～12世紀、ポロック公国、トゥーロフ公国、スモレンスク公国などが伸張したが、13世紀以降リトアニア大公国に臣従、1569年ルブリン合同でポーランドの支配下に入った。このとき多くの正教徒が合同教会（教義はカトリック、典礼は正教）への改宗を強要された。18世紀末、ポーランド分割でベラルーシはロシア帝国領になり、1840年になると「ベラルーシ」という地名の使用も禁止された。ロシア革命の後ベラルーシ人民共和国をつくったが、まもなく崩壊、1919年ベラルーシ・ソビエト社会主義共和国となった。第2次世界大戦ではドイツ軍に占領され、ドイツ敗退後は再びソ連に吸収された。ソ連崩壊後の91年ベラルーシとして独立。94年からルカシェンコ大統領による長期政権が続いている。

ベルギー王国

Kingdom of Belgium

- 面積 3万528 km²
- 人口 1132万人
- 首都 ブリュッセル
- 通貨 ユーロ
- 宗教 カトリックが多数

SPORT スポーツ

1920年アントワープ五輪の出来事

1920年に開かれたアントワープ・オリンピック。第1次世界大戦が終わって平和を取り戻したばかりのこの大会にまつわるトピックスを。

五輪メダリストがノーベル賞を受賞したという珍しいケースもこの大会で生まれた。選手の名はイギリスのフィリップ・ノエル・ベーカー、陸上1500mに出場、見事銀メダルに輝いた。

ベーカーは第1次世界大戦終了後のパリ講和会議で、ウィルソン米大統領等とともに国際連盟の創設に尽力し、設立後は自ら事務局員となった。その後、ロンドン・スクール・オブ・エコノミクス（LSE）教授となり、その後下院議員に。チャーチル内閣などで閣僚となり、反戦・平和の思想を貫いて大戦後は「核兵器廃絶・軍縮」を訴えた。その活動で59年にノーベル平和賞を受賞したのだった。

日本はこれが2度目の参加で、技量的にもまだまだ。このとき競泳種目に日本人として初参加したのは2人。泳法もクロールなどではなく、古来からの「水府流片手抜き泳法」なるものだったという。

2012年ロンドン大会の馬術に71歳で出場した法華津寛選手が日本人として最高齢記録と話題になったが、上には上がいる。このアントワープ大会に射撃で出場したスウェーデンのオスカー・スバーン。72歳と280日だったが、それでも銀メダルの好成績をあげたのだからすごい。

ブリュッセルの大広場グランプラス ©OPT- JP Remy

ベルギーチョコ ©OPT-Ricardo de la Riva

ベルギーワッフル
©OPT-Philippe Lermusiaux

HISTORY

ベルギーの国名はローマ征服以前にこの地域に住んでいたベルガエ人に由来する。ローマ帝国崩壊後、何世紀にもわたって領邦が林立したが、16世紀半ばハプスブルク家がネーデルラント（今のオランダ、ベルギーを含む地域）の実権を握った。16世紀後半スペイン軍が占領したが、北部7州はオランダ共和国として独立した。1713年のユトレヒト講和条約でベルギーはオーストリア領になり、1789年独立運動（ブラーバンド革命）が起こったが、鎮圧された。その後、フランス、次いでオランダに併合され、1830年フランスの7月革命をきっかけとして独立を宣言した。1831年憲法を制定したが、三権分立や議会制を定めており、当時としては最も民主主義的なものだった。19世紀、コンゴを領有。第1次、第2次大戦ではドイツに占領された。第2次世界大戦後独立を回復、1957年スパーク外相の構想の下にローマ条約（EEC設立条約）が調印され、これが今日のEUに発展し、その基礎となった。93年憲法改正で連邦制に移行し、主として言語の違いによる区分けとなっている。

ポーランド共和国

Republic of Poland

- 面積 31万2000 km²
- 人口 3844万人
- 首都 ワルシャワ
- 通貨 ズロチ
- 宗教 カトリック88%

INDUSTRY 産業

ポーランドの伝統工芸「ポンプキ」

　ポーランドは17世紀にはシレジアと呼ばれ、ガラス工芸で有名なボヘミア（現在のチェコ共和国）と国境を接していたことから、同様にガラス工芸も伝統産業である。

　代表的なものにクリスマスツリーに飾り付けられる「ポンプキ（ポンプカ）」と呼ばれる吹きガラスのオーナメントがある。英語で「ポーリッシュ・グラス・ボール」と呼ばれるもので、ガラスの玉に赤や青、金、銀などで彩色され絵つけを施した玉飾りで、この国の伝統的工芸品のひとつだ。ポンプキに描かれるモチーフは聖人や雪景色、民族的模様などで、サイズも大小さまざまなものがある。また、形も球形だけでなく、水滴形や家、天使、魚などを象ったものまでバラエティも豊富だ。ポーランド土産として人気が高いが、きわめて薄く繊細で壊れやすく、運搬には細心の注意が必要となる。

　ポーランドの重要な特産品としては琥珀があげられ、その生産は圧倒的に世界一を誇る。琥珀はバルト海沿岸で多く産出する天然樹脂の化石であり、世界の琥珀産業の80％がグダンスク市にあり、また世界の純正琥珀製品のほとんどがグダンスク地方で製造されているという。

ワルシャワにお目見えした巨大クリスマスツリー
©aliaksei kruhlenia / Shutterstock.com

HISTORY

　リトアニア、ベラルーシ、ウクライナ、スロヴァキア、チェコ、ドイツに囲まれた共和国。ヨーロッパの回廊といわれるように、ヨーロッパを東西に分ける中央部に位置し、古くから東西交流の要であった。1025年ポーランド王国が成立、14世紀から16世紀にかけて東ヨーロッパ最大の王国として名を馳せた。その後衰退、18世紀末にロシア、プロイセン、オーストリアの3国により分割され滅亡。第1次世界大戦後、共和国として独立をしたのも束の間、1939年旧ソ連とドイツに再び分割。41年にはナチス・ドイツが占領した。戦後、旧ソ連の実質支配のもとにあり、その意を体した国民統一臨時政府が発足。戦後処理を決めたヤルタ会談の結果、国土は戦前よりも西に移動。第2次世界大戦の犠牲で人口の5分の1が死亡。52年人民共和国憲法を制定したが、旧ソ連の支配に抵抗する人々の大暴動が起きる。80年には労働者の自由管理組織「連帯」が誕生、社会主義国として前例のない権利を確保したが、旧ソ連の圧力で戒厳令布告、「連帯」は非合法化。しかし、89年復権、国会選挙で圧勝、東欧初の非共産政権が生まれた。ワレサ大統領のもと99年にはNATO加盟、2004年にはEU加盟。

ボスニア・ヘルツェゴヴィナ

Bosnia and Herzegovina

面積	5万1000 km²
人口	353万人
首都	サラエボ
通貨	兌換マルク
宗教	イスラム教、セルビア正教、カトリック

WORLD RECORD 世界記録
初めて路面電車の終日運転が行われた街

　1885年、サラエボに路面電車がお目見えした。日本では明治18年、内閣制度ができ伊藤博文が日本最初の首相になった年である。

　もともとはオーストリア・ハンガリー帝国の首都ウィーンに馬車軌道に代わって路面電車を走らせる計画があり、その先行試験としてサラエボにつくったのである。市電は終日運転で、ヨーロッパでも初めての試みだった。

　当時は760mmの狭軌でこれが1435mmの標準軌になったのは75年後の1960年だった。現在7系統あり、1回乗るたびに1マルカ（約70～80円）である。タクシーもそれほど高くなく、10分ほど乗っても5マルカ（約350円）ほどだという。

SPORT スポーツ
共産圏初の冬季オリンピック、サラエボ大会

　サラエボはユーゴスラヴィア時代の1984年2月、共産圏としては初めて冬季オリンピックが開かれた場所だ。夏季としての初めはソ連のアフガン侵攻に抗議して日本を含め自由主義陣営がボイコットしたモスクワオリンピック（84年）。

　サラエボ大会では東ドイツが金9・銀9・銅6、計24個を獲得。ソ連は総計で東ドイツを上回った

サラエボの市場

©www.bhtourism.ba

が、金が6個しか取れなかった。米国は金4・銀4・銅0で計8個だった。米国を総計で上回ったフィンランドは金4は同数ながら銀が3個しか取れなかった。さらにノルウェーも総計では米国を上回ったが金は3個、銀は2個しか取れなかった。

　日本勢は500mスピードスケートで期待の黒岩彰選手が失速して9位に終わるが、下馬評が低かった北沢欣浩が銀メダルを取った。結果はメダル1、入賞者ゼロという惨敗だった。

ボスニア・ヘルツェゴヴィナ南部の村ポチテリ

HISTORY

　旧ユーゴスラヴィアを構成していた共和国で、北部のボスニア地方、南部のヘルツェゴヴィナ地方からなる。15世紀にオスマン帝国の支配下に入り、1908年にはオーストリア・ハンガリー帝国の支配下に入った。サラエボでオーストリア皇太子を暗殺する事件がきっかけで第1次世界大戦が始まった。第2次世界大戦後、ユーゴスラヴィア連邦人民共和国の1共和国を構成。91年、主権国家を宣言したのちに内戦に突入したが、95年のボスニア和平条約で終結。現況では、国内はボスニア・ヘルツェゴヴィナ連邦（略してボスニア連邦。イスラム教徒とクロアチア人で構成）とセルビア人共和国（別称スルプスカ共和国）に分かれている。両方とも大統領と議会を持ち、国全体の元首は、双方の首脳で構成された幹部会議長。一種の集団指導体制である。国会議員もボスニア連邦とスルプスカ共和国の各議会から選出される上院（15人）と直接選挙で選ばれる下院で構成される。EUへの加盟をめざしている。

ポルトガル共和国

Portuguese Republic

- 面積 9万2000km²
- 人口 1030万人
- 首都 リスボン
- 通貨 ユーロ
- 宗教 カトリック教徒が多数

MUSIC 音楽

"運命"を意味する民族歌謡「ファド」

ポルトガルにはファド（Fado）という民族歌謡がある。ファドは"運命"あるいは"宿命"を意味し、現地でヴィオラと呼ばれるギターの奏でる悲しみを帯びた独特の旋律とともにせつせつと歌われる。

19世紀初頭に生まれたとされるこのファドを世界中に知らしめたのは歌姫アマリア・ロドリゲス（1920～1999年）だ。ポルトガルのリスボンを舞台にしたフランス映画『過去をもつ愛情（LES AMANTS DU TAGE）』（1954年公開）のなかで彼女によって歌い上げられたファドは、作品をより印象づけるとともに、力強く扇情的である。

近年では若手の台頭も著しいが、アマリア・ロドリゲスの人気はポルトガルのなかでいまだに衰えていない。このファドはユネスコの世界無形文化遺産に2011年、登録された。

ファドを演奏する老人
©Frank Gaertner / shutterstock.com

HISTORY

ヨーロッパ大陸の南西部、イベリア半島の西端、さらにはユーラシア大陸の最西端に位置する。東と北をスペインに接し、西と南は大西洋に面する。1143年ポルトガル王国成立。1249年、イスラム支配から領土を取り戻すレコンキスタ（国土回復運動）に勝利した。15世紀ポルトガルは、ヴァスコ・ダ・ガマやカブラルら探検航海者を支援、積極的に海外に乗り出し、アメリカ、アフリカ、アジアにまたがる一大海洋帝国を形成した。とりわけ南アジアからの香料貿易を独占し、莫大な利益をあげ、その利益によって絶対王政が確立された。その後、国力が衰退、ハプスブルク朝スペインに併合されたが、1640年王政復古戦争によりスペインから独立。1822年最大の植民地だったブラジルが独立。1910年共和国となったが、26年軍事独裁政権が権力を掌握。その後登場したサラザール首相による独裁が続いたが、74年国軍新派による無血クーデターでサラザール体制は終わり、最後の植民地帝国は終焉した。76年には、民主体制が誕生、NATO活動への参加、ブラジル・アフリカのポルトガル語圏諸国との関係強化を促進している。

マケドニア旧ユーゴスラヴィア共和国

Former Yugoslav Republic of Macedonia

- 面積 2万6000 km²
- 人口 208万人
- 首都 スコピエ
- 通貨 デナル
- 宗教 マケドニア正教

NATIONAL FLAG 国旗
国旗をめぐる隣国ギリシャとの緊張

そもそも1991年ユーゴスラヴィア連邦から独立した時に制定された国旗（HISTORY参照）は、赤地に黄色い円形から16本の黄色い光彩が放たれたデザインだった。これは紀元前7世紀に、ギリシャの北部地域だったこの地に生まれた古代マケドニアの「ヴェルギナの星」と呼ばれた紋章であった。古代マケドニア王国といえば、かのアレクサンドロス大王（アレクサンドロス3世）がギリシャからインドにまたがる大帝国を築いたことで知られる歴史上世界に冠たる王国であった。

さらにはヘレニズム文化という東西文化の融合を果たしたことでも歴史に名を残している。そのマケドニアの名を、後世にこの地に定住したスラブ系民族が名乗るのは許し難いというのが、ギリシャの言い分であった。ましてその紋章まで国旗に使用するとは言語道断というわけだ。

そこで、現マケドニアは16本の光彩を8本にして妥協を図ったのである。

国名、国旗をひとつとっても軋轢の絶えないということは、民族間の火種を抱えるバルカン半島の緊張を象徴している。

独立時の旧国旗

WORLD HERITAGE 世界遺産
美しい湖のある古都オフリド

1979年、アルバニアとの境にあるオフリド湖は、湖畔のオフリド市街とともに自然遺産および文化遺産としてユネスコの世界遺産に登録された。

オフリド湖は、ヨーロッパ最古の湖といわれ、バルカン半島で最も深い湖で水深288m、平均155m。湖畔に聖ヨヴァン・カネオ教会が建つ。湖周辺は渡り鳥の越冬地としてよく知られている。湖畔のオフリドは、マケドニア共和国西部に位置し、マケドニアのエルサレムと呼ばれ、300余の教会の建つ宗教都市であった。10世紀末から11世紀にかけてブルガリア帝国の首都であった頃にはブルガリア総主教座がおかれていた。

現在は、マケドニア正教会の大主教座がおかれている。現存する教会のほとんどが10世紀末から11世紀にかけてのブルガリア帝国時代と東ローマ時代のものである。

HISTORY

旧ユーゴスラヴィアを構成した共和国の1つ。バルカン半島の中南部に位置する内陸国。北はセルビア、コソヴォ、東はアルバニアと国境を接する。国名はアレクサンドロス大王の古代マケドニアに由来。6～7世紀にスラブ人が侵入、多数を占める。東ローマ帝国の支配下でキリスト教に改宗。15世紀にはイスラムのオスマン帝国が征服、以降500年にわたり支配下に。1912年第1次バルカン戦争でオスマン帝国が敗北、13年第2次バルカン戦争の結果マケドニアはギリシャ、セルビアに分割、18年にセルビア、クロアチア、スロヴェニアによるユーゴスラヴィア王国が成立、マケドニアはその一部となった。45年ユーゴスラヴィア連邦人民共和国が成立。91年連邦からの独立を宣言。以来ギリシャとの確執が絶えない。マケドニアはギリシャの地方名と主張するギリシャが国名使用に反対したため、93年に暫定的な名称として現国名で国連加盟。2008年にはギリシャが国名を理由にマケドニアのNATO加盟を拒否するなど、2国間問題が解決せず目標とするEU加盟までの道のりは遠い。

マルタ共和国

Republic of Malta

- 面積 316 km²
- 人口 43万人
- 首都 バレッタ
- 通貨 ユーロ
- 宗教 カトリック

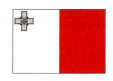

ARCHITECTURE 建築

蜂蜜色に輝くマルタストーンによる中世建築群

首都バレッタの街の完成は16世紀に遡る。「ルネサンスの理想都市」といわれる美しさを兼ね備えた石造りの堅固な要塞都市で、随所に中世の雰囲気が漂い、街全体が世界遺産に登録されている。

その美しさを支えているのは、市街の建築材に多用されている"マルタストーン"と呼ばれる島特産の石灰岩だ。日の光を受けると、街を取り囲む城壁や教会などの大型建築はもちろん蜂蜜色に輝き、その反射は路地裏まで届き街全体が黄色味を帯びていく。建ち並ぶ家々には"ガラリア"という木造の出窓があるが、これもバレッタの伝統的な建築様式であり、赤や青、緑などカラフルな色調がそれぞれに施されている。

また、マルタ島とゴゾ島合わせて約30基の巨石神殿がある。いずれも先史時代、紀元前4500年〜前2000年頃に築かれた人類最古の石造建築物で、巨石を積み上げて造られている。そのうち6基の神殿が「マルタの巨石神殿群」として世界遺産に登録され、イムナイドラ神殿、タルシーン神殿、ハジャーイム神殿などが一般公開されている。これらの巨石文明は紀元前19世紀頃に忽然と姿を消したとされているが、最大で数十トンもの巨石をどのように運び、どのように積み上げたのかは謎といわれる。

日を浴びて独特の色合いを醸し出すバレッタの街並み

©Shutterstock.com

HISTORY

地中海の中央（シチリア島の南約93km）に位置し、マルタ島、ゴゾ島、コミノ島からなる。前5000年頃には既に人が住んでいた。前800年頃、フェニキア人が訪れ、その後、カルタゴが植民した。前218年、ローマ帝国の支配下に入る。5世紀にはビザンツ帝国、9世紀から13世紀の長きにわたって、イスラム教徒に支配された。その結果、マルタ文化にはアラブ的影響が色濃く残っている。近代に至り1798年ナポレオンが占領、1801年にはイギリス軍が占領、15年ウィーン議定書に基づきイギリスの植民地となった。マルタは地中海における軍事的要衝としてイギリス海軍の重要な拠点となった。第2次世界大戦後、1964年、英連邦のもとで独立を達成、国連に加盟した。74年共和制に移行、79年イギリス海軍完全撤退をもって約180年に及ぶイギリス支配が終了した。87年制定の新憲法で非同盟・中立を明文化。89年にはマルタ島で米ソ首脳が会談、冷戦終了を確認したことはよく知られている。2004年、EU加盟。近年、地中海の海洋資源、大陸棚地下資源の開発で注目されている。

モナコ公国

Principality of Monaco

面積	2.02 km²	通貨	ユーロ
人口	3万8400人	宗教	カトリック
首都	モナコ		

EPISODE エピソード

王妃グレース・ケリー、交通事故死の悲劇

　世界的大女優として知られるグレース・ケリー（1929～82）。ゲーリー・クーパーと共演した西部劇『真昼の決闘』に大抜擢されてスターダムにのし上がり、『裏窓』や『泥棒成金』などのヒッチコック映画に出演、1956年に『喝采』でアカデミー主演女優賞を受賞した。

　この美貌を射止めたのが、カンヌ国際映画祭で知り合ったモナコ公国大公レーニエ3世。時を経ずして1956年に婚約、結婚。モナコ大聖堂（サン・ニコラ大聖堂）で行われた華麗なロイヤル・ウエディングの模様は世界中に中継され、モナコを世界に知らしめるのに多いに寄与した。大女優から王妃（公妃）への華麗なる転身であった。

　その後、公妃として大公とともに世界中を訪れ81年に来日。神戸、京都をめぐり有馬温泉に宿泊したりした。しかし、悲劇は日本を訪問した翌年に起きた。9月13日、愛車ローバーを自ら運転して南仏の別荘からモナコへ戻る途中に脳梗塞に襲われ、ガードレールに激突。そのまま40mの崖から転落してクルマは大破した。公妃はすぐさま病院に搬送されたが死亡。享年52歳。挙式時と同じモナコ大聖堂で行われた葬儀には、各国の王族、要人をはじめフランク・シナトラらハリウッド俳優も数多く参列した。

モナコの中心地でモナコグランプリも開かれるモンテカルロ　　©Shutterstock.com

HISTORY

　フランス南東、コートダジュール（リヴィエラ）地方の小国。地中海に面し、夏季は高温多湿、冬季は温暖湿潤。古代ギリシャ時代に、フェニキア人、ギリシャ人、カルタゴ人が訪れ、建設されたヘラクレスの神殿モノイコスがモナコという地名の起源となった。中世にはゲルマン人、アラブ人の侵入をうけた後、ジェノヴァの統治下におかれた。16世紀になると、スペイン、フランスに占領されたが、フランス革命後のウィーン会議の結果、モナコとして復活。今度はサルディーニャ王国の保護下におかれた。1911年、憲法制定でモナコは立憲君主国となった。62年の諸改革で、元首の権限の制限や議会の公選制など民主化が進んだ。93年国連に加盟。2002年憲法改正で女子への王位継承が認められた。05年、女優グレース・ケリーをロイヤル・プリンセスに迎え世界中の話題となったレーニエ3世が死去、後継は長男のアルベール2世。同年フランス・モナコ友好協力条約が発効。観光が主産業だが、その他にカジノ（公認賭博場）、切手販売、F1レースでも有名。

モルドヴァ共和国

Republic of Moldova

- 面積　3万3843 km²
- 人口　355万人
- 首都　キシニョフ
- 通貨　レイ
- 宗教　キリスト教（正教）が優勢

INDEPENDENCE 独立
EUとロシアのはざまで揺れる民族問題

　91年に独立を果たしたと思ったら、その内部からさらに独立の動きが……。モルドヴァ共和国のなかに、分離独立を求める2つの"国"が生まれてしまったのである。

　まずはロシア系が多く住むドニエストル東岸に「ドニエストル共和国」が90年、分離独立を宣言。一方でトルコ系正教徒たちが多い南部で「ガガウズ共和国」が独立の動きをみせた。ガガウズ共和国はモルドヴァ共和国と話し合いが成立し、95年に自治権を認められている。

　だが、ドニエストル共和国問題はなかなか解決しなかった。というのもドニエストル側に大国ロシアがつき、モルドヴァ政府と対立する格好となったのである。

　97年になって欧米諸国の仲介もあり、モルドヴァ政府の統一国家としてドニエストル共和国の領土を保全するという形になる。ロシアは2002年までにドニエストルへの駐留軍を撤退させる約束をしたが、履行していない。この国は外交方針として西側の欧州連合（EU）加盟を目指しているが、エネルギーなどは東側のロシアに依存している。2つの巨大な勢力圏のはざまだからこそ、抱える問題も大きいのだ。

MUSIC 音楽
大ヒット「恋のマイアヒ」を生んだ3人組

　「♪マイアヒ〜マイアフ〜……」。この曲を聞けば誰もがああ、あの歌ねと思い出すだろう。曲名は『恋のマイアヒ』。2005年頃からラジオなどでブレークしはじめ、翌年には携帯電話の着うたとしては異例の400万ダウンロードを記録する大ヒット曲となった。

　歌っていたのはO-Zoneという男性3人組グループで、いずれもモルドヴァ共和国出身である。彼らは音楽活動を母国でスタートしたが、2002年に隣のルーマニアへ移り、自分たちの音楽を受け入れてくれるレコード会社を探した。しばらくしてルーマニアで知られるようになり、それからヨーロッパ市場へ。そこで生まれたのが世界的ヒットとなるこの曲だった。アメリカン・ドリームならぬ、ヨーロピアン・ドリームか……。

HISTORY

　現在の国名となったのは、1991年の独立宣言から。南東ヨーロッパに位置する共和国。ソ連とルーマニアの角逐のなかで生まれた極めて人工的な国家である。14世紀にこの地方をモルドヴァ公国（現ルーマニア）が領有し、16世紀にトルコの支配下に。19世紀初頭にロシアの併合をうける。ロシア帝国崩壊後の1917年にモルドヴァ自治共和国として独立宣言をし、ルーマニアと統合されるが、ドニエストル川東岸などをソ連はモルダヴィア・ソヴィエト社会主義自治共和国とした。40年にルーマニアから獲得した地域を合わせて再編した結果、現在のような領土となった。ソ連はモルドヴァ民族主義を抑え込んだが、ペレストロイカで息を吹き返した。91年に独立したが、ドニエストル川東岸に多いロシア系住民が「ドニエストル共和国」分離独立を宣言し、武力衝突。現在も、ドニエストル共和国の処遇をめぐってモルドヴァとロシアなどの間で交渉が続いている。

モンテネグロ

Montenegro

面積	1万3812 km²
人口	62万人
首都	ポドゴリツァ
通貨	ユーロ
宗教	キリスト教（正教）、イスラム教など

PEOPLE 人々
バルカン半島一の格闘技好き

　国名は、イタリア語で「黒い山」の意。自国語でもツルナ（黒い）ゴーラ（山）というほど国土のほとんどが山岳地帯である。山が迫るアドリア海沿岸部はリアス式海岸で入り組む。この峻厳な自然風土に囲まれたせいか、山岳民族特有の頑強さと忍耐強い国民性を持つ。男女ともに背が高くがっちりした体躯の人が多いといわれる。

　第2次世界大戦時、イタリア軍侵攻の際もユーゴ連邦は解体されたが、構成国の1つであるモンテネグロの住民は、パルチザンとして徹底抗戦、後の解放に寄与したのである。不屈の国民性はスポーツ面でも、格闘技系に強いことに表れている。日露戦争時、ロシアと盟友関係にあった関係で日本に宣戦布告したなど不確かな情報が流れるなど、日本とは縁の薄い国の印象があるが、ことスポーツでは剣道、柔道、空手がもっともポピュラーという。

WORLD HERITAGE 世界遺産
1900mの大渓谷をもつ山岳地帯

　この国の山岳地帯は、ドゥルミトル国立公園が大半を占め、1980年に世界自然遺産に登録されている。最高峰はドゥルミトル山のなかのボボトヴ・ククで標高2528m。氷河期に形成され起伏に富み、オオカミやヒグマ、イヌワシなど希少種の動物も多く棲息している。国立公園内のタラ渓谷の深さはヨーロッパでもっとも深い（1900m）。

　ほかに世界遺産の登録を受けているものにアドリア海沿岸の古都コトルがある。コトル湾に面した港として、古代ローマ時代からアドリア海交易の地として知られてはいた。中世になってこの海域の覇権を握っていたヴェネチア共和国が築城した城壁が今も残されており、市内の建物にもヴェネチアの影響が色濃い。近年、大型客船による地中海クルーズなどで人気の観光地として発展しつつある。

モンテネグロは「黒い山」の意味を持つ

コトル旧市街

©dBO Advertising Agency/ MONTENEGROPHOTO.COM

HISTORY

　北はボスニア・ヘルツェゴヴィナ、東はセルビア、南はアルバニアと接するバルカン半島諸国の一国。アドリア海に面している沿岸部は地中海性気候で夏季は高温乾燥。旧ユーゴスラヴィアを構成した共和国である。6世紀から7世紀にかけてスラブ系民族がバルカン半島に南下し、現在のモンテネグロをなす山岳地帯に定住した。その後、14世紀にはセルビア王国がオスマン帝国の支配下に入るが、モンテネグロは実質的に独立状態を維持した。16世紀にセルビア正教の主教職ブラディカが政治的支配権を確立し、神政国家を形成した。第1次世界大戦後、セルビア人・クロアチア人・スロヴェニア人王国が形成されると、セルビアに編入された。第2次世界大戦後、ユーゴスラヴィア連邦人民共和国が宣言されると、最小の共和国を構成した。その後、ボスニア内戦をへて2003年になると緩やかな国家連合セルビア・モンテネグロに移行したが、06年独立を問う国民投票が実施された結果、同年独立した。その結果、旧ユーゴスラヴィアは完全に解体した。07年新憲法を制定し、国名をモンテネグロ共和国からモンテネグロに変更した。

ラトヴィア共和国

Republic of Latvia

- 面積 6万5000 km²
- 人口 213万人
- 首都 リガ
- 通貨 ユーロ
- 宗教 東部はカトリック、西部はプロテスタント。ロシア系はロシア正教

CAPITAL 首都

「バルト海の真珠」古都リガ

　首都リガはドイツの影響が色濃く残る都市である。13世紀以降、北部ドイツから入植者がこの国に入ってきた。彼らはリガ、ハンブルグ、リューベック、ブレーメンの4市で「ハンザ同盟」を結び、繁栄した。リガには現在も、4階建ての尖った屋根を持つ特徴的なドイツ商人の倉庫街が残っている。真面目で几帳面な職人気質を持つドイツ人らしく、仲間うちで組織する同業者の組合「ギルド」を組織した。

　ギルドは、商人が集まる「グレートギルド」と手工業者が参加する「スモールギルド」に大別されるが、いずれにしてもドイツ系の力が強く、非ドイツ系はなかなか加入できなかった。

　その1人であった非ドイツ系の商人が昔、屋根の上に、しっぽをギルドの会館に向けた猫の飾りを置いて、ユニークな抗議をこころみたという言い伝えがある。それが、いまやリガの観光名所の1つになっている「猫の家」だ。長い歴史をへて、猫は今、ギルドの会館の方を向いている。

クリスマスの飾り付け（リガ）
photo by Aivars Liepins

クリスマスのイルミネーション（リガ）
photo by Leons Balodis
©Latvian tourism development agency

HISTORY

　バルト3国の真ん中。国土は平坦だが、約4割が山地。東部丘陵地帯には湖が多い。紀元前からラトヴィア人の祖先とされるバルト系諸民族が定住していたが、13世紀以後は、隣接する諸外国勢の勢力下に。ドイツ、ポーランド、ロシア、リトアニアなどがそうだが、そのなかでもロシアが強力で18世紀末までにロシア帝国の支配下に入る。第1次世界大戦が始まるとドイツ軍に対抗して、独特のライフル団を組織するなど抵抗。20世紀前半は国土が常にボリシェヴィキ対ドイツ、ソ連対ドイツの戦場になった。

　第2次世界大戦終結後は、ソ連を構成する共和国になり、農業の集団化を強制されると同時にその地理上からソ連の軍事拠点に。だがゴルバチョフ時代から国土の緑を守るなどの環境保護運動から独立運動に発展し、1991年に独立。独立を求める集会で、禁止されていた古い歌を歌うことを手段としたことから「歌う革命」といわれた。2004年、EUに加盟。

リトアニア共和国

Republic of Lithuania

面積 6万5000 km²
人口 281万人
首都 ビルニュス
通貨 ユーロ
宗教 カトリック、ロシア正教、プロテスタントなど

  この国と日本

「命のビザ」ユダヤ難民にビザを発給した杉原千畝

　第2次世界大戦中に私たちの生命を救ってくれた日本人の外交官がいる……。その外交官こそ、リトアニアの領事代理だった杉原千畝であると駐日イスラエル大使館が発表したのは1969年のことだった。杉原の名前もリトアニアという国についても、この発表を聞く前まではほとんどの日本人は知らなかった。

　39年10月、ポーランドを占領したドイツ軍は、本国内で行われているユダヤ人弾圧をポーランドでも展開し始めた。生命の危険を感じたユダヤ人たちは国外脱出を図るが、ソ連との関係が深いリトアニア経由の脱出ルートが最も安全だと判断する。日本政府がユダヤ人差別を行っていなかったため、日本のビザ（当時は、満州国の通過ビザ）が有効だと考えたのである。

　在リトアニア日本領事館に彼らが申請すると、杉原領事代理は独断で通過ビザを発給した。当時の外務省は、杉原の問い合わせに「日本通過後に第三国に入国できるビザと旅費、滞在費を所持している難民だけに発給せよ」との訓令を出している。当時、世界的には認められていなかった満州国の存在をアピールすると同時に世界の金融を握っているユダヤ民族への配慮が、この訓令の背景にあったといわれる。杉原は訓令を拡大解釈し、期限切れのパスポート所持者や行き先のあてのない者、所持金がほとんどない貧しい者にもビザを発給。その人数は彼がリトアニアを退去するまでに2139名にのぼった。

　この人道的な行動により69年と85年の両年、彼はイスラエル政府から顕彰された。

首都ビルニュスの桜公園にある杉原千畝氏の顕彰碑
©Shutterstock.com

HISTORY

　バルト3国のうち最も南。大部分が平地で、東はベラルーシ、南西部はポーランド、ロシア連邦に接する。13世紀、リトアニア公国が誕生するが、16世紀にポーランド領、18世紀末にはロシア領。さらに1918年、ドイツの占領下で独立したが、40年、ドイツ、ソ連の秘密協定によりソ連に併合された。90年、ソ連より独立宣言。独立宣言直後にソ連軍部隊が投入され、市民らが殺傷されるという事件が起きたが、旧ソ連での保守派クーデター未遂後の91年9月、リトアニアは独立を果たす。以降、貿易面ではロシアへの依存を縮小し、EU諸国との結びつきを強めている（EU加盟は2004年）。独立後に大統領制を導入、09年に初の女性大統領が就任した。同国ではユダヤ難民に日本通過ビザを発給した杉原千畝の存在が知られており、日本との関係も良好である。

リヒテンシュタイン公国

Principality of Liechtenstein

- 面積　160 km²
- 人口　3万7686人
- 首都　ファドーツ
- 通貨　スイス・フラン
- 宗教　カトリックが約80%、プロテスタント7%

ARCHITECTURE　建築

丘の上にそびえる城

　ファドゥーツ城は首都ファドーツにある、リヒテンシュタイン公の官邸である。創建は12世紀ころと考えられている。

　主郭と東側の部分が最も古く、城内の聖アンナ礼拝堂は中世の建築と推定される。主たる祭壇は、後期ゴシック様式となっている。1499年のシュヴァーベン戦争ではスイス原初同盟によって放火されたこともあり、1905年と1920年に大規模な修復が行われ、さらにヨーハン2世統治下の1920年代初頭にも実施されている。1930年代初頭にはフランツ・ヨーゼフ2世によって拡張がなされた。1938年以来、ファドーツ城がリヒテンシュタイン家の第一の居城である。

　城の高台からはファドーツの町やライン川などを一望できるが、ハンス・アダム2世とその家族が住む官邸のため、普段は中に入ることはできない。ただし、建国記念日の8月15日には城の庭が国民に開放され、飲み物や食事が無料で振るまわれるという。

リヒテンシュタイン大公の居城、ファドーツ城　　©Liechtenstein Marketing

HISTORY

　スイスとオーストリアに接する小国。ローマ時代、ローマの属国の一部となり、2世紀頃にゲルマン民族の一部であるアレマン人が流入。中世に入り、現在の首都名となってファドーツ伯爵が領土を形成。その後1719年、それらの土地を得たリヒテンシュタイン家に神聖ローマ皇帝が自治権を与え、リヒテンシュタイン公国が成立（1806年）。帝国解体後、同国はライン同盟、ドイツ連邦などに属するがドイツ連邦解体で独立（1866年）。隣国オーストリアとの関係を強めるが、第1次世界大戦終了後はスイスとの関係を強化した。現在でも、国内でスイスフランが流通するほか、外交もスイスが代行するほどの密接ぶり。非武装中立で、1868年以来軍隊は保有していない。日本とは96年6月から正式に外交を持つようになった。ドイツ系の外国人が人口の3割を占め、農業、工業国から銀行、金融部門が国の主力に変わりつつある。

ルーマニア

Romania

面積	23万8000 km²
人口	1976万人
首都	ブカレスト
通貨	レイ
宗教	ルーマニア正教87%、カトリック5%

LEGEND 伝説

「ドラキュラ公」の生家がある世界遺産地区

ルーマニアで現在登録されている7つの世界遺産のうち、1つが「シギショアラ歴史地区」だ。国の中央部に位置するこの町の旧市街には16～17世紀の建物が保存されて、そのなかにワラキア公ヴラド3世の家が今も残っている。

ヴラド3世は15世紀、ルーマニアワラキア公国の領主だった。トランシルヴァニア地方シギショアラに生まれ、父の通称ドラクル（ドラキュラ）を引き継いだのでドラキュラ公ともいう。「串刺し公」の異名をとるほど冷酷な統治者だったとされるが、一方でオスマン帝国による侵略からルーマニアを守ったという評価もある。

後世アイルランドの作家ブラム・ストーカーによって書かれた小説『ドラキュラ』に登場する主人公、ドラキュラ伯爵のモデルとされたのが、このヴラド3世。これがもとでトランシルヴァニアは吸血鬼伝説の街として世界的に知られるようになった。生家は現在、レストランになっている。

シギショアラ歴史地区に残るヴラド3世の居宅跡

ヴラド3世が要塞として使用したことから「ドラキュラ城」とも称されるトランシルヴァニアのポエナリ城に展示される串刺し処刑の人形

©Shutterstock.com

HISTORY

ヨーロッパ南東部に位置し、西部のトランシルヴァニア、南部のワラキア、北東部のモルダヴィアの3地方からなる。中央部にカルパチア山脈、トランシルヴァニア山脈が走っている。南部にはドナウ川が流れ、ブルガリアとの国境をなす。1世紀頃ローマ帝国に占領され、先住のトラキア系ダキア人とローマ人との混血が進みルーマニア人の原型となったといわれる。15世紀には、周辺諸国同様オスマン帝国の支配下におかれた。1881年ルーマニア王国が誕生、第1次大戦の結果、トランシルヴァニア公国を併合、大ルーマニア王国となった。その後、旧ソ連に占領されたが、民衆が決起、1945年民族民主戦線政府が成立した。47年王政を廃し、人民共和国を宣言。65年「ルーマニア社会主義共和国」に改称。以降、大統領となったチャウシェスクの独裁体制が続いた。89年反政府活動が拡大、デモが暴動にまで発展、チャウシェスク政権は崩壊した。暫定政権により同大統領夫妻は銃殺された。国名は「ルーマニア」に変わり、親欧米路線に転換、2004年にはNATOに加盟した。その後現在まで中道左派、中道右派の政権が次々と入れ替わり連立政権が続いている。

ルクセンブルク大公国

Grand Duchy of Luxembourg

- 面積　2586 km²
- 人口　59万人
- 首都　ルクセンブルク
- 通貨　ユーロ
- 宗教　大多数はカトリック

INDUSTRY　産業

ヨーロッパ有数の金融センターに躍進した理由

　イギリスのシンクタンク、Z/Yenが公表している「世界金融センター指数」（GFCI、2018年3月）によると、ルクセンブルクは21位と、大阪やパリをも凌ぐ規模となっている。国民総所得（GNI）ではアフリカのチュニジアとほぼ同じ額だが、チュニジアは人口が1153万人なのに対し、ルクセンブルクはたったの59万人（鳥取県人口が57万人）。だから右ページのグラフのように、1人あたりGDPが世界トップになってしまうのである。

　ルクセンブルクの所得の源泉は金融業だが、特に世界中の投資家からお金を集めて投資し、利益を分配する投資ファンドのヨーロッパにおける最大の拠点になっている。国別の対外直接投資額のランキングでも、ルクセンブルクは世界11位の316億ドル（2016年）と、その額はロシアよりも多いのだ。

　また、欧州ユーロ圏では最大規模の富裕層向け資産管理業（プライベート・バンキング）センターとしても知られ、世界およそ30カ国から150ほどの銀行がこの地に集結しているのだという。

世界の金融センターランキング　トップ25

1	ロンドン		14	シカゴ
2	ニューヨーク		15	ヴァンクーヴァー
3	香港		16	チューリッヒ
4	シンガポール		17	ロサンゼルス
5	東京		18	深圳
6	上海		19	ドバイ
7	トロント		20	フランクフルト
8	サンフランシスコ		21	ルクセンブルク
9	シドニー		22	ケイマン諸島
10	ボストン		23	大阪
11	北京		24	パリ
12	メルボルン		25	アブダビ
13	モントリオール			

（出典／The Global Financial Centres Index23 March2018）

HISTORY

　国名は「小さな城」を意味する。ベルギー、フランス、ドイツに囲まれた南北82km、東西57kmの小国。中世領邦国家の時代から領土が保全されてきたまれな例である。神聖ローマ帝国の一部としてアルデンス家のジクフソート伯が一帯を支配したのがこの国の始まり。以来、激動のヨーロッパ中世、近世をへて1839年に国家としての独立をも成し遂げている。しかし、1900年代に入ると隣国ドイツの侵攻にあい、第1次世界大戦中（1914～18年）と第2次世界大戦（1940～44年）で、ドイツに占領された。戦後は、ベルギー、オランダとベネルクス関税同盟（のちに経済同盟）を設立。

　EUの源流のひとつでもあるヨーロッパ石炭鉄鋼共同体の原加盟国。19世紀後半から鉄鋼業で栄えたが、70年代以降は税制優遇による海外金融機関の誘致に乗り出し、金融業を中心とする産業構造の転換に成功した。1人あたりGDP（国民総生産）でも世界トップクラス。

あの頃と今ランキング **1人あたり国内総生産（名目GDP）**

単位：USドル

2014年

国	金額
ルクセンブルク	116,560
カタール	97,519
ノルウェー	97,226
スイス	85,374
オーストラリア	62,290
デンマーク	61,294
スウェーデン	58,856
シンガポール	55,910
アメリカ	54,306
アイルランド	53,648

1990年

国	金額
デンマーク	25,317
日本	23,742
ルクセンブルク	22,473
アメリカ	22,089
カナダ	21,571
フランス	21,084
ベルギー	19,193
イタリア	18,980
オランダ	18,903
イギリス	17,136

1975年

国	金額
カナダ	7,429
デンマーク	7,381
アメリカ	7,337
オーストラリア	6,658
フランス	6,496
ベルギー	6,417
オランダ	6,350
ルクセンブルク	5,893
サウジアラビア	5,320
ドイツ	5,302

※国連 National Accounts Main Aggregates Database より作成

鳥取県ほどの人口で大国並みにお金を動かすルクセンブルク

©Shutterstock.com

アジア / アメリカ / ヨーロッパ / アフリカ / オセアニア

ロシア連邦

Russian Federation

- 面積　1710万 km²
- 人口　1億4680万人
- 首都　モスクワ
- 通貨　ルーブル
- 宗教　ロシア正教、イスラム教、仏教、ユダヤ教等

RESOURCE 資源

世界有数の化石燃料資源をどこに売る？

　世界有数の資源大国でもあるロシア。2014年統計から採掘可能量で主な資源の埋蔵量をみると、天然ガスが32兆6400億m³で世界1位、石炭が1570億1000万tで同2位、原油が1032億バレルで同6位。輸出額で見ると天然ガスは604億8400万USドルで世界2位、石炭は115億7760万USドルで同3位、原油が2705億6000万USドルで同2位となる。

　これほどの資源があっても、買い手がいなければ商売にならない。最大の輸出先だった欧州市場は米国のシェールガス革命による競争の激化と価格の低迷、また欧州自体の需要減で縮小傾向が著しい。

　その背景には2014年にクリミア半島の帰属を巡ってロシアとウクライナの間に生じた政治危機、いわゆるウクライナ問題がある。ロシアは欧州および米国からの経済制裁を受け、プーチン大統領の肝いりで進められてきた黒海経由のサウスストリーム・ガスパイプラインが頓挫した。その一方でロシアと中国を結ぶ天然ガスパイプライン建設が進められ、シベリアおよび極東の有望な石油・ガス産地の開発が行われるなど、化石燃料資源の輸出市場をアジアへと方向転換している。ロシアをめぐるエネルギー市場は大きく変貌せざるを得ない状況にあるといえる。

ロシア連邦タタールスタン共和国の油井　©vladimir salman / Shutterstock.com

HISTORY

　9世紀頃スウェーデン・ヴァイキングによって創られたノブゴロド王国がロシア最初の国家。その後、キエフ大公国として栄えたが、13世紀前半モンゴルの侵攻によりキプチャク汗国の支配下に。その後モンゴル軍を一掃、1480年モスクワ公国として独立。1547年イワン雷帝がツアー（皇帝）を宣言、専制政治を確立した。1613年以降ロマノフ王朝が君臨、18世紀前半ピョートル大帝のもとでロシア帝国が誕生。領土を極東にまで拡大した。しかし、専制政治と農奴制は近代化を遅らせ、革命へとつながる。1917年ロシア革命、レーニンの指導でソビエト政権が成立。22年に世界初の社会主義国家が誕生した。スターリンによる独裁支配のもと、重工業、農業集団化を推進、核実験成功でアメリカと並ぶ超大国へ。第2次世界大戦後、東西冷戦で中心的な存在となるが、85年ゴルバチョフによるペレストロイカ（改革）が始まると数々の問題が一挙に噴出、国内は混乱。91年、ソビエト連邦は消滅した。その後、エリツィン時代をへて後継に指名されたプーチンは「強いロシア復活」を旗印とした。分離独立を目指す地域への軍事制圧、言論の封殺など批判の高まりのなか、2008年には自ら大統領から首相の座に退き、腹心のメドベージェフが大統領に。12年4月再び大統領に就任、本格的プーチン時代の幕が開いた。

TABLE 食卓

キャビア目当てで乱獲　チョウザメの受難

カスピ海やアムール川に生息するチョウザメの卵を塩漬けにしたロシア名物キャビアは、「貴族のオードブル」とも称される、世界のグルメ垂涎の高級食材だ。

チョウザメには「ベルーガ」「オシェトラ」などの種類があり、それぞれに質と味覚が異なる。成熟までには短いもので8年、長いものでは20年を要し、腹を裂いて卵を取り出すため、乱獲にならないよう厳しい漁獲管理が必要とされる。

ところがソ連崩壊以後、高値で取引きされるキャビアを目的にチョウザメ類の不法な乱獲が横行、絶滅の危険に見舞われた。2006年、絶滅危惧種の取引きを規制する国連のワシントン条約事務局がその状況を重くみて、カスピ海産キャビアの国際取引きは当面禁止となった。

そのためチョウザメの養殖が行われるようになり、現在は養殖ものに限って禁輸措置は解除された。だが高価なものでは小瓶で5万ドルもの高値がつくことから、依然として天然チョウザメ類が密猟の危機にさらされている。

ロシア名物のキャビア
©vvoe / Shutterstock.com

国土面積ランキング

順位	国名	面積（km²）	日本の何倍？
1位	ロシア	17,098,242	45倍
2位	カナダ	9,984,670	26倍
3位	アメリカ	9,629,091	25倍
4位	中国	9,596,961	25倍
5位	ブラジル	8,514,877	23倍
6位	オーストラリア	7,692,024	20倍
7位	インド	3,287,263	9倍
8位	アルゼンチン	2,780,400	7倍
9位	カザフスタン	2,724,900	7倍
10位	アルジェリア	2,381,741	6倍
	日本	377,944	

※国連 Demographic Yearbook system 参照

主要都市人口ランキング

順位	都市名	国名	人口（千人）
1位	北京	中国	19,610
2位	上海	中国	14,349
3位	イスタンブール	トルコ	14,160
4位	ブエノスアイレス	アルゼンチン	13,339
5位	ムンバイ	インド	11,978
6位	モスクワ	ロシア	11,918
7位	サンパウロ	ブラジル	11,153
8位	ソウル	韓国	10,008
9位	デリー	インド	9,879
10位	リマ	ペルー	9,736

※同上参照（人口データは2014年以前のものも含まれます）

ジブラルタル

Gibraltar

- 面積 6.5 km²
- 人口 2万9000人
- 通貨 ジブラルタル・ポンド
- 宗教 カトリック

TRAFFIC 交通

一般道を突っ切り、遮断機が降りる滑走路のある空港

空の玄関として、立派なジブラルタル空港がある。現在は旅客機が離発着しているが、もとはナチスドイツの台頭でヨーロッパが不穏となってきたために軍用としてイギリスが備えた空港だった。

スペインとの国境付近にあるこの空港の滑走路は国境沿いにつくられており、用地が不十分なため、半島を完全に横切って、一部が海に突き出している。すぐ南側はジブラルタル海峡を挟んで、アフリカ大陸のモロッコである。この空港、ネパールのテンジン・ヒラリー空港などと並んで世界でも離発着が難しいことで知られている。

何といっても、滑走路に踏み切りがあることだ。一般道と滑走路が平面交差しているのだ。ジブラルタルと陸側のスペインを結ぶウィンストン・チャーチル・アベニューの上空を、低空で飛行機が横切っていく。そのため、航空機の離発着時は警報機が鳴り、踏み切りに遮断機が下りて車両も歩行者も通行できなくなる。

もう1つは、ジブラルタル名物の「ザ・ロック」という岩山の存在だ。この空港ではザ・ロックの崖の横にある滑走路へ進入しなければならない。それだけでも際どいのに、着陸後、飛行機は狭い滑走路内でUターンして走行して戻ってこなければならない。その間、ほかの航空機は離発着できない。すべては狭すぎるゆえである。

ジブラルタルの全景　　©Government of Gibraltar Press Office

HISTORY

ジブラルタルは、1713年にユトレヒト条約の締結によってイギリス領となったイベリア半島の南端の町である。イベリア半島の南東端に突き出した半島に位置し、対岸のアフリカ大陸のモロッコとの間がジブラルタル海峡である。ジブラルタル海峡は、大西洋と地中海をつなぐ要衝である良港のため、軍事的に重要な意味合いを持ち、イギリス海軍の拠点となっている。長期間、スペインとイギリスが統治権をめぐって対立してきたが、2006年9月、航空・通信などの分野でイギリス・ジブラルタル・スペインが合意した。現在、査証（ビザ）は原則的にイギリスと同じ規定となっている。ジブラルタルはタックスヘイブン（租税回避地）として知られ、ジブラルタル以外で発生した収入や銀行預金などには税金がかからず、銀行取引の内容は法律によって秘匿されるため、世界中の企業がこの地に法人を設立している。ほとんどが石灰岩で占められて平地部が少なく、農耕などには不向きな地であるため、ジブラルタル政府は、年度ごとの法人継続手続き手数料を収入源としている。

スヴァールバル諸島

Svalbard archipelago

面積	6万2000 km²	通貨	ノルウェー・クローネ
人口	1872人	宗教	プロテスタント（ルター派）、ロシア正教
政庁所在地	ロングイェールビーン		

SCIENCE 科学
現代版「ノアの方舟」計画がこの島に

　北極点から1300kmという距離にあるこの島には、現代版の「ノアの方舟」ともいえる巨大施設、スヴァールバル世界種子貯蔵庫がある。

　もともとこの島では石炭を採掘していたことがあり、地中深くまで炭坑が掘られていた。その坑道跡を利用してノルウェー政府が自国固有の植物の種子を保存する計画が進められてきたが、全世界の植物の遺伝子を後世に残すべく、同国政府や国際機関であるグローバル作物多様性トラストなどが莫大な資金を投じて世界種子貯蔵庫が2008年に完成した。

　施設内は種子を長期間維持できるようマイナス18度に保たれ、地球温暖化による海面上昇の影響を避けるため海抜130m以上に設置されている。これまでに世界のほとんどの国から約86万種の種子を収集し、今後もさらに集め続ける予定だという。

　世界的に農業は生産性が追求されるため、単一品種に偏りがちで、農作物の多様性が失われているという現実がある。その多様性を守ることと、世界各地にある種子バンクが戦争などの影響で維持できなくなり、貴重な固有の種子が失われるケースがあるのでそのバックアップ機能も目指すのだという。

種子貯蔵庫のあるロングイェールビーン

HISTORY

　スヴァールバル諸島は北極圏のバレンツ海にある群島で、ノルウェーの領土である。人が定住する最北地点だ。諸島の約3分の2は年間通して氷に覆われている。1194年にヴァイキングが発見したが、島の存在が広く知られるようになったのは16世紀末から17世紀初頭にかけてのことである。1596年にオランダ人の探検家バーレンツが諸島の中心のスピッツベルゲン島に上陸。1610年にイギリスの捕鯨家が捕鯨の可能性を報告。10年代前半に、オランダ、バスク、フランス、デンマークが捕鯨拠点を設置した。発見当初より地理的にグリーンランドの一部と思われており、ノルウェーの領有地と認識されていたが、誤認と知ったイギリスが15年に領有を宣言。ノルウェーは領有を明言してはいなかったが、イギリスの宣言は国際的には認められず、「なんとなくノルウェーの領地」というあやふやな認識のもと、各国は捕鯨を続けていた。1920年に正式にノルウェー領と認めるスヴァールバル条約が結ばれた。日本を含め2012年現在41ヵ国にのぼる条約締結国は、ノルウェー国民と同様に無期限で島に滞在したり土地所有や営利事業活動ができる。

チャネル諸島

Channel Islands

面積 180 km² 人口 14万7000人 通貨 イギリス・ポンド、ジャージー・ポンド、ガーンジー・ポンド
政庁所在地 セント・ヘリア（ジャージー島）、セント・ピーター・ポート（ガーンジー島）
宗教 キリスト教（イギリス国教会、カトリック）

INDUSTRY 産業

「イギリス王室の島」のタックス・ヘイブン

　地理的にはフランス本土が見えるほどの海上に浮かぶチャネル諸島は、まぎれもなくイギリス女王が国家元首を務めるイギリス王室属領であり、イギリスがその外交および国防に関して責任を負っている。

　内政に関してはイギリス議会の支配を受けず、行政区分はジャージー島を主とするジャージー管区とガーンジー島を主とするガーンジー管区に二分され、それぞれが独自の議会と自治政府を有し、イギリス本国とは別に独自の紙幣と硬貨を発行するとともにパスポートも独自のものを発給している。また、イギリスの国内法上は連合王国には含まれず、欧州連合にも加盟しておらず、イギリスの法律や税制、欧州連合の共通政策は適用されない。第二次世界大戦後、行政の主導で農業と観光への依存からの脱却を図り、経済の多様化を目指す試みが行われた結果、特に金融サービス部門が成長を遂げた。

　同島は法人税と相続税が0％であることから租税避難地（タックス・ヘイブン）として有名であり、無数のペーパー・カンパニーが拠点を置いたり、富裕層がほかの地域から移住してくるケースが少なくない。また機密保護法の規定によって、個人情報は保護されている。しかし、近年は各地域とも産業基盤を拡大し、金融サービス頼みの経済から脱却をはかる。例えばオルダニー島には、有望な電子ゲーム産業の誘致に成功している。

ガーンジー島の中心地セント・ピーター・ポート　©Shutterstock.com

HISTORY

　イギリス海峡のフランス側、コタンタン半島西の沖合に位置する。ジャージー島、ガーンジー島、オルダニー島、サーク島、ハーム島の5島と付属の島で構成される。イギリスの王室属領だが連合王国には所属しない。自らの憲法と法律を有し、連合王国の法律は適用されない。ジャージー島とガーンジー島はそれぞれ独自の通貨と郵便切手を発行しているが、イングランド銀行やスコットランド銀行発行の通貨も流通する。ヴァイキングの首領ロロがフランス王からノルマンディー公爵に任命され、チャネル諸島は933年にノルマンディー公国の領地に編入された。1066年、ノルマンディー公がイングランド王になるとともにイングランド王の所領となる。1204年にはイングランド王とノルマンディー公が分離したが、ひき続きイングランド王の領地とされた。54年には王室の個人領地となり、連合王国には所属しないまま現在まで続いている。第2次世界大戦中の1940年から45年はドイツ軍に占領された。経済はタックス・ヘイブンで支えられている。

フェロー諸島

Faroe Islands

面積	1400 km²
人口	5万196人
政庁所在地	トースハウン（ストレイモイ島）
通貨	クローネ
宗教	プロテスタント（ルター派）

NATURE 自然

ヴァイキングからの伝統的捕鯨漁

　デンマーク領だったこの島は、本土から遠く離れているうえに気候も厳しく、文化や人の交流がないまま自給自足的生活を送ってきた。

　その1つに独特な捕鯨漁がある。老いも若きも島の男たちが総出で出猟する。ゴンドウクジラの群れを見つけると、多数のボートでクジラを湾に追い込んでいく。打ち上げられたクジラは、ナイフで脊髄および脳へ繋がる大動脈を切断してとどめを刺す。これが何百頭という群れに対して行われるのだから、あたり一面は血の海と化す。さすがに北欧の海を制したヴァイキングの末裔。それを実感させる勇壮な漁だ。

　これを世界の動物愛護団体が見過ごすはずがない。フェロー諸島からの輸入品を扱う店にボイコットを呼びかけ、この島の鯨漁を「残酷なスポーツ」「世界最大のクジラの虐殺」などとし、漁そのものを根絶させようとする。

　もちろんこの島の捕鯨は非商業的行為として国際捕鯨委員会から認められている。地域社会に鯨の肉や脂肪を平等に供給するための捕鯨なのである。古代スカンジナビアには海の民ヴァイキングがおり、その一部がこの島に移住したのは1000年以上前のこと。彼らは海洋哺乳類を狩猟する伝統を持ち、フェロー諸島の捕鯨は彼らが島に住み着いてからまもなく始まったと考えられている。この捕鯨漁の記録は1584年から残っており、野生動物の捕獲に関する最も長期にわたる完全な統計資料でもある。

　ゴンドウクジラは2012年現在77万8000頭ほど棲息していると推定されているが、島での平均年間捕獲量は約850頭だ。フェロー諸島の捕鯨は、その棲息を脅かしているものではないと判断され、島の伝統文化として認められている。

1年の大半が厚い雲に覆われるフェロー諸島の風景
Photo by Pall Steffansson　©visitfaroeislands.com

HISTORY

　フェロー諸島は、スコットランドのシェトランド諸島およびノルウェー西海岸とアイスランドの間にある北大西洋の18の島々からなるデンマーク自治領である。島は海底火山帯の一部が海面に姿を現したもので、島全体が溶岩でできている。地形は険しく荒涼とした岩場が多い。海岸は崖が多くフィヨルドが見られる。近海に流れる暖流のメキシコ湾流の影響で、高緯度のわりに気候は比較的温暖で、海岸では冬の平均気温が3度であり、氷点下5度になることは少ない。しかし1年の3分の2は雨、霧、雪である。強風が吹きつけるため樹木がほとんど育たない。ノルウェー人かヴァイキングが9世紀にこの地に最初に住み着いたとされるが、それ以前にアイルランドの修道士が修道院を築いていたようである。1035年にノルウェー王国の統治下となったが、1536年、デンマーク統治下に入った。1948年には自治政府が成立した。フェロー諸島は中世から20世紀初めにかけて文化的に大陸から孤立していたため、独自の文化が築かれた。とくに言語は、古い北欧語の特徴を残している。

マン島

Isle of Man

面積	570 km²
人口	8万7545人
政庁所在地	ダグラス

| 通貨 | マンクス・ポンド |
| 宗教 | イギリス国教会、カトリック |

TRAFFIC 交通

昔ながらの蒸気機関車が健在

　マン島はグレートブリテン島とアイルランド島に囲まれたアイリッシュ海の中央に位置し、まず思い浮かぶのは1907年から開催されているオートバイ競技「マン島TTレース」だろう。しかし、現地を走る鉄道の歴史はさらに古く、19世紀に敷設されたもので、蒸気機関車はもちろん、電車や登山鉄道も1世紀を越えて運行されている。

　政庁所在地ダグラスからポート・エリンを結ぶIsle of Man Steam Railwayと呼ばれる鉄道（約25km）は1874年に開通したもので、冬季を除き、蒸気機関車に乗って田園風景や海岸線など風光明媚な景観を眺めることができる。

　1893年開通の電車（Manx Electric Railway）はダグラスからラムジーまでを1時間15分ほどで走る。1895年完成の登山鉄道Snaefell Mountain Railwayは標高約621mのスネーフェル山頂駅まで30分ほどで運んでくれる。

　天候に恵まれればイングランドやスコットランド、ウェールズ、アイルランドなど爽快な眺めを満喫できる。

マン島を走る蒸気機関車　　　　©Shutterstock.com

HISTORY

　イギリスとアイルランドの間、アイリッシュ海にある島。ケルト人が居住した島で、ケルト文化の影響を受けた独自のマンクス語が19世紀まで使用されていた。8世紀頃、ヴァイキングが侵攻するようになり、その活動拠点に。その後ノルマン人ゴドレッドがマン島に王朝を興し、ノルウェーに服属するが、イングランドなどの勢力伸長などもあり、1265年、マン島最後のノルマン人王の死を契機にノルウェーがマン島をスコットランドに割譲。1333年、イングランド王エドワード3世がマン島を併合する。イギリス政府が1765年にマン島の統治権を購入し、1828年にイギリス王室自治領。イギリス王室が統治責任を負い、外交・防衛はイギリス政府が担う。優遇税制を導入し、金融、商業センターに発展した。また、マン島といえば、1907年から始まったオートバイの「マン島レース」で世界的に知られている。

ヤンマイエン島

Jan Mayen

面積 373 km²
人口 定住者なし

NATURE 自然
定住者なき活火山島

ヤンマイエン島は、ユーラシアプレートの一部であるヤンマイエンプレートの上にあり、標高2,277mの活火山、ベーレンベルク山を擁する細長い火山島である。ノルウェーのヌールラン県の一部だが、本土からは約950km離れた孤島であり、レーダー基地の航空管制要員と気象観測施設の職員がオロンキンビエンという集落に駐在するのみ。

ベーレンベルク山周辺は氷河に覆われ、島内には南にセルラグーナ、北にノルドラグーナ、そしてウレレングラグーナの3つの潟湖がある。周辺海域は豊かな漁場であり、また石油・天然ガスを埋蔵している。夏季には、黒い溶岩台地に緑の苔や高山植物が生え、島を訪ねるツアークルーズもある。

荒涼としたヤンマイエン島の海岸　　©Shutterstock.com

HISTORY

アイスランドの北北東約500km、北大西洋の一部とされるノルウェー海のほぼ中央に位置するノルウェー領で、氷河に覆われている活火山島。最高峰はベーレンベルク火山で標高2277m。ノルウェーの属領として扱われ、1995年からはヌールラン県の一部となった。最も近いノルウェー本土から約950km、アイスランドからは約600km、グリーンランドから約500km離れている。1607年から08年にイギリスの航海者ヘンリー・ハドソンが発見したとされるが、17世紀初頭、各国の捕鯨船により複数者によって"発見"されており、いずれが最初かは不明。島名は14年に捕鯨基地を設けたオランダの船長ヤンマイエンにちなむ。1922年に気象研究所を設けたノルウェーが島を併合し、30年にはノルウェー領。ノルウェーとグリーンランドは漁業権および天然ガスなどの採掘権をめぐり争ってきたが、93年に国際司法裁判所が双方に妥協を促した。島には気象台とレーダー基地があり、ノルウェー軍と測候所の要員が駐在しているだけで民間人は居住していない。

アルジェリア民主人民共和国

People's Democratic Republic of Algeria

- 面積　238万km²
- 人口　3967万人
- 首都　アルジェ
- 通貨　アルジェリアン・ディナール
- 宗教　イスラム教スンニ派

PERSON 人
アルジェリア生まれの世界的著名人

　アルジェリアは100年以上もフランスの植民地だったため、今もそのつながりは深く、アルジェリアで生まれながらもフランスへ渡って活躍する人物は多い。

　世界的な著名人としてはまず、クリスチャン・ディオールに見いだされ、ファッション・デザイナーとして一世を風靡したイブ・サン＝ローラン（1936〜2008年）がいる。彼はアルジェリア第二の都市オランの生まれで、亡くなった後もイブ・サン＝ローランのブランドは世界的な人気を博している。

　"ミスター・チョコレート"の異名をもち、ニューヨークでパティシエ（洋菓子職人）として活躍するジャック・トレスもそう（アルジェ生まれ）。トレスのチョコレートは世界的に有名で、日本でも多くのファンをもつ。

　アルジェリア出身者で忘れてはならないのが、1957年にノーベル文学賞を史上2番目の若さで受賞した、『異邦人』『ペスト』などの作品で知られる小説家のアルベール・カミュ（1913〜1960年）だろう。カミュは地中海に面する北東部の都市ドレアンに生まれ、アルジェ大学を卒業してジャーナリストから作家の道へと進んだ。アルジェ大学在学中にサッカーチームのゴールキーパーをつとめていたことから、ノーベル賞受賞者のなかで唯一のゴールキーパー経験者だと、アルジェリアでは語られている。

NATURE 自然
国土面積はアフリカ最大でも8割が砂漠

　2011年に南スーダンがスーダンから分離独立したため、国土面積はアフリカ最大（世界では10番目）になった。広大なアルジェリアではあるが、国土の8割以上がサハラ砂漠に覆われているため、国民のほとんどが地中海沿岸地域に居住している。燕麦（オートムギ）の生産量はアフリカでトップだが、農業可能な土地が限られているため、輸出品目の9割以上を天然ガスと石油が占める。

HISTORY

　北アフリカ北西部に位置するイスラム国家。紀元前8世紀頃チュニジアに興ったカルタゴの支配下に入り、次いでカルタゴを滅ぼしたローマ帝国の支配下になった。5世紀にはヴァンダル王国、6世紀にはビザンツ帝国に征服されたが、7世紀に入るとアラブの大征服に呑み込まれ、先住民ベルベル人のイスラム化が進んだ。11〜13世紀にはムワッヒド王朝のベルベル系王朝のもとでスンニ派が浸透、今日の宗教的背景が形成された。16世紀、オスマン帝国が侵出、マグリブ地域を支配するためにアルジェ州をおいたが、これが現在の領域の基礎となった。1830年にはフランスが侵出してその植民地となった。36年にはアブト・アルカーディルが指導する対仏抵抗運動が起こるが16年続いて鎮圧された。第2次世界大戦後の1954年独立戦争が起こり、62年に独立を達成、FLN（国民解放戦線）のもとで社会主義体制へ。89年に複数政党制に移行するも90年代は軍事クーデターやイスラム過激派によるテロで治安が悪化。2011年には19年ぶりに国家非常事態宣言が解除され、民主化や経済改革が進められている。13年、同国イナメナスの天然ガス施設を武装集団が襲って多数の人質を拘束、日本人10人を含む39人が死亡する事件が発生した。

アンゴラ共和国

Republic of Angola

面積	124万7000km²
人口	2881万人
首都	ルアンダ
通貨	クワンザ
宗教	キリスト教（カトリックが主流）、伝統宗教

BEST IN THE WORLD 世界一

ハンバーガー１個20ドル！？　世界一の物価高

　海外居住者にとって世界一物価が高いと感じる都市はどこか？ ロンドンを拠点とする国際コンサルティング企業のマーサー社が毎年発表している「世界生計費調査－都市ランキング」（2015年）で、堂々の１位はアンゴラの首都、ルアンダである。同社の調査によればルアンダの首位獲得は３年連続となり、ちなみに物価高で知られる東京は世界で11位（2015年。前回は７位）だ。

　ファストフードのハンバーガーが１個20ドル、ジーンズが１着250ドル。家具なしで寝室２つのマンション１部屋を借りようとすると、１カ月の家賃が6000ドル以下では見つからない。

　このような物価高の理由は、日用品の大半を輸入に依存しているためだ。また治安も悪く、駐在外国人は警備システムがしっかりした高額のマンションに住まざるをえない。アンゴラは現在、アフリカではナイジェリアに次ぐ第２位、世界でも十指に入る原油輸出国となり、世界中から石油業界の関係者が働きにきている。つまりルアンダの物価高とは、こうした駐在外国人たちの特殊な生活状況を反映したものなのである。

　一般的な地元アンゴラ人の生活レベルはいたってささやかである。2014年のアンゴラの１人あたり国内総生産は5300ドル程度で、6000ドルのマンションなどには１カ月も居住できない。

　世界銀行が公表する収入の不公平ランキングによれば、アンゴラは世界第７位。アンゴラ国民の間にも、大きな格差が広がっていることがわかる。独立から度重なる内戦を経て、ようやく終戦にたどり着いたのが2002年のこと。ようやく戦争の傷跡から立ち直り、石油という資源に頼りながら政府は中国との接近で開発を進めている。

HISTORY

　アフリカ南部の大西洋に面し、国土の３分の２は標高1000～1500m級の高原である。15世紀からポルトガルの植民地となったが、1884～85年のベルリン会議でポルトガル領となった。今日でもポルトガル語が公用語になっているのはこうした事情による。第２次世界大戦後の1960年代に独立運動が起こり、それぞれの勢力に東西両勢力が介入した。結果はソ連とキューバが支援したアンゴラ解放人民運動（MPLA）が勝利し、75年11月独立した。しかし、南アフリカとアメリカが支援するアンゴラ全面独立民族同盟（UNITA）は新政権に不満を抱き、内戦が続行された。レイキャヴィク会談やエストリアル合意をへて、16年間の内戦は終結し、アンゴラ共和国となったが、大統領選挙での不正をただそうとしてUNITAが反発、再び内戦となった。途中国連が介入したが、完全に内戦が終結したのは、UNITA議長サビンビ死去（2002年）の後だった。08年初の総選挙ではMPLAが大勝し、10年新憲法を公布。石油、ダイヤモンドの輸出で近年高い経済成長を維持してきた。

ウガンダ共和国

Republic of Uganda

面積	24万1000 km²
人口	4149万人
首都	カンパラ
通貨	ウガンダ・シリング
宗教	キリスト教60%、イスラム教10%、伝統宗教30%

INCIDENT 事件
アクション映画のようなハイジャック人質救出作戦

　1976年6月27日、アテネを飛び立ったパリ行エールフランス139便が、突然進路をリビアのベンガジに変更した。パレスチナ解放人民戦線の分派と西ドイツのテログループ「革命細胞」の4人組により同機はハイジャックされ、その後ウガンダのエンテベ国際空港に着陸した。

　ハイジャック犯はイスラエルに服役中のパレスチナ人テロリストの釈放を要求し、それがかなわない場合は人質の殺害を予告した。機内の256人の乗客は、イスラエル人、ユダヤ人以外は解放されたが、乗務員は自らの判断で人質として残った。

　この時、ウガンダのイディ・アミン大統領は、西側諸国や近隣諸国と関係が悪化していて反イスラエルの政策をとっており、実質的にはハイジャック犯を支援した。しかし、エンテベ国際空港に現れたアミン大統領は会見場のテレビカメラの前で、イスラエル政府との交渉について言及し、中立の立場を装った。

　イスラエルのラビン首相は、あらゆる交渉手段を試みるが功を奏さず、人質の家族からの圧力や時間的な制約があり、テロリスト釈放を検討し始めた。こうした状況下、ラビン首相は軍事作戦による解決を模索し、イスラエル軍に救出作戦「サンダーボルト作戦」を指示した。

　7月3日、対テロ特殊部隊を含むイスラエル兵100人以上を乗せた輸送機がサウジアラビアの上空を避け、ウガンダへ向かった。途中のエチオピア上空飛行中に最終的な作戦決行の指示が出された。

翌日午前1時、秘密裏にエンテベ国際空港に着陸したイスラエル機からは、ウガンダ高官用の車に偽装したベンツ600とランドローバーが現れ、人質が拘束されている空港ターミナルビルへと向かった。

　ベンツをチェックしようとしたウガンダ軍兵士にイスラエル兵が発砲し、銃撃戦が始まった。テロリストは殺され、人質を誤射で3人失ったが、53分で作戦は終了し、他の人質は全員無事救出された。

　映画のような作戦が成功した理由には、解放された人質から現場の情報が得られたことと、エンテベ空港を建設したイスラエルの会社から空港の図面を入手し、構造をしっかりと把握できたことなどがあげられている。その後BBC（英国放送）は、イギリス政府公式文書の内容を報道し、この事件の裏にイスラエルの諜報機関が関与していた可能性を伝えている。

HISTORY

　アフリカ東部の内陸部に位置し、国土は海抜900m以上の台地が大部分を占め、ヴィクトリア湖など大きな湖が多い。16世紀初頭にはブニョロ、ブガンダ、アンコーレ、ルワンダなど湖の周辺に諸王国が成立し、そのうちヴィクトリア湖北西岸のブニョロ王国は17世紀中頃が最盛期。ブガンダ王国はザンジバルとの交易で19世紀に繁栄した。19世紀後半よりキリスト教宣教師が渡来、1890年にはイギリス東アフリカ会社の統治をうけた。1894年、イギリスがブガンダを保護領とし、しだいに統治範囲を現在のウガンダ全域に広げた。1962年10月9日、4王国連邦のかたちで独立、ブガンダ王が大統領に就任した。66年オボテ首相がクーデターでブガンダ王を追放、共和制に移行した。71年、アミン軍総司令官がクーデターで大統領に。その後の独裁下で経済、医療などの社会インフラが破綻した。79年タンザニア軍の支援をうけたウガンダ民族解放戦線がアミンを追放。86年にムセベニが大統領に就いてから内政が安定し、高い経済成長を続けている。

エジプト・アラブ共和国

Arab Republic of Egypt

- 面積 100万 km²
- 人口 9304万人
- 首都 カイロ
- 通貨 エジプト・ポンド
- 宗教 イスラム教、キリスト教（コプト教）

INDUSTRY 産業
スエズ運河拡張に寄せられる期待と不安

　かつてヨーロッパとアジアの海運はアフリカ大陸を大きく迂回しなければならなかったが、地中海と紅海を結ぶスエズ運河の開通（1869年）は、このルートを一気に短縮した。その総通行量はパナマ運河をしのぎ、年間50億ドルに達する通行量収入はエジプトにとって重要な収入源になっている。2014年よりエジプト政府は、一方通行だった運河を拡張して双方向通行を可能にする「新スエズ運河」の建設を計画。この工事ではピラミッド200個分の土が掘り出されたそうで、5年の工期を短縮して1年で完成させ、2015年8月から運用が始まった。エジプト政府は通行料収入の倍増に期待を寄せるが、懸念もある。スエズ運河によって1000種を超える外来種が地中海に侵入し、その生態系に影響を与えてきたことがわかっており、新運河がさらに拍車をかけるのではと心配されているのだ。また、西側メディアには運河拡張が軍部主導で進められた実態から、今後エジプトで軍部の影響が強まり、「アラブの春」以来進んだ民主化が遠ざかるのではないかという見方もある。

PERSON 人
エジプト映画界の顔、逝く

　世界的な大ヒットとなった名画『アラビアのロレンス』(1962年作)で、ベドウィン族長アリを演じハリウッドデビューを果たし、アカデミー助演男優賞候補になった往年の名優オマール・シャリーフが2015年7月、カイロの病院で亡くなった（享年83）。『ドクトルジバゴ』(1965年) での主演で世界中の女性の心をつかんだシャリーフは、1週間に3000件の結婚のプロポーズがあったという伝説を残す。ジュリー・アンドリュース、バーブラ・ストライザンドなど数々の名女優との共演を果たし、ハリウッドで成功した数少ない中東出身の俳優だった。アレクサンドリアの材木商に生まれ、ロンドンの王立演劇アカデミーで演劇を学んだ。イスラム教徒のエジプト人女優との結婚のためキリスト教徒からイスラム教徒に改宗。世界選手権に出るほどのコントラクトブリッジ（カードゲーム）の腕前で、本も出版していた。

ギザのピラミッド。背景にカイロの町が見える
写真提供：中野智明

HISTORY

　アフリカ大陸の北東端、北は地中海、東は紅海に臨む。南北に貫流するナイル川の流域と河口デルタ地帯以外はほとんど砂漠。しかし、ナイル川の氾濫がもたらす肥沃な土壌によって豊かな農業生産を誇り、世界の四大文明の1つを生み出した。紀元前6000年まで歴史を遡ることができるといわれるが、紀元前3000年頃にメネス王が第1王朝を成立、三大ピラミッドが建設され、この間に30におよぶ王朝が興亡した。その後、前525年のペルシャの侵攻以後はローマ、イスラム、オスマン帝国と支配は続き、1882年英国の軍事占領をへて、1922年王制のもと独立を達成。52年ナセルの率いる自由将校団のクーデターをへて71年共和制へ移行、73年の第4次中東戦争でイスラエルからスエズ運河を奪還、79年アメリカ、イスラエルとの平和条約調印後、81年サダト大統領が暗殺された。以後はしばらくアラブ世界で孤立したが、対米関係やイスラエルとアラブ諸国との調整役を務めていた。2011年にはチュニジアのジャスミン革命に触発された反政府運動が拡大、ムバラク大統領が辞任、30年の独裁体制が崩壊した。

ムバラク元大統領の退陣を祝って頬に国旗をペイントした女性

エチオピア連邦民主共和国

Federal Democratic Republic of Ethiopia

- 面積　109万7000km²
- 人口　1億240万人
- 首都　アディスアベバ
- 通貨　ブル
- 宗教　キリスト教、イスラム教ほか

CULTURE 文化
1年が13カ月の不思議なエチオピア歴

　この国だけで用いられるエチオピア歴は少々変わっている。1年間の日数は日本も含めて世界で使われるグレゴリオ歴と同じだが、元旦の1月1日はグレゴリオ歴の9月11日から始まる。新年を祝う黄色い花を摘んだ女の子たちが近所を回り、お年玉をもらうのが恒例の行事だ。

　さらに、1年は13カ月もある。というのは1月から12月までの月を30日で固定し、端数の5〜6日分を13月とする暦なのだ。時間も日の出午前6時が1日の始まりとするため、一般的な午前7時は「午前1時」。国内はエチオピア歴で物事が回るため、現地でエチオピア人と約束をするときは注意が必要だ。

　おまけにエチオピア歴はグレゴリオ歴より紀元が約7年遅れている。これは同国正教会とローマ教会でキリスト生誕の年に関する解釈が異なっていることによる。エチオピアにキリスト生誕の話が遅れて伝わったことが理由とされている。

TRAFFIC 交通
サブサハラ初の市電が開通

　首都アジスアベバの中心地に、中国の援助でサブサハラ初の市電が2015年9月、開通した。

　今やエチオピアはアフリカ第2の人口大国で約1億人が暮らす。増大する人口と車の増加で、首都の交通渋滞は悪化する一方だった。以前はバスか乗り合いタクシー以外に公共交通機関がなかったため、渋滞に関係なく利用できる市電の登場は市民生活を大きく改善することになった。

　市内はどこを見ても新しいビル建設のラッシュ。アフリカ最大規模のダムや風力発電も設置され、近隣諸国へ電力を供給する準備も進んでいる。

アジスアベバに開通した市電

新年を祝うエチオピアの女の子　写真提供：中野智明（上下とも）

HISTORY

　アフリカ大陸北東部の内陸国。国土の4分の1が2000mの高地。紀元前10世紀頃に既に奴隷制の王朝がつくられていたアフリカ最古の国家。4世紀にキリスト教伝来、イスラム教との争いが続く。19世紀になってテオドル2世王が再統一、1931年ハイレ・セラシエ皇帝が立憲君主制を復活したが、36年イタリアに占領される。その後主権を回復、近隣のエリトリアを併合した。74年軍事クーデター勃発、帝政が廃止され、メンギスツ独裁政権が発足。エリトリアとの分離独立、ソマリア軍との紛争で80年代には100万人が難民として流出した。87年民政移管宣言をしたが、94年独裁は崩壊。連邦民主共和国と改称、2000年エリトリアと包括的和平に合意。国際的非難を浴びたソマリア侵攻も撤退した。農業を核としながら工業化にも力を入れており、25年までの中所得国入りを目標とする。

エリトリア国

State of Eritrea

- 面積 11万7600km²
- 人口 495万人
- 首都 アスマラ
- 通貨 ナクファ
- 宗教 キリスト教、イスラム教ほか

SPORT スポーツ
世界的選手を輩出する自転車競技王国

　首都アスマラは、標高2400mの高地にある。エリトリアがまだイタリアの植民地下にあった1930年代、ムッソリーニ政権がこの都市を「リトルローマ」として開発した経緯があり、今でもその時代に造られたイタリア建築が数多く残る。

　港があるマサワへ向かって車を走らせると、標高差のある曲がりくねった道を次から次へと走ってくるサイクリストに出会う。エリトリアに自転車が初めて持ち込まれたのは19世紀末。イタリアの影響で自転車は盛んになり、エリトリア人のサイクリストクラブがまもなく結成された。イタリア統治下の1939年に開催された自転車レースで、エリトリア人のゲブレマリアム・ゲブルがイタリア人選手を数人破る快挙を成し遂げ、支配国イタリアへの劣等感を覆した。

　現在、自転車競技はエリトリアの国技ともいえるスポーツとなり、国民はレースに熱狂する。ロードレースの国際舞台として有名なツール・ド・フランスに2015年、初めて南アフリカを中心としたアフリカチームが出場し、エリトリアからも2名が参加した。彼らは世界の強豪を相手に、総合で5位に食い込む健闘をみせた。なかでも急な坂道を上るコースで、エリトリアのダニエル・テクレハイマノットは圧倒的な強さをみせ、一躍世界にその存在とレベルの高さを示すこととなった。

首都アスマラ市内で、レースに参加するサイクリスト

写真提供：中野智明

HISTORY

　アフリカ北東部にあってエチオピア、スーダン、ジブチと接する、紅海にのぞむ狭い海岸平野と高原地帯からなる細長い国。かつてはオスマン帝国の支配をうけていたが、エジプトをへて1889年イタリアの植民地となり、正式の国名となった。1936年イタリアがエチオピアを併合、次いで41年以後は英国軍が占領。52年エチオピアと連邦を結成するも、自治権を奪われる。以来エリトリア解放戦線（ELF）が独立戦争を始め、エリトリア人民解放戦線（EPLF）が取って代わりつつエチオピアの反政府組織と共闘して、93年独立した。30年に渡る独立戦争で兵士16万人、市民4万人が死亡、250万人が飢餓に瀕し、約75万人の難民が流出した。98年からは再びエチオピアとの国境紛争が激化、2000年には平和協定議定書に調印した。大統領の独裁、国境線の緊張関係など、問題が山積している。紅海に面した良港もあるが、国土は荒廃、飢餓も発生し、世界の最貧国の1つである。

ガーナ共和国

Republic of Ghana

面積	23万8537km²
人口	2812万人
首都	アクラ
通貨	ガーナ・セディ
宗教	キリスト教69%、イスラム教15%、伝統信仰9%

CULTURE 文化

ロマンチックな？ 「ファンタジー棺桶」はいかが

　ガーナ人にとっての葬式とは、死者に対して喪に服す場であると同時に、生前の人生をお祝いする機会でもある。彼らは祖先が現世に生きる人々に大きな影響を与える存在であると信じており、丹念な葬式を執り行い、盛大に祝うことで、亡くなった人の善行を確実なものにするのだ。

　古くは部族長などの葬式で、彫刻の施された棺に遺体を入れて埋葬する風習があったそうだが、それがどう変化したのか、20世紀中ごろから首都アクラ周辺のガ族と呼ばれる部族の間で、生前漁師だったら魚の形をした棺桶、大工だったら金づち形の棺桶など、亡くなった人の人生を象徴する棺桶で埋葬することがはやりだしたのだという。一方ではアクラの国際空港近くに住む棺桶職人が、飛行機の離発着を見るのが好きだった祖母が亡くなった際に飛行機の形をした棺桶をつくって埋葬したことから、この作品が今の「ファンタジー棺桶」の元祖だという説もある。

　作家だったらペン、バーテンダーならウィスキーボトルという具合で、カメラから車、鳥やライオンなど、カスタムメイドのファンタジー棺桶はどれも色彩豊かで華やかだ。歌手になりたくてなれなかった人がマイクをかたどった棺桶を注文したりするケースもあるという。

  この国と日本

野口英世が亡くなった地

　米ロックフェラー医学研究所の研究員として細菌学に従事した野口英世博士（1876～1928年）は、黄熱病の研究中にガーナの首都アクラで亡くなった。彼が勤めていたコレブ病院は今もあり、研究室が当時のまま保存されている。同病院には野口記念医学研究所が置かれ、敷地内には野口博士のメモリアルガーデンもあり、日本人観光客が時折訪れている。

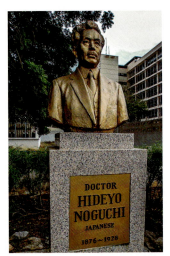

コレブ病院（アクラ）敷地内にある野口博士の銅像　写真提供：中野智明

HISTORY

　アフリカ大陸でギニア湾に臨む。南に大西洋、東はトーゴ、西にコートジボワール、北はブルキナファソに接している。部族国家アシャンティ王国が栄えていたが、15世紀にポルトガル人が進出し、黄金を求めて貿易基地を建設。19世紀には英国と交戦し、海岸部が英国の植民地となる。やがてアシャンティ王国は敗北し全域を支配された。1949年エンクルマ指導のもと会議人民党（CPP）が組織され、民族運動が起こる。57年独立を達成し、その後に続くアフリカ独立の先駆けとなった。81年ローリングスによるクーデターで軍政、93年民政に移行。97年にもローリングスは再任されるが、2000年、汚職の蔓延等で出馬せず、野党のクフォーが大統領に就任。04年の大統領選挙では、初めてクーデターではない選挙で政権の交代が行われた。西アフリカでは数少ない議会制民主主義の国として評価をうけている。金やカカオ豆が主要輸出品だが、10年から石油の商業生産がはじまり経済成長を押し上げている。

カーボヴェルデ共和国

Republic of Cabo Verde

面積 4033km²
人口 52万1000人
首都 プライア
通貨 カーボヴェルデ・エスクード
宗教 キリスト教（カトリック）

PEOPLE 人々
捕鯨がきっかけだったアメリカとのかかわり

　カーボヴェルデと米国との関係は、米捕鯨船団が船乗りたちをこの島々から雇いあげたことに端を発する。カーボヴェルデ人はよく働き、正直者が多いと評判が高かった。捕鯨基地として知られた米マサチューセッツ州ニューベッドフォードとの行き来が始まると、19世紀初頭からアメリカ東海岸（ニューイングランド地方）へのカーボヴェルデ人の移住が始まった。

　米国が有色人種の移民を制限し本国と移民の交流が途絶えた時期もあったが、ボストン（マサチューセッツ州）周辺にカーボヴェルデ人移民のコミュニティーが誕生し、移民が再開されるとその数はさらに増えていった。カーボヴェルデは本国の人口よりも海外在住者の数が多いとされ、その大半は米国に住んでいる。現在、米国からはボストンとプロヴィデンス（ロードアイランド州）からカーボヴェルデの首都プライアへの直行便が周航しているが、その背景にはこのような歴史的関係があったのだ。

MUSIC 音楽
音楽を愛する国民

　モレナと呼ばれる、ポルトガルの影響を受けた独特の音楽ジャンルを始め、カーボヴェルデは音楽の盛んな土地柄だ。2011年に亡くなった「裸足の歌姫」ことセザリア・エヴォラを筆頭に、これまで世界的なミュージシャンを多く輩出してきた。

　首都のプライアやセザリア・エヴォラの出身地だったミンデロ島など各島々に多くのライブハウスがあるだけでなく、夕方になると街角ではアマチュアグループが集まって演奏を始めたりもする。米国で活動するカーボヴェルデ人ミュージシャンがバンドを引き連れて里帰りコンサートを開けば、観客は熱狂し舞台に上がって一緒に歌い出す。総人口50万人ほどの小さなこの島国では、音楽は日常生活の一部なのだ。

セザリア・エヴォラのアルバム「ロガマール」
品番：BVCM-31203
提供：ソニー・ミュージックジャパンインターナショナル

HISTORY

アフリカ大陸の西端セネガルの西北西620kmの大西洋上にあるバルラヴェント諸島（北部）とソタヴェント諸島（南部）よりなる火山群島。首都プライアはサンティアゴ島にあり、大小15の島からなる。島を取り巻くカナリア海流（寒流）の影響で降雨量が極端に少ないため周期的に干ばつになる。1960年代後半からは20年近く降雨ゼロに近い状態で、国土は干上がり穀物の生産に大きな打撃をうけた。雨を見たことがない子供たちがかなりいるという。15世紀末にポルトガル人によって発見され、植民地になり大西洋貿易の中継基地として重要な役割を果たした。1956年ギニア・カーボヴェルデ独立アフリカ党（PAIGC）が結成され75年独立。長らく同党による一党政治が続いたが、90年代に入って複数政党制に移行した。内政が安定し、経済成長が続いた結果、2007年に国連が定める後発開発途上国（LDC）リストから名前が外された。

ガボン共和国

Gabonese Republic

面積	26万8000km²
人口	198万人
首都	リーブルビル
通貨	CFAフラン
宗教	キリスト教、イスラム教、伝統宗教

PERSON 人

財産を国民に分与？　裕福な独裁者？　２世大統領の手腕はいかに

　米国の世界的人気テレビ番組「サバイバー」で、「ガボン―地球最後の楽園」として2008年に広く紹介されたこの国は、小国ながら80％以上が熱帯雨林という大自然を有する。13もの国立公園があり、その面積は国土の１割以上に相当する。サーフィンをするカバ、砂浜を歩く象など、ほかのアフリカでは見られない珍しさを売り物にして、エコツーリズムのプロモーションに力を注いでいる。

　フランスの植民地を経て、1960年に独立した。ウラニウム、マンガンが豊富な同国は、1970年に海洋油田が見つかり、現在は国民総生産、輸出とも石油が大きな割合を占める。アフリカでの１人あたりの国民総生産順位は常に上位にあるが、国民の３分の１以上が貧困ラインにあって富の分配がうまく機能していない。

　41年間というアフリカ歴代第２位の長期政権を続けたオマール・ボンゴ元大統領が2009年に亡くなり、ロサンゼルスで暮らしていた息子アリ・ボンゴが帰国して父親の後を継いだ。

　選挙を意識した発言だといわれるが、アリは国内やフランスにある父親の財産は国民も相続人なので一緒に分かち合う、という声明を2015年の独立記念日に発表した。2014年には国際自然保護連合の会議で新しい海洋保護区を宣言し、ガボン海域での漁の制限を打ち出して自然保護の見地から国際社会へのアピールも忘れていない。

　しかし、2017年のアフリカネイションズカップ開催のための新しいスタジアムの起工式にFCバ

ガボンをはじめ西アフリカの数カ国にだけに生息するマンドリル
写真提供：中野智明

ルセロナのスーパースター、リオネル・メッシを招待したが、その見返りに400万ドルを支払ったと報道され、各方面から非難を浴びた。また米オバマ大統領が2011年に世界中から贈られた贈答品を発表した際に、最も高価な贈り物だったのがアリから贈られた５万ドル以上する水晶の彫刻だった。

　欧米メディアから「石油と貧困のおかげで裕福な独裁者」という皮肉な評価を父親の時代から受けてきた指導者はこれから、「自然、石油、貧困」の３つに対してどのような対応をしていくのだろうか。

HISTORY

　アフリカ中部のギニア湾に臨む赤道直下の国。海岸部に平地が開けるほかは標高500〜700m級の高原。国土の85％が熱帯樹林の緑の国。

　15世紀後半ポルトガルが進出し次いでオランダ、イギリス、フランスが続き奴隷貿易の拠点であった。1842年フランスの保護領に入った。1910年フランスの植民地となり仏領赤道アフリカの一部に行政編入。60年共和国として独立。初期にはガボン民主ブロック（BDG）の一党体制となり、石油、ウランなどの鉱物資源開発が進み、政権は安定した。90年複数政党制による総選挙が行われ、BDGの後継政党コンゴ民主党（PDG）が勝利した。93年初めての複数候補による大統領選挙で、ボンゴ大統領が５選。2005年７選を果たしたが、09年死去。それにともなって09年前大統領の長男アリ・ボンゴが当選した。経済は石油が柱。サハラ以南では有数の産油国。

カメルーン共和国

Republic of Cameroon

- 面積 47万5440 km²
- 人口 2344万人
- 首都 ヤウンデ
- 通貨 CFAフラン
- 宗教 キリスト教47%、イスラム教22%、伝統信仰23%

TABLE 食卓

違法でも続くブッシュミートの取引き

　100年ほど前、中部アフリカの熱帯雨林地帯にはチンパンジーが200万頭以上生息していたとされる。ところが今、その数は当時の1割以下、20万頭を切るまでに落ち込んでいる。カメルーン南部では毎年3000頭のゴリラが殺されているという推計もある。何のために人は多くの野生動物を殺すのか。それは「ブッシュミート」と呼ばれる野生動物の肉が、カメルーン全土で広く食され一大産業となっているからだ。同国内で消費される肉類の80%は野生動物だという。

　ブッシュミートは鶏肉、牛肉などと比べ値段が安いが、都市部では必ずしも安価だから需要があるわけではない。チンパンジーやゴリラなど入手が難しくなりつつあるブッシュミートは希少価値のため高値で取引きされ、富裕層の宴会などで「ごちそう」として振る舞われるケースがある。珍味として楽しむだけでなく、たとえば政治家なら「力」を象徴するゴリラの肉を食べることでさらなる権力を得られるという、一種の信仰も背景にある。首都の高級レストランでは、「ゴリラの手」がメニューにさりげなく載っていたりする。

　カメルーン国内、アフリカ域内にとどまらず、ヨーロッパなどへ不法に輸出されている実態もあり、個人荷物扱いで毎週5トンのブッシュミートがパリの空港に持ち込まれていたという調査結果が2010年に報告された。

　カメルーン政府は1994年、絶滅危惧種の野生肉売買に関して厳しい罰金や刑期を課した法律を定めたが、施行までに10年以上を費やし、効果はまだあがっていない。密猟者やブッシュミートの取引きにかかわっている側は、政府が別の生活手段を具体的に示さなければ、たとえ絶滅危惧種であっても密猟がなくなることはない、と主張する。長年ブッシュミートを食べ続けてきた習慣が需要を生み、パトロールの目をかいくぐって密猟・売買する者が出てくるという悪循環が続いている。

マーケットで買った猿を、とうもろこしと一緒に自転車で運ぶ地元住民
写真提供：中野智明

HISTORY

　西アフリカの大西洋ギニア湾北東部。海岸近くにはカメルーン山（4095m）がそびえ、北はチャド、東は中央アフリカ共和国、東にコンゴ共和国、西にナイジェリア、南に赤道ギニア、ガボンに接する。国土の大半が熱帯気候。

　15世紀以降ポルトガル人が進出して奴隷貿易など通商活動を始め、次いでオランダ、イギリスも続くが、1884年ドイツの保護領。第1次世界大戦でドイツの敗北により、英仏の委任統治となる。60年東カメルーンがフランスから、61年西カメルーンが南部と北部に分裂し、北部はナイジェリアに、南部は東カメルーンに合体して84年カメルーン連合共和国となり同年カメルーン共和国と国名を変更した。非同盟路線だが、旧宗主国の仏英との関係は深い。連邦時代の初代大統領は東から、副大統領は西から選ばれた他、議席も40対10と東部優位だった。カメルーン民族同盟（UNC）の一党体制が確立されアヒジョ体制は安定した。

　82年アヒジョ大統領が引退。フランス語系住民の権力独占に反発して英語系地域の分離独立を進める動きもあり、政情はいまも不安定である。

ガンビア共和国

Republic of The Gambia

- 面積　1万1300km²
- 人口　204万人
- 首都　バンジュール
- 通貨　ダラシ
- 宗教　イスラム教80%、伝統信仰10%、キリスト教10%

POLITICS 政治

元大統領は同性愛がお嫌い？

　1994年の無血クーデターで政権をとり、以来20年以上も大統領の座にあった元軍人のヤヒヤ・ジャメ氏。2016年の大統領選で野党候補に敗れると政権移譲を拒否し、アフリカ諸国首脳による調停の末、ようやく2017年にガンビアを出国して長期政権に終止符を打った。

　ジャメ氏は同性愛者に対する迫害で有名だった。2008年にイランよりも厳しいといわれる反同性愛者法を発令し、ガンビアで同性愛行為を行うものは「頭部を切り落とす」と脅して、直ちに国から出ていけと最後通牒を出した。

　その後も、国連でのスピーチで「同性愛者は人類を滅ぼす」と語り、ほかにも同性愛者は「害虫」だと発言。2015年にはまた国連で「ガンビアで同性愛者を見つけたら喉を切り裂いてやる。助けてくれる白人などいない」と、過激な同性愛者攻撃を続けた。

　ガンビアでの同性愛行為は14年の懲役刑だったが、2014年11月に新しい法律を成立させ、最高で終身刑に処すことを決めた。国際人権団体のアムネスティーインターナショナルによると、7人が逮捕され、同性愛者の疑いを受けた人の家に警察がドアを壊して押し入るというケースも発生したという。

　アフリカ54カ国のなかで、同性愛者を罰しないか、保護しているのはわずかに8カ国だけだ。ジャメ元大統領はパン・アフリカニズムを高らかに謳い、植民地主義をこき下ろすことをスピーチの手法として、一部からは支持された。しかし、国家予算以上の個人資産を元にドバイなどへ個人的な投資をしていると指摘されたり、非科学的な方法でエイズ治療薬を開発したと公言するなど、国際社会からはその資質に疑問を投げかけられていた。

　首都のバンジュールでは表立って元大統領の悪口を聞くことはなかったが、その奇妙な挙動・発言について民衆は苦笑するばかり。自らが企てたクーデターの理由は、「長期政権と汚職を追放し、民主主義を回復する」だった。権力の座から去った今、自身の言動をどう分析しているのか。

バオバブの木に囲まれたイスラム学校
写真提供：中野智明

HISTORY

　アフリカ大陸の西端、幅45km、長さ300kmとガンビア川に沿って東西に細長く伸びる三方をセネガルに囲まれた国。大部分がサバンナ。10世紀にはガーナ王国、次いでマリ王国の後、15世紀にポルトガル人が侵入。16世紀にはイギリス、フランスも進出して1783年イギリスが交易圏を確立、1843年にイギリスの植民地となる。マンディンゴ人の人民進歩党（PPP）、ウォロフ族の統一党（UP）とによって独立運動が進められ、1965年独立。PPPのジャワラが首相に就任、70年共和制に移行して大統領となったが、81年クーデターが発生、防衛協定によりセネガル軍が鎮圧した。これによりセネガルとの合併計画が進み、82年セネガンビア国家連合が誕生したが、89年解体。友好協力協定が結ばれた。92年ジャワラ大統領が6選された。94年ジャメ中将による軍事クーデターが発生、民主化を確約したジャメ氏が大統領に就任。以来4選を果たしたが2017年の大統領選でバロウ氏が当選。単品作物の落花生栽培の占める量が圧倒的だが、一方で工業化を進めている。

ギニア共和国

Republic of Guinea

面積	24万5857 km²	通貨	ギニア・フラン
人口	1240万人	宗教	イスラム教、伝統信仰、キリスト教
首都	コナクリ		

EVENT 出来事

ベルギー国民を揺さぶったギニア少年の手紙

1999年の夏、1通の手紙が、ベルギー国民の心を揺さぶった。ギニアの首都コナクリから旅客機のエンジン部分に密かに潜り込み、ベルギーへ密入国しようとしたギニア人の少年2人が、機内から遺体で発見された。密航しようとした日から5日が経過しており、遺体はコナクリとブリュッセルの間を何度か往復したことになる。

上空はマイナス55度の世界。検死の結果は凍死と酸素不足による窒息死だった。ビニールのサンダルを履いていて、服の入ったビニール袋、出生証明書、学校の出席表、家族の写真を持参していた。

2人の少年は、コナクリの同じ学校に通っていた14歳のヤギン・コイテとフォデ・トウンカレ。彼らの学校の窓からは、ヨーロッパへ飛び立つ飛行機が見えたという。

所持品のなかから「閣下、紳士の皆様、その他ヨーロッパの責任を預かる人々へ」で始まる、震えた字で書かれたフランス語の手紙が見つかった。内容は、アフリカの子どもや若者を窮状から救ってほしいというものだった。手紙はさらに「私たちはアフリカで大変苦しんでいます。貧困と戦争を乗り越えるためにあなたたちの助けが必要です」と続き、「どうかこのような手紙をあえて書くことをお許しください」と結ばれていた。

バナナ売りの少年

首都コナクリのマーケット

ベルギーのメディアは手紙の中身を伝え、2人は死を覚悟して窮状を訴えようとしたのではないかと報じた。このニュースはベルギー国民に大きな衝撃を与え、政府も直ちに反応して開発大臣が第三世界への援助増大を約束し、外交当局はアフリカの安定のための協定づくりを呼びかけた。世界的にボーキサイトや鉄の埋蔵量が多く資源に恵まれたギニアだが、独立以来長期におよぶ独裁政権下で開発が遅れ、経済は停滞したまま。少年らが命を賭けて訴えた過度の最貧から、今なお脱却できずにいる。

写真提供：中野智明

HISTORY

西アフリカの西端に位置し大西洋に面している。ギニアビサウ、セネガル、マリ、コートジボワール、リベリア、シエラレオネの6カ国と接している。国全体が熱帯雨林気候で首都は世界で最も雨が多い。15世紀までマリ王国が支配。16世紀にポルトガルが入植したが、部族国家が存在した。19世紀後半にフランスが侵略、保護領とした後フランス領西アフリカに組み込む。1958年セクー・トーレ初代大統領のギニア民主党によって独立を達成した。78年国名をギニア人民共和国とし、社会主義による建設を図った。84年セクー・トーレの死後コンテ大佐のクーデターが起こり、憲法を停止、国名を現在のものとし、複数政党制に移行。93年ランサナ・コンテが大統領に当選した。2006年から低賃金や物価上昇への不満から暴動やゼネストが発生。10年暫定国家統一政府が発足、民主的大統領選挙が行われ、アルファ・コンデが当選、就任した。ボーキサイトの埋蔵量が世界の3分の1を占め、金やダイヤモンド等の鉱物資源に恵まれているが、インフラ整備の遅れから経済は停滞している。

ギニア・ビサウ共和国

Republic of Guinea-Bissau

- 面積　3万6125 km²
- 人口　184万人
- 首都　ビサウ
- 通貨　CFA（アフリカ金融共同体）フラン
- 宗教　伝統信仰、イスラム教、キリスト教

SOCIAL PROBLEM　社会問題

「麻薬国家」と呼ばれる理由

　ギニア・ビサウは南米大陸の東海岸から3000㎞。中型のプライベートジェットなら、荷物を積んでいたとしても十分に飛べる距離にある。

　1974年にポルトガルから独立したが、民主的な選挙で選ばれた大統領が正常に政権を運営したことがないと評価される。資源はなく、主にカシューナッツやピーナッツを生産する農業国だ。

　クーデターや内紛が絶えず、汚職が蔓延する環境が、南米の麻薬組織からヨーロッパへコカインを運ぶ中継地として目をつけられることになった。UNODC（国連薬物犯罪事務所）によると、政府内の実力者で麻薬密輸に絡んでいない人物はいないという。

　そんなことから、この国は世界の麻薬捜査関係者の間で「麻薬国家」（narco-state）と呼ばれるようになった。アフガニスタンやコロンビアで麻薬組織が幅をきかせて活動できるのは国の一部の地域にすぎないが、ギニア・ビサウでは全土が麻薬に絡んでいる。当局による監視の目が存在しないため、この国では日常業務のように淡々と麻薬がらみの営みが行われているのだ。

　2012年のクーデター以来、事態は悪化していたが、農業を主産業とするアフリカの小国に世界の関心はほとんど注がれてこなかった。年間にこの国を通過するコカインは40トンと推計されている。

　麻薬が政治生命を操るまでになったギニア・ビサウだが、2014年に行われた選挙で立憲制の政府復活の兆しが見え始め、EU（欧州連合）との政治的関係が正常化して具体的な援助に向けた話し合いも始まっている。しかし、群島が広がる沖合には、麻薬ビジネスに都合の良い場所がまだたくさん残されており、麻薬密輸ルートを封鎖できる日は来るのだろうか。

HISTORY

　アフリカ大陸西端部の大陸部と沖合のビジャゴス諸島からなっている。北はセネガル、東南はギニア、西は大西洋と接している。

　15世紀半ばにポルトガル人が渡来、奴隷貿易の中継基地になり、1879年ポルトガルの植民地となった。ポルトガルの植民地支配に対する反対運動が1950年代に始まる。63年ギニア・カーボヴェルデ独立アフリカ党（PAIGC）による闘争が展開され、73年大半を解放区として独立した。当初はカーボヴェルデとの統合を目指していたが、クーデターでヴィエイラ大統領が91年に誕生、複数政党制が導入された。98年元国軍参謀長マネが反乱を起こし首都を包囲、西アフリカ諸国共同体の停戦監視団によりヴィエイラは亡命する。暫定政権のもとで2005年ヴィエイラが復活した。長引く政情不安で国内経済は疲弊し、世界最貧国のひとつ。カシューナッツ、米、トウモロコシ等が主産物。

ケニア共和国

Republic of Kenya

- 面積 58万3000 km²
- 人口 4486万人
- 首都 ナイロビ
- 通貨 ケニア・シリング
- 宗教 キリスト教が主力。ほかにイスラム教、伝統宗教

SPORT スポーツ
ケニア陸上界をむしばむドーピング

　スポーツ界のドーピング問題が深刻化しているが、この国も同様だ。2014～15年の2年間だけでも、ケニアでは約40人の選手がドーピング検査で陽性反応が検出され、出場停止に。2015年の世界陸上競技選手権大会（北京開催）でも、2人のケニア人選手がドーピングで出場停止となった。

　早く走ることが名誉だった時代は終わり、それは賞金稼ぎへと変わってきた。ケニアでは陸上選手を目指す若者の数が増え続けているが、国際大会で入賞し賞金を手にすることができるのは一握りの選手となる。そのために手段を選ばずドーピングでも何でもやってしまえという雰囲気ができてしまったと、ベテラン選手たちは指摘する。昨年ドイツのテレビ局がドーピング問題を取り上げた番組のなかで、検査前の選手にドーピング結果の隠ぺいを持ちかけて賄賂を要求したケニア陸上協会職員の存在を暴露した。さらにケニア人選手が過去10年間に獲得したメダルの3分の1は、ドーピングの疑いがあるとも付け加えている。影響力のある有名な選手をドーピングの魔の手から守り、若手選手を教育していかなければならないという声がケニア国内でも強まっている。

PERSON 人
強さの秘けつはYOU TUBE!?　槍投げの新星

　陸上の長距離王国ケニアに、意外にも槍投げの新鋭が現れた。2015年の北京世界陸上で92.72mを投げ、金メダルに輝いたジュリアス・イェゴ選手がそうで、世界記録まであと6m以内に迫る勢いだ。

　彼はインターネットの動画サイト"YOU TUBE"で、世界的な槍投げ選手のフォームを見ながら技術を磨いてきたという何とも今どきの若者。2008年に19歳でケニア国内ナンバーワンとなってからも順調に記録を伸ばしたが、ケニアではトラック競技が中心で槍投げはマイナー種目だったため、コーチがつくことはなかった。2012年のロンドンオリンピックを前にヨーロッパで練習する機会に恵まれ、そこでようやくフィンランド人コーチを得た。

国際大会を目指して早朝から高地練習に励む若きアスリートたち　写真提供：中野智明

HISTORY

　南部は高原地帯とサバンナ、北部は砂漠地帯、インド洋沿岸地帯は高温多湿に大別される。1895年、イギリスの保護領となる。中央高地に白人入植者が急増、それに反対する民族主義運動が高まり、さらにインド人移民の政治運動も盛んになる。「マウマウ」の反乱などをへて1963年、ケニヤッタに率いられたアフリカ人多数政党（KANU）のもとで独立。ケニヤッタ大統領が誕生し、彼の死後はモイが大統領に就くが、KANU以外の政党を非合法に追いやるなど独裁体制を敷いた。91年、反発する反政府勢力の6党が合同し、民主回復フォーラム（FORD）を結成し、政府と対決。勢力を増したFORDは92年、政権交代を目指すが、内部分裂で実現できなかった。以降、与党国家統一党（PNU）と新しく発足した野党オレンジ民主運動（ODM）が、民族問題もからんで対立、暴動へと発展。2008年まで死者1200人を出し、約50万人の国内避難民が生じた。国連の仲裁により、両陣営による連立政権が始まった。

コートジボワール共和国

Republic of Cote d'Ivoire

- 面積 32万2436km²
- 人口 2270万人
- 首都 ヤムスクロ
- 通貨 CFAフラン
- 宗教 イスラム教30%、キリスト教10%、伝統信仰60%

BEST IN THE WORLD 世界一
カカオ生産「世界一」のほろ苦い現実

　農業国であるこの国の経済の中心はカカオ豆の生産で、1978年にガーナを追い抜き世界一の生産国になってから、世界のチョコレート産業を支える存在となっている。特に2000年以降は新興国への需要が拡大してカカオ価格は上昇基調にあるが、その影にはほろ苦い現実も横たわっている。

　まずは自然破壊だ。国立公園などの自然保護区に違法なカカオ畑がつくられるようになり、国内に23ある保護区のうち少なくとも13保護区から、サルなどの霊長類が完全に姿を消したという調査結果が発表されている。カカオ栽培が保護区の植生を変えるだけでなく、カカオ栽培労働者らが保護区内の野生動物を食糧（ブッシュミート）として食べてしまうなどがその理由だ。

　さらに違法カカオ畑では、隣国からの移民の子どもたちが低賃金で長時間働かされている実態がある。なかには5歳児までもが労働力になっているという報告もあり、こうした児童労働もカカオ栽培の大きな問題として浮上しつつある。

カカオ豆生産国ランキング
2014年　単位／万トン

1	コートジボワール	143.4
2	ガーナ	85.9
3	インドネシア	72.8
4	ブラジル	27.4
5	カメルーン	27.0
6	ナイジェリア	24.8
7	エクアドル	15.6
8	ペルー	8.2
9	ドミニカ共和国	7.0
10	コロンビア	4.8

※FAO統計データベース参照

高層ビルが建ち並ぶ大都市アビジャンの中心地
写真提供：中野智明

HISTORY

　大西洋ギニア湾に面し、東はガーナ、西はギニアとリベリアに接し、北にブルキナファソとマリに接する熱帯の国。西アフリカの「優等生」と称される時代があった。かつての「象牙海岸共和国」。15世紀からヨーロッパ人が訪れ、奴隷と象牙の取引に従事していたが、19世紀末フランスが植民地化を宣言、制圧した。ウーフェ・ボアニ大統領率いるコートジボワール民主党（PDCI）によって、1960年に独立を達成。93年の大統領の死亡まで一党支配が続いた。後継のベディエ大統領時代にクーデターでゲイ元参謀総長が取って代わったが、政情不安は続き、2000年には人民党のバグボが大統領に就任。まもなく政府軍と反政府軍に分かれての対立が続いたが、07年和平のプロセスに合意が成立。10年ぶりに実施された大統領選挙（10年）では現職のバグボと野党のウワタラが争い、一時は両者がそれぞれ大統領就任を宣言するなど混乱。結果的にバグボが軍に拘束され、ウワタラが正式に大統領となる一幕があった。輸出の多くをカカオなどの農産物が占めるが、1990年代に原油生産が本格化し、輸出の柱になりつつある。

コモロ連合

Union of Comoros

- 面積 2236km²
- 人口 79万5000人
- 首都 モロニ
- 通貨 コモロ・フラン
- 宗教 イスラム教

PERSON 人
4度のクーデターにかかわったフランス人傭兵

　アフリカは国際的にもクーデターの多い地域だが、軍内部の若い将校たちによるものが多い。しかし、コモロで繰り返されてきたクーデターにはフランス人傭兵が大きくかかわっていた。

　元フランス軍人でその後傭兵となったボブ・ディナール（通称名。本名 Gilbert Bourgeaud）は、アフリカ・中東を中心に世界各国でクーデターに参画、時の政権を転覆させてきた。コモロでは4度クーデターを実行し、1度は失敗したものの、3度政権を転覆させた。

　ディナールによる最初のクーデターは1975年、独立時のアハメッド・アブダラ初代大統領に対するものだった。アブダラは失脚するが、1978年にはそのアブダラと組んだディナールが社会主義路線を標榜するアリ・ソイリ大統領をクーデターで退かせ、アブダラを大統領の座に復活させた。

　ディナールは1989年まで、アブダラ大統領の特別警護隊を指揮し、政治的にもビジネスの場でも大きな影響をコモロに与えていった。イスラム教に改宗し、コモロ人女性と結婚、コモロ国籍も取得した。しかし、1989年にディナールの権限をはく奪しようとしたアブダラ大統領が暗殺される事態となり、ディナールも負傷してコモロを離れた。

　ディナールはアブダラ殺害への関与を疑われ、フランスで裁判にかけられたものの、証拠不十分で有罪にはならなかった。このアブダラ大統領死亡の一連の動きはディナールによる3回目のクーデターと見なされている。

　懲りないディナールは1995年、アブダラの後継大統領を狙った4度目のクーデターを企て、30人の傭兵とボートでコモロに上陸した。ところがそこには、300人以上の武装したコモロ軍の兵士がマシンガンを構えて待ち構えていた。ディナールの企てを事前に察知したフランス政府とコモロ政府の合意によるもので、ディナールはフランス軍の特殊部隊に捕まり、裁判のため彼の身柄はフランスへと送られた。

　その後、コモロに戻ろうとしたディナールだが、コモロ政府によって入国を拒否され、2007年にフランスで亡くなった。独立以来、コモロでは20回以上のクーデターを経験した。

HISTORY

　モザンビークとマダガスカルの間のモザンビーク海峡の北に散在する島嶼で、主な島はグランド・コモロ（ンジャジジャ）、モヘリ（ムワリ）、アンジュアン（ンスワニ）、マイヨット（マホレ）の4島。19世紀半ばフランスが保護領化し1912年にフランス植民地マダガスカルの行政区に編入。第2次世界大戦中はイギリスが海軍基地としたが、戦後フランスに返還。73年独立交渉が行われ、75年アブダラ大統領のもとでマイヨット島を除き独立。その直後クーデターで倒されるが、政敵が暗殺され復帰する。89年にはフランス人傭兵により暗殺された。非同盟中立主義を掲げるが、フランスとの関係が深い。99年参謀総長のアザリ大佐が18回目のクーデターで大統領に就任。2001年アフリカ統一機構などの仲介で国民和解協定に調印。国名を「コモロ連合」とした。07年アンジュアン島大統領選が連合政府政令に反して行われ、連合政府軍が軍事介入するなどグランド・コモロ島中心主義に対する分離・独立の動きが絶えない。

　各島自治政府からの大統領選出（輪番制）により政治的安定を取り戻したが、天然資源に乏しく、産業基盤も脆弱で、世界最貧国のひとつである。

コンゴ共和国

Republic of Congo

- 面積 34万2000 km²
- 人口 513万人
- 首都 ブラザビル
- 通貨 CFAフラン
- 宗教 キリスト教、イスラム教、伝統信仰

NATURE 自然
地球最後の原生林に迫る危機

　地球上で人間が全く入り込んでいない原生林が残るのは、コンゴ共和国北部の熱帯雨林だけだといわれる。この地域は1993年からヌアバレ・ヌドキ国立公園に指定され、保護の対象となった。ここには人間との接触が全くなかった丸耳象や西ローランドゴリラ、チンパンジー、ウシ科のボンゴなどの野生動物が生息し、人間を初めて見て興奮するゴリラの反応が、米ナショナル・ジオグラフィック誌で紹介され話題になった。

　アフリカ中部の熱帯雨林地帯には海外の伐採会社が入り込み、文字通りの原生林が減少しつつある。この国の国土の60％以上が熱帯雨林だが、無許可の違法な森林伐採が横行しているのだ。伐採の手はヌアバレ・ヌドキ国立公園にまで迫りつつある。

　こうした伐採現場で働く人々が森林のなかで食糧を調達するため、貴重な野生動物が殺害されている現状がある。伐採のために開かれた道路は、象牙を狙う密猟者にとって格好のルートにもなり、野生動物のマーケット拡大に繋がる可能性も指摘される。

　さらに高い致死率で猛威をふるったエボラ出血熱が、野生動物の生命をも危機に陥れている。1990年代からコンゴ共和国内のオザラ国立公園やガボンなど西アフリカ一帯に生息するゴリラ、チンパンジーの3分の1がエボラ出血熱により死んでいるという調査結果がある。ヌアバレ・ヌドキ国立公園周辺では、人間が媒介して原生林の野生動物に感染が広がる可能性も視野に入れ、自然保護団体が警戒を強めている。

　丸耳象を象牙目的の密猟や森林伐採の脅威から守るため、隣国のカメルーン、中央アフリカを含む3カ国による保護区構想も始まったばかりだ。

ヌアバレ・ヌドキ国立公園の湿地帯に生息する丸耳象
写真提供：中野智明

HISTORY

　東をコンゴ民主共和国、西をガボンに接し、南北に細く伸びており、南西部が大西洋に開いている。かつてはコンゴ王国やロアンゴ王国があったが、いずれも17世紀までに衰微した。15世紀末にポルトガル人やフランス人が進出し、奴隷貿易や象牙の取引を始めた。19世紀末にはフランス政府が支配下に治め、1884年のベルリン会議でヨーロッパ各国に領有権を認めさせた。1910年フランス領赤道アフリカの1州に編入。第2次世界大戦後の58年フランス共同体内で自治共和国、60年にコンゴ共和国として独立した。60年代半ばから科学的社会主義路線への転換が図られ、70年コンゴ人民共和国となった。冷戦後に複数政党制を導入したが政情不安定でコヨーテ、コブラ、ニンジャという武装勢力が互いに戦い始め内戦へと発展。97年サスヌゲソ元大統領派のコブラが首都を制圧、国民統一政府を樹立した。2002年新憲法を施行。GDP（国内総生産）の約4割を石油の輸出が占める。

コンゴ民主共和国

Democratic Republic of the Congo

面積	234万5000km²	通貨	コンゴ・フラン
人口	7874万人	宗教	キリスト教85%、イスラム教10%、伝統信仰5%
首都	キンシャサ		

CRISIS 危機

世界を震撼させたエボラ出血熱

1976年9月、コンゴ民主共和国（当時はザイール共和国）の北部ヤンブクで、謎の病気が発生した。ベルギーのキリスト教会が運営する病院に患者たちが担ぎ込まれたが、この時看病にあたったベルギー人シスターら4人全員が感染し、2人が亡くなった。突如空からヘリコプターで飛来し、現地に現れた米疾病予防管理センター（CDC）スタッフらの宇宙服のような格好に地元住民は驚いた。

これが同年のスーダン南部での事例（感染者284人、死者151人）と並ぶ、初のエボラ出血熱の発生だった。感染者318人中、死者は280人。致死率は何と8割以上という恐ろしい結末だった。研究者らは当初、地名のヤンブクを病名にしようとしたが直接的な関わりがないため、近くを流れる川の名前をとって「エボラ」としたとも、また最初に感染した地元の教師がエボラ川の近くを旅した後で感染したことからこの病名になったともいわれる。エボラとはリンガラ語で「黒い川」を意味する。

その後もコンゴ民主共和国やウガンダ、コートジボワール、ガボンなどで発生を繰り返したが、いずれも数か月で終息していた。しかし2013年12月からリベリア、シエラレオネ、ギニアで発生したエボラはこれまでの事例と違い、1年以上の長期に渡って感染が拡大し死者は1万人を超え、2014年8月に世界保健機関（WHO）が非常事態を宣言するに至った（2016年1月に終息）。

拡大の理由には、「エボラは存在しない」「悪魔の仕業」「毒を飲まされたため」などの非科学的な噂が広がり、感染者に触れないなど感染防止のための正確な情報が正しく伝わらなかった点があげられる。また、感染源とされるコウモリなどの野生動物の肉を食べる食習慣が感染に拍車をかけたとする見方もある。

HISTORY

中部アフリカの南部に位置し、国土はアフリカ第2位の広さをもち、コンゴ盆地の大半を占める。周囲は9カ国に国境を接する。古くはコンゴ川河口付近にコンゴ王国が栄えたが、1885年ベルギー国王の私有地としてコンゴ自由国が誕生。1960年コンゴ共和国として独立。直後「コンゴ動乱」が起こり、ベルギーの派兵、ルムンバ首相暗殺、国連軍とカタンガ軍の衝突などの動乱に揺れた。65年クーデターでモブツ政権、コンゴ民主共和国とし71年ザイール共和国に改称。77年再び内戦が勃発、複数政党制をめぐっての混乱が続く。97年「コンゴ＝ザイール解放民主勢力連合」（ADFL）が政権を奪取。ローラン・カビラが大統領に。国名を「コンゴ民主共和国」と変更した。その後ADFLが反政府勢力に転じ、98年内戦状態に突入したが、99年参戦5カ国と停戦協定に調印するも不安定。2001年カビラ大統領が射殺され、大統領に長男のジョセフ・カビラが就任。ルワンダ、ウガンダ、国内各派との和平協定調印。03年死者300万人といわれる内戦が終結。金やコバルト、ダイヤモンドの生産量は世界トップクラスで、輸出の約9割を鉱物資源に頼る。

サントメ・プリンシペ民主共和国

Democratic Republic of Sao Tome and Principe

- 面積　1001 km²
- 人口　20万人
- 首都　サントメ
- 通貨　ドブラ
- 宗教　カトリックが80%強

LEGEND　伝説
この島に「流刑」された子どもたち

　1470年代にポルトガル人がやってくるまで、2つの島からなるサントメ・プリンシペは無人島だった。1975年にポルトガルから独立した後も「アフリカのガラパゴス」と呼ばれるほど手つかずの自然が残り、西アフリカで最も重要なウミガメ産卵地であるほか、ホエール（クジラ）ウォッチングやバードウォッチングなどが楽しめる場所として知られる。治安の良さも売りだ。

　そんな楽園にも暗い歴史が秘められている。スペインは15世紀に、同国に暮らすユダヤ人のカトリック教への強制的な改宗を推し進めた。この時、多くのユダヤ人が隣国ポルトガルへ逃れたが、当時の国王マニュエルは、入国してきたユダヤ人に多額の人頭税を課した。

　マニュエル王はサントメ・プリンシペ島を植民地にしようと目論んでいたが、ポルトガル人を未開の島へ送ることをためらっていた。そこで、人頭税の支払期限に応じられないユダヤ人の2歳から10歳の子どもたちを、サントメ・プリンシペ島へ送る「流刑」を布告したのである。

　1496年に約2000人のユダヤ人の子どもが、この島へと送られた。1年後には、わずか600人が生き残っているだけだった。ポルトガルを旅立つ前に親たちはモーゼの教えを説き、ユダヤ教徒としての生き方を教えられた子どもたちは、島流し後もしっかりとユダヤ教の生き方を守ったという。

　ある歴史書によれば、その後もユダヤ教の慣習がサントメ・プリンシペに残っているという話がリスボンに伝えられ、カトリックの司教がこの島へ派遣された。ある日、ユダヤ教の行進を目にした司教はそれを中止させようとしたが、どうにもならずポルトガルに帰国してしまったという。以降もユダヤ教の風習・儀式などが現地住民の間に残っていたとされるものの、18世紀までにほとんど姿を消してしまった。

　19世紀にカカオや砂糖の商売のために入植してきたわずかなユダヤ人がいたが、現在はこの島にユダヤ教の名残は見られない。しかし、今でも色白の肌をした、ポルトガル系ユダヤ人の子孫とされる人々がここに暮らしている。

HISTORY

　西アフリカのギニア湾沿岸に近い群島国家で、サントメ島、プリンシペ島を主島にカロソ、ペドラス、ティニョザス、ロラスの小島からなる。1470年代にポルトガル人がサントメ島に来航し、コンゴ王国やベニン王国と交易を行う一方で、ガボンなどギニア湾沿岸の諸地域から強制的に移住させたアフリカ人労働力を使ってサトウキビの栽培を営んだ。16世紀以降盛んになった奴隷貿易では、サントメ島が一大中継地となった。奴隷貿易衰退後はカカオ、コプラなどの生産に産業転換がなされた。第2次世界大戦後の1951年にポルトガルの海外州となるが、1960年にサントメ・プリンシペ解放委員会が結成され、独立運動が本格化、75年7月に独立した。初代大統領ダ・コスタのもとで国家建設が始まられたが経済が悪化、政治的不安定が深刻化したことから、80年代半ばからは非同盟を唱えて親欧米外交に転換した。独立以来ダ・コスタの独裁が続いたが、90年に複数政党制の導入や死刑廃止などの規定を含む新憲法を採択し、民主化を進めた。経済はカカオの輸出のほか、ギニア湾で油田開発が進行中。

ザンビア共和国

Republic of Zambia

面積	75万2610km²	通貨	ザンビア・クワチャ（ZMK）
人口	1659万人	宗教	キリスト教（事実上国教）、ヒンドゥー教、イスラム教
首都	ルサカ		

LEGEND 伝説

探検家リヴィングストンの足跡

　ザンビアとジンバブエの国境にあり、世界3大瀑布の1つと称されるビクトリアの滝は、スコットランド人探検家リヴィングストンが1855年、ザンビア南部のムクニ村住民に案内され、ヨーロッパ人として初めて発見した。現地では「モシ・オア・トゥニャ（現地語で"雷鳴のする水煙"の意）」と呼ばれていたが、リヴィングストンはイギリス女王にちなんで、ビクトリアの滝と名づけた。

　宣教師で奴隷貿易廃絶を信念としていた彼は、奴隷貿易によらない新しい中央アフリカの交易ルートを探っていた。途中で道に迷ったリヴィングストンがムクニ村にたどり着き、村人と会う前に座り込んだマンゴーの木が今でも村にある。その後、アフリカ大陸横断に成功し、「暗黒大陸」といわれたアフリカの貴重な情報を世界に発信した。探検中にマラリアによる複合症で1873年5月に亡くなったが、彼の遺体をインド洋岸まで運んだのはムクニ村出身の従者たちだった。その子孫は今もこの村に暮らしている。

SPORT スポーツ

開会式は「北ローデシア」、閉会式は「ザンビア」

　1964年10月の東京オリンピックでのこと。英領北ローデシア代表として参加した12人の選手団は、閉会式を迎えた10月24日の選手行進で、違う国の旗を高々と掲げた。なぜならこの日、母国が独立を果たしてザンビア共和国が誕生したからである。時差などのお陰で新国旗の準備が間に合い、メダルこそ取れなかったものの何とも鮮烈なデビューとなった。オリンピック開催中に参加国の国名と国旗が変わったのは、歴史的にもこのザンビアが唯一とされている。

ザンビア側から見たビクトリアの滝

ムクニ村でリヴィングストンが座ったと伝えられるマンゴーの木

写真提供：中野智明

HISTORY

　アフリカ中南部の内陸国で周辺8カ国と国境を接する。ジンバブエとの国境を流れるザンベジ川には、世界3大瀑布と称される世界遺産のヴィクトリア滝がある。8世紀頃バンツー語系住民が南下し、先住民であったサン族（ブッシュマン）を放逐して定住を開始。後にロジ族やベンバ族などが中央集権的な王国を建設。1851年にイギリス人探検家リビングストンが来訪、91年にはイギリスの支配下におかれ、南アフリカ会社のセシル・ローズにちなみローデシアと呼ばれた。1924年イギリスはこの地を北ローデシア保護領として直轄植民地とする。53年には南ローデシア（現ジンバブエ）・ニアサランド（現マラウイ）とともに中央アフリカ連邦を結成したが、白人主導に対して黒人層の不満が噴出、63年に連邦は解体。翌年に北ローデシアは独立を宣言しザンビア共和国が成立、初代大統領にはカウンダが就任。独立後は複数政党による1院制であったが、72年にヒューマニズムを標榜する1党制へと移行、南アフリカ諸国との協力関係に努めた。91年には複数政党制を導入。銅の輸出が主要産業。

シエラレオネ共和国

Republic of Sierra Leone

- 面積　7万1740 km²
- 人口　740万人
- 首都　フリータウン
- 通貨　レオン
- 宗教　イスラム教60%、伝統宗教30%、キリスト教10%

SOCIAL PROBLEM　社会問題

内戦とダイヤモンド

　紛争ダイヤモンドは別名ブラッド・ダイヤモンド（血塗られたダイヤモンド）とも呼ばれ、紛争国で採掘され、外貨獲得や武器購入の資金源となるダイヤモンドを指す。1990年代後半には全世界の4%のダイヤモンドが、紛争の資金源となったといわれる。

　90年代のシエラレオネ内戦でも、ダイヤモンド鉱山を制する者がこの国を制するとまで語られていた。同国では1930年代にダイヤモンド鉱山が見つかり、南アフリカの資源メジャー、デビアス社が全面的な権利を獲得して採掘が始まった。ところが一党制国家となったシアカ・スティーブンス政権下でダイヤモンド鉱山は国営化され、汚職と結びついたダイヤモンドの密輸が広がり、合法ダイヤモンドの採掘は200万カラットから5万カラット弱まで落ち込んだ。

　反政府勢力もまた、このダイヤモンドに目をつけた。1990年代に入ると軍人のフォデ・サンコー率いる革命統一戦線（RUF）が腐敗した政府の打倒を公言して武装蜂起し、内戦が始まった。ダイヤモンド生産地を手中に収めて資金源を得た反政府軍は、外国の軍事支援に頼る政府軍に対し10年にわたって抵抗を続けた。また反政府軍による手足を切り落とすなどの残虐行為は国際的な非難を呼んだ。

　国連もダイヤが戦争の資金源になっていることを問題視し、ダイヤモンド産業にかかわる国や企業が2000年に南アフリカのキンバリーで会合を開き、紛争ダイヤ取引きの規制について話し合った。こうして2003年、原石に原産地認証を義務づけるキンバリープロセス認証制度が発足した。だが監視方法が弱く、現在でも紛争ダイヤモンドはなくなっていない。

内戦下で腕を切断された人
写真提供：中野智明

HISTORY

　大西洋に面し、海岸地帯はフリータウン半島以外は湿地とマングローブ林に覆われる熱帯雨林気候で、内陸部は海抜300mほどの高原が占める。16世紀の後半からイギリスの奴隷商人が侵入、奴隷貿易の中心地となるが、1772年に奴隷身分のジェームス・サマーセットがイギリスで裁判を起こし、奴隷制は非合法との判決を勝ち取り、1786年にイギリスで創立された奴隷貿易廃止促進協会を中心に解放奴隷の移住が計画された。87年4月に白人入植者も含む750人余が、92年にはアメリカ独立時に逃亡した者など解放奴隷1190人が到着、フリータウンを建設した。1808年、海岸地帯がイギリスの直轄植民地、96年には内陸部が保護領となる。1961年4月27日に独立、イギリス連邦に加盟した。71年に共和制に移行したが、91年に発見されたダイヤモンド鉱山の支配権などをめぐって内戦が勃発、92年以降は数度のクーデターで混乱をきわめた。内戦は2002年に国連部隊の展開で終結し、国連PKO撤退後初の大統領・議会選挙を05年に実施。農業とダイヤモンドなどの鉱業が主要産業。

ジブチ共和国

Republic of Djibouti

- 面積 2万3200 km²
- 人口 94万人
- 首都 ジブチ
- 通貨 ジブチ・フラン
- 宗教 イスラム教94%

SECURITY 安全保障

中国まで？ 小国に軍事基地が集中する理由

ジブチは秋田県の2つ分ほどの面積しかない小さな国だ。そこには外国の軍事基地がいくつも置かれている。

フランス領から独立後もジブチにはフランス軍の基地があり、アフリカでは最大規模の拠点として維持されてきた。また2001年9月11日のアルカイダによる同時多発テロを契機に、米国が基地キャンプ・レモニエを開設し、現時点で4000人以上が駐留、テロ組織の情報収集センターとして大きな役割を担っている。日本の海上自衛隊も、ジブチ市内の国際空港に隣接した基地を置く。

理由はまず地理的な重要性がある。アフリカ大陸東端の「アフリカの角」と呼ばれる位置にあり、インド洋から紅海、そしてスエズ運河で地中海へと結ばれる海上航路の要衝なのだ。また、周辺国に比べて内政が安定していることから、海賊やテロ対策の拠点として絶好の立地となっている。さらにこの国には大きな収入源がないため、外国の基地を誘致することが外貨獲得の手段にもなっているという事情がある。

さらに中国がこの地に海外補給基地の建設計画を2016年に公表し、2017年8月から運用を開始した。中国メディアは「中国軍初の海外駐留」と大々的に報じ、中国外務省は「地域の平和と安定へ寄与」するのが目的だと強調する。だがそれは海洋権益保護をスローガンに海軍力を増強する中国の第一歩に過ぎないと、欧米メディアは指摘する。

米軍基地キャンプ・レモニエの中にある情報収集室
写真提供：中野智明

HISTORY

アフリカ北東部で紅海の入り口にあるアデン湾の西岸に望む国。国土の大半が砂漠か半砂漠。世界で最も暑い国といわれ年間を通して高温で、夏期の日中は50度を超える日も少なくない。年間平均気温は29.8度。19世紀後半にフランスが進駐し、一帯を領有。仏領ソマリ海岸を形成。ジブチ港からエチオピアのアディスアベバを結ぶ鉄道が敷設され、エチオピアの海外への出入り口としての重要性が増した。1947年フランス海外県に、後にアファル・イッサと改称しフランス領残留を選んだが、77年独立を達成。同数を占めるアファル人とソマリ人系イッサ族の対立が深まり、91年にアファル系の統一民主回復戦線（FRUD）が反政府武力闘争を開始し、内戦化。94年に和平合意に至るも、FRUDの一部がゲリラ活動を継続して2001年に最終的な和解が成立した。資源に乏しく、財政はジブチ港港湾施設とフランス駐留軍による援助に頼っているのが現状である。11年隣国ソマリア沖で多発する海賊問題で、海賊対策を目的とした日本の海上自衛隊基地を建設。日本初の海外基地となる。

ジンバブエ共和国

Republic of Zimbabwe

面積	39万km²
人口	1560万人
首都	ハラレ

| 通貨 | 米ドル、南ア・ランド（ジンバブエ・ドルは流通停止） |
| 宗教 | キリスト教、土着の伝統宗教 |

NATURE 自然

狩猟の是非を世界に訴えた国民的ライオンの殺害

撃ち殺した動物の毛皮や、頭部を剥製にして持ち帰る「トロフィーハンティング」と呼ばれる狩猟は欧米を中心に人気がある。ジンバブエや南アフリカなど一部のアフリカ諸国では、ハンターに有料で許可を与え、収益を自然保護に回しつつ地元の雇用も生み出すというビジネスが成立している。

ところが2014年、その立派な風貌からジンバブエで国民的人気があり、ヨーロッパの野生動物研究者も貴重な観察対象としていたライオン「セシル」が、保護区であるワンゲ国立公園の外で米国人ハンターによって撃ち殺された。

この出来事は国内外で大問題となり、ジンバブエ公園野生局は狩猟に同行したジンバブエ人ガイド2人を逮捕。米国人ハンターはすでに出国していたため、米国に対し訴追のため身柄の引き渡しを要求した。現在（2016年3月）までのところ、米国人ハンターは合法的な手続きを経て狩猟を行ったとされて訴追は見送られ、ガイドらがセシルを餌でおびき出して公園の外まで連れ出し、弓矢で撃って弱ったところを撃たせたということで裁判が続けられている。セシルは狩猟の対象外であることを示す首輪をつけていたが、ガイドらがそれを確認しなかったことが悲劇の原因とされている。

セシルの死はトロフィーハンティングの是非について国際的な議論を呼んだ。ところがジンバブエ政府は、事件発生から中断していたそのビジネスをわずか10日後に再開させている。同国公園野生局によると、こうした合法的狩猟からこの国が得た収入は2014年だけでも4500万ドルに達するという。

この国の野生動物の生息範囲は広大なため狩猟を取り締まるのが難しい環境にあり、密猟も横行している。保護区や公園の境界線で人間と野生動物の衝突が絶えず、トロフィーハンティング以上に動物が殺されているのが現状だ。この1世紀の間に、アフリカのライオンの数は20万頭から3万頭以下に減っている。

アフリカのライオンは激減の一途をたどっている
写真提供：中野智明

HISTORY

アフリカ南部の内陸国。11～19世紀にかけてカランガ族のモノモタパ王国やロズウィ族のマンボ王国が成立し、大ジンバブエ遺跡（ジンバブエ＝石の家の意）を建造するなど王国が繁栄。19世紀にはヌデベレ族が王国を築くが、1889年にイギリスの支配下に入り、付近一帯は植民政策者セシル・ローズにちなみローデシアと名付けられた。1911年ローデシアは南北に分割、23年南ローデシアとして英領自治植民地に昇格。53年に北ローデシア（現ザンビア）・ニアサランド（現マラウイ）と共に中央アフリカ連邦を結成。南ローデシア白人政権は連邦解体後の65年にローデシアとして一方的に独立を宣言、人種差別政策を推進。折しも民族独立の機運が高まるなか、激しい国際的非難や黒人武装勢力の強大化にさらされ、イギリスの調停のもと80年に国民総選挙が実現。現在のジンバブエ共和国が成立し、カナーン・バナナが初代大統領に、ロバート・ムガベが初代首相に就任。ムガベが夫人を後継にしようとした動きに軍部が反発し、事実上のクーデターでムガベは2017年に辞任し、37年の長期政権が終わった。

スーダン共和国

The Republic of the Sudan

面積	188万 km²
人口	3958万人
首都	ハルツーム
通貨	スーダン・ポンド
宗教	スンニ派などイスラム教が大多数、南部黒人を中心にキリスト教、伝統宗教

PERSON 人

ビン・ラディンが5年間暮らした街

　ナイル川はビクトリア湖南部を水源とする白ナイルと、エチオピアを水源とする青ナイルからなり、スーダンの首都ハルツームで合流する。ここから水量を増した大河は、地中海へと流れる。

　この立地を利用してハルツーム周辺には、一大灌漑用水地域が広がり農業が盛んだ。ハルツーム北部には精油所があり、ここから紅海の港ポートスーダンまでパイプラインが通っている。

　このスーダン経済の中心地ハルツームに、2001年のアメリカ多発テロの首謀者ウサマ・ビン・ラディンが1991年から5年間住んでいた。イスラム教の中心的な立場にあったハッサン・トラビ師の力によってスーダンへの投資を条件に滞在を認められ、彼はこの地に5000万ドル以上を投資したと言われる。

　ウサマはハルツームに建設会社を立ち上げ、道路工事やビルの建設、また農業分野にも手広くビジネスを拡大して400人ものスーダン人を雇っていた。ハルツーム市内に事務所を構え、郊外にあった自宅では4人の妻と子どもたちと暮らす、一見して普通のビジネスマンだったという。

　しかし、水面下ではイエメンの反政府勢力への武器供与、エジプトへのカラシニコフ銃の密輸などを行っており、ハルツームのウサマの家には、武器弾薬が常に潤沢に隠されていた。定期的なテロ組織アルカイダのミーティングもウサマの家で繰り返されていたという。

　遂に1996年、アメリカ政府からスーダン政府にウサマの身柄引き渡し要請があった。ウサマを受け入れたトラビ師の政治的な立場も微妙になっていたため、彼はスーダンから追放されてしまう。多額の資産を残したまま、ウサマは無一文でアフガニスタンへ渡った。

　1998年8月のナイロビ（ケニア）とダルエスサラーム（タンザニア）のアメリカ大使館爆破テロ事件でもウサマの関与が指摘され、世界的に最も危険なテロリストとして国際指名手配リストのトップになっていった。2011年5月、アメリカ海軍特殊部隊によって潜伏中のパキスタンで殺害されたウサマだが、ハルツーム滞在中にも、スンニ派の過激派によって暗殺されかかったことがあった。この時ハルツームでウサマがこの世を去っていれば、アメリカ多発テロはなかったのだろうか。

HISTORY

　アフリカ東北部のエジプトの南、東は紅海に面して位置し、アフリカ大陸で3番目の国土面積を持つが、その大部分は砂漠か乾燥地帯である。前2200年頃、ナイル川流域のかつてはヌビアと呼ばれた一帯に、南部から移住した黒人集団がクシュ王国を建国した。エジプト新王朝時代に一度は滅ぼされるが、前900年頃再興し、エジプトに攻め入って第25王朝を建国した。アッシリアとの戦いに敗れてヌビアへ舞い戻った後も、後継王朝が4世紀に3国に分かれるまで続いた。16世紀にイスラム教の王国が建国され、その領域はイスラム化した。19世紀に入ってからはエジプトとイギリス、2国統治の支配が続いた。独立は1956年1月1日。69年に陸軍がクーデター、大統領に就任したニメイリが83年、イスラム法を導入すると、南部のスーダン人民解放運動（SPLM）が武装蜂起し、内戦に発展した。89年6月、無血クーデターで政権を奪取したバシールがさらにイスラム化を進め、現在に至っている。内戦の結果、南部独立の是非を問う住民投票が2011年1月に行われ、7月9日、新国家「南スーダン」が誕生した。

スワジランド王国

Kingdom of Swaziland

面積	1万7000km²
人口	134万人
首都	ムババネ

| 通貨 | リランゲーニ（複数形はエマランゲーニ） |
| 宗教 | キリスト教、伝統宗教 |

FESTIVAL 祭り
ダンスで新妻選び？　国王と「リードダンス」

　アフリカ大陸で、国王が国家元首の立憲君主制国家はスワジランド、モロッコ、レソトの3カ国。なかでもスワジランドは国王の権限が大きく、実態は伝統的な王政国家である。国王が首相を選べるだけでなく、閣僚の任命にも関与し政治への影響力を示す。

　この国では毎年8月から9月にかけ、全土から集まった数万人規模の未婚女性たちが国王の前で踊る恒例行事「リードダンス」が有名だ。表向き王家への忠誠と女性たちの連帯を象徴する儀式とされるが、事実上国王の新妻選びの場になっているとして、欧米の人権団体から非難を受けてきた。1986年に18歳の若さで父親の後を継いだ現国王ムスワティ3世は、これまでに15人もの妻を娶っている。

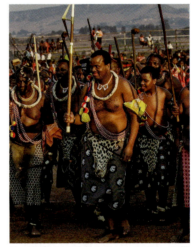

リードダンスの女性たちとムスワティ3世国王　　写真提供：中野智明

POLITICS 政治
続く台湾との国交

　中国が近年、アフリカの資源や市場を求めて経済援助を含めた活発な外交を展開している。そのあおりを受ける国のひとつが台湾で、2013年にはガンビアが台湾との国交を断絶した。中国の援助を期待してのものとみられており、アフリカで台湾と国交を維持しているのはスワジランド、ブルキナファソ、サントメ・プリンシペの3カ国となった。

　スワジランドは1968年の独立以来、一貫して台湾との国交を維持している。繊維関係を中心に台湾企業が進出して25以上の工場を造るなどし、2008年までに10万人の雇用をもたらした。電力インフラや農業分野の援助も大きく、医療面でも多数の医師や看護師を派遣しており、この国の医療向上に貢献してきた。

　同盟国の政治体制に必要以上の口出しをしない台湾の外交姿勢が、スワジランド外交筋から評価を得ているようだ。

HISTORY

　アフリカ大陸東南部、東側はモザンビークと国境を接し、ほかの3方は南アフリカ共和国に囲まれた内陸国。現在居住するスワジ人は16世紀のバンツー語系諸民族の移動とともに南下した際、ズールー人に前進を阻まれて定住した。19世紀に南下を率いた首長ドラミニ家がスワジ王国を建国。1907年からのイギリス保護領をへて1968年9月6日、イギリス連邦加盟の王国として独立した。73年4月、ソブウザ国王は憲法を廃止し、78年に新憲法を発布して国王の行政権、立法権を確立、絶対君主制に近い体制をつくり上げた。82年8月にソブウザが死去、後継争いの末に86年4月、ムスワティ3世が即位した。90年初めから国王独裁体制に対する不満が高まり、反政府組織が結成された。国民からの民主化要求に対しムスワティ3世は、新憲法案を作成させて2006年2月7日より施行した。しかし基本的人権は認めたものの、政党結成の自由は認めないなど、むしろ国王に広範な権力を与える内容で、民主的というにはほど遠い。主産業は農林業。18年4月、国王は国名を「エスワティニ」に変更すると発表している。

セーシェル共和国

Republic of Seychelles

面積 460 km²
人口 9万5000人
首都 ビクトリア
通貨 セーシェル・ルピー
宗教 キリスト教（カトリックが90%）

LEGEND 伝説
今なお続くフランス人海賊の財宝探し

　古くはカリブ海を中心に、1650年代から1730年にかけて海賊の黄金期が続いた。1690年代からはインド洋や紅海でも船がたくさん襲われ、奪われた財宝は様々な場所に隠された。ここセーシェルにも財宝伝説がある。

　フランス海軍士官だったオリヴィエ・ルヴァスールはスペイン継承戦争 (1701～14年) 中、奪われた財宝を奪い返すための私掠船員としてカリブ戦線に参加。が、終戦後も帰国することなく英国人海賊団に加わり、インド洋を中心に暴れ回った。

　ルヴァスールは1724年、海賊行為の中止を条件とするインド洋の海賊への恩赦を受けようとレユニオン島のフランス総督に使者を送った。ところが強奪した財宝の大半の返却を求められたため、ルヴァスールは恩赦をあきらめてセーシェル諸島に隠遁するようになった。ところが1730年、彼はマダガスカル島で捕らえられ、レユニオン島で海賊行為の罪により絞首刑に処されてしまった。

　そのときルヴァスールが絞首台から「これを解読できるものが財宝を手に入れろ」と叫び、ネックレスに隠していた紙片を観衆に投げ入れたという伝説がある。そこには17行からなる暗号のような文字が描かれており、財宝の隠し場所を示す文書だとされる。

　ルヴァスールの財宝とは何か。それはインド南部の都市ゴアのセー大聖堂に安置されていた、数多くのダイヤモンドやエメラルドで装飾された数メートルの巨大な純金製の十字架だったという。諸説あるものの、その「ゴアの十字架」は現代の価値に換算すると2億ポンドにもなるそうだ。

　1923年にセーシェルの首都ビクトリアがあるマヘ島の海岸で、岩に掘られたたくさんの模様が発見された。そこには、犬、馬、蛇やカメなど動物が描かれていたが、「鍵穴」「見据える目」「箱」など海賊によって隠された財宝情報に繋がるとみられるものがあった。

　115の島々からなるセーシェルには、今でも海賊の財宝が眠っているのだろうか。手つかずの自然が残る隔絶された環境は、宝島伝説の想像をかき立てる。

HISTORY

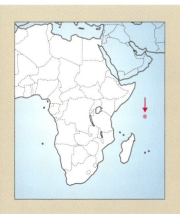

　アフリカ大陸の東、マダガスカルの北約1000kmの西インド洋上に点在する大小115の島々で構成されている。最大の島は首都のあるマヘ島で、年間平均気温が24～29度の温暖な海洋性気候の国。18世紀の半ば、当時フランス領だったモーリシャスのマヘ総督の命令で調査隊が派遣され、島嶼全体を当時のフランス蔵相の名にちなみセーシェルと命名。1756年に正式にフランス領となったが、ナポレオン戦争期の94年にイギリス海軍が占領、1814年にイギリスに割譲され、翌年のウィーン会議でイギリスの植民地となった。1976年の制憲議会の採決をへて同年6月29日に独立。一党独裁制だったが、91年に複数政党制となった。経済は主に観光業と漁業によりなりたっている。

赤道ギニア共和国

Republic of Equatorial Guinea

- 面積　2万8051 km²
- 人口　122万人
- 首都　マラボ
- 通貨　CFAフラン
- 宗教　キリスト教99％、伝統宗教

INCIDENT 事件
クーデター未遂事件の背後に浮上した石油利権

　アフリカのとある国のプラチナ鉱脈に目をつけた英国実業家が、傭兵を雇って現地政権を転覆させ、傀儡政権を打ち立てて採掘権を我が物にしようと画策する……。フレデリック・フォーサイスの小説『戦争の犬たち』（1974年）は、彼自身が取材した赤道ギニアでのクーデター事件をベースにしたと伝えられる。アフリカではクーデターが少なくないが、その背後には必ずといっていいほど資源利権をめぐるきな臭い話がつきまとう。

　1990年代に油田が発見されて以降、サブサハラ（サハラ以南）・アフリカ屈指の産油国となったこの国で2004年、再び『戦争の犬たち』を彷彿とさせるようなクーデター未遂事件が発生した。元英国軍人で傭兵会社を経営する男をリーダーとする傭兵グループが輸送機で赤道ギニアへ向かおうとしたところ、経由地のジンバブエで逮捕されたのだ。彼らはジンバブエで武器を調達し、赤道ギニアのヌゲマ政権（当時）を転覆させる計画だったという。

　その後、南アフリカ共和国に住む英国の元首相マーガレット・サッチャーの子息がクーデター計画への資金供与にかかわっていたことが発覚し、彼は同地で逮捕され、有罪判決が下った。

　また傭兵グループを率いた元英国軍人が、クーデターの首謀者はヌゲマ政権に迫害されスペインに亡命した「赤道ギニア亡命政府」のリーダーであり、政権転覆後の石油利権を目当てに英国やスペインが背後で支援したなどと証言。ヌゲマ大統領が国連でスペインなどの関与を名指しで避難する一幕もあった（英国、スペインは関与を否定）。

赤道ギニアの高質天然ガスプラント
写真提供：中野智明

HISTORY

　アフリカ大陸のギニア湾に面した大陸部のムビニとギニア湾上の火山島ビオコからなる小国家。15世紀後半ポルトガル人が来航して以降、ポルトガル領となった。一時英国に占領されたが、18世紀にはスペインに割譲され、19世紀に入ると内陸部へと勢力図を広げ大農園方式による農園開発が進んだ。第2次世界大戦後の1968年独立。79年までのマシアス・ヌゲマ大統領による恐怖政治により、全人口の3分の1が国外に逃亡したため、79年軍事クーデターで政権を打倒し、ヌゲマ・ムバソゴ中佐が大統領に就任した。87年再選されたヌゲマ・ムバソゴ大統領は軍事色を薄め、赤道ギニア民主党（PDGE）が唯一の政党として公認され、92年にはデモの承認まで進んだ。2016年には通算6期目となる長期政権を維持している。カカオやコーヒーの大産地だが、1990年代以降は石油・天然ガスの生産が軌道にのり経済成長している。

セネガル共和国

Republic of Senegal

面積	19万7161km²
人口	1541万人
首都	ダカール
通貨	CFAフラン
宗教	イスラム教9割、ほかにキリスト教、伝統宗教

ARCHITECTURE 建築

なぜか賛否両論　アフリカ最大の銅像

　建造に4年の歳月と2700万ドルもの費用をかけた「アフリカンルネサンス像」が、2010年4月4日のセネガル独立50周年式典で除幕式を迎えた。像の高さはニューヨークの「自由の女神」を超える49m、アフリカ大陸では最も大きい。

　同国のワッド元大統領の発案によるもので、デザインはルーマニア人で設計したのはセネガル人。実際の建設はこの国と国交のある北朝鮮の会社が担当した。ダカール郊外にそびえ立つこの像は1組の男女と子どもが大西洋上を見上げる形で、数世紀に及ぶ無知、忍耐、人種差別から解放されたアフリカの象徴を表現している。

　お披露目の式典には19カ国のアフリカの元首が出席し、マラウイのムサリカ元大統領は「この像は、セネガルだけのものではなく、アフリカすべての民衆に帰属するものだ」と褒め称えた。

　だが内外の評価は必ずしも肯定的なものだけではない。国家経済の現状を無視した壮大な浪費であるという見方や、デザインが社会主義国を連想させるといった見解も。セネガルを代表する彫刻家オスマン・ソウは「この像は何かではあるが、アフリカンルネサンスの象徴でも、芸術でもあり得ない」と厳しいコメントを残している。

セネガルの首都ダカールにそびえる巨大なアフリカンルネサンス像

©Shutterstock.com

HISTORY

　アフリカ・サハラ砂漠の西南端に位置し、大西洋に面する。13世紀初頭に建国されたとされるウォルフ人によるジョロフ王国が15世紀に渡来したポルトガル商人との交易で16世紀半ばまで栄えた。1659年にフランス人がセネガル川河口にサン・ルイの町を建設して侵攻、ジハードで形成されたイスラム王国による内陸部での抵抗も退けられて、1885年に現在のセネガル全域がフランスの植民地に組み込まれた。第1次世界大戦後に民族運動が台頭、第2次世界大戦後の1958年に自治共和国、59年4月にフランス領スーダン（現マリ）とマリ連邦を結成して60年6月にフランスから独立した。しかし8月にマリ連邦を解散してセネガル共和国として分離独立、9月に詩人でセネガル社会党のサンゴールが初代大統領に就任した。サンゴールは親フランスの穏健な改革路線を推し進め、80年12月に引退。81年以降は民主的な政権交代が進み、第3次産業の発達や金、チタンなど鉱物資源開発などから経済も成長している。

ソマリア連邦共和国

Federal Republic of Somalia

面積 63万8000 km²
人口 1400万人
首都 モガディシュ
通貨 ソマリア・シリング
宗教 イスラム教

ECONOMY 経済

農業復活のカギを握るバナナ栽培

　1991年に中央政府が崩壊した後のソマリアは混乱の連続で、つい最近まで20年以上も無政府状態が続いたことから、首都のモガディシュはアフリカで最も危険な都市といわれてきた。現政府は国際社会に認められたものの、治安は今なお不安定で外国企業が容易に投資できる場所ではない。アルシャバブ（アルカイダ系テロ組織）によるテロ活動は止まず、汚職度調査では世界第1位に輝いている。

　そんなソマリアでも、農業の分野で明るさが見え始めている。その象徴はかつてアフリカ随一の品質と生産量を誇ったバナナ栽培だ。2013年ころから首都モガディシュ周辺の治安が落ち着く兆しをみせ、農業活動に戻る農民が増え始めた。約20年ぶりに本格的なバナナ栽培が復活し、2015年からドバイをはじめとするアラブ首長国連邦に向けてバナナを満載した船が月に一度、出るようになったのだ。

　この国とバナナの出合いは1900年代に遡る。イタリアがソマリアでの農業に目をつけ、モガディシュ近くの肥沃で水が豊富なシャバレ・バレーで、綿花やサトウキビ、バナナなどの大農園式栽培を始めたのが始まり。当時はカナリア諸島産のバナナに価格で対抗できず、イタリア政府はソマリア産バナナに関税をかけ、保護・奨励した。バナナ農園公社を設立し、7隻の船をバナナ専用に配備して、輸出を強化していった。第二次世界大戦でのイタリアの敗戦後もソマリアは同国の信託統治領として残ったため、戦争でほぼ壊滅状態のバナナ農園の再生を狙った。1955年には生産量が10万トン近くに達し、独立を迎えた1960年以降も順調に推移し同国の主要輸出品目になった。

ソマリアのスイカは水分が多く甘い

モガディシュのモスクで祈る人々

写真提供：中野智明

HISTORY

　アフリカ北東部のいわゆる「アフリカの角」の部分を占め、インド洋に面する。牧畜民である先住民に加えて、9〜10世紀にアラビア半島からアラブ人が渡来、沿岸部に都市を建設した。1886年、アデン湾に面した北部地域がイギリスの保護領、89年に南部がイタリアの保護領となった。1960年7月、イギリス領とイタリア領の両方を統合して独立した。独立後の政権は大ソマリ主義を標榜、77年にエチオピアに侵攻して敗北、反政府武装闘争を激化させる一因となった。91年に統一ソマリア会議（USC）が首都を制圧して大統領を追放、その間に北部地域が「ソマリランド共和国」の国名で独立宣言し、現在に至っている。2005年に国際社会の後押しでケニアに暫定連邦政府が成立したが、反政府勢力の抵抗で全土を実行支配できない状勢が続いた。暫定統治期間を終えた12年、新連邦議会を招集し、新内閣が発足して21年ぶりに統一政府が誕生した。伝統的に畜産業とバナナなどの農業が主要な産業。

タンザニア連合共和国

United Republic of Tanzania

面積 94万5000km²
人口 5557万人
首都 ドドマ
通貨 タンザニア・シリング
宗教 イスラム教40%、キリスト教40%、残りは伝統宗教

SOCIAL PROBLEM 社会問題

恐ろしい「アルビノ狩り」の風習

1960年の独立以来、タンザニアのスムーズな政権交代は高い評価を得てきた。高潔さで知られる初代大統領ジュリアス・ニエレレの政治姿勢が遺産として受け継がれてきたからだろう。

2015年の選挙でも、混乱なく新大統領ジョン・マグフリが就任した。独裁や汚職の多いアフリカ大陸にあってクリーンな政治が行われてきた一方で、この国には理解し難い、恐ろしい悪習が今も続いている。

アルビノ（先天性色素欠乏症）の体の一部を使って儀式を行えば、長寿になる。金持ちになれる。権力を持てる。病気が直る……。タンザニアの特に北西部で、昔からアルビノの体は魔術を伝達することができるという迷信があり、その体が高く売れるため、アルビノ・ハンターたちがアルビノを狙って殺し、体の一部を切り取ったりする事件が後を絶たない。

呪術で病気が直ると信じている人が患者だけではなく、医療関係者のなかにも多く、呪術師がたくさんいる同国には呪術師協会まで存在する。この呪術師は裏でアルビノ・ハンターとつながっているケースが少なくない。アルビノの一部は比較的安全なインド洋岸のダルエスサラームに移住するケースが増えている。

政府はこの悪習を止めさせるべく動き出してはいるが、アルビノ殺しがなくなる兆しはない。2015年に隣国ケニアでアルビノが襲われる事件が発生したが、ケニア警察の調べでは、アルビノ狩りが取り締まりで難しくなってきたタンザニアからの依頼で起こった事件だという。

世界的にみるとアルビノは2万人に1人という統計がある。ところがタンザニアでは約1500人に1人の割合で誕生しており、アルビノ人口が多いサブサハラアフリカのなかでも最も多いとされている。呪術儀式の材料として重宝される一方で、神の処罰がもたらした「呪われたもの」「悪運をもたらすもの」という差別意識も強く、社会から半ば隔離状態になっている。

民話や迷信が呪術を通じて根深く人々の心に浸透し、人々の知識不足から過度の迫害を受けてきたアルビノたち。その98％の寿命は40歳という現実が、如実に受難を物語っている。

HISTORY

アフリカ大陸の東部、大陸部のタンガニーカとインド洋上のザンジバルで構成。大陸部は1000m強の高原が大部分を占める。海岸地帯は古くからインド洋交易圏の一部をなし、19世紀にはオマーン・アラブのスルタンがザンジバルに移住して沿岸一帯を支配した。1884年にドイツの内陸進出が始まり、90年にはドイツ領東アフリカとなる。同年、ザンジバルはイギリスの保護領となった。第1次世界大戦後、ドイツ領東アフリカはタンガニーカとなり、イギリスにより委任統治された。1961年にタンガニーカが独立。63年にザンジバルが独立。64年、ザンジバルで革命が起こりスルタンを追放、タンガニーカと合邦してタンザニアとなった。初代大統領のニエレレはウジャマーと呼ぶ独特の共同体的社会主義を推進した。2代大統領のムウィニは経済自由化に踏み込んだ。92年、タンザニア革命党がこれまでの一党独裁制から複数政党制に憲法を改正、95年に新憲法下で初めての総選挙が行われた。経済は東アフリカでケニアに次ぐ規模、金などの鉱物資源が豊富。

チャド共和国

Republic of Chad

面積	128万4000 km²
人口	1445万人
首都	ンジャメナ
通貨	CFA フラン
宗教	イスラム教約50%、キリスト教約30%、残りは伝統信仰

NATURE 自然
縮小するチャド湖の再生なるか

　サヘル地域最大の水源だったチャド湖が危機的状況を迎えている。1960年代前半にはイスラエルよりも広い2万6000㎢の面積を誇ったが、今では1500㎢にまで縮小。希少な動植物といった生態系への影響にとどまらず、4カ国に面するチャド湖は周辺に暮らす3000万人以上の生命線でもあり、湖の縮小は牧畜や農業に打撃を与え、土地を巡る争いも起こるようになった。

　原因は気候変動よりも、水の使い方といった人為的側面が指摘されている。FAO(国際連合食糧農業機関)によると、チャド湖周辺の盆地は世界で最も重要な農業遺産の1つと位置づけられるほど豊かな土地だった。しかし、度重なる干ばつに地元住民による非効率なダムと灌漑用水作りが拍車をかけた。世界銀行などが出資し、チャド湖を救うために水源となっているシャリ川からコンゴ川まで72kmの運河を造成し、水を送り込む計画が検討されている。

PERSON 人
ついに裁かれた「アフリカのピノチェト」

　セネガルで20年以上の亡命生活状態にある、チャドの元大統領イッセン・ハブレの民族浄化と人権侵害に対する特別法廷(アフリカ連合とセネガルが共同設置)が2015年、セネガルの首都ダカールで始まった。

　ハブレはチリで軍事政権を率いて強権政治を続けた独裁者ピノチェトにあやかり、「アフリカのピノチェト」の異名をもつ。国際人権団体のヒューマン・ライツ・ウォッチなどによると、ハブレが大統領だった1982年から1990年の間、チャドの南部出身者(ハブレは北部出身)や他民族の虐殺を行い、ガスを目や鼻に吹きかけるなどの拷問などで少なくとも1万2000人が犠牲になったとされる。

　特別法廷はハブレの人道に反する罪や戦争犯罪、拷問の容疑を認め、終身刑を言い渡した。2017年の控訴審でも終身刑は維持され判決は確定し、さらには7400人の犠牲者を認定して遺族らに総額820億CFAフラン(約164億円)の賠償金支払い命令も下った。

　これまでアフリカでは権力者の罪を特別法廷で裁こうとしても内政干渉を理由に拒否されるケースが多かったが、ハブレに対する判決は他国で有罪判決を受けた初の例となり、アフリカの正義の転換期になったと評されている。

HISTORY

　中部アフリカの北端にあり、サハラ砂漠にかかっている。国土の3分の1は砂漠地帯である。この地域には古くは多くの王国が栄えては消えていったが、19世紀以降フランスが進出し、最後のラビーフ帝国は敗れ、軍政下におかれた。1910年フランス領赤道アフリカに編入された。58年フランス共同体の自治共和国となり、60年に完全独立を果たした。66年、チャド民族解放戦線(FROLINAT)が南部サラ族主導の政府に反発して武装闘争に入った。10年を超える内戦のあと、79年に和平が実現したが、FROLINAT系のグクニー派とハブレ派が武力衝突した。それを克服して82年ハブレ政権が成立したものの、内戦は続行し、90年代にデビがクーデターで政権を奪取、新憲法を制定し2016年の大統領選挙で5選という長期政権を続ける。2000年代に入ってからは石油資源の開発が進んで輸出の柱となっている。

中央アフリカ共和国

Central African Republic

面積	62万3000 km²	通貨	CFAフラン
人口	460万人	宗教	キリスト教50%（カトリック、プロテスタントが各25%）、伝統宗教35%、イスラム教
首都	バンギ		

WAR 戦争
1万人の「子ども兵」を救え！

　この国は独立以来、クーデターがくり返されるなど政治的に不安定な状態にあり、近年もイスラム系とキリスト教系勢力の対立から武力衝突が続いていた。18歳未満の少年少女までもが戦闘に駆り出され、いわゆる「子ども兵」が最大で1万人を超えるという実態が、国際機関・NGOなどの調査でわかった。

　誘拐され無理やり武装勢力に加入させられるというケースだけではなく、食糧や衣類、お金、さらには保護を求めて生き残りのために自ら志願する子どもたちも少なくない。彼らは物資運搬などの後方支援だけでなく、前線での戦闘にも従事させられる。殺人や暴力行為を命令され、身体的、精神的な虐待を日常的に受けているという。

　昨年からMINUSCA（国連中央アフリカ多面的統合安定化ミッション）などが武装勢力との解放交渉を行い、子どもたちの入隊を防ぐ努力を続ける。解放された多くの子どもたちは戦場での体験を通して精神的に不安定な状態にあり、心理的なサポートを必要としている。

LEGEND 伝説
帝国を夢見た「自称皇帝」の末路

　独立時の初代大統領をクーデターで倒して大統領となったジャン・ベルデ・ボカサはいわくつきの人物だった。1972年に終身大統領となり、1976年には「皇帝ボカサ1世」を名乗り、国名まで「中央アフリカ帝国」に改名。翌年に当時の国家予算の2倍にあたる2500万ドルを費やし、ナポレオンにならったという豪華な戴冠式を行った。

　この時、昭和天皇を戴冠式に呼ぼうと日本政府に招待状を出したが、出席が叶わなかったというエピソードもある。テレビ放映された戴冠式は世界中から嘲笑を買い、アメリカは即座に経済援助を停止した。フランスは同国に金やウラン鉱山の採掘権をもっていたことから経済援助を続け、戴冠式に必要な金も貸しつけた。

　ボカサが自らデザインした高価な制服の着用を小中学生に義務化したことから大規模なデモと暴動に発展し、デモに参加した100人以上の小学生が撃ち殺された。フランスもさすがに重い腰を上げ、「ボカサ降ろし」に転じた。クーデターで政権を執った「皇帝」は、クーデターで政権の座を追われることになったのである。

HISTORY

　アフリカ中央部に位置する。北にチャド、東に南スーダンとスーダン、西にカメルーン、南にコンゴ共和国とコンゴ民主共和国が接している。1894年フランスの植民地になった。第二次世界大戦では自由フランス側につき、北アフリカ戦線ではイギリス軍の後方基地としての役割を果たした。大戦後、フランス共同体内の自治共和国をへて、1960年完全独立を果たした。65年ボカサによるクーデターが起こった。ボカサは72年終身大統領、さらに76年には中央アフリカ共和国と改称して帝政を敷き、自ら皇帝ボカサ1世と名乗った。ソ連崩壊後、憲法を制定し民主化路線を敷いたが、93年の大統領選では敗れパタッセが当選した。この時代に一時的に内戦状態となったが、フランス軍が鎮圧、アフリカ6カ国による平和維持部隊が駐留した。99年パタッセは再選されたが、2003年ボジゼ元将軍派によるクーデターがあり、04年新憲法が公布された。13年に反政府勢力セレカが首都を制圧、憲法を停止しセレカ指導者が暫定大統領への就任を宣言する事態が起こったが、16年民政へ復帰した。。

チュニジア共和国

Republic of Tunisia

面積	16万3610km²	通貨	チュニジア・ディナール
人口	1140万人	宗教	イスラム教スンニ派（国教）
首都	チュニス		

EVENT 出来事

ノーベル平和賞を受賞した「国民対話カルテット」

2010年末にチュニジアで始まった民主化運動「ジャスミン革命」は同国のベンアリ独裁政権を崩壊に追い込み、北アフリカ・中東に波及して「アラブの春」と呼ばれるデモ、抗議活動につながった。

リビアやシリア、イエメンなどでは民主化どころか、混乱がエスカレートし内戦状態にまで発展している。チュニジアでも2013年、正教分離を重視する世俗派の有力政治家の暗殺事件などが相次ぎ、急速に台頭するイスラム主義への警戒感や社会不安を背景に、世俗派が抗議のゼネストを行い、イスラム派との対立が深刻化した。

こうしたなか、事態打開のため労働総同盟が中心となり「国民対話カルテット（労働総同盟、工業・商業・手工業連盟、人権連盟、弁護士会で構成）」が組織され、世俗派とイスラム勢力の両派を説得し、対話を仲介してきた。その努力により対立の解消、新憲法制定と議会・大統領選を実現させ、2015年2月に両派が参加する正式政府が発足した。

「国民対話カルテット」はジャスミン革命後のチュニジアにおける多元主義的な民主主義の構築への決定的な貢献を評価され、2015年のノーベル平和賞を受賞した。

フランスのフランソワ・オランド大統領は「民主的移行の成功を認めるもの」と祝福し、国際的にはお祝いムードだが、国内では同年3月にチュニスで起こった博物館銃撃事件、6月の中部スースのリゾートホテルでの銃乱射事件など、イスラム過激派による深刻なテロが止まない。

ノーベル平和賞発表当日近くまで同国では非常事態宣言が発令され、厳戒態勢が続いていた。治安の悪化のため、世界遺産で有名なカルタゴの遺跡などを訪れる外国からの観光客が激減しており、観光業が大きな打撃を受けているほか、若年層の高い失業率が社会問題化している。イラクやシリアでISIL（イスラム国）に参加する若者も多く、ノーベル平和賞がチュニジアの民主化促進、さらに北アフリカ・中東地域の安定を後押しできる効果があるかどうかは、今後の対テロ・治安対策にかかっている。

HISTORY

地中海に面する北アフリカ中央部の共和国。前9世紀後半にフェニキア人の植民都市として建設されたカルタゴが、チュニジア一帯からスペイン、北アフリカ、シチリア西部までを勢力範囲とした。しかし前146年、3度にわたるローマ帝国とのポエニ戦争で敗れて消滅。そのあとはローマ帝国、5世紀前半に侵入した東ゲルマン系のヴァンダル、534年からはビザンツ帝国の支配下となった。800年にアッバース朝の総督アグラブがアグラブ朝を建て、チュニスを首都とした。909年にはファーティマ朝、1229年にハフス朝、1574年にオスマン朝、1705年にフサイン朝と続き、1883年にフランスの保護領となった。1956年3月に独立、翌年共和制に移行、シャリーア法廷の閉廷、ワクフ制度の廃止、宗教教育の縮小など近代化を推進した。87年に首相のベンアリが事実上の無血クーデターで大統領に就任。2002年5月に廃した終身大統領制を復活させて独裁の延命を図り、09年に5選。だが11年1月、拡大した反政府デモに屈し、国外へ出国、23年続いた独裁政権に幕を下ろした。

トーゴ共和国

Republic of Togo

面積	5万4390 km²	通貨	CFAフラン
人口	730万人	宗教	伝統宗教67％、カトリック18％、プロテスタント5％、イスラム教10％
首都	ロメ		

SPORT スポーツ

お騒がせなサッカー「偽トーゴ代表」事件

　サッカーのトーゴ代表は2006年のドイツW杯に出場した経験をもち、ヨーロッパのクラブチームで活躍する選手もいる、アフリカでは実力のある国だ。2010年にアフリカネイションズカップで訪れたアンゴラのカビンダ州で、武装勢力に代表チームのバスが襲われ、チーム関係者が死亡、選手も2人重傷を負うという痛ましい事件もあった。

　同じ年に、世界のサッカー界を呆然とさせる珍事件が起きた。正規のトーゴ代表チームが南部アフリカのボツワナで親善試合を終えて移動している最中に、なんともうひとつの「トーゴ代表」が中東のバーレーンで同国代表との親善試合を行っていたのだ。

　バーレーンでの試合は3-0でトーゴが敗北したが、その「トーゴ代表」は後半戦で極端に動きが悪くなるなど、とてもトップクラスとは思えないプレーが目立った。不審に思ったバーレーン側がトーゴのサッカー協会に問い合わせると、代表を派遣した事実はないとの仰天の答え。だが、事前に受け取っていた選手登録に関する書類にはトーゴのサッカー協会による正式なサインもスタンプもあり不備はなく、選手のパスポート番号や生年月日まで揃っていた。試合前には、代表チームのユニホームを身に着けたトーゴ選手たちが堂々と集合写真にも応じていたというのだから、まさかの展開である。

　さらにFIFAも巻き込んで両国による調査が進むと、試合開始直前に選手登録メンバーが20人中18人も変更されていたことや、過去に偽代表チームを登録して資格停止処分を受けていた元トーゴ代表監督がシンガポールの代理人と組んで試合をアレンジした経緯がわかった。

　トーゴのスポーツ大臣は「本国では、誰も何も知らされていなかった」と回答しており、どうやら一部の関係者らが結託して「偽トーゴ代表」との親善試合をバーレーンに売り込み、それにまんまとだまされたということのよう。バーレーン代表監督の「うんざりする試合で時間の無駄だった」というコメントが、すべてを物語っている。

HISTORY

　アフリカ大陸西部、ガーナとベナンに東と西を挟まれた南北に細長い国家で、東西国境間の距離は52kmほどしかない。南は大西洋ギニア湾に面する。15世紀にポルトガル人が渡来、16世紀から19世紀までは奴隷の供給地とされていた。1884年にドイツが進出して海岸部が保護下におかれ、翌年には全域がドイツ保護領トーゴランドとなった。第1次世界大戦後、西部はイギリス領、東部はフランス領となってそれぞれ委任統治された。1957年、イギリス領側がのちのガーナとなる地域と併合されて独立。フランス領側も60年4月に現トーゴとして独立、初代大統領にオリンピオが就任した。63年1月、オリンピオが暗殺され、独立運動のライバルだったグルニツキーが大統領に就くが、汚職と経済不安から67年1月、軍部によるクーデターが発生、エヤデマが国家元首となった。エヤデマの体制も90年代に入ると汚職と人権侵害にまみれ、内外の批判にさらされながらも権力を維持、2003年6月に大統領選で3選を果たした。しかし05年2月に急死、息子ニャシンベが大統領に就いた。主要産業はリン鉱石や綿花、コーヒー、カカオ。

ナイジェリア連邦共和国

Federal Republic of Nigeria

- 面積 92万3773 km²
- 人口 1億8599万人
- 首都 アブジャ
- 通貨 ナイラ
- 宗教 キリスト教、イスラム教

MOVIE 映画
世界を席巻するか？ ナイジェリア映画

　この国は「アフリカ第1位」がいくつもある大国だ。まずは人口がそうで、2億人の大台に乗るのも時間の問題といわれる。人口増が経済をも押し上げ、2015年にはついにアフリカトップの国民総生産を計上した。原油の産出量も第1位と、まさにアフリカをリードする地位を確立し始めている。

　文化面で、アフリカ第1位といえる分野は映画産業だ。米国のハリウッドにちなんでインドの映画産業をボリウッド (Bollywood) と呼ぶが、ナイジェリアのそれもノリウッド (Nollywood) として国際的に定着しつつある。

　同国の映画づくりが盛んになったのは1990年代からで、2000年以降に急拡大して年間制作本数が1000本を超え、インドに次ぐ世界第2位というデータがある。平均的な制作日数は1週間程度という短さで、制作費は2万ドル前後と安価。かつては伝統文化と現代の新しい価値観のなかで苦悩する姿を描く内容や、イスラム教など宗教を扱ったシリアスな映画が多かったが、最近ではラブストーリー、アクションなどのジャンルも増えている。2009年に上映されたサスペンス・スリラー映画「The Figurine」は数多くの映画賞を受賞し、ナイジェリア現代映画の先駆けとなった。国内だけにとどまらず、アフリカ大陸全土に「ノリウッド映画」は受け入れられ、追随しようとする国も増えている。

デルタ地帯にある石油施設

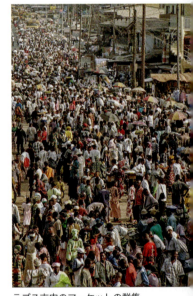
ラゴス市内のマーケットの群集
写真提供：中野智明

HISTORY

　西アフリカのギニア湾北東部に位置する。海岸部はマングローブと低湿地、中央部は緩やかな丘陵地帯。ニジェール川、ベヌエ川が貫流、下流域に広大なデルタ地帯が広がる。国土は熱帯気候の典型で雨季と乾季に分かれる。15世紀ポルトガル人による奴隷貿易の拠点となり、海岸地方は、かつて奴隷海岸とよばれた。19世紀にイギリスの植民地となり、1900年イギリス領となった。60年、英連邦内の自治国として独立。67年に東部のイボ族が反英を掲げ「ビアフラ共和国」独立を宣言、世に"ビアフラの悲劇"と呼ばれる内戦状態に入り、100万人におよぶ餓死者をだした。70年ビアフラの降伏で内戦終結をみたものの、相次ぐクーデターで政情不安はとどまらず今にいたる。アフリカ最大の1億人の人口を有する多民族国家で、民族間対立が絶えない。さらに、北部のイスラム教徒と南部・東部のキリスト教徒という宗教間対立も深刻。アフリカ第1の産油量とGDPを誇る経済大国だが、原油収入を柱とする利益は一部権力に集中しており、内政的には貧困はじめ多くの課題を抱えている。

ナミビア共和国

Republic of Namibia

面積	82万4000km²
人口	247万9000人
首都	ウィントフック
通貨	ナミビア・ドル
宗教	キリスト教、伝統宗教

WORLD HERITAGE 世界遺産

世界最古の珍しい海岸砂漠

　世界最古の8000万〜5500万年前に誕生したとされるナミブ砂漠。ナミビアの大西洋側に位置し、北はアンゴラ、南は南アフリカにまで達する南北に長い14万km²の面積を誇る。

　海に砂漠が面している世界唯一の海岸砂漠であり、河川や海流、風によって大陸内部から供給される砂によって砂漠が形成されている。「ナミブ」とは地元サン人の言葉で「何もない」という意味だが、数日に1度の割合で海から内陸部へ海霧が流れ込むため、この地に固有の動植物が数多く見られる。

　そのなかでも珍しいのはウェルウィッチアと呼ばれる植物だろう。異様に短い茎から葉が伸び続け、樹齢はなんと1000年以上に達する。長い根と葉からわずかな湿気を吸収しながら、砂漠という厳しい環境で生きる術を身につけた希少植物である。

　こうした砂漠の独自性や貴重な生態系から、沿岸部などのエリアが2013年、「ナミブ砂海」（Namib Sand Sea）としてユネスコの世界自然遺産に登録された。

ナミブ砂漠固有の植物ウェルウィッチア

ナミブ砂漠　　　　写真提供：中野智明

HISTORY

　アフリカ大陸の南西部にあって、西は大西洋に面している。国土の大半は砂漠と高原。北東部に北をアンゴラ、南をボツワナに挟まれた細長い領土カプリヴィ回廊がある。

　1486年ポルトガル人ディエゴ・サオが上陸、その後、オランダが植民地として領有。1884年にはドイツの保護領になる。1949年にはドイツ軍を破った南アフリカが、国連の信託統治を拒否し一方的に領土に編入した。1966年黒人解放勢力の南西アフリカ人民機構（SWAPO）が武力闘争を開始、親南ア勢力との対立が続いた。89年、制憲議会選挙でSWAPOが過半数を占めた。90年初代大統領にSWAPOのヌジョマ議長が選ばれ、独立した。外交的には国連、AU、南部アフリカ開発共同体との協力関係を築いているが、とりわけ南アとの協力関係は密接である。世界有数の鉱産資源があり、ウランやダイヤモンドが主産品で、ダイヤモンドは輸出の中心。近年、南部沿岸沖の天然ガス田にも世界中の注目が集まっている。

ニジェール共和国

Republic of Niger

面積	126万6700km²
人口	2067万人
首都	ニアメ

通貨	CFAフラン
宗教	イスラム教、キリスト教、伝統宗教

RESOURCE 資源
アフリカの現実を象徴するウラン鉱山

　この国は世界第4位のウラン生産国。電力の75％以上を原子力発電で賄うフランスは、その需要の4割以上をニジェールに依存している。

　独立直前の1957年、宗主国だったフランスが北部のアルジェリア国境付近でウラン鉱を発見し、70年代からウラン産業が興隆してこの国の外貨獲得の柱になってきた。とはいっても、そこにはさまざまな問題が横たわっている。

　貧困対策に力を入れるNGOのオックスファム・フランスの調査によれば、ニジェールでウランを採掘する大手原子力企業のアレバ社（仏）は、市場価格のわずか13％を同国に支払っているだけだという。ニジェールからウランを安く買えるために、フランスが「原発大国」を続けられるのだとする見方もある。

　脱原発の立場をとる環境NGOのグリンピースがまとめた報告書（2010年）は、ニジェールのウラン鉱採掘地域の井戸が通常の500倍高い放射能レベルで汚染されており、ある鉱山周辺で呼吸器疾患による死亡が全国の2倍以上だという実態に触れている。ウラン採掘による環境汚染の一端がうかがえるが、ニジェール政府には鉱山の環境汚染をモニターできる能力がないという。

　また鉱山開発が進む同国北部はトゥアレグ族という遊牧民が暮らしていた土地だった。彼らの間には資源収奪による富が首都のある南部に吸い上げられているという反発があり、武装民兵が反乱を起こすなど地域的な緊張も高まっている。人口の7割以上が1日1ドル以下で暮らす最貧国のひとつニジェールで、ウランの恩恵に預かるのは一握りの富裕層に限られている。

毎年、雨期の終わりの9月にインガルで開催される男の美の祭典

写真提供：中野智明

HISTORY

　西アフリカの内陸部に位置し、北はアルジェリアとリビア、東はチャド、西はマリとブルキナファソ、南はナイジェリア、ベナンと国境を接している。北部はサハラ砂漠で、農耕は南西部のニジェール川流域と東南部チャド湖周辺地域に限られる。19世紀からフランスが進出し、1922年フランス領西アフリカに編入。第二次世界大戦後に独立運動が高まり、60年、独立を達成。その後、69年から74年まで続いた大干ばつで国内は疲弊、74年クーデターで軍事政権が成立し、89年の新憲法公布による民政移管まで続いた。99年には再びクーデターで軍事政権が実権を握り、軍幹部のママドゥ・タンジャが大統領になった。しかし、2010年になると当の軍部が、タンジャ大統領を拘束、暫定政権を発足させ国民投票を行った。そこで大統領任期2年を定めた新憲法が承認された。経済を豊富な埋蔵量のウランが支え、近年は石油の生産も始まった。外交的には旧宗主国フランスやアメリカなど主要先進国との関係を重視している。

ブルキナファソ

Burkina Faso

面積	27万4200 km²
人口	1865万人
首都	ワガドゥグー

通貨	CFA フラン
宗教	伝統信仰 57%、イスラム教 31%、キリスト教 12%

LEGEND 伝説
今も語られ続ける「アフリカのチェ・ゲバラ」

　この国の伝説的な大統領に、1987年にクーデターによって暗殺されたトーマス・サンカラがいる。軍人出身で在任期間は4年ほどであったが、その革命的な手腕は「アフリカのチェ・ゲバラ」とも讃えられた。今どきの20代でもサンカラのことを知らない者はいないほど、彼の存在と業績はしっかりと根付いている。

　クーデターで政権を奪取したサンカラは、旧宗主国であるフランスに依存しきったこの国のあり方を劇的に変えていった。彼の政策の特徴は民族主義的国家づくりと、自立できる経済を目指した緊縮財政だ。

　蔓延していた政官界汚職の取り締まり、識字率の向上のための教育改革、女性の地位向上をはじめ、250万人の児童へのワクチン接種の実施や、砂漠化防止のための1000万本の植林による森林再生といった当時では先進的な政策を相次いで打ち出した。農民への土地の再配分、ダムや鉄道などのインフラ整備にも力を入れ、わずか4年間で農業生産は飛躍的に向上し、国家支出の大幅削減を成し遂げて国づくりに必要な資金を生み出せるまでになりつつあった。

　その徹底ぶりは公用車を高級車のメルセデスから大衆車のルノーに変更させ、サンカラ本人は自転車で大統領官邸に通ったという逸話によく現れている。彼の改革は腐敗政治がはびこる近隣諸国にも影響を与えた。

　暗殺される間際に会ったスイス人社会学者の回想によれば、サンカラは「チェ（ゲバラ）は殺されたとき、何歳でしたか。私はそこま

伝説の大統領トーマス・サンカラ
写真提供：中野智明

で生きていることができるでしょうか」と話したという。大がかりな改革で敵をつくった彼は自身の死を予感していたのだろうか。

　奇しくも2015年、同国のコンパオレ元大統領がクーデターと民衆蜂起で追放された。コンパオレは、クーデターを指揮してサンカラを暗殺したその人であった。

HISTORY

　ブルキナファソとは「高潔なる人々の国」という意味である。旧称はオートボルタ。北と西をマリ、東をニジェール、南をベナン、トーゴ、ガーナ、コートジボワールに囲まれる内陸国。15世紀頃モシ人が王国をつくったが、1897年フランスが保護領とした。その後仏領西アフリカに編入されるなどの変遷をたどり、第二次大戦後に起こったヤメオゴなどが指導したボルタ民主同盟の独立運動を経て、1960年、オートボルタとして独立した。しかし指導者ヤメオゴは野党を抑圧する政策をとったので、66年ラミザナ中佐指導のクーデターが起こった。その後軍政と民政を繰り返し、83年左派のサンカラ大尉がクーデター、84年国名をブルキナファソに改称。サンカラ大統領は民族主義的政策と緊縮財政を進めたが、87年法務大臣コンパオレがクーデター、現実路線へ戻した。以降は内政が安定し、民主化と経済改革に取り組んでいる。

ブルンジ共和国

Republic of Burundi

- 面積　2万7800 km²
- 人口　1050万人
- 首都　ブジュンブラ
- 通貨　ブルンジ・フラン（Franc）
- 宗教　主としてキリスト教、他に伝統宗教

CULTURE 文化
世界無形文化遺産に選ばれた太鼓演奏

　この国で有名なものに、太鼓による伝統儀式がある。王家の祭りや結婚式、葬儀に際してカリェンダ（Karyenda）と呼ばれる伝統的な太鼓を独特のリズムで打ち鳴らしながら踊るものだ。かつての王政時代には太鼓は王家の力の象徴とされ、神は太鼓の音によって王家を守ってくれると考えられていた。

　ベルギーによる統治領時代に、王の力を象徴する太鼓の存在をキリスト教宣教師が嫌ったことから盛んではなくなり、独立後の1966年に最後の王ヌトレ5世がクーデターで追放されると伝統儀式は衰退の一途をたどることに。

　だが奏者たちがエンターテインメントの色合いをまといながらも太鼓演奏を維持してきたことから、2014年にユネスコの世界無形文化遺産に登録された。最近では伝統的な演奏の復活にも力が入れられるようになった。

NATURE 自然
ナイル川の源流はブルンジ？

　ナイル川の源流はどこにあるか。世界中の探検家が追い求めてきたこのテーマには諸説あるが、ブルンジ源流説が最も支持を得ている。かつて19世紀に英国人探検家がビクトリア湖を「発見」すると、それがナイル川の源流だとされた。ところが1934年にドイツ人探検家がビクトリア湖にそそぐカゲラ川につながるブルンジのルビロンザ川を見つけると、源流はブルンジにまでさかのぼることになった。

　2006年に英国などの探検チームが隣国ルワンダを調査し、新たにナイル川の源流を見つけたという。まだまだナイル川の長さはのびそうだ。

収穫されたコーヒー豆　写真提供：中野智明

HISTORY

　インド洋から1200km、大西洋から2000kmの内陸国。14世紀、今のルワンダからツチ族が侵入し、多数派のフツ族を従えてルワンダと別の国家をつくった。1890年、ドイツ領東アフリカの一部となったが、第1次世界大戦後はベルギーの国際連盟委任統治領、次いで第2次世界大戦後は国際連合の信託統治領となった。この時の国名は「ルアンダ・ウルンジ」である。1959年隣国ルワンダでフツ族によるツチ族の虐殺があり、多数のツチ族が流入した。60年総選挙が行われフツ族が勝利し、62年「ブルンジ王国」となった。王国は62～63年にかけてツチ族12万人を虐殺、20万人のツチ族がルワンダに逃れた。65年になるとツチ族のM・ミコンベロ大尉が陸軍を率いて反撃、権力を掌握し、王政を廃止し「ブルンジ共和国」とした。その後2回の軍事クーデターをへて複数政党制などが実施されたが、93年の総選挙ではフツ族が勝利しヌダダイエが大統領になった。しかし、ツチ族、フツ族の抗争は13年にわたる内戦へと発展、2006年に終息した。以後も海外からの食料援助に頼るなど、課題は多い。

ベナン共和国

Republic of Benin

面積	11万2622km²
人口	1087万人
首都	ポルトノボ
通貨	CFAフラン
宗教	キリスト教20%、イスラム教15%、伝統宗教65%

CULTURE 文化

アフリカ最大の水上集落

　ベナン最大の都市コトヌーから車とボートを乗り継いで1時間。大西洋に近いノコウエ湖に、アフリカ最大の水上集落ガンビエがある。

　数万人が漁業を営みながら水上で暮らす。陸地から運んできた土で作った小島には、小学校もある。午前中は水上マーケットで働く女性たちで活気に満ちている。観光ガイドなどでは「アフリカのベニス」とも形容される。

　17世紀頃のベナンにはダホメ王国が成立し、フォン人が支配するようになった。フォン人はポルトガルなどヨーロッパの国と組み、奴隷貿易を主な収入源にした。奴隷狩りの対象となっていたトフィヌ人が逃れるため、このころに水上の町を造ったとされるが、それはフォン人が水に入ることを宗教的に嫌ったためだという。奴隷貿易という負の歴史が世界的にも珍しいこの水上集落を生み、今は観光名所となり、ユネスコ世界遺産の暫定リストに記載されている。

ベナンの水上集落ガンビエ　　　　　　　　　　　　写真提供：中野智明

HISTORY

　南はギニア湾に接し100kmほどの海岸がある。東はナイジェリア、西はトーゴ、北はブルキナファソとニジェールに接した南北に長い国である。17世紀にダホメ、ポルトノボなどの王国が栄え、ダホメは18～19世紀に強大となった。しかし、フランスが15世紀頃から進出し、奴隷貿易の拠点を築き上げるとしだいにその影響力下におかれ、1894年ダホメ王国はフランスの植民地となった。17世紀から19世紀にかけては、奴隷売買が行われ、その海岸一帯をヨーロッパ人は奴隷海岸と称した。1904年フランス領西アフリカに編入されたが、第二次世界大戦後の60年8月ダホメ共和国として独立した。その後5回のクーデターをへて、72年ケレクが軍部支配を確立、75年ベナン人民共和国と改称、社会主義建設を目指した。89年マルクス・レーニン主義を放棄し、90年民主主義再生勝利同盟（UTRD）のソグロが大統領となり、ベナン共和国と改称。2006年から開発銀行元西アフリカ総裁のボニ大統領のもとで行政、経済改革に取り込んだ。国民の半数が1日1.25米ドル以下で生活する貧困の撲滅が課題。

ボツワナ共和国

Republic of Botswana

- 面積 56万7000 km²
- 人口 225万人
- 首都 ハボロネ
- 通貨 プラ（Pula）
- 宗教 キリスト教、伝統宗教

NATURE 自然
アフリカで有数の自然保護国

人間は主に象牙をとるためにゾウを殺してきた。アフリカでは1980年代だけで10万頭が殺されたとする推計もあり、ワシントン条約で1989年に象牙貿易の全面禁止が決められた。

ところが象牙需要はなくならず、闇ルートで高値で取引きされるようになった。入手できれば大金をつかめるため、密猟もなくならない。ケニアやタンザニア、南アフリカなどでは密猟グループが組織化され、2015年には20分に1頭の割合でアフリカゾウが殺されたというデータもある。

そんななか、ここボツワナでは象が増えている。現在この国にはおよそ20万頭の象が生息しているとみられており、アフリカ全土からみても高い割合だ。

その最大の理由は、アフリカ諸国のなかでも有数といえる自然保護への熱心な取り組みだ。国土の2割近くが自然保護区に指定され、狩猟を全面的に禁止し、国境を超えて入国する可能性のある密猟者を厳しく警戒している。

ボツワナの自然保護は、象だけに止まらない。例えば乾燥したカラハリ砂漠にオカバンゴ湿地帯と呼ばれる豊かなオアシスがある。この地区は冬季に発生する洪水により居住が困難なため、農地開発が進まず貴重な自然が保たれてきた。ある時にこの水源を利用して灌漑用の水路を引く計画が持ち上がったが、自然保護の観点からこの計画は中止された。

こうした自然保護への強い姿勢が打ち出せる背景には、アフリカのなかでも政治が安定しており、また世界有数のダイヤモンド産出量が経済を支えていることもある。1人あたりGDP（国民総生産）は7770ドル（2013年）と、アフリカで5本の指に入る。

日本のおよそ1.5倍の国土に、人口はたったの200万人ちょっと。人口密度で比べれば、日本が1km²に約333.8人なのに対し、ボツワナは何と3.5人。こうした点も、野生動物とその環境保持に一役買っているといえる。

HISTORY

南アフリカの北にある。南部の大半はカラハリ砂漠。先住民はサン族だったが、17世紀半ば、バントゥー系ウワナ人が南下し、サン族をカラハリ砂漠に追いやった。19世紀半ばは、南方のズール人、トランスバールのボーア人が侵略した。カーマ3世はイギリスの保護を求め、1885年イギリス保護領ベチュアナランドとなり、その後ケープ植民地に編入された。1910年南アフリカ連邦が独立したが、ベチュアナランドは同連邦駐在の英高等弁務官の管轄下におかれた。50年、カーマ3世の孫セレツェ・カーマが白人女性と結婚してイギリスから帰国したが、南アは入国を拒否、56年セレツェ・カーマは最高首長位を捨てて帰国し、ベチュアナランド民主党（現ボツワナ民主党、BDP）を結成、独立を要求した。66年9月ボツワナ共和国として独立、カーマが初代大統領に。60年代からのダイヤモンド産出で高い経済成長を達成。南部アフリカ諸国の経済統合を目指す南部アフリカ開発共同体（SADC）の事務局を首都におき、90年代には国連安保理の非常任理事国を務めるなど域内や世界で一定の役割を担っている。

マダガスカル共和国

Republic of Madagascar

- 面積 58万7295 km²
- 人口 2489万人
- 首都 アンタナナリボ
- 通貨 アリアリ
- 宗教 伝統宗教52% キリスト教41%、他にイスラム教7%

CULTURE 文化

お墓から遺体を出して踊る？ 伝統儀式

この国では7～10月にかけ「ファマディアナ（骨をひっくり返すという意味）」と呼ばれる、墓から遺体を取り出す儀式が行われる。7年ごとに故人のお墓を開け、太陽のもとに取り出された遺体に新しい布を巻き直し、一族総出で音楽隊の演奏に合わせ、遺体をかついで墓の周りを踊り回るのだ。参列者は祖先に感謝しながら遺体に触れる習わしになっている。

マダガスカルでは、死後も人の魂は自然界に宿り続けると信じられている。魂はいつになっても俗界に戻ってきたいと願っていると考えるため、こうした風習が17世紀ころから続いてきたのだという。

LEISURE レジャー

テレビでも観戦される人気の闘鶏

首都のアンタナナリボでは、日曜日になると片手に札束を持った男たちが闘鶏場に集まり、その格闘にあつい視線を注ぐ。時には家や車を賭ける人もいて、かなりの金額が動く。

闘鶏の模様はテレビでも放送されるようになり、一大ビジネスになりつつある。

この国での闘鶏の始まりは18世紀ころ、王室が好んで闘鶏を催し、楽しんだことに由来するという。闘いで死んだ鶏は、丁重に葬られたそうだ。闘鶏は1羽500ドルという高値で売買され、オーナーは鶏が病気にならないよう清潔に保ち、怪我をすれば手厚く治療するなど1カ月の世話に100ドルもかける。なぜなら、勝てば1回の週末で2000ドルから3000ドルを稼げるからなのだという。

マダガスカルで行われる闘鶏　　写真提供：中野智明

HISTORY

インド洋に浮かぶ世界で4番目に大きい島。最長距離約1570km、最大幅約580kmのマダガスカル島を中心とした海洋国。熱帯気候に属する。1896年にフランス植民地となり、第二次世界大戦中に一時イギリスの占領地となるが、1958年に住民投票によりフランス共同体内の自治共和国へ。60年に正式独立し、大統領制の共和国となったが、経済不振により社会主義政権が誕生するなど政情不安の状態が続いた。92年、社会主義からの決別などを謳った新憲法の制定、国名も現在のマダガスカル共和国に変更。しかし、政治は安定せず、抗議するデモ隊に発砲して30人の死者を出す（2009年）など混乱が続いた。アフリカ連合など国際社会の仲介で13年以降、政治的安定をとり戻している。16年から国際通貨基金（IMF）の支援を受け、低迷していた経済の立て直しを進める。

マラウイ共和国

Republic of Malawi

- 面積　11万8000 km²
- 人口　1721万人
- 首都　リロングウェ
- 通貨　マラウイ・クワチャ
- 宗教　キリスト教75％、その他イスラム教など

POLITICS 政治

長髪は逮捕！　初代大統領の独裁政治

　1964年に独立したマラウイで最初の大統領となったのはカムズ・バンダという人物である。海外で医師として生活していたが、母国の民族主義組織に帰国を要請され、独立運動に身を投じた。

　1966年に大統領となったバンダは一党独裁体制を固め、1971年には憲法を改正して終身大統領となった。外交的にはアパルトヘイト（人種隔離政策）政策下にあった南アフリカ共和国と国交を結んだ数少ないアフリカの国家元首であり、また反共主義を掲げて社会主義政策をとる隣国モザンビークやタンザニアに対する西側諸国の防護壁として機能したことから、国内における圧政ぶりが西側諸国から黙認される結果ともなった。

　バンダはほかの独裁者と同様、政府批判を取り締まるために手紙を検閲したり電話を盗聴するなどし、1990年代はじめまではテレビ放送も許さなかった。なかでも、極めつけは国民の服装にまで口出ししたことだ。

　バンダ政権下の1968年から1993年にかけ、男性は長髪禁止、女性はズボン、ミニスカート着用禁止とされ、スカートの丈は膝が隠れる長さと決められた。違反者は警察に逮捕されるという厳格ぶりである。しかもその服装ルールはマラウイに入国しようとする外国人にも適用されることになっており、外国人が肩まで伸ばした髪で空港につくと、その場で実際に散髪を強要されたほどだった。

　米紙によれば、彼は国民にテレビを禁止しながら自身は衛星放送で海外の番組を視聴していた。その際、サイモン＆ガーファンクルの名曲『いとしのセシリア』を聴き、その曲が国内のラジオで流されるのを禁止した。バンダは生涯独身であったが愛人と暮らしており、彼女の名前がセシリアで、その曲が侮辱だと感じたからだという。

　国民や国際社会から独裁政治に対する批判が強まり、ようやく1993年に複数政党制移行への国民投票が行われた。1994年の大統領選挙でバンダは大敗し、権力の座から下ろされた。「建国の父」としての顔と、「独裁者」としての顔……。バンダは毀誉褒貶相半ばする人物である。

HISTORY

　南北に約840km、東西に最長約160km延びた細長い内陸国。東側の大半は、国土全体の約2割を占めるマラウイ湖（旧ニヤサ湖）。19世紀半ば、探検家リビングストンがニヤサ湖を発見。以降、1891年のイギリス保護領ニヤサランドをへて、1964年に独立。66年に英連邦枠内の共和国となり、それまで首相だったバンダが初代大統領に就任した。結果、バンダ大統領率いるマラウイ会議党（MCP）の一党独裁となり、バンダの家父長政治が続いた。その間、反政府組織を追放し、バンダは終身大統領へ。外交面では、当時アパルトヘイト下の南アフリカ、モザンビーク、ローデシアなど白人支配国との友好関係を維持するなどほかのアフリカ諸国から非難を浴びた。93年に一党制から複数政党制となり、選挙で大統領が選出されている。タバコ、紅茶、砂糖などを主な外貨獲得源とする伝統的な農業国。

マリ共和国

Republic of Mali

面積	124万km²
人口	1799万人
首都	バマコ

通貨	CFAフラン
宗教	イスラム教80%、伝統的宗教、キリスト教

MYSTERY ミステリー
ドゴン族に伝わる天文知識の謎

　西アフリカの内陸国マリには、古代エジプトの子孫だと信じるドゴン族という人々が暮らしている。このドゴン族に昔からある伝説が、科学者を驚かせた逸話がある。

　冬の北半球で見える星座、おおいぬ座で最も明るいのは首星であるシリウスだ。このシリウスは連星で、シリウスBを伴っている。シリウスBは暗い白色矮星で、望遠鏡でしか見ることができない。

　ドゴン族を1930年代に長年調査したフランスの人類学者らが驚いたのは、彼らがシリウスBを現地語で「ポトロ」と呼んでおり、望遠鏡などないはるか昔からその名が伝承されていたという事実であった。

　ドゴン族のオゴンと呼ばれる長老の話によれば、数千年前にシリウス系からノンモ（NOMMO）と彼らが呼ぶ神が地球を訪れた。ノンモの乗った箱船が回転しながら降下し、大きな爆音と強風と共に地球に降り立った時、ドゴン族はシリウスの知識を得たのだという。

　ドゴン族はシリウスBの存在だけでなく、ガリレオが望遠鏡を発明してから明らかになった土星の環の存在や、木星の4つの衛星の存在も昔から知っており、それらもノンモからもたらされたのだという。こうしたドゴン族の伝承を英国の天文学者が"THE SIRIUS MYSTERY"（1976年、邦訳『知の起源』）として出版し、世界的な話題となった。

　「異星人が地球を訪れてドゴン族に知識を与えたなどという話は荒唐無稽」「昔ドゴン族を訪れた西洋人の話が伝承に紛れ込んだのでは」。科学者らの間で、ドゴン伝説の真偽についてさまざまな異論が出された。

　同書の指摘によると、ドゴン伝説にはシリウスのそばにほかにも現地語で「エメヤトロ」と呼ばれる星があり、「エメヤトロ」には「ニャントロ」という惑星があるという。いずれもまだ公式に確認されていないが、真実はいかに。

世界遺産（ジェンネ旧市街）の大モスク
写真提供：中野智明

HISTORY

　アフリカ大陸の北西部、北はアルジェリア、東はニジェール、南はブルキナファソ、コートジボワール、ギニア、西はセネガル、モーリタニアに囲まれた内陸国。中央部にニジェール川が湾曲しており、北部は砂漠でニジェール川流域はサバンナ地帯。ガーナ帝国、マリ帝国などの古代アフリカ王国の中心地だった。11世紀頃からイスラム教が浸透した。19世紀後半にフランスが侵略、1904年にスーダンとしてフランス領西アフリカに編入された。第二次世界大戦後、民族独立運動の高まりのなか、曲折をへて60年独立。その後、クーデターによる政変を繰り返しながら現在に至る。北部サハラ砂漠地域の遊牧系少数民族による反政府勢力の活動など問題を抱えている。外交的には非同盟路線。欧米やアラブ諸国、中国との関係も良好。経済的には主要輸出品目である木綿を中心に金、リン鉱石、岩塩など豊富な鉱山資源を抱えているが、経済基盤は弱い。

南アフリカ共和国

Republic of South Africa

面積 122万km²
人口 5590万人
首都 プレトリア
通貨 ランド
宗教 主にキリスト教

SOCIAL PROBLEM 社会問題
深刻化する移民排斥

　アフリカ大陸のなかでも、この国の移民問題は深刻さを増している。ナイジェリアに次ぐアフリカ第2の経済規模を誇るため、失業率の高いほかのアフリカ諸国からの移民が増えており、その数は数百万人に上る。

　それに伴い、地元アフリカ系住民との間で摩擦が生じている。移民によって自分たちの仕事が奪われるという不満が増大し、移民が襲撃される事件が度々発生、死者も出ている。

　2008年には移民排斥運動がエスカレートし、350人が死亡する暴動に発展した。2015年にはアフリカ系住民のズールー族長が公の場で「ノミやシラミは荷物を持って出ていけ」という移民たちへのヘイトスピーチを行って問題となったが、政府は静観するのみ。身の危険を感じる移民の一部が、帰国をよぎなくさせられる事態となっている。

TABLE 食卓
世界的なワインの名産地

　この国でワインが造られるようになってから350年余り。フランスでの宗教的迫害を逃れて入植したユグノー（カルヴァン派教徒）らが、ブドウの栽培技術をこの地に持ち込んだことが良質なワイン生産につながったといわれる。

　西ケープ州の山間には一面にブドウ畑が広がり、ステレンボッシュ地方だけでも200以上のワイナリーがある。近年、南アフリカワインの生産は飛躍的に伸びており、国別生産量では世界トップ10に入るようになった。品質の向上もめざましく、南アフリカ特産のピノタージュという品種が世界的人気を獲得するなどしている。

　黒人系の醸造家も育ち、彼らの造ったワインが国際的な賞を獲得するようにもなった。

一面に広がる南アフリカのブドウ畑
写真提供：中野智明

HISTORY

　アフリカ大陸最南端に位置、ハイランドと呼ばれる標高1200m以上の高原地帯が内陸部に広がる。南東部はドラゲンスバーグ山脈、西部はカラハリ砂漠。インド洋にプリンスエドワード諸島を領有。1652年オランダ移民が南西部に入植。1814年英国領。オランダ系ボーア人（アフリカーナ）は内陸部に追いやられ、ナタール共和国、トランスヴァール共和国、オレンジ自由国を次々と建設。英国植民地と対立。ダイヤモンド発見が対立に拍車、第1次ボーア戦争（81年）、第2次ボーア戦争（99年）に発展、英国が勝利。1910年英国自治領として南アフリカ連邦が発足。第2次世界大戦後に政権を握ったボーア人の政党、国民党がアパルトヘイト（人種隔離）を法制化、白人優位政策。61年英連邦を脱退し、共和制に移行。その後、白人政権に対する抵抗運動が相次ぎ、加えて人種差別に対する国際的批判のなか、91年アパルトヘイト全廃。93年国連は31年ぶりに対南ア経済制裁を解除した。94年全人種参加による総選挙が実施、ネルソン・マンデラ議長が大統領就任、国民統一政府が誕生。2010年サッカーW杯開催。

南スーダン共和国

The Republic of South Sudan

面積 64万km²
人口 1223万人
首都 ジュバ
通貨 南スーダン・ポンド
宗教 キリスト教、伝統宗教

BEST IN THE WORLD 世界一
牛がお金以上に大切にされる国

　2011年に独立を果たしたばかりの、アフリカで最も若い国、南スーダン。この国の知られざる世界一は、1人当たりが所有する家畜の数だ。牛や羊、山羊などを合わせた総数は3600万頭を上回って、全人口の3倍以上にもなる。

　家畜のなかでも、とりわけ牛の存在は特別だ。特に農村部では、牛は食肉用に育てているのではない。食用の牛はわざわざウガンダなどの隣国から輸入している。それは貨幣の役割を担う財産なのである。

　例えば結婚に必要な結納も牛。また殺人など罪を犯した場合に、その償いとして求められるのも牛である。部族などによってそれぞれ必要な相場（頭数）は異なるものの、伝統的にそれらは牛でやりとりされることになっており、金銭で代替することはできない。

　つまり牛を所有していなければまともな社会構成員として見られないし、また牛を多く所有するほど名士として尊敬を集めることになる。だから部族間で敵対する村を襲撃し、牛を奪い合うという行為が後を断たないのである。

南スーダンの独立を祝う人々

牛を世話する南スーダンの牧畜民　　写真提供：中野智明

HISTORY

　アフリカ中東部に位置し、北はスーダン、東はエチオピア、西は中央アフリカ、南はケニア、ウガンダ、コンゴ民主共和国と接する内陸国。白ナイル川が国土を縦貫し、流域には世界有数の大湿地帯スッドが広がっている。熱帯雨林やサバンナ地域には多様性に富んだ野生動物が多数棲息し、ウガンダとの国境付近には3000m級の山々が連なるという変化に富んだ地勢で形成されている。1983年以降の約20年間は第2次スーダン内戦における激しい対立の期間であったが、2005年に南北包括和平合意が成立し内戦が終結。スーダン政府は南部スーダンに6年間の暫定自治権を認めた。国連ではスーダンミッションを設立する安保理決議が採択され、国民統一政府が樹立された。11年1月に実施された住民投票では、分離独立を支持する票が圧倒的多数を獲得。国際社会の後押しもあり、北部スーダンは南部の意思を尊重することを表明した。自治政府の統治下となっていた南部スーダンは、7月9日に南スーダン共和国として正式に分離独立。その5日後には国連への加盟も果たしたが、大統領派と前副大統領派による抗争が続いて国内が混乱しており、深刻な財政状況に直面している。

モザンビーク共和国

Republic of Mozambique

- 面積　79万9000km²
- 人口　2967万人
- 首都　マプト
- 通貨　メティカル
- 宗教　キリスト教41%、イスラム教17.8%、伝統宗教

SOCIAL PROBLEM 社会問題

「地雷ゼロ」までの長い道のり

「モザンビークが地雷の脅威から解放されたことを、誇りをもって宣言する」。これは2015年9月、首都マプトで同国の外務大臣が発した「地雷ゼロ」宣言である。

同国は世界でも有数の、地雷が最も多く埋められた国だった。対人地雷の使用は1960年代の対ポルトガル独立闘争に始まり、独立後の17年に及ぶ内戦がそれに拍車をかけた。

1992年に和平合意に至り内戦は終結したものの、埋設された地雷はそのまま放置されてきた。特に橋やダム、高圧線の鉄塔下などインフラにかかわる場所に多く残留しており、1990年代には年間約600人もの市民の命が犠牲になった。ヒューマン・ライツ・ウォッチなどの国際的な非政府組織で構成された「地雷禁止国際キャンペーン」によると、モザンビークの地雷による死者はこれまでに1万900人にのぼる。

1993年から英国の慈善団体などが中心になって同国の地雷撤去作業に乗り出し、これまでに全国1000カ所以上の地雷原から17万個を超える地雷が撤去された。多くのモザンビーク人も作業に参加し、地雷の火薬の匂いを嗅ぎ分けられるよう訓練された犬やネズミまで動員しての長い道のりであった。

こうした努力でようやく埋設地雷のリスクがなくなり、市民や家畜が安全に移動できるようになっただけでなく、外国の投資や観光の誘致などへの期待も高まりつつある。

モザンビークはこうして地雷ゼロを達成できたが、アフリカ大陸に限ってもエジプトやアンゴラにはまだ莫大な数が放置されているなど、世界から地雷の恐怖が消えたわけではない。2014年だけでも、世界の60カ国で地雷によって命を落とし、足を失うなどした被害者はおよそ4000人に達する。

1997年には国際的に対人地雷の使用や保有、生産などを禁止し、批准国は保有する地雷を廃棄するという「対人地雷全面禁止条約」(オタワ条約) が調印された。現在では160カ国以上が参加するものの、地雷生産・輸出大国ともいえる米国やロシア、中国、インドなどは批准するにいたっていない。

HISTORY

アフリカ大陸南東部に位置し、マダガスカル島との間のモザンビーク海峡に面す。内陸部は高原で沿岸部は平野である。国の中央をザンベジ川が流れている。

1498年ポルトガルの航海者ヴァスコ・ダ・ガマが上陸、当初は奴隷貿易を植民地政策としたポルトガルが、その後は豊富な鉱物資源の独占のため、1975年までの長きにわたって領有していた。75年独立後、モザンビーク解放戦線(FRELIMO)政権はマルクス・レーニン主義を採択し、農業の集団化を進めた。その後、反共を掲げる反政府組織モザンビーク民族抵抗運動(RENAMO)との内戦が激化、死者100万人を数えた。90年代になり12回にわたる和平交渉の結果、国連監視下で武装解除、選挙が実施されることとなった。94年複数政党制下で大統領および議会選挙が実施されて以来、民主的な政権交代が行われている。独立以来の内戦で経済は疲弊したが、天然ガスや石炭などの豊富な資源を背景に投資を呼び込み、安定した経済成長を続けている。

モーリシャス共和国

Republic of Mauritius

- 面積 2045km²
- 人口 130万人
- 首都 ポートルイス
- 通貨 モーリシャス・ルピー
- 宗教 ヒンドゥー教 50％、キリスト教 32％、イスラム教 17％、仏教 0.7％

LEGEND 伝説

国章に刻まれる「失われた鳥」

「モーリシャスは天国の前に作られ、天国はモーリシャスを真似たものだ」。

『トム・ソーヤーの冒険』で有名なアメリカ人作家マーク・トウェインが1896年にモーリシャスを訪れた時、島民はそう話したという。

それから100年余りたった今でも、確かにこの国は「楽園」に近いかもしれない。英経済平和研究所が毎年公表する世界平和度指数（2015年）によれば、アフリカで最も平和な国はモーリシャス（世界ランキングで26位）。独立以来、アフリカ諸国のなかで唯一常備軍を有しない国でもある。

平均寿命の世界ランキングで、上位100カ国に入るアフリカ諸国はわずかに3カ国しかないが、モーリシャスはカーボベルデに次ぐアフリカ第2位の長寿国。治安もよく、アフリカ有数のビーチリゾートや透明度の高い海といったインド洋の豊かな自然環境を楽しみたい観光客が落とす外貨が、この国を支えている。

この国で有名なのがドードーと呼ばれる鳥だ。翼が退化して飛べなくなったドードーがこの国には多数生息していたが、大航海時代に入植したポルトガル人の食糧となり、外来の家畜やネズミに雛や卵が捕食され、絶滅してしまった。人間にとっての天国は、ドードーには地獄だった。この悲劇の鳥はこの国の国章に描かれ、その記憶を永遠に留めている。

モーリシャスの国章。左に描かれているのが絶滅鳥ドードー

HISTORY

東インド洋上のマスカレン諸島に位置する、インド洋貿易の中継地であり、モーリシャス本島のほか、属領として北1200km先にアガレガ諸島、北東400kmにカルガドスカラホス諸島、東550kmにロドリゲス島を領有。熱帯気候で夏季には降雨量が多く、11月〜4月には、しばしばサイクロンの通過点となり多大な被害をもたらす。10世紀頃からアラブ人航海者たちに知られ、1510年ポルトガル人が上陸したが、1598年オランダが領有した。オランダ総督マウリッツにちなみモーリシャスと命名された。オランダは1710年島を放棄、その後、フランス領からイギリス領と目まぐるしく変わった。イギリスはインド人を導入、サトウキビ生産を進め19世紀後半には中国人移民も増加。1968年英連邦内の自治国として独立。先住民はなく東アフリカ、インド、フランスなどからの移住者による多民族国家として成立。全国民の3分の2以上がインド人という国柄、インド、旧宗主国英仏との連携を基本に全方位外交を展開。主要経済は砂糖生産だが、地理的特性をいかした輸出加工区の製造業、商業や観光業が盛ん。

モーリタニア・イスラム共和国

Islamic Republic of Mauritania

- 面積 103万km²
- 人口 430万人
- 首都 ヌアクショット
- 通貨 ウギア
- 宗教 イスラム教・スンニ派

CULTURE 文化

太ることを強いられる女性たち

　フランス料理食材のフォアグラは、ガチョウに無理やり餌を与えて肝臓を肥大させる飼育方法で知られる。フランス語でそれを「ガバージュ」と呼ぶが、この国で「ガバージュ」されるのは人間の女性なのだからビックリ。

　モーリタニアでは、歴史的に太った妻をもつことが一流の象徴とされ、肥満が美しさの条件となってきた。娘をもつ家庭は裕福な家に嫁がせるため、半ば強制的に娘を太らせる慣習ができてしまったのだ。

　従って早くは5歳くらいから、娘たちに暴飲暴食をさせる。オリーブオイルをたっぷり塗ったパンを大量に食べさせ、1日に何度も山羊の肉やイチジク、クスクスを出す。ラクダのミルクを1日に20ℓも飲む猛者もいるそうだ。

　結婚適齢期になれば、太るためのキャンプへ送られて1日に1万5000カロリーもの食事を摂取しなければならない。まるで拷問だが、もし彼女たちが食べることを拒むようなことがあると、両親にペンチで足の指を潰されてしまうこともある。体をこわし、食事中に窒息死したケースもある。それでもこんな慣習がなくならないのは、太ること以外に将来幸せになる方法がないと親たちが考えているからだ。

　こうした「ガバージュ」の行きすぎを見かねた時の政府が廃止に向けて動いたこともあるというが、依然としてなくなってはいない。

　最近の若い男性たちには昔ほどの「肥満信仰」がないとも伝えられており、価値観の変化こそが唯一「ガバージュ」を終わらせることにつながるのかもしれない。

半分以上が砂に埋まった家

ゲストをお茶で歓迎する地元の女性

写真提供：中野智明

HISTORY

　西アフリカの北西端に位置し、北は西サハラとアルジェリア、南東でマリ、南でセネガルと国境を接する。国土の大半が砂漠で乾燥気候。降雨はほとんどなく年中高温で昼夜の格差が激しい。南部および沿岸部は、冬季に降雨が続く。比較的肥沃で羊や牛の牧畜が行われている。8世紀頃からガーナ王国が栄えた後、ベルベル人が支配。17～18世紀にかけてアラブ人の首長国が建国、後にモール人と呼ばれるアラブ人とベルベル人の融合が進んだ。19世紀になるとヨーロッパ人が侵入、1904年フランス領、後にフランス領西アフリカに編入された。60年フランス共同体内のイスラム共和国として独立したが、73年フランス圏を離脱、同年アラブ連盟に、89年マグレブ（北アフリカ）連合に加盟。そもそも南部の黒人系住民と北部のベルベル・アラブ系住民との対立が根強く、幾多のクーデターで軍事政権が政権を掌握し続けてきたが、2009年から民主的な大統領選挙が定着。06年に開始された石油生産が低迷を続けており、水産物や鉄鉱石の輸出に依存している。

モロッコ王国

Kingdom of Morocco

面積	44万6000km²
人口	3528万人
首都	ラバト
通貨	モロッコ・ディルハム
宗教	イスラム教（スンニ派）

SPORT スポーツ
死者も出る世界一過酷なサハラマラソン

　フランス人のコンサートプロモーターだったパトリック・バウアーは、1984年のある日、モロッコのサハラ砂漠へ旅に出かけた。この時の壮大な旅の経験をほかの人々と共有したいと考え、2年間かけて「サハラマラソン」を企画した。モロッコ南部の砂漠を舞台に記念すべき第1回が開催されたのは1986年のことである。

　このサハラマラソンは約250kmの砂漠上のコースを1週間で歩く、地球上で最も過酷な徒歩競争といわれている。コースと距離は毎年変更され、正式なコースマップは出発前日に知らされる。

　ランナーたちは自給自足が条件で、装備と食糧は参加者自身で準備しなければならない。方向を知るコンパスは必需品だ。砂丘、干上がった川や湖、石だらけの丘など変化に富む砂漠地帯ならではのコースが参加者を魅了する。

　毎年さまざまなドラマが繰り広げられる。1994年に参加したイタリア人の警察官は、突然発生した砂嵐のため道を見失い、10日間も灼熱の砂漠をさまよった。途中で水がなくなり、絶望のあまり自殺すら考えたが、捕まえたコウモリの生血を飲んで渇きをしのいでいたところを遊牧民に保護されて九死に一生を得た。70歳代で完走を果たす人がいる一方で、これまでに死者も出ている。

　最初の参加者は200人弱だったが、現在は世界中から1000人を超える応募があるという。

PERSON 人
性別適合手術のパイオニア

　モロッコといえば、高いレベルの性別適合手術（性転換手術）が受けられる場所として有名な時代があった。フランス人医師で、性別適合手術の世界的パイオニアとして知られるジョルジュ・ビュルーがカサブランカで専門のクリニックを開業していたためだ。

　欧米の性同一性障害に苦しむ男性たちの間では当時、"going to Casablanca"（カサブランカへ行く）という言葉は、モロッコへ手術を受けに行くことを意味するほどだった。日本からもタレントのカルーセル麻紀らがビュルー医師を訪ねて手術を受けたことで知られる。ビュルーは1987年に亡くなったが、彼の考案した手術法は世界的に広まり、形成外科の歴史に大きな足跡を遺した。

HISTORY

　アフリカ大陸の北西端に位置し、地中海と大西洋に面する王国。カルタゴ、ローマ帝国、ビザンツ帝国などの支配下におかれながら、7世紀にアラブの征服を受ける。19世紀からフランス、スペインなどの欧州列強が進出。1912年、フランス（一部はスペイン）の保護領となるが、56年3月に独立。57年、ベン・ユーセフ首長がムハンマド5世として国王になると同時に、国名もモロッコ王国となる。61年、ハッサン2世が即位し、立憲君主制憲法を公布。軍部のクーデターなどにより王政が危機に陥る事態もあったが、77年初の総選挙で王党派が圧勝。以降、中道と左派勢力が伸長するなどの動きはあったが、非同盟、親欧米を基本路線とする外交戦略をとり、アラブとイスラエルの仲介的な役割を担っている。99年に即位したモハメド6世国王に対し、2011年の「アラブの春」の波及を受けた民主化運動が起こり、国王の権限を縮小した新憲法が発布された。工業や観光業の振興や農業の近代化などさまざまな分野で開発戦略を進めている。

リビア

Libya

面積	176万km²
人口	628万人
首都	トリポリ
通貨	リビア・ディナール
宗教	イスラム教（スンニ派）

POLITICS 政治
故カダフィ大佐と「アフリカ合衆国」構想

　アフリカ史上最も長い41年間の政権を握りつづけ、2011年のリビア内戦下で反政府勢力によって殺されたカダフィ（カッザーフィ）大佐。欧米の帝国主義を公然と批判するその姿勢などから「アラブの狂犬」などと揶揄されその存在を否定的にみる向きが多いが、彼が実現してきたことと、実現させようとしていたことを冷静に評価する人びともいる。

　カダフィ政権下のリビアは、埋蔵量世界一とされる原油生産を武器に対外債務を解消。電気代は基本的に無料で、国内向けガソリンは1米ドルで7ℓが買えるほど安かった。25％以下だった識字率は87％にまで押し上げられ、大学進学率も大幅にアップ、海外留学希望者には資金を援助した。福祉面でも出産した女性には母子のために5000米ドルが支給され、農業を始める者には家から農地、家畜、種までも与えてサポートした。

　カダフィは自国のみならず、アフリカ全体の将来像を視野に入れていた。1999年のパン・アフリカ会議や2007年のアフリカ連合（AU）で提唱した「アフリカ合衆国」構想がそれだ。

　この構想はジャマイカの黒人大衆運動指導者、マーカス・ガーヴィーによる「アフリカ人のアフリカ」という主張が源流とされる。ガーヴィーの哲学は第二次世界大戦後のパン・アフリカニズムに影響を与え、アフリカ統一運動を推進したガーナ初代大統領のエンクルマ（ンクルマ）が「アフリカ合衆国」を提唱した。

　政治が成熟しておらず、また各国の思惑から停滞していたその構想を再びカダフィは掲げ、実現への道を探ろうとしたのである。残念ながら「アフリカ合衆国」構想は多くの指示を得られず、彼自身も死んでしまった。アフリカ統一という壮大なプランが実現する日はやってくるのだろうか。

リビア内戦で殺害されたカダフィ大佐
写真提供：中野智明

HISTORY

　アフリカ大陸で4番目に広い国土を持つ国だが、その約9割が砂漠地帯、地中海沿岸など残り約7％の平地に国民の多くが住んでいる。リビアの歴史は、古代地中海を渡ってきた人々――フェニキア、ギリシャなど――が築いた植民都市から始まる。7世紀半ばからアラブの軍事力がこの地に及び、アラブ化、イスラム化が進んだ。その後、オスマン朝の支配などをへて、1912年、イタリアの植民地となるが、その抵抗勢力としてサヌーシー教団が活動。同教団の3代目であるムハンマド・イドリースを国王とするリビア連合王国として51年、独立。69年、欧米寄りの路線をとるイドリース王に反対するカダフィ大佐がクーデターを起こし、政権を奪取した。カダフィは王政を廃止、国名も改め、独特のイスラム教を基礎とした社会主義を推進。2011年、独裁体制反対の大規模デモが相次ぎ、反カダフィ派が国民評議会を結成して内戦状態となる。国連安保理も多国籍軍による軍事介入を承認し、同年8月、国民評議会側が首都トリポリを制圧してカダフィ政権は崩壊。国名は「リビア」に変更された。12年7月に制憲議会選挙を実施、新内閣が発足した。

リベリア共和国

Republic of Liberia

面積	11万1370 km²
人口	440万人
首都	モンロヴィア
通貨	リベリア・ドル
宗教	伝統宗教（90%）、その他はキリスト教とイスラム教

POLITICS 政治
女性のリーダーが活躍する国

この国は女性の政治的リーダーが生まれやすい土壌があるのだろうか。

1989年にチャールズ・テーラー率いるリベリア愛国国民戦線の武装蜂起によりこの国は内戦に突入した。その後和平合意がなされ、暫定政権下での統治が始まった時に国家評議会議長（暫定元首）に就任したのがルース・ペリーだ。在任期間は1年弱にすぎないが、彼女はリベリアだけでなくアフリカ初の女性国家元首とされている。

97年に選挙をへてテーラーが大統領になったものの、再び反政府勢力との内戦を招いてテーラーは亡命。彼は内戦下の虐殺などの戦争犯罪を問われることになる。

さらに再び停戦合意となり、2005年の大統領選挙で勝利したのがエレン・ジョンソン・サーリーフ（2017年12月まで2期12年在任）である。ハーバード大で経済学を学んだ女性エコノミストで、女性元首としては同国で2人目、選挙で選ばれた大統領としてはアフリカで初めてとなった。国家再建と汚職の一掃に尽力し、平和と女性の地位向上に寄与したことから2011年にノーベル平和賞を授与された。

この時、同時に受賞した同国の女性運動家、レイマ・ボウィの存在も忘れてはならない。彼女こそ、テーラーを政権から追い出すきっかけとなる女性運動を展開したグループのリーダーだったのだ。

白いTシャツに身を包んだ女性たちが、魚市場で祈って歌い、抗議のための座り込みを続けた。それは宗教を問わない非暴力の抵抗運動の始まりとなった。ボウィの指導のもと、女性らはテーラー大統領と会見しガーナ共和国で開催される和平交渉への参加を約束させただけでなく、ガーナに乗り込んで和平のための圧力を加えた。女性たちの連携プレーでリベリアは、汚職まみれの独裁者を追い出し女性政権が誕生したのだった。

リベリアのサーリーフ元大統領
写真提供：中野智明

HISTORY

西アフリカの南西部、大西洋に面し、高温多湿の熱帯性気候。沿岸部では年間5000ミリの降雨量。1822年のアメリカでの奴隷解放により、帰還したアフリカ人たちによって47年、アフリカ初の共和国として独立。その後、国をリードしたのはアメリコ・ライベリアンと呼ばれる"アメリカ帰り"の子孫たちで、アメリカと同じように大統領制をとり、議会は2院制。1944年にウィリアム・タブマンが初代大統領となり、2代続けてアメリコ・ライベリアンによる真正ホイッグ党（TWP）による支配が続くが、80年のドウ曹長のクーデターで終わる。ドウが大統領になるとリベリア愛国国民戦線（NPFL）が蜂起して内戦へ突入。95年に和平合意となり、97年にNPFLのチャールズ・テーラー議長が大統領となる。2003年には反政府武装勢力が首都へ侵攻、テーラーはナイジェリアへ亡命して和平合意。06年には女性大統領エレン・サーリーフが選ばれた。隣国シエラレオネの内戦にダイヤモンドと引き換えに武器供与を行ったことでリベリアのダイヤや木材に禁輸措置が加えられていたが、07年に制裁が解除され経済復興の足がかりとなった。

ルワンダ共和国

Republic of Rwanda

- 面積　2万6300 km²
- 人口　1210万人
- 首都　キガリ
- 通貨　ルワンダ・フラン
- 宗教　カトリック57％、プロテスタント26％、アドヴェンティスト11％、イスラム教4.6％等

BEST IN THE WORLD　世界一
女性国会議員の割合が6割超

　1994年4月から7月にかけ、およそ100日間という短期間に多数派を占めるフツ族系政府の民兵などが少数派のツチ族系市民を殺害したことで知られる「ルワンダ虐殺」。この民族間の争いで80万人以上が犠牲になったとされるが、東アフリカの小国は悲惨な記憶から20年以上を経た今、治安が安定しつつあり、経済成長も順調だ。

　首都のキガリは、アフリカ大陸の中でも安心して歩ける数少ない街になった。目立つのはゴミの少なさ。環境衛生面に力が入れられ、通りなどで放置されたままのゴミを見かけることがまれなほどだ。特にビニール袋の持ち込みが厳しく制限されており、入国の際に見つかれば没収されるほど。

　この国にはあまり知られていない世界一がある。それは全国会議員に占める女性議員の割合だ。2014年の国連の調査では、全80議席のうち何と64％が女性議員。世界で女性の国会議員が半数を超えるのは、ルワンダ以外にはボリビアだけだという。ちなみに日本の女性国会議員の割合は10％未満で、世界ランキングでは100位を下回る。

　同国で女性議員が増えた背景には、過去の虐殺の犠牲者の大半が男性であり、残された人口の7割が女性という男女比の変化もある。また政府が議員候補者の3割を女性にする措置をとったこともあり、女性が積極的に活躍できる素地が生まれたことも一因だ。

大虐殺の犠牲者を展示する「虐殺記念館」
写真提供：中野智明

選挙キャンペーンを展開する女性たち
写真提供：中野智明

HISTORY

　東アフリカにある内陸国で、ウガンダ、タンザニア、ブルンジ、コンゴ民主共和国に囲まれた高原国。アフリカ大地溝帯の一部をなす火山湖キヴ湖（湖面高度1460m）がある。高原地帯のため、平均気温19〜22度としのぎやすい。17世紀ルワンダ王国建国。19世紀、支配階級のツチ族と、それ以外の階級フツ族に区別された。そもそも多数派を占めるフツ族は農耕民、少数派のツチ族は遊牧民という違いはあるが、民族的起源は同一といわれる。第1次世界大戦後、ベルギーの国際連盟委任統治領となる。第2次世界大戦後は国連信託統治領に。宗主国ベルギーは多数派であるフツ族を支援、1957年フツ族のグレゴワール・カイバンダらがツチ族の政治支配を批判。以降、両者の抗争が激化した。61年王政廃止、62年共和国として独立。カイバンダが初代大統領に就任するや強権政治でツチ族を迫害、大量の難民が周辺諸国に逃れ出た。94年にフツ族出身の大統領、ツチ族出身の副大統領による新政権が誕生し、国民間の宥和や経済構造改革に力を入れてきた結果、世界銀行の世界投資環境ランキング（2015年）でアフリカ第3位と評価された。

レソト王国

Kingdom of Lesotho

面積	3万 km²
人口	220万人
首都	マセル
通貨	ロチ（複数形はマロチ）
宗教	大部分がキリスト教

LEISURE　レジャー
アフリカでスキーが楽しめる場所

　南半球の南緯28度から31度に位置するこの小国は、標高1400mから3500mほどの高原地帯にある。6月から8月にかけて気温はかなり低くなり、最低で−20度を下回ることもある。日中は暖かいが、日没から一気に温度が下がって雪が降り、氷柱もできるほどだ。

　アフリカにスキー場は意外かもしれないが、アフリカに2つしかないスキー場の1つがここレソトにあり、南半球が冬を迎えると隣国である南アフリカなどからスキーヤーがやってくる。標高3222mのマルティ山に造られた「アフリスキー・マウンテン・リゾート」がそれで、スキーやスノーボードに興じる人は多いものの、大抵はアマチュアレベルである。

　冬季オリンピックの歴史で、アフリカからの参加はさすがに少なく、ほとんどの選手はヨーロッパのスキー場で練習を積んだ選手ばかり。2014年のソチ（ロシア）で開催された冬季オリンピックには、アフリカからモロッコ、アルジェリア、トーゴ、ジンバブエが選手を送った。希少なスキー場を有するレソトからの出場は、まだない。

INCIDENT　事件
強姦罪が死刑なのはなぜ？

　国際人権連盟によると、アフリカ54カ国のなかで死刑制度があるのは17カ国。レソトにも死刑制度がある。死刑となるのは国家反逆罪や殺人罪だが、何と強姦罪でも死刑になるのだ。

　その理由はエイズ（AIDS／後天性免疫不全症候群）を感染、拡散させる危険性があるから。特にHIVに感染していることを知っていて強姦行為に及ぶと死刑は免れない。

　ちなみにレソトで最後の死刑執行は、1996年。南アフリカの故ネルソン・マンデラ元大統領が1995年に死刑を廃止した動きが大きな影響を与えた。アフリカでも死刑廃止への流れが進んでおり、2014年の国連総会では27カ国のアフリカ諸国が、死刑廃止を呼びかける決議に票を投じている。

HISTORY

　南アフリカ共和国の中にある内陸国。全土の8割以上が海抜1800mを超える高地。19世紀にモシュシュ1世のもとで国家形成をするが、ズールーの侵攻を受ける。さらに南アフリカのボーア人、グレート・トレックに併合されそうになり、イギリスに保護を求め、1868年、イギリス保護領バストランドとなった。1966年に独立して立憲王国となる。バストランド国民党（BNP）率いるジョナサンが首相となるがしだいに独裁化し、憲法の停止、反アパルトヘイト政策を打ち出すと、南アフリカ共和国から国境閉鎖されるなどして窮地にたつ。86年、レハンヤ軍司令官がクーデターを起こし、国王のモシュシュ2世を追放、その息子をレツィエ3世として国王へ。90年代にクーデターや群衆暴動を経験したが、2000年代以降は民主的な選挙が実施されている。経済は南アフリカ共和国に依存する。

セントヘレナ島

Saint Helena

面積	308km²
人口	5901人
行政府所在地	ジェームズタウン
通貨	セントヘレナ・ポンド
宗教	イギリス国教会

TABLE 食卓
ナポレオンが愛したセントヘレナ産コーヒー

　フランス革命後に独裁政権を樹立して皇帝となったナポレオン1世（ナポレオン・ボナパルト）は、ワーテルローの戦いで敗れると、ウィーン会議によって身柄をイギリスに拘束され、1815年、このセントヘレナ島に幽閉された。そのとき彼が愛飲していたという伝説のコーヒーが、この島では今でも栽培されている。

　大航海時代、世界で唯一のコーヒー積み出し港であったイエメンのモカ港から欧州列強各国へ苗木が運ばれたが、途中の寄港地にも苗木は降ろされていた。この島で栽培されるコーヒーは、1733年にモカ港から東インド会社が持ち込んだブルボン種という苗の生き残りといわれている。

　年間生産量は12トンという希少な豆で、過去にはロンドン万国博覧会（1851年）で最高の賞を受賞したこともある。独特の風味があり、世界のコーヒー愛好家の間では入手しにくい特別なコーヒーとして珍重されているそうだ。

ジェームス湾はイギリス東インド会社が城砦を造り、港が建設された

高さ150mの谷に囲まれた首都ジェームズタウン

©St Helena Tourism

HISTORY

　セントヘレナは、アフリカ大陸西岸から2800km離れた南大西洋の孤島で、陸路からの距離がイースター島に次いで遠い島。絶海の孤島という立地から、ナポレオン1世の幽閉地、1899年から1902年のボーア戦争後にもボーア側首脳の流刑地として使用。1502年、ポルトガルの航海家によって発見された当時は無人島だった。その後、ヨーロッパとアジアを往復する船舶の補給基地として用いられた。1584年には日本からヨーロッパへ向かう途中の天正遣欧少年使節が寄港している。オランダが領有権を主張したが占拠したことはなく、1659年、イギリス東インド会社が入植を開始した。当時の住民のほぼ半分はアフリカからの黒人奴隷であった。76年からはエドモンド・ハレーが天文台を設置し、天体観測の拠点となる。1810年以降、東インド会社が広東貿易の寄港地として使用。34年にイギリス王領直轄地となり、70年代半ばまでは大西洋とインド洋を結ぶ航海の要地として繁栄。69年にスエズ運河が開通すると交通量が激減。行政上はイギリスの海外領土セントヘレナ・アセンションおよびトリスタン・ダ・クーニャに属する一区域とされる。

西サハラ（サハラ・アラブ民主共和国）

Western Sahara（Saharawi Arab Democratic Republic）

面積 26万6000 km²	通貨 モロッコ・ディルハム
人口 60万人（推計）	宗教 イスラム教

HISTORY

サハラ砂漠西部に位置し、西側は大西洋に面する。隣国アルジェリアにおいて成立した亡命政権サハラ・アラブ民主共和国とモロッコ王国が領有を主張。現在も国際連合「非自治地域リスト」に挙げられている。スペイン、フランス間の協定でスペイン領西サハラ植民地の範囲が確定したのは20世紀初頭。1946年にスペイン領西アフリカとなるが、73年に独立を求める武装闘争が起こる。スペインは同地をモロッコとモーリタニアに分与する協定を結ぶも、翌年にアルジェリアでサハラ・アラブ民主共和国政権が成立し、全領土の領有を主張。79年にモーリタニア新政権が領有を放棄。現在はモロッコが実効支配するが、世界の約80ヵ国はサハラ・アラブを支持している。

マイヨット島

Mayotte

面積 374 km²	通貨 ユーロ
人口 20万9530人（推計）	宗教 カトリック、イスラム教
政庁所在地 マムズ	

HISTORY

アフリカ大陸とマダガスカル島に挟まれたモザンビーク海峡のコモロ諸島に属する。1843年、フランスがマダガスカル王からこの島を買収して自国の保護領に。その後、ほかのコモロ諸島と共に植民地化。58年にフランス海外領土となり、61年に内政自治権を獲得。74年、コモロ諸島全域でフランスからの独立を問う住民投票が行われ、マイヨット島のみが反対票多数。コモロ自治政府は75年に同諸島全体の独立を宣言したが、マイヨット島での再投票の結果、独立反対票が多数となる。裁定を委ねられた国連総会は、住民投票の不正を疑い、同島のコモロ帰属を決議。フランスはそれに従わず、同島を領土的共同体とした。1976年に海外準県、2001年から海外県に。

レユニオン島

Reunion

面積 2512 km²	通貨 ユーロ
人口 84万6000人（推計）	宗教 カトリック89%、イスラム教、
政庁所在地 サンドニ	ヒンドゥー教

HISTORY

マダガスカル島から800km東のインド洋上に位置する火山島。1507年にポルトガル人が無人島だったこの島を"発見"するが、1640年にフランス人が上陸して領有を宣言。42年、ルイ13世によってブルボン島と命名されたが、フランス革命でブルボン王家が打倒されると、ラ・レユニオンに改名。その後もナポレオン1世にちなんで「ボナパルト島」、イギリス占領期は「ブルボン島」、フランス2月革命で再び「レユニオン島」と度々名称が変わる。本格的な入植は63年、インドへの中継港として重視したフランス東インド会社による。18世紀にコーヒーのプランテーション、砂糖栽培が主幹産業となる。現在は観光が中心。

オーストラリア連邦

Commonwealth of Australia

- 面積　769万2024 km²
- 人口　2460万人
- 首都　キャンベラ
- 通貨　オーストラリア・ドル
- 宗教　キリスト教60％、無宗教19％

TABLE 食卓
220年の時を経て世界的ワインの名産地に

オーストラリアで初めてワインが生産されたのは220年前にまでさかのぼる。

挿し木用のブドウをオーストラリアに持ち込んだ（1788年）のは、最初の植民船団の総督アーサー・フィリップだった。当初シドニーの流刑地でワイン生産用のブドウ栽培が試みられたが、湿度が高すぎたため失敗。次いでシドニー西方を流れるパラマッタ川沿いに約1haのブドウ畑を築き、フランス人戦争捕虜を栽培に従事させた。フィリップ総督は翌年イギリス本国に帰国したものの、1795年にオーストラリアで初めてワインが生産されたという。

その後ワイン生産は拡大していったが、オーストラリア産ワインは低価格の大衆向けというイメージで見られていた。ところが

南オーストラリアのブドウ畑
©Shutterstock.com

2000年代以降、高級ワインの生産にも力がいれられるようになり、安物イメージが払拭されつつある。

現在生産されるブドウ品種はシラーズ（シラー）種、カベルネ・ソーヴィニヨン種、シャルドネ種、メルロー種、ピノ・ノワール種、リースリング種、ソーヴィニヨン・ブラン種など多様であり、主に南オーストラリア州、ニューサウスウェールズ州、ビクトリア州の3州で生産されている。

2015年11月発表の国際ブドウ・ワイン機構（OIV）推計値によると、オーストラリアの生産量は1200万hlでトップのイタリア（4890万hl）の約4分の1、世界全体の生産量（2億7570万hl）の4.3％ほどだが、その質においては世界トップクラスの高級ワインを生み出すまでになっている。

南オーストラリアでつくられるプレミアム・ワイン
©Milleflore Images / Shutterstock.com

HISTORY

先住民アボリジニは5万年前頃に東南アジア方面から移住してきたと考えられている。ヨーロッパ人ではイギリス人キャプテン・クックが1770年南東岸に達したのが最初である。88年にはイギリスが今のシドニーに最初の移民を行ったが、それは流刑地としてであった。自由移民が始まったのは19世紀に入ってからで、それは主として捕鯨、アザラシ猟、牧羊のためだった。彼らは先住民がいるにもかかわらず、オーストラリアを「無主地」として切り取っていったのである。1850年代にゴールドラッシュ時代を迎えたが、その経済的発展を基礎に自治権を獲得、91年には連邦憲法を制定、1901年に6つの植民地による連邦政府を樹立した。白豪主義を掲げ、有色人種の移入を極端に制限した。第2次世界大戦中の42年ウェストミンスター憲章を批准、完全立法機能を獲得、70年代には白豪主義を放棄して多民族・多文化社会を目指すようになった。86年には司法権も独立した。元首はいまでも英女王だが、形式的なものである。米・豪・ニュージーランドの相互安全保障条約が結ばれている。

キリバス共和国

Republic of Kiribati

面積	730 km²
人口	11万人
首都	タラワ

通貨	オーストラリア・ドル
宗教	キリスト教（カトリックとプロテスタント）

CRISIS 危機
国家水没に備える大統領の奮闘

　フェニックス諸島の海域には、約41万km²におよぶ見事なサンゴ礁が広がっている。2010年8月、ユネスコはこの海域を保護区とし、世界遺産（自然遺産）に登録したのだが、キリバス共和国はその豊かな自然を前に、頭の痛い問題を抱えている。

　同年11月、首都タラワで気候変動に関する国際会議を主催したアノテ・トン大統領は危機を訴えた。地球温暖化現象による海面の上昇により同国が水没の危機にあり、住宅の建て直しなどの対策では追いつかず、諸外国による支援を求めたのだ。さらに、同大統領は国連でも演説し、キリバスに近いオーストラリアやニュージーランドに国民の移住受け入れや労働力として優先雇用することなどを提案した。

　自国の存亡がかかわるだけに大統領も真剣で、10万の国民を収容できる人口島の建設の可能性を模索したり、2012年に入ってからはフィジー政府と具体的な移住地の提供について交渉するなどしている。それは難民としての移住ではなく、国民にさまざまな労働のための技術を習得させ、移住先で困らないようにするという前提なのだ。

　フィジーのナイラティカウ大統領は2014年、キリバスが水没の危機に直面した際には全島民を受け入れると公式に発言した。世界銀行の予測では、2050年までにキリバスの首都がおかれる島の8割までが海面上昇により浸水する可能性があるという。

珊瑚が隆起してできた島のため、海抜数mの平坦な土地が続く（写真はタラワ南部）　©Shutterstock.com

HISTORY

　太平洋のほぼ中央に位置し、ギルバート、フェニックス、ライン3諸島からなる独立共和国。16世紀にイギリス海軍ギルバート大佐が「発見」し、19世紀中頃にアメリカの伝導団によってキリスト教が布教された。以降、捕鯨船の寄航地に。バナバ島にリン鉱石が発見されたこともあり、1892年イギリスが保護領とし、1916年以降、ギルバート・エリス諸島植民地という行政区として統治を始める。第2次世界大戦で日本軍が一時占領。米軍とタラワで激戦を行い、米軍が占領した。戦後は再びイギリスの統治下におかれるが、75年にエリス諸島（現ツバル）が分離。79年7月、イギリスから独立した。クリスマス島でイギリス、アメリカが核実験を行ったことでも知られる。産業の中心だったリン鉱石が枯渇し、観光や漁業、農産物の輸出など新たな収入源を模索している。国連が定める、開発途上国のなかでも特に開発が遅れている「後発開発途上国」（LDC）である。

クック諸島

Cook Islands

- 面積 240 km²
- 人口 1万9000人
- 首都 アバルア（ラロトンガ島）
- 通貨 ニュージーランド・ドル
- 宗教 キリスト教（クック諸島教会、カトリック）

INDUSTRY 産業

2万人の島国の自立への道

　クック諸島は2015年、ニュージーランド内での内政自治権ならびに軍事および外交部門以外の立法権と行政権を獲得してから半世紀を迎えた。1973年からは独自に諸外国と外交関係をもつ権利も認められ、今では国連に加盟する31ヵ国およびバチカン、EU（イギリス・フランスを始めとする欧州と太平洋の諸国など）と外交関係を結ぶ。

　イギリス女王を元首に、行政は首相を長とし、議会は一院制を取り任期4年で24議席である。現在、閣僚は首相を加え6人いる。首相は情報・技術大臣と教育・人材大臣と警察大臣を兼ねている。国民はニュージーランドの市民権およびパスポートを有し、ニュージーランド人としての権利をもっている。

　ニュージーランド政府は自国の財政難のため早期の自立を求めているが、権利を利用したクック諸島からニュージーランドへの出稼ぎ労働者が多数いるため、クック諸島政府は消極的である。その一方で、太平洋小島嶼国に対する経済支援に力を入れている中国から、2015年、自治政府樹立50年を祝して1000万ニュージーランド・ドルの援助資金を供与されたほか、150万米ドル相当の農業用機器の贈与を受け、クック諸島政府は将来的に中国へ農産品を輸出したい意向を示した。

　また、この国の重要な収入源となっているのが近海の漁業権である。2015年10月に開催された太平洋漁業相緊急会議では、前年度の国家収入に530万米ドルを寄与したアメリカ巻網漁船団の操業を継続認可するとした。アメリカ漁船団の操業は1987年に協定され、37隻の米国漁船が太平洋で活動しているが、その内容が厳しすぎるためアメリカは2016年に以後協定を遵守できないとしている。クック諸島はアメリカとの協定継続を希望、あらためて今後もアメリカ漁船のマグロ漁を継続して認める新協定案を検討している。

　さらに、海域内の海底資源鉱床の開発権を将来の収益とすべく、ベルギーの海洋資源開発会社と提携するなど、経済的自立への道を模索している。

HISTORY

　太平洋中部、赤道の南日付変更線の東の15の島々からなる国。1000kmの海を隔てて北と南に点在する。ニュージーランドと自由連合関係にある自治国で、イギリス連邦に加盟している。5世紀頃から定住し始めたマオリ族はそれぞれの島において文化が異なり、方言とともに同郷人の結束が強い。18世紀後半イギリス人ジェームス・クックが航海で「発見」して以来、キリスト教の布教が始まり貿易や捕鯨の基地として栄えた。1888年イギリスの保護領。1901年ニュージーランドがイギリス領を含めた15の島を「クック」の名の下に併合した。40年代から開発、植民地統治への不満が噴出、57年立法議会が設立された。64年には法規改正と自治権獲得が可決。翌年にはニュージーランドに外交と軍事防衛を依存する自由連合協定に合意し、自治政府として独立した。73年にはニュージーランドとの共同宣言で、主権国家としての権利が認められた。土地所有権や慣習などの伝統的な事柄に関しては伝統的首長称号保持者からなる諮問機関「アリキ院」が設けられている。2011年3月、日本政府はクック諸島を国家として承認することを決め、日本にとって193番目の国となった。

サモア独立国

Independent State of Samoa

面積	2830 km²
人口	20万人
首都	アピア（ウポル島）

通貨	タラ
宗教	キリスト教（カトリック、会衆派教会、メソディスト教会など）

TIME 時間
世界で最も早く朝を迎える国になったわけ

　2011年12月29日、この日が暮れるとサモアの日付は30日を飛び越えて31日になった。119年ぶりに標準時を日付変更線の東側から西側に移したのだ。これまでは地球で最も遅い時刻を刻んでいたが、これにより2012年は最も早い新年を迎えた国の一つとなった。現在では日本よりも5時間早い時を刻んでいる。

　サモアがこのような措置をとったのは、経済関係が深いオーストラリアやニュージーランドに日時を近づけるため。それまではサモアの金曜日とオーストラリアやニュージーランドの月曜日に取り引きを行うことができなかった。この不便さを解消したわけである。さらに、オーストラリアや日本から中古車を輸入しやすくするため、従来の右側通行を左側通行に改定。日本からの輸出総額のうち、乗用車やバス、トラックがその半分を占めている。

首都のあるウポル島の美しい光景　　　　　　　　　　　　　　©Shutterstock.com

HISTORY

　ウポル島、サバイイ島を主とする立憲君主国。前8世紀中頃より先住民となるオーストロネシア集団が居住したと考えられている。19世紀にイギリス人宣教師が来島し、商人など西欧人が住みつくようになった。1898年、首長間の抗争に米英が介入、ドイツが西サモアを領有。第1次世界大戦でドイツ領サモアはニュージーランドが占領し、大戦終結後に創設された国際連盟の委任統治領となった。1920年〜30年代にかけてマウ運動（反植民地独立運動）が起こり、それによって第2次世界大戦後に国際連合のニュージーランド信託統治領となった西サモアでは早くから独立の準備が進められた。60年成文憲法もでき、62年「西サモア」として独立した。97年国名を「西サモア」から「サモア独立国」に変更、現在に至っている。

ソロモン諸島

Solomon Islands

面積	2万8900km²	通貨	ソロモン・ドル
人口	60万人	宗教	キリスト教（95％以上）
首都	ホニアラ（ガダルカナル島）		

LEGEND 伝説
J・F・ケネディにまつわる島

　現地の人々からケネディ島と呼ばれる島がある。正式な島名はプラムプディング島といい、島民のいうケネディとは63年11月、テキサス州ダラスで狙撃され、暗殺されたアメリカ合衆国第35代大統領ジョン・F・ケネディのことである。

　第2次世界大戦最中の43年、26歳のケネディ海軍中尉は魚雷艇の艇長としてソロモン海域で日本軍と戦っていた。ソロモン諸島のアメリカ軍は、日本の輸送船団が同諸島のコロンバンガラ島を目指してラバウルから出発したとの情報をつかみ、ケネディが乗り組むPT109を含む魚雷艇部隊を出撃させた。部隊はコロンバンガラ島沖合のブラケット海峡で待ち伏せていたが、翌日午前2時頃、ケネディ乗船のPT109は突如出現した日本の駆逐艦「天霧」に衝突されて大破。これにより2人が死亡、ケネディら11人は海に投げ出されて漂流し、約4時間後にプラムプディング島に泳ぎ着いた。そこで2夜を明かしたあと、11人でオラサナ島へ泳いで渡り、さらにケネディはもう1人とナル島に渡った。ナル島で島民に出会い、ケネディはナイフでSOSと刻みこんだココナツを託して、レンドヴァ湾のゴム島にある基地まで届けてくれるように頼んだ。島民はカヌーを走らせて届け、基地で本人を連れて来るよう依頼されて引き返し、こんどはケネディを乗せてゴム島へと再度カヌーを走らせた。基地に戻ったケネディはすぐさま別の魚雷艇でほかの戦友たちの救出に向かった。帰還後はその勇気と責任感が評価され、勲章を受章している。

ラグーンに建てられた水上の家
©Shutterstock.com

　この話はケネディが大統領になったときの就任式に、協力してくれた島民を招待したり、戦友たちがPT109の実物大レプリカを展示したことで広く知られるようになり、2002年にはナショナルジオグラフィック誌がソロモンの海に沈むPT109の残骸を発見して撮影、伝説をよみがえらせた。ソロモン諸島ではその伝説にあやかり、ケネディたちが泳いだコースを泳いで巡るイベントを企画、観光化に活かそうとしている。

HISTORY

　ニューギニア島東方の西南太平洋上に浮かぶソロモン諸島のうち、ガダルカナル島、サンタイザベル島、マライタ島を主島に100近くの島嶼群からなる立憲君主国。前13〜前12世紀にはオーストロネシア語を話すメラネシア系人が定住したと考えられる。1568年にスペイン人メンダーニャがヨーロッパ人として初めてサンタイザベル島に来航、ガダルカナル島で砂金を発見して、古代イスラエルの王ソロモンが財宝を得た伝説の地と信じたことから諸島名となった。以後、宣教師や鼈甲、白檀を求める商人を乗せた交易船、捕鯨船が寄港するようになった。1884年に諸島北部がドイツ領、93年に南部、中部、東部がイギリス領。99年に協定によりブーゲンヴィル島を除きイギリス保護領。この間、1871〜1904年には多くの島民が奴隷狩りや年季労働契約でフィジーやオーストラリアの農園に駆り出された。1942年に太平洋戦争で日本軍が占領、米軍の反攻でイギリスが奪回するが、反植民地・自治権要求運動が起こり、76年「ソロモン諸島」として自治政府を樹立、78年7月7日に独立した。主産業は木材の輸出。

ツバル

Tuvalu

- 面積 25.9 km²
- 人口 1万1000人
- 首都 フナフティ
- 通貨 オーストラリア・ドル
- 宗教 キリスト教が主

MYSTERY ミステリー
水没危機の本当の原因は"星の砂"のせい？

　ツバルを構成する珊瑚礁は最大海抜が5m、住民が居住する場所は1〜2m程度で、地球温暖化問題では真っ先に被害を受ける、水没の危機にある国として注目を集めた。海岸では波による浸食で根をえぐられてココヤシが倒れ、村の広場からは海水が湧き出し、タロイモの畑に塩害が出るなどすでに被害が広がり住民の不安が募っている、と報じられる。また2009年のコペンハーゲンでのCOP15（気候変動枠組み条約締結国会議）ではツバル自らが乗り込み、インドや中国も含め二酸化炭素削減に取り組むことを義務づける法的拘束力のある合意を提案した。

　しかし温暖化による海面上昇がツバルにおける異変の主原因とすることには異論もある。オーストラリアの国立潮位研究所による観測データによれば2008年までの15年間では年間5.3mm、計8cm上昇したことになるが、その程度の上昇は大潮やエルニーニョなど海洋性の変動で一時的には前々から起きていたはずで、ツバルのような異変には別の要因があるのではないかというのだ。

　日本の国立環境研究所のスタッフが現地調査をしたところ、国土であるフナフティ環礁はもともと脆弱であることがわかった。同環礁は大半が"星の砂"でできている。星の砂とは有孔虫の殻で、水に流されやすい性質をもつ。環礁は流失する分だけ新たな有孔虫の殻が堆積して維持されてきたのだが、そのバランスが壊れたことで海岸線の浸食が進んでしまったという見方だ。有孔虫減少の原因には、生活排水やゴミ処分場から出る汚染物質が成長を悪化させ、人為的な建造物が砂の運搬と堆積を妨げていることなどが挙げられる。

　また海水が湧き出る場所は、第2次世界大戦の際に駐留したアメリカ軍が湿地を埋め立てたか掘削した一帯で、もともと居住地に適しておらず、のちに人家が進出したために被害が発生したと考えられた。とはいえこのまま海面上昇が続けば100年で60cmになる。今から対応策を十分に立てて、早すぎることは決してない。

HISTORY

　太平洋中部の南緯5〜11度、東経176〜180度に位置し、エリス諸島として知られる9のサンゴ礁の島からなる立憲君主国。独立国としては人口がバチカンに次いで少ないミニ国家である。初期の住民は紀元前にサモア、ギルバート諸島、トンガ、クック諸島から移住してきたと考えられている。ヨーロッパ人の渡来はスペイン人メンダーニャが北部のヌイ島へ来航した1568年が最初で、エリス諸島の呼称は1819年にフナフティ環礁に渡来したイギリス船レベッカ号の所有者エドワード・エリスに由来する。1860年代にキリスト教がサモア経由で伝来したが、同じ60年代に奴隷狩りによって約400名がペルーに連れ去られ、さらに75年にかけてオーストラリア、フィジー、ハワイへも強制連行され、人口が激減した。92年、ギルバート諸島とともにイギリスの保護領、1916年から植民地とされた。太平洋戦争ではアメリカ軍がフナフティ環礁を対日反攻基地として利用した。75年に住民投票でギルバート諸島との分離を決め、エリス諸島からツバルに国名を改称、78年に独立した。

トンガ王国

Kingdom of Tonga

- 面積　720 km²
- 人口　11万人
- 首都　ヌクアロファ（トンガタブ島）
- 通貨　パ・アンガ
- 宗教　ほとんどがキリスト教

KING 王
親日家だった「世界で最も重い君主」

トンガ王国の国民は王族、貴族、平民の3つの身分に分けられている。身分の変更は基本的に認められず、ジョージ・ツポウ1世（1875〜1893年）以降、ツイ・カノクポル王朝の系譜が続いている。現在の国王はツポウ6世で、2012年にトンガ国王であり兄であったツポウ5世（2006〜2012年）が崩御したことを受けて王位を継承した。戴冠式は2015年7月に首都ヌクアロファのフリーウェズリアン・センテナリー教会で開かれ、その際は日本の皇太子ご夫妻も主賓として招待された。

歴代の王のなかでも、ツポウ4世が相撲とそろばんを愛する親日家であったことはよく知られているところだ。現在、ラグビーの日本代表やトップリーグで多くのトンガ出身選手が活躍しているのも、ラグビー選手として大東文化大学への留学のきっかけをツポウ4世がつくったおかげである。第1期留学生には日本代表のジャージを着たホポイ・タイオネやノフォムリ・タウモエフォラウ、続く第2期には2度の学生ラグビー日本一に導いたシナリ・ラトゥやワテソニ・ナモアがいる。トンガの人々は全体的に大柄で、男性の平均身長は177㎝、女性の平均も170㎝を超えるという。ツポウ4世も大柄な体格で、1970年代には体重が200kgを超えて「世界で最も体重の重い君主」と呼ばれたが、90年代には国を挙げての減量キャンペーンの先頭にたち、3割の減量を成し遂げた。

ツポウ6世の肖像が描かれたトンガ硬貨
©Shutterstock.com

首都ヌクアロファの町並み
©Shutterstock.com

HISTORY

南太平洋フィジーの東方に位置し、人が定住している約40島を含む南北600km、東西200kmに点在する176の火山島などからなる立憲君主国。南北に長いのは東側に太平洋プレートが沈みこむトンガ海溝が伸びるためで、北部のヴァヴァウ、中部のハアパイ、南部のトンガタブのグループに大別できる。前850年頃には西方からオーストロネシア集団が移住して居住を始めていた。10世紀の半ばには階層社会を発展させて、最初の王朝が成立したと推定されている。17世紀にオランダ人が来航、1773年にはキャプテン・クックがトンガタブ島に来航した。クックは77年に中部諸島に上陸、住民に親切にもてなされた。1852年に王家の傍系首長だったタウファアハウが全土を統一、ツポウ1世として即位、75年に憲法を制定した。ツポウ2世の1900年、外交権のみを預ける形でイギリスの保護領となるが、ツポウ4世の70年に外交権を回復し、イギリス連邦の一員として独立した。王族、貴族、平民の3つの身分による伝統的な身分階層秩序が根強く保持されており、基本的に身分の変更は認められない。

ナウル共和国

Republic of Nauru

- 面積　21 km²
- 人口　1万3000人
- 首都　ヤレン
- 通貨　オーストラリア・ドル
- 宗教　キリスト教ナウル会衆派、カトリック

BEST IN THE WORLD 世界一

「肥満度」世界一の理由とは？

　ナウルは肥満者が多く糖尿病患者の割合も多い、とよく報じられている。実際、BMI（体格指数）でいう肥満者の比率は成人全体のほぼ80％で世界一という記録がある。

　その背景には、この国の歴史がある。世界最小の国であるナウルで、豊富なリン鉱石が発見されたことに、それは端を発する。

　この島のリン鉱石は「グアノ」とよばれる鳥糞石、「糞化石質リン鉱石」である。鳥の糞が原料ということだ。それに対して、アメリカ、モロッコ、ヨルダンが主産地のリン鉱石は化石質リン鉱石といわれ、古代の植物や微生物がもとになっている。現在、世界のリン鉱石の大半はここから供給されている。

　農業の近代化が化学肥料を大量に求めるようになり、その原料であるリン鉱石の需要が、この100年の間に激増したのである。

　その主産地は、南米チリとナウルであった。チリは一時、チリ硝石として採掘、ヨーロッパへの輸出で大いに潤った時期もあった。ナウルとて同様であった。この小さな島国に有り余るカネが入ったのである。

　その恩恵は、国民生活を豊かにし、教育も医療も無料で受けられるようになった。

　資源が無尽蔵ということはあり得ない。そのことを指摘、警鐘をならした人もいたのだが、代替産業を探しているうちに、それが現実になってしまった。

　ナウルの現状を取材したフランス人ジャーナリストが書いた『ユートピアの崩壊 ナウル共和国』によると、リン鉱石の収入に頼りきりだったことで、農業や漁業は衰退し、国家財政も危機に瀕する事態となった。西洋化、高カロリー化した食生活を島民は手放すことができず、健康にもその影響が著しく出ているのだと、著者は指摘している。

BMI (Body Mass Index) 指数による肥満ベスト10 成人男女、BMI30以上が占める割合

順位	国	割合	順位	国	割合
1位	ナウル共和国	78.5	6位	フランス領ポリネシア	40.9
2位	アメリカ領サモア	74.6	7位	サウジアラビア	35.6
3位	トケラウ	63.4	8位	パナマ	34.7
4位	トンガ	56.0	9位	アメリカ合衆国	33.9
5位	キリバス	50.6	10位	アラブ首長国連邦	33.7

※ BMIとは…身長と体重から肥満度を示す指数。計算方式は体重kg÷身長mの2乗。WHOではBMI30以上を肥満としているが、日本肥満学会ではBMI25以上を肥満とするなど、各国によって扱いは異なっている。WHO Global Database on Body Mass Index（2011年アクセス）参照。

HISTORY

　赤道以南42km、南緯32分、東経166度5分のメラネシアに位置する共和国。1798年イギリスの捕鯨船が初上陸。19世紀後半、一時ドイツ領となる。リン鉱石の発見で、イギリスが採掘権を得る。第1次世界大戦時、オーストラリア軍が占領。1920年からオーストラリア、ニュージーランド、イギリスの3国共同統治による国際連盟委任統治領となった。第2次世界大戦下、日本軍が占領したが、戦後、再び前記3国の国連信託統治領となる。リン鉱石資源という経済力を背景に、独立の気運が高まり、68年独立。一時はリン鉱産業で、南太平洋随一の生活水準の高さを誇るほど潤ったが、資源枯渇と共にかつての繁栄は失われた。加えて島の大部分がリン鉱石鉱床のため、耕地などが少なく、地球温暖化による海面上昇で国土の消滅という危機感が現実のものとなりつつある。ほかのオセアニアの島嶼国家と同様の問題を抱えている。将来的にサイパン、グアム、オーストラリア、アメリカで土地を購入する計画が進められているほどだ。

ニウエ

Niue

面積	260 km²	通貨	ニュージーランド・ドル
人口	1500人	宗教	キリスト教
首都	アロフィ		

  この国と日本

2015年に日本が国家として承認

日本政府は2015年5月15日、ニウエを国家として承認することを閣議決定した。これにより日本が承認する国の数は195カ国となる。

これまでニウエが国家として承認されてこなかったことには理由がある。ニュージーランド領だったニウエは1974年の憲法制定法により、ニュージーランドとの自由連合関係にある自治国という立場になった。これはニウエが外交と軍事をニュージーランドに委任する協定を結び、内政は独自に行うというものだ。

しかし独立国家として見なす場合には外交、防衛の最終的な責任を負っているかどうか（対外主権）が重要な要件であり、それを他国に委ねている場合には国家として承認できなかったのである。

ところが近年、ニウエは独自に他国との外交関係の構築に動き始めた。また国連には正式加盟していないものの、世界保健機関（WHO）や国際連合教育科学文化機関（UNESCO）といった国連専門機関に加盟を認められるようになり、国連からも国際法上の独立国に相当すると見なされるようになった。

ニウエがこれまでに中国やインドなど12カ国と外交関係を結び、30を超える国際機関に加盟してきた実績などが考慮され、ついに日本もニウエを国家として承認するに至ったのである。

ECONOMY 経済

ニュージーランド頼りから脱却できるか

ニウエは島の国土面積は約260㎢と世界最小規模の国だ。経済基盤が脆弱なため、就労機会を求めてニュージーランドへの移住者が多く、深刻な人口減少の問題により経済発展は立ち遅れている。豊かな自然を資源とする観光業も発展が期待されたが、2004年1月にサイクロン・ヘタが直撃し、壊滅的な打撃を受けたことで有効な産業としては発展途上にある。そのほかの産業としては切手の販売。1948年より世界的キャラクターなどを使った独自の切手を発行・販売して外貨収入としてきた。また、".nu"ドメインを割り当てられているが、島内にはインターネット環境が発達していないことから販売をアメリカ企業に委託して外貨獲得の手段にしている。

HISTORY

南太平洋、南緯19度2分、西経169度55分、トンガ諸島の東約480kmに位置する自治国。ニウエ島だけで構成され、太古のサンゴ礁が隆起してできた石灰岩による島は「ポリネシアの岩」とも称される。現代考古学によれば、この島に人が移住し始めたのは10世紀頃からだといい、当初はサモアから、後にトンガ諸島から移住したとされる。キャプテン・クックの来島以来、イギリスとの関係が強く、キリスト教もロンドン伝道教会によって伝えられた。1900年、正式にイギリスが併合したが、翌年にはニュージーランドに施政権が移った。当初はクック諸島の一部として統治されていたが、04年にはクック諸島とは別に駐在弁務官を立て、島評議会を設けて独自のニュージーランド保護領となった。トケラウ諸島などと同じように、ニュージーランド政府はニウエにも外交と軍事防衛以外の自治を認める自由連合への道を提示。そして74年、ニウエは住民投票によって自由連合となる道を選んだ。経済基盤は脆弱で、国家経済はニュージーランドからの財政援助や同国在住ニウエ人からの送金が頼り。人口の減少も課題だ。2015年5月、日本はニウエを国家承認した。

ニュージーランド

New Zealand

面積	27万534 km²
人口	476万人
首都	ウェリントン
通貨	ニュージーランド・ドル
宗教	イギリス国教会14%、カトリック、長老会、メソデスト

MOVIE 映画

『ロード・オブ・ザ・リング』など映画のロケ地に

　2010～2011年の統計によれば、海外から訪れる観光客は年間260万人を超え、外貨獲得高（97億ニュージーランドドル）が国内総生産（GDP）の9%を占める。

　観光の目玉はもちろん島国ゆえの豊かな自然と独自の歴史・文化をトップにあげることができるが、近年注目されているのが広大な自然景観を舞台に制作される映画や環境産業だ。2001年から公開された3部作の映画『ロード・オブ・ザ・リング』の撮影ロケ地はニュージーランドで、監督のピーター・ジャクソンも同国出身。この映画はニュージーランドの大自然の美しさを世界に再認識させ、訪ねる観光客が増加したという。

　ほかにも『ナルニア国物語』や『アバター』、『ラストサムライ』といった映画のロケ地に選ばれている。自然の美しさだけでなく、政府がハリウッド映画などに税制優遇措置を打ち出して積極的に映画ロケを誘致してきたからでもある。

映画『ロード・オブ・ザ・リング』のロケ地となったフィヨルドランド国立公園
©Shutterstock.com

HISTORY

　南太平洋南西部にある島国で、北島、南島と周辺の島々からなる。火山島の北島に対して南島は、サザンアルプス山脈が走り氷河地形もみられる。太平洋上にチャタム諸島、トケラウ諸島、バウンティ諸島などを領有している。9世紀頃、ポリネシアンのマオリ族が外洋型大型カヌーを駆使して上陸。1642年オランダ人探検家エイベル・タスマンがヨーロッパ人初の上陸を果たし、オーストラリアとの間のタスマン海にその名を残している。1769年英国人クックが内陸を探検、地理的全貌が明らかになった。その後、捕鯨、アザラシ猟従事者、宣教師らが上陸。1840年イギリスは、マオリの首長たちとワイタンギ条約を締結して植民地とした。60年に南島で金鉱が発見されるや世界中から労働者が流入した。1947年英連邦の一国として独立。84年労働党のデヴィッド・ロンギ政権は反核法案を成立させ、太平洋地域の非核化を推進、米豪との相互安全保障条約（ANZUS）を事実上凍結。外交の基本はオーストラリアとの緊密関係を基調として、日本やアジア諸国との関係も深めている。

バヌアツ共和国

Republic of Vanuatu

面積	1万2190 km²
人口	27万人
首都	ポートビラ
通貨	バツ
宗教	主にキリスト教

CRISIS 危機
サイクロン被害、エルニーニョ現象、そして地震

バヌアツはその全域が熱帯雨林気候であり、海洋性気候の特色をもつが、南東貿易風の影響下で5月から10月（冬期）にかけては気温が低下する。エファテ島にある首都ポートビラの最高気温は冬期で25度、夏期は29度になる。年平均降水量は2300mmである。

自然災害としてサイクロンの発生もみられ、2015年3月13日から14日にかけてはサイクロン・パムの直撃で甚大な被害を受けた。政府はその復興費総額を4億4322万8000米ドルと発表した。災害復旧工事で経済回復も進んでいるが、夏季（11月～4月）には追い打ちをかけるかたちで、エルニーニョ現象による旱魃とそれに伴う食糧不足も懸念される。南部地方ではいまだに被災から脱却できておらず、水不足、海水の浸水、乾燥気候などで家庭栽培している野菜の生育が十分回復していない。政府は各家庭に野菜の種を配布したがうまく育っておらず、一部では食糧不足で子供たちが学校に通えない事態も発生している。

バヌアツの子どもたち
©livcool / Shutterstock.com

2015年3月のサイクロンで建造物の8割が破壊された
©lausnewsde / Shutterstock.com

HISTORY

南西太平洋、南北1300kmにわたりY字形に連なるニューヘブリデス諸島を国土とする共和国。前1000年頃には鋸歯状文様をもつラピタ土器を用いるオーストロネシア集団が定住していた。離島部には2000年前頃にサモア方面からポリネシア系が渡来。1606年、ポルトガルの探検家キロスが来航、1774年にはキャプテン・クックも訪れた。19世紀前半に白檀の交易がはじまり、後半になると多くのバヌアツ人が年季契約労働者としてフィジー、ニューカレドニア、オーストラリアに駆り出された。1906年からイギリスとフランスにより共同統治され、80年7月、独立した。独立後はイギリス系政党のバヌアアク党が政権を掌握、91年総選挙ではフランス系の穏健諸党連合による連立政権、95年選挙では穏健諸党連合とイギリス系の国民連合党が連立というように、政治は英仏系の対立に部族対立もからんで不安定である。一方で、ニューカレドニアの独立問題や太平洋の非核化など地域問題に積極的に取り組みつつ、多様な言語を保持し、各地域の伝統文化と共存した国づくりに力を入れている。

パプアニューギニア独立国

Independent State of Papua New Guinea

面積 46万2000 km²
人口 800万人
首都 ポートモレスビー
通貨 キナおよびトヤ
宗教 主にキリスト教

BOOK 本
世界的ベストセラーのきっかけはニューギニア人

　スペインが、なぜインカ帝国に勝利したのか。それは、スペインが鉄（武器）、馬（機動力）を持ち、病原菌（天然痘）を南北アメリカに持ち込んだためであるといわれている。それぞれの大陸における文明の発達の仕方は、すべて地理的、生態的な差異によるものであるとした書『銃・病原菌・鉄―1万3000年にわたる人類史の謎』（1996年刊）は、従来の西欧優位の史観に一石を投じた。著者ジャレド・メイスン・ダイアモンドはアメリカの進化生物学者、生物地理学者で現在、カリフォルニア大学教授である。

　98年に本書でピュリッツァー賞を受賞したダイアモンドの執筆動機は、ニューギニア人との交流にあった。64年からフィールドワークに入ったニューギニアで、現地の人間が彼に発した「なぜ、ヨーロッパ人がニューギニア人を征服し、ニューギニア人がヨーロッパ人を征服できなかったのか？」という問いかけ。この疑問に答えるために書かれたのが本書であった。

　彼のたどりついた答えは「地理的な要因」であった。ヨーロッパ人が本来的に優秀だったからとか、ニューギニア人が劣っていたからではないという結論を見出したのだ。現にヨーロッパ人がニューギニアという環境のなかで生きることはできなかっただろう、と説く。根強い人種差別的な人類史観への反論として反響をよび、各国語に翻訳され世界的なベストセラーとなったのだ。

部族の伝統衣装に身を包んだ男女

Yolanta / Shutterstock.com

HISTORY

　オーストラリアの北、赤道直下に位置する。ニューギニア島の東半分、ビスマーク諸島、ブーゲンヴィル島など大小10000余の島々からなる。世界第2位の大きさの主島ニューギニアの中央部は4000m級の高山地帯。16世紀以降ヨーロッパからの航海者の間で知られるようになったが、1526年ポルトガル人メネセスが来航、パプアと名づけた。19世紀になると捕鯨船、香料、真珠、ナマコなどの希少品を求める商人、宣教師らが上陸、活発に活動した。1884年ドイツがニューギニア島およびビスマーク諸島を、イギリスがパプアをそれぞれ保護領とした。第1次世界大戦後オーストラリアの国際連盟委任統治領。第2次世界大戦後は、同国の国連信託統治領に移行。1972年初のパプアニューギニア人政権が誕生。75年英連邦の一国として独立。オーストラリア、インドネシアとの関係を重視。2005年ブーゲンヴィル自治選挙が行われ、自治政府が発足した。14年からはLNG（液化天然ガス）の輸出も始まり、国家収入の柱として期待されている。

パラオ共和国

Republic of Palau

- 面積　488 km²
- 人口　2万1291人
- 首都　マルキョク
- 通貨　アメリカ・ドル
- 宗教　カトリック、プロテスタント

WAR 戦争
日本軍守備隊が玉砕したペリリュー島の戦い

　第1次世界大戦後、それまでドイツ領だったパラオは日本の委任統治領となり、日本の南洋庁がこの地におかれた。さらに、太平洋における軍事拠点としての整備が進められた。1937年にはパラオ諸島の1つペリリュー島に飛行場を建設、来るべき対米戦に備えたのである。日本は現地住民への日本化教育を広め、今でもトモダチ、ベントウ、ダイジョーブなど現地語に溶け込んだ日本語が多い。

　時は、1944年。劣勢に立たされつつある日本軍に対してアメリカ軍の攻勢が本格化する。とりわけ、日本軍に占領されたフィリピンを奪還するための拠点としてパラオ攻略は必須条件だった。小さな島にある飛行場を確保するべく、アメリカ軍は2個師団約4万人の上陸部隊を猛烈な砲爆撃とともに送り込んできたのである。

　対する日本軍は、師団長井上貞衛中将率いる兵1万余名。火力については、なんとアメリカの数百分の一という装備で戦うことになった。アメリカ軍は当初、3日もあれば攻略できると考えていたが、日本軍の抵抗は予想をはるかに超えるものだった。というのも、島内にはいたるところに地下壕を張り巡らしてあり、日本兵はそこに身を隠しながら攻撃してくる。米軍はその壕を1つ1つ潰していかなければならなかったからである。

　結局、米軍が占領するまでに2ヵ月半を要した。同年11月、玉砕を伝える暗号電文「サクラ　サクラ」を本土へ打電後、根本甲子郎大尉以下残存兵55人によるバンザイ突撃が行われ、日本軍の組織的抵抗に終止符がうたれたのである。

　島内には日本軍の司令部跡や地下壕、戦車などの残骸があちこちに散在し、戦争の面影を今に伝える。2015年4月、天皇、皇后両陛下が同島を公式訪問され、戦没者を慰霊された。

ペリリュー島には戦跡がいたるところにある
©Shutterstock.com

HISTORY

　グアム島の南約1160km、パラオ諸島の200以上の小島からなる共和国。ほとんどが無人島で常住人口のある島は約10島。1783年イギリス東インド会社のアンテロープ号がパラオで座礁、これがヨーロッパ人との関係の最初であった。19世紀初頭、捕鯨船や商船が頻繁に上陸するようになる。1886年にスペイン領へ。その後スペインはパラオを含むカロリン諸島をドイツに売却。第1次世界大戦時、1914年には日本が占領、20年日本の委任統治領に。47年国連はパラオを含むミクロネシアをアメリカの信託統治領とした。アメリカは太平洋における軍事的拠点として重要視、パラオと自由連合盟約を結ぶ。国防、安全保障をアメリカに委ねる代わりに経済援助を得るという内容。81年にはパラオ自治政府が発足、核の持ち込みを禁じた非核条項を盛り込んだ憲法を公布。しかし、この憲法と、アメリカ艦船の寄港とが矛盾した。そのためアメリカとの協定が住民投票で否決された。その後、憲法を修正したうえで改めて住民投票をした結果、93年承認された。非核憲法が凍結され、アメリカとの自由連合を結び、94年独立。

フィジー共和国

Republic of Fiji

面積	1万8270 km²	通貨	フィジードル
人口	90万人	宗教	キリスト教52.9%、ヒンドゥー教38.2%、
首都	スバ		イスラム教7.8%

TABLE 食卓

多彩なフィジー料理

　南太平洋の中心部に位置することから、その食文化は多彩である。サトウキビ生産で前世紀にイギリスによってインドから移民させられた多数のインド人がいることで香辛料の効いたカレー料理も多い。

　フィジーの典型的な食事はキャッサバとタロイモが中心で、煮たり焼いたりした魚介類や豚肉、牛肉と一緒に食べる。パイナップルやグアバ、マンゴーなどトロピカル・フルーツは豊富である。伝統的な料理として、ロロとココンダがある。ロロはココナツミルクのことで、魚や野菜を一緒に煮たり、あるいは炒めた肉をココナツミルクで煮てタロイモの葉で包んだもの。ココンダはフィジー風の刺身料理。刺身をココナツミルクとライムでマリネしたもので、日本にも紹介されている。ほかにロボ料理というポリネシアで代表的な料理がある。地中に掘った穴にバナナの葉を敷き詰め豚肉や鶏肉、魚介類、タロイモを入れバナナの葉を被せ、上から焼き石を乗せて数時間かけて蒸し焼きにしたもので、ウム料理ともいう。

フィジーの伝統的な集落　　Don Mammoser / Shutterstock.com

HISTORY

　南西太平洋の中央部、ヴィチ・レヴ島、ヴァヌア・レヴ島を中心に約330の島々からなる共和国。1643年オランダ人タスマンが来航。19世紀になると交易商人が進出し、西欧社会と接触、キリスト教化が進んだ。1871年にザコンバウが統一国家をつくったが、支配権を維持できず、イギリスに主権委譲を請願した。イギリスは保護領化し植民地化を進め、労働力不足を補うためにインドからの移民政策を推進した。1970年イギリス連邦内の立憲君主国として独立。先住民のフィジー系とインド系の民族対立は、深刻化しており、87年インド系が政権を取るとフィジー系のクーデターが発生。90年フィジー系優位の憲法を公布。97年にはインド系の政治的権利を拡大する改正憲法を公布し、英連邦に復帰。2007年、クーデターにより国軍司令官が暫定首相に就任。以降、民主化を進めてきた。13年に新憲法を公布し、翌年に総選挙が実施された。砂糖産業が経済の柱となっている。

マーシャル諸島共和国

Republic of the Marshall Islands

- 面積 180 km²
- 人口 5万898人
- 首都 マジュロ
- 通貨 米ドル
- 宗教 キリスト教（主にプロテスタント）

INDUSTRY 産業

"負の世界遺産"といわれるビキニ環礁の核実験場跡

マーシャル諸島共和国に属するビキニ環礁で1946年7月、アメリカはクロスロード作戦と呼ばれる核実験を行った。大小70余の艦艇を標的とする太平洋初の実験である。

実験標的になったのは第2次世界大戦などで活躍し、退役予定となったアメリカ海軍の空母「サラトガ」や戦艦「ネヴァダ」「ペンシルバニア」などだった。なかには米軍に接収された日本海軍の戦艦「長門」や軽巡洋艦「酒匂」、さらにドイツ海軍の艦艇も含まれていた。現在、ビキニ島ではこの核実験で沈んだ艦艇をダイビングで見ることができる。

続けてアメリカは54年、キャッスル作戦と呼ばれる水爆実験を敢行した。日本のマグロ漁船・第五福竜丸はじめ1000隻余の漁船が

1946年7月のビキニ環礁での核実験
©Shutterstock.com

死の灰を浴びて被曝したことで知られる。第五福竜丸が静岡県焼津に帰港して半年後、無線長だった久保山愛吉さんが死亡したことは当時大きなニュースとなった。漁船のみならずビキニ環礁島民にも累が及んだことで、全世界的な原水爆禁止、核廃絶運動の広がりの端緒にもなった。現在、第五福竜丸は東京都にある夢の島公園の「第五福竜丸展示館」に永久展示されている。

島民は、ロンゲリッツ環礁へ、さらにはキリ島へ強制移住させられ、現在にいたるも島に戻ることができない。1997年の国際原子力機関（IAEA）の調査で、放射能レベルは「永住に適さない」との結果だったが、現在、放射能レベルは短期間の滞在では危険はないとされ、観光リゾートなどの施設が建設されている。ビキニ環礁のサンゴ礁は80％が回復したが、絶滅したサンゴも数多い。2010年、第34回世界遺産委員会において、人類の歴史上重要な時代を例証するものとして、ユネスコの世界文化遺産に登録された。"負の世界遺産"といわれる所以である。

HISTORY

中部太平洋、北緯5～12度、東経161～172度、東のラタク諸島と西のラリック諸島に挟まれた29の環礁からなる。気候は熱帯雨林気候で、年中高温多雨。海からの季節風で朝夕涼しい。2000年前、ポリネシアやミクロネシアから海を越え北上した人々（オーストロネシア集団）が居住し始めた。1528年スペイン人アルバロ・デ・サーベドラが上陸、1668年スペイン領、その後ドイツ領、日本領と転変する。そもそもの諸島名は1778年に近くを通過したイギリス人船長ジョン・マーシャルに由来する。1860年代にアメリカ海外伝道団が来島し、キリスト教化が進んだ。第2次世界大戦時、日本軍の対米戦最前線基地となったために、大激戦地となった。戦後アメリカが占領、1947年国連はこの地をアメリカの信託統治領とした。46年～58年アメリカはビキニ、エニウェトク両環礁で核実験を67回実施。86年アメリカから独立。90年国連信託統治終了を決議。91年国連加盟。主な産業は水産業やコプラの生産だが、政府歳入のおよそ6割をアメリカからの財政援助でまかなう。

ミクロネシア連邦

Federated States of Micronesia

面積 700 km²
人口 10万4044人
首都 パリキール
通貨 米ドル
宗教 キリスト教（カトリック、プロテスタント）

  この国と日本

"冒険ダン吉"のモデル？ チュークに渡った森小弁

昭和8年（1933）から『少年倶楽部』に連載された島田敬三作「冒険ダン吉」は南洋の島に出かけた少年の冒険漫画で、子供たちの間で絶大な人気を博した。その主人公のモデルではないかといわれているのが、森小弁という人物だ。

明治24年（1891年）12月、1人の青年が横浜から貿易船に乗り込み、南洋を目指して旅立った。土佐藩士の子として生まれた森は自由民権運動に参加し、大阪事件に連座して投獄されるなどした。その後東京専門学校（現早稲田大学）に入学するが、折からの南進論に共鳴し、学校を中退して南洋貿易商社に入社。行く先はチューク諸島（元トラック島）だった。彼はチュークに住んだ初めての日本人である。

苦労して事業を軌道に乗せると、森は村の伝統的首長の信頼を得て、その長女と結婚した。その後、同地からコプラを輸出するなどして成功し、日本との架け橋として学校建設や民生の向上に尽力。昭和20年（1945年）に76歳で亡くなった。森の子孫は数千人といわれ、ミクロネシア第7代大統領のエマニエル・マニー・モリは森の長男の孫でひ孫にあたる。諸島内のデュブロン島には森の記念碑がある。

旧日本海軍の拠点だったチューク諸島には多くの沈没船が今も眠る

©Shutterstock.com

HISTORY

中部太平洋、中央のカロリン諸島を中心とした930の島々からなる洋上の連邦国家。ポンペイ（ポナペ）、チューク（トラック）、コスラエ（クサイエ）、ヤップの4州よりなる。紀元前より人間が居住していたとされるが、1529年にポンペイ島が発見されスペインが領有を宣言、フィリピン総督の支配下とした。1899年、スペインがドイツに450万ドルで売却。第1次世界大戦でドイツの敗北により日本の国際連盟委任統治領「南洋群島」となり、開発や産業振興のため多くの日本人が移り住んだ。チューク島には、旧帝国海軍連合艦隊司令基地がおかれたために大激戦地となった。この戦後賠償は日米双方によって行われた（ミクロネシア協定）。1947年国連の提案によりミクロネシアを6地区に分割、「マリアナ」「ヤップ」「チューク」「ポンペイ」「パラオ」「マーシャル」をアメリカの信託統治とした。65年ミクロネシア議会を発足させたが、コスラエ島が分割され7地区に。78年マリアナ地区が北マリアナ諸島に、パラオとマーシャル諸島は離脱。79年残ったヤップ、チューク、ポンペイ、コスラエの4州で自治政府が発足。86年、アメリカの信託統治が終了し、独立した。

アメリカ領サモア

American Samoa

面積	199 km²	通貨	アメリカ・ドル
人口	5万1504人	宗教	キリスト教（会衆派教会、カトリック、福音教会など）
政庁所在地	パゴパゴ		

SPORT スポーツ
FIFA公式戦で30連敗を脱した貴重な1勝

　アメリカ文化の影響を直接受けて、ここではアメリカンフットボールが盛んである。しかしサッカーのナショナルチームもあり、FIFA公式戦に1994年から参加している。

　ところが毎年負け続け、ついには30連敗。もちろんFIFAランキングで最下位の204位になったことも。ところが奇跡が起きたのは2011年11月22日のW杯オセアニア戦のときである。

　ようやく、トンガ代表に2対1で初勝利をあげたのである。雪辱18年目の貴重な1勝だった。監督は、我がチームは失点31点というワースト記録を持っているが（2001年の対オーストラリア戦）、この1勝はそれに勝るとも劣らない貴重な記録として記憶されるだろう、と誇らしげだったという。

　サモアはソウル大会以来、毎回オリンピックに出場している。2016年のリオ大会には陸上に2人（男子100m、女子100m）、柔道に1人（男子73kg級）、ウェイトリフティングに1人（男子94kg級）の計4名が出場したが、いずれも入賞はならず。これまでにメダルをとったことはない。夏季大会では過去に陸上や柔道、ウェイトリフティング、セーリング、ボクシングなどの種目で出場してきた。冬季は1994年のリレハンメル大会（ボブスレー）に出場したが、その後はない。

トゥトゥィラ島パゴパゴの風景

©Shutterstock.com

HISTORY

　南太平洋中部サモア諸島の東側で、トゥトゥィラ島、マヌア諸島からなる。紀元前1000年頃から先住民がいたという。マヌアの王はかつてフィジー、トンガ、クック諸島までを支配した。時代が移ってこの地域はトンガ王が支配したが、マヌアだけは独立を保ったという。ヨーロッパからは18世紀にフランス探検隊がトゥトゥィラに足を踏み入れ、戦闘になったが、撃退された。次いで19世紀初め会衆派教会ロンドン伝道教会の一行が上陸し布教に成功した。1889年ドイツ艦隊が攻撃、アメリカも軍艦3隻を派遣して海戦必至となったが、折からの台風で両軍艦隊は全部沈没、休戦となった。19世紀後半ドイツとアメリカはサモア諸島を東西に分割、アメリカは東側を領有した。アメリカはトゥトゥィラのパゴパゴ（現在は行政府がおかれているところでアメリカ領サモアの主都）に太平洋艦隊の石炭補給基地を建設した。このドイツとの分割でアメリカ領となったところが現在のアメリカ領サモアで、アメリカの市民権を有する海外非併合領土。

ウェーク島

Wake Island

面積	6.5 km²
人口	約150人
政庁所在地	ワシントンD.C.

WAR 戦争

軍事基地の島を巡る日米の戦い

　太平洋戦争開戦時、ウェーク島は、アメリカにとって本土とグアム、フィリピンを結ぶ作戦のうえで重要な位置を占める島だった。一方の日本にとっては、植民地としていたミクロネシアのマーシャル諸島と日本本土を結ぶ作戦のうえで重要だった。そのため、この島は、太平洋戦争の帰趨を左右する要石となったのだ。

　日米関係が決定的な破綻をきたしつつあった頃、アメリカはすでに砲台などを設置していたこの島に、空母エンタープライズを送った。甲板に海兵戦闘飛行隊のF4Fワイルドキャット12機を載せていた。

　これに対し、1941年12月8日の開戦と同時に日本軍はウェーク島への攻撃を開始した。当初、海軍陸戦隊だけで占領をする計画だったが、アメリカ軍の兵力が予想以上であったことから増派して臨んだ。その結果、攻撃開始直後にF4Fワイルドキャット12機のうち7機を破壊。そして12月10日には上陸体制を整えたが、ここからアメリカ軍の反撃に遭う。ウェーク島の守備隊は、残存の戦闘機を改造して爆弾を吊るせるようにし、日本軍を待ち受けたのだ。

　これにより12月13日、ついに日本軍は一時近隣のクェゼリン環礁への退却を余儀なくされたのである。

　体制を整え直し、真珠湾攻撃から帰還の途にあった南雲忠一中将率いる機動部隊、グアム攻略戦を終えた第6艦隊ほかも合流させて、再度出撃したのは12月21日のことだった。第1回の上陸作戦でも難航したのは上陸艇を下ろすことだったが、2回目の攻撃中も海は荒れていて上陸艇はもたついた。そこへ容赦ない砲弾が降り注ぐ。

　戦況を一変させたのは、真鶴特別陸戦隊一個中隊による決死隊の働きだった。攻撃をかわして上陸した決死隊は、アメリカ軍捕虜を道案内に進撃。ついにはウェーク島守備隊指揮官を捉え、指揮官をジープに乗せて白旗を掲げて戦線を回った。日本軍によりこの島の完全攻略が宣言されたのは、1941年12月23日のことだった。

HISTORY

　北太平洋、ハワイのオアフ島から約3700km西に位置する3つのサンゴ礁の島からなる環礁。現在はアメリカの非併合領土である。もともと無人島で、人とのかかわりはマーシャル諸島民が鳥や海亀を捕獲する場所として利用する程度だった。ヨーロッパ人の知見に入ったのは、1568年10月にメンダーニャ率いる2隻のスペイン船の上陸からだが、長らくどこの国からも領有されることはなかった。それが1899年エドワード・タウシグ司令官によりアメリカ領と宣言されたのだった。以後、アメリカはハワイと同様、軍事目的でウェークの重要性を考え、1923年に大統領命令によりアメリカ海軍の管轄区となり、翌年にはパンアメリカン航空の水上機基地建設が始まった。39年になると海軍、空軍の基地が建設され、41年に真珠湾攻撃の後に日本軍がその軍事施設を攻撃、占領した。第2次世界大戦後は上空を飛行する航空機の緊急時着陸施設として利用される。現在も緊急時着陸施設の機能を果たしつつ、アメリカ空軍の管轄下におかれ、海洋・大気局支所がある。住民はアメリカ空軍関係の文民と施設関係者のみ。

北マリアナ諸島

Commonwealth of the Northern Mariana Islands

面積 464 km²
人口 5万2344人
政庁所在地 サイパン
通貨 アメリカ・ドル
宗教 キリスト教

MYSTERY ミステリー
先住民族チャモロ人が残した巨石遺跡の謎

サイパン島、テニアン島、ロタ島と、北マリアナ諸島のなかには観光地としてなじみ深い島がいくつもある。また、サイパン島などは太平洋戦争の激戦地であったことでも知られる。1914年に占領して以来、第2次世界大戦終結まで、この地域は日本領であった。その後、アメリカの国連信託統治領となったわけである。

こうした植民地としての歴史は1521年のマゼランの来訪が契機だ。スペインによる領有は1565年だが、マゼランによる太平洋探険は新しい地理的知識をもたらし、おりからの版図拡大の帝国主義的意欲に火を付け、太平洋の島々は次々と西洋列強の植民地になっていったのである。

マゼラン来訪以前、北マリアナ諸島には、現在チャモロ人と呼ばれている先住民の祖先たちが暮らしていた。彼らは大陸から渡ってきた。現代の考古学が解くところによれば、北マリアナ諸島にチャモロ人が移住し始めるのは紀元前16世紀頃からだったという。そして、その後も繰り返し移住が行われ、紀元前11世紀には独自の文化を持った一群が移住してきたと考えられている。

独自の文化とは、まず巨石建造物を造る文化である。北マリアナ諸島の全域に、ラッテストーンという石柱建造物の遺構が点在している。ロタ島の石切り場に残されたものが最大だが、これは未完の建築。完成された建造物と考えられる遺構のなかで最大のものはテニアン島にある。「タガ・ハウス」と呼ばれる遺構で、2本で1対になった石柱が6対。そのうちの1本だけは現在も直立している。また、周辺には17基の遺構も確認できるが、これらはみな日本統治時代に壊されたという。

このテニアン島の「タガ・ハウス」は、かなりの政治的権力を持った者の居住地だったと考えられ、王権に近い存在だったのではないかと推測されている。

彼らが北マリアナ諸島に稲作ももたらしたとされ、先住民のアイデンティティとして国旗にもラッテストーンが描かれている。

サイパンは太平洋戦争の激戦地だった

HISTORY

北西太平洋、ミクロネシアのマリアナ諸島のうち、南端のグアム島を除く島々で構成される。現在はアメリカの保護領（コモンウェルス）。ミクロネシアの島々は第2次世界大戦後、全域がアメリカの太平洋諸島信託統治領になった。島々の自治の高まりを受け、1986年11月3日をもって政治体制が変わった。南の島々はミクロネシア連邦とマーシャル諸島共和国として独立したが、よりアメリカとの関係が濃厚な北の島々は独立しなかった。とりわけグアム島はアメリカの軍事施設が多く、アメリカの非併合領土となり、マリアナ諸島のほかの島々が保護領となったのだ。非併合領土と保護領の違いは微妙だ。ともにアメリカの連邦税は納める必要がない代わりに大統領選挙、上下両院の議員に対する選挙権はないのだが、保護領には非併合領土よりも自治が認められている。たとえば、独自に労働法や出入国管理制度を定められるのである。そのため、北マリアナ諸島ではアメリカ国内よりも最低賃金が低く設定され、入国審査も緩く、近年ではフィリピンや中国からの出稼ぎ労働者が多い。

テニアンに残る神社の鳥居

グアム

Guam

- 面積 544 km²
- 人口 16万7358人
- 政庁所在地 ハガニア
- 通貨 アメリカ・ドル
- 宗教 キリスト教

INDUSTRY 産業
特産の近海マグロは日本へ

日本の食文化においてマグロは不可欠な食材の一つだが、すしをはじめとする日本食が海外でブームとなり、世界的にその消費量は増大している。結果、マグロ価格が高騰するとともに輸入マグロの割合も増えているのが実情で、グアムからも日本に向けてミクロネシア近海産のマグロが輸出されている。

グアムの位置するミクロネシア近海一帯は優良なマグロ漁場のひとつで、漁獲の中心はメバチマグロやキハダマグロである。日本向けの鮮魚用マグロは冷凍され、グアム国際空港から専用貨物便で日本へ空輸されている。

毎年多くの観光客が訪れるこの島には日本人向けに刺身などの鮮魚をメニューにする和食レストランが多いが、地場漁ではその消費量をまかなうことができないため、現地で提供される鮮魚の大半は日本などからの輸入である。もちろんマグロも例外ではなく、ミクロネシア近海で捕獲されたマグロが日本へ輸出され、それが再びグアムへ食材として輸出されるケースもあるのだという。

CULTURE 文化
翻弄されてきたチャモロ文化

グアムの先住民族であるチャモロ人の祖先は、古代に東南アジアから島伝いに渡ってきたと考えられている。この島は現在アメリカ合衆国の準州で、チャモロ人の人口比率は40％以上を占め、英語とともにチャモロ語も公用語となっている。

島の南部、セッティ湾沿岸には3000年もの間、チャモロ人が暮らしていたというが、1521年3月、世界一周を目指すマゼランのスペイン艦隊上陸から島は一変していくことになった。スペインの植民地として貿易の中継地となったが、チャモロ人の文化や風習を禁止するイエズス会宣教師との間に軋轢が生じ、1669年スペイン・チャモロ戦争が起こってチャモロ族は敗退、当時10万人いたチャモロ人は5000人にまで減少したともいわれている。それ以後、グアムではキリスト教が定着した。

チャモロの遺跡は島内各地で散見されるが、タモン地区にある古代の村の遺構につくられたビーチ＆カルチャーパークは、500年前の村を復元してチャモロ文化を今に伝えている。ラッテストーン（石の土台）の上に酋長の家が建ち、パーク内ではチャモロ族の生活様式が実演・再現されている。

HISTORY

太平洋のマリアナ諸島最南端の火山島。アメリカの非併合領土。米軍の基地が島全体の30％を占める。アメリカの選挙権はないが、市民権を持ち、約5万人がアメリカ本土に出稼ぎに行っている。古来チャモロ族が居住。16世紀マゼランが到達、後スペインが領有を宣言。イエズス会の布教活動に反発して1669年スペイン・チャモロ戦争に発展、圧倒的な力でチャモロ族は敗れた。1898年米西戦争でアメリカが勝利し割譲された。1941年第2次世界大戦で日本軍が占領統治「大宮島」と呼ばれた。日本の敗戦により44年に米国が奪還した。50年米議会による「グアム自治基本法」に基づき、「アメリカ合衆国自治的・未編入領域」となった。知事を選出、内政執行にあたり、グアム議会があり、立法院の1院制。島のおよそ3分の1を米軍の西太平洋最大の拠点であるアンダーセン空軍基地が占めており、グアムのGDPの4割は米国防費による。それに次ぐのが観光業。

クリスマス島

Christmas Island

- 面積 135 km²
- 人口 2205 人
- 政庁所在地 キャンベラ（オーストラリア）
- 通貨 オーストラリア・ドル
- 宗教 仏教、イスラム教、キリスト教

NATURE 自然
カニの大群で有名な「インド洋のガラパゴス」

　リン鉱石の採掘事業により有人島となったクリスマス島。人口構成は、中国系が約70％、ヨーロッパ系が約20％、マレー人が約10％である。20世紀も後半になり、こうした人々に雇用機会を提供し続けてきたリン鉱石の採掘事業は低迷し始めた。肝心のリン鉱石が採り尽くされ始めたのだ。そして1987年、ついにオーストラリア政府は、クリスマス島全島でリン鉱石の採掘を中止した。これは労働組合の強い反対に遭い、91年に再開するのだが、90年代からは観光産業が島を支えていけるよう努力がなされている。

　クリスマス島の観光資源は、とりもなおさず自然環境だ。どこの陸地ともつながったことのない島には、長い年月をかけて独自の生態系ができあがっている。チャールズ・ダーウィンが進化論を着想したことで知られるガラパゴス諸島は、その最たる例だ。ガラパゴス諸島には、そこにしか棲息しない生物が何種類もいる。クリスマス島も同じである。「インド洋のガラパゴス」の異名があるのはそのためだ。現在、島の自然はオーストラリア政府によって手厚く保護され、じつに島の3分の2が国立公園に指定されている。

　クリスマス島の独自の生態系が世界中から注目されるのは、毎年11月から12月の雨期である。この時期、クリスマス島の固有種クリスマス・クラブ（アカガニ）は繁殖期を迎え、普段は森に棲息している人の両手ほどの大きさの親ガニが、一斉に海を目指し、交尾と産卵を終えて再び森に帰るのである。その光景たるや圧巻で、島の道という道が真っ赤に染まるといっても過言ではない。毎年恒例の壮観はこれだけではない。海で産み落とされた卵が今度は一斉にふ化するわけである。そして、小さな赤いカニは次から次へと森を目指す。この光景は親ガニの行列とは少し違う。赤ちゃんカニの行列はまるで分厚い絨毯の移動である。ズズ、ズズッと動き、移動するクリスマス・クラブの赤ちゃんの数は約1億2000万匹になるという。毎年この島で繰り返される大自然がつくる壮大なドラマである。

クリスマス・クラブをあしらったオーストラリアの切手
©Shutterstock.com

HISTORY

　インド洋上、オーストラリアの北西約1400km、ジャワ島の南約360kmに浮かぶ島。長らく無人島で、1615年2月3日にイギリス東インド会社のリチャード・ローウィーがトーマス号で見出したのが最初の記録である。そして同じくイギリス東インド会社のウィリアム・マイナーズが43年のクリスマスにちなんで命名した。しかし、領有が宣言されるまでには200年あまりの時間を要する。領有宣言にはクリスマス島がリン鉱石の宝庫であることが大きく関係している。この島はサンゴに起因する石灰岩で構成されているが、その石灰岩の地層の中に多量のリン鉱石が含まれていることがわかったのだ。そして1888年にクリスマス島はイギリスに併合され、1900年にはシンガポールに行政庁をおくイギリス領海峡植民地に組み込まれた。こうしてクリスマス島はリン鉱石の採掘場として有人島となった。第2次世界大戦期には日本が占領。戦後はオーストラリアとニュージーランド両政府がリン鉱会社の資産を取得。58年になり、イギリスはオーストラリアに施政権を委譲し、現在にいたっている。

ココス諸島

Cocos Islands

- 面積 14 km²
- 人口 596人
- 政庁所在地 キャンベラ（オーストラリア）
- 通貨 オーストラリア・ドル
- 宗教 イスラム教、キリスト教

PERSON 人
諸島の領主として君臨し続けたクルーニーズ・ロス家の末路

　ココス諸島に最初に移住したのは、イギリス人のアレキサンダー・ヘアだった。1826年のことである。ヘアはロンドンの時計細工師の長男に生まれ、若くしてインドに渡って商社に勤めた。当時のイギリスはアジア植民地熱にかられていた。版図拡大を推進する機運に後押しされながら、植民地経営の渦中に身を投じていく若者が跡を絶たなかった。ヘアもその1人だった。

　植民地経営は、本国から官僚が派遣されて進められたように考えがちだが、実際には成り上がり的な民間人が牽引することがよくあったのである。

　ヘアには数人の弟がいて、そのうちの2人がロンドンでヘア商会を興し、アジアの植民地で地位を固めつつあった兄と協力して、スマトラの胡椒などを扱うようになっていった。ヘア商会はかなり成功したとみえ、東南アジア島嶼部で貿易船を持つまでになっていった。そのうちの1隻、オリビア号の船長となったのがクルーニーズ・ロス1世であった。クルーニーズ・ロスはスコットランドの漁民の家に生まれ、13歳で捕鯨船の乗組員となった。そして1813年にチモール島で捕鯨船を降りた後、ヘアと知遇を得て、以後はヘアの参謀のようになっていく。

　ヘアがココス諸島に移住した翌年、クルーニーズ・ロスもココス諸島に移住した。やがて1831年になるとヘアは諸島を離れ、ここからクルーニーズ・ロスの統治が5代に渡って続いていくのである。

　ココスという名はココヤシを表し、ココス諸島はココヤシが生い茂っていたのでその名がついたのだが、当時イギリスが作った世界地図には、各地にココス諸島があった。ヤシの木が生えていればその名をつけたわけである。

　領主となったクルーニーズ・ロスは、このココヤシから採れるオイルや繊維をもとに島の経営にあたった。そのためにマレー系の人々を奴隷のような身分で移住させたのである。植民地時代の領主が代を重ねて20世紀も後半まで君臨していたのには驚かされる。諸島をオーストラリア政府に売却した最後の領主クルーニーズ・ロス5世は、その金を海運会社に投資。ところが、海運会社はほどなく破綻し、クルーニーズ・ロス5世は無一文になってしまった。

HISTORY

　インド洋上、オーストラリアのダーウィンの西約3685km、シンガポールの南南東約1300kmに位置するオーストラリア領。ホーム・アイランド、ウェスト・アイランド、ホースバーグ・アイランドのほか無数の小島から構成される。キーリング諸島の別名もあり、これは、ココス諸島が1609年にイギリス東インド会社のウィリアム・キーリングによって初めて西洋社会に紹介されたことによる。1857年にイギリスが併合するが、実際はクルーニーズ・ロス家によって統治されていた。この一族による施政はじつに5代120年におよび、クルーニーズ・ロス5世が領主の座から下りて諸島の政治が新設されたココス諸島協議会に移ったのは1979年のことである。これは前年にオーストラリア政府がロス家から625万オーストラリアドルで諸島全域を買い取ったのを受けての政変だった。元来、ココス諸島は無人島群で、人が住み始めたのは西洋人にその存在が知られてからである。イギリス東インド会社による貿易で、ココス諸島は長らくヨーロッパ、インド、東南アジアを結ぶ貿易の中継地点として機能した。

ジョンストン環礁

Johnston Atoll

- 面積 22 km² （環礁全体では 6959 km²）
- 人口 0人
- 政庁所在地 ワシントン D.C

EVENT 出来事
今も立ち入り禁止の化学兵器の墓場

　ジョンストン環礁の現状は、第2次世界大戦から冷戦終結までの歴史を物語るといっても過言ではない。

　太平洋の覇権争いに勝利したアメリカにとって、第2次世界大戦後に領有した太平洋の島々は、ユーラシア大陸の戦地に兵力を送り込む中継地点、兵器倉庫となった。ジョンストン環礁は、そうしたアメリカの軍事政策のあおりをまともにうけて、ことに化学兵器の影響で現在は人の立ち入りが禁止されている。

　1971年、沖縄の施政権が返還されることになると、ベトナム戦争のために沖縄にストックされていた毒ガスがジョンストン環礁に運ばれた。そして翌年には南ベトナムに備蓄されていた枯葉剤オレンジも運ばれた。その量は、じつに110万リットルにもおよんだという。

　さらには1950年代から60年代にかけて、12回におよぶ高空・超高空核実験（核ミサイルにより高層大気圏で核爆発を起こす実験）もこの地で行われた。

　1962年以降、ジョンストン環礁は核実験から無縁となったが、化学兵器の処理場としては冷戦終結後も機能した。旧ソ連の崩壊により、アメリカはヨーロッパに配置していた化学兵器をジョンストン環礁に移動することを決めた。この際、フィジーや独立したばかりのミクロネシア連邦などは猛抗議をしたが、結局は旧西ドイツから10万2000発の毒ガス兵器がジョンストン環礁に運ばれ、環礁内で処分されてしまった。

米軍基地が置かれていたころのジョンストン環礁

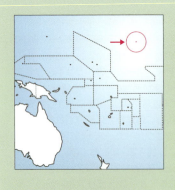

HISTORY

　北西太平洋、ハワイのホノルルの南西約1300kmに位置するアメリカの非併合領土。周囲約20kmのジョンストン島、それより小さなサンド島のほか、人工島のアカウ島、ヒキナ島の4島で構成される。名の由来は、1807年に西洋人として初めてこの環礁を確認したイギリスのジョンストン艦長による。元来、無人島であった。それを58年にリン鉱石採掘を目的にアメリカが領有を宣言したが、当時、独立国家だったハワイ王国から抗議を受け、名目的には両国が共有する形式をとった。その後、98年にハワイ王国がアメリカに併合されると、アメリカに領有されることとなった。1934年からアメリカ海軍の管轄下になると、以後は軍事目的にアメリカが利用するようになり、軍関係者が常駐。第2次世界大戦中は潜水艦基地だった。戦後は空軍の管轄に移り、58年から62年までに合計12回の核実験が行われた。74年からは化学兵器の貯蔵庫となる。2000年になるとアメリカの太平洋化学兵器計画が終了。兵器の処分、処分場の清掃の末、すべての関係者が退去した。

トケラウ諸島

Tokelau Islands

- 面積 12 km²
- 人口 1285人
- 政庁所在地 各島に行政センター
- 通貨 ニュージーランド・ドル
- 宗教 キリスト教（会衆派教会、ローマ・カトリックなど）

CULTURE 文化

文化的にはサモアに近いニュージーランド領の島

　トケラウ諸島は国際連合非自治地域で、南太平洋にあるニュージーランド領の島嶼群であり、旧称はユニオン諸島。12km²という面積は、独立国、保護領、自治領などを含め、世界で5番目に小さい国となる。人口は1400人足らずで、主に漁業、農業で自給自足し、わずかにココヤシの果実の胚乳を乾燥したコプラ産業とドメイン（.tk）の貸出しで外貨を得ている。言語はサモア語に近いトケラウ語と英語で、文化圏としてはポリネシア文化圏に属している。

　2006年、2007年と続けてニュージーランドとの自由連合国へ移行する是非を問う住民投票が行われたが、得票率が成立に必要な3分の2に届かず否決された。また、トケラウ諸島が政庁を置くサモアは、歴史的にも経済的な結びつきが強かったアメリカ合衆国と同じ日付を用いてきたが、ニュージーランドや中国などとの経済的な結びつきが強くなったため、2011年12月29日（木）24時に日付変更線を移動させ、トケラウ諸島もサモアの変更に追随し、国土の西側に引かれていた日付変更線を東側に移動させた。これに伴い12月30日（金）はスキップされて31日（土）となり、トケラウ諸島も世界で最も早く朝を迎える国のひとつとなった。

　なお、海抜の低い3つの環礁からなるため、地球温暖化による海面上昇を食い止めなければ21世紀中に海に水没する可能性が国連により指摘されている。

人工衛星から見たトケラウ諸島のアタフ環礁　　©NASA

HISTORY

　太平洋の中央部、サモア諸島の北方約480kmに位置する。ファカオフォ、ヌクノヌ、アタフの3つの環礁からなるニュージーランド領。ニュージーランド外務省の監督のもとに、サモア独立国の首都アピアにあるトケラウ諸島問題担当出張所が実質的な行政を行い、各環礁から1名ずつ、合計3名の行政官が公選される。民族地理的にはポリネシアであり、住民の祖先は近隣のサモアをへて移住したと考えられている。西洋人との接触はイギリス人ジョン・バイロンが1765年にアタフ環礁を確認したことから始まる。1820年代に入ると欧米の捕鯨船が寄港し始め、41年にはチャールズ・ウィルクス率いるアメリカの探検隊により、科学調査が行われた。63年からペルーからのブラックバーディング（奴隷狩り）により人口が激減した。見かねたイギリスが77年にフィジー高等弁務官の管轄下におき、89年に正式に保護領とし、後にはギルバート・エリス諸島植民地に併合した。1925年からはニュージーランドが行政を担当。48年にニュージーランドの属領となった。主産業の農業は自給レベルで、ニュージーランドの財政支援に頼る。

ニューカレドニア

New Caledonia

- 面積 約1万8600km²
- 人口 27万9000人
- 政庁所在地 ヌメア
- 通貨 パシフィック・フラン
- 宗教 キリスト教

WORLD HERITAGE 世界遺産
グレートバリアリーフに次ぐ長さの珊瑚礁

　コバルトブルーの海に浮かぶニューカレドニア本島（グランドテール島）とイルデパン島を取り囲むラグーン（環礁）が「ニューカレドニアの珊瑚礁と関連する生態系」としてユネスコ世界自然遺産に登録されたのは2008年のこと。ニューカレドニアのバリアリーフ（珊瑚礁）の長さは約1500kmで、オーストラリアのグレートバリアリーフ（同約2600km）に次ぐ世界第2位の長さを誇る。リーフ面積は2万4000km²、平均深度25mでラグーンを囲み、珊瑚は固有種もふくめて300種を超える多様さを誇る。リーフは岸から30kmほどのところまで伸びているが、北西部はアントルカストーリーフまで200kmにわたって伸び、その先にはベレップ諸島が浮かんでいる。また、リーフ海域は絶滅の危機に瀕するジュゴンの生息地であり、アオウミガメの重要な産卵地でもあることから、豊かな生態系の存在が評価されている。

　グランドテール島の南東に位置するイルデパン島は、メラネシアの人々から海の宝石箱とたたえられる島。"イルデパン"とは「松の島」を意味し、イギリスの探検家キャプテン・クックの命名によるもので、沖合から眺めて林立する南洋杉を松と思ったからという説がある。オロ湾には"天然のプール"を意味するピッシンヌ・ナチュレルという浅瀬があり観光スポットになっている。島の周囲には白砂の隆起でできたノカンウィ島や珊瑚に囲まれたブラシ島など小さな無人島も点在し、リゾート地として知られる。

ヌメア市街　　　　　　　　©Shutterstock.com

HISTORY

　オーストラリアの東方、メラネシア地域に位置し、グランド・テール（ニューカレドニア）島、ロイヤルティ諸島を中心にした島々から構成されるフランスの海外領土。カレドニアとはラテン語でスコットランドの意味。1774年、西洋人として初めて訪れたキャプテン・クックにより、景観がスコットランドに似ていることから名づけられた。19世紀には木材資源、ことに白檀の交易地となり、ヨーロッパ人が来訪した。1853年にはフランスが領有を宣言。64年にはロイヤルティ諸島をも属領とした。とはいえ、島々には紀元前1100年頃からオーストロネシア語＝南方語に属す言語を話す海洋民族が先住していた。そんな先住民である彼らが、自治権獲得を目指した運動を始めたのが1970年代。一時は爆弾テロや過激デモを行うまでになる。98年にフランス政府との間でヌメア協定が結ばれ、15年から20年をかけ、安全保障と財政管理を除く自治権を段階的に委譲していくことで合意がなされた。

ノーフォーク島

Norfolk Island

面積	36 km²
人口	1748人
政庁所在地	キャンベラ（オーストラリア）
通貨	オーストラリア・ドル
宗教	キリスト教

NATURE 自然
外来種によって脅かされる固有種の存続

　ノーフォーク島は太平洋に位置する火山性の島である。島の北部には山地で最高地点のベイツ山（318m）とピット山（316m）があり、南部は標高が低く緑豊かな丘がほとんどで牧草地が多い。植物や鳥類にはノーフォーク島ならではの固有種を見ることができる。

　植物は、亜熱帯林のため熱帯雨林と違い落葉性の樹木も多い。島の旗にも描かれているように、島のシンボルともいえるノーフォークマツ（別名パインツリー）が島のいたるところに生い茂っている。キャプテン・クックがノーフォークマツを使用してエンデバー号の新しいマストを作り、再び航海に出たというエピソードが残るほか、横枝が水平に伸びることから「クリスマスツリーとして最高」という評価もあって、現在も島の重要な資源であり材木として輸出されている。

　クロウタドリやホシムクドリ、アカクサインコ、イエスズメなど固有の鳥類は、外来種との競合によって絶滅が危惧されるものが少なくない。ノーフォークカラスモドキとキムネカカはすでに絶滅し、ノーフォークメジロや生息数わずか40数羽程度といわれるノーフォークインコは絶滅寸前種、ノーフォークセンニョムシクイは絶滅危惧種に指定されている。

ノーフォークマツが茂るキングストンの海岸

©Shutterstock.com

HISTORY

　オーストラリアの東方、シドニーから北東に約1680kmの位置にある島。オーストラリア領。考古学が明かすところによれば、12世紀頃から東ポリネシアの人々が移り住んだが、1774年にキャプテン・クックが来島した際には無人島であった。クックはノーフォーク公爵にちなんで島名をつけ、島内に船舶用に有望な樹木を発見する。それがノーフォークマツ、この島の固有種である。88年オーストラリアのサウスウエールズとともに流刑植民地となり、入植が始まった。しかし、この地における流刑者の管理、監督が難しく、慈悲なき規律と懲罰で悪名をとどろかせた刑務所としてのノーフォーク島は1855年に幕を閉じ、流刑者たちは全員タスマニア島に移住させられた。代わってこの島にはピトケアン島からの移住者があった。現在の人口の3分の1はピトケアン島からの移住者の血を引くといわれている。97年にイギリスの植民地のまま行政権はサウスウエールズに委譲された。1914年にはイギリス連邦の一領域となる。そして79年にオーストラリア領になったが、州の一部になることに住民が拒否した。

ピトケアン諸島

Pitcairn Islands

面積	47 km²
人口	54人
政庁所在地	アダムズタウン
通貨	ニュージーランド・ドル
宗教	キリスト教（安息日再臨派教会）

LEGEND 伝説
「バウンティ号の叛乱」の子孫だけの島

　ピトケアン諸島は絶海の孤島群だ。この島々が永遠に歴史に刻まれるのは、何といっても現在の住民の祖先たちの一件である。

　バウンティ号の叛乱——。

　同乗の水兵たちが船長に叛乱を起こして軍艦を乗っ取った果ての島への移住である。どうして叛乱が起こったのかといえば、それはひとえにバウンティ号の船長だったウィリアム・ブライの冷酷無慈悲でサディスティックな性格にあった。ブライは過酷な航海中、日程の遅れを取り戻すために乗組員を酷使しまくり、そのうえちょっとした行為にも目くじらを立てて拷問同様の罰を科した。これに次第に乗組員たちが不信と不満を募らせていき、ついには叛乱を起こすわけである。

　悪玉船長を引きずり下ろし、なぜ移住の地への旅にでなければならなかったかといえば、それは戒律厳しい軍隊だ。船長に反旗を翻した揚げ句、船を乗っ取ったのだからただではすまない。追っ手から逃れるためには絶海の孤島で無人島が望ましい。それにしてもタヒチで女性を伴うところがすごい。生活を考えると集団がいいし、そこで子をつくり家族ができていけば心強い。そうした現実的な理由は考えていけるのだが、叛乱水兵たちのとった行動には、本国を捨てて、南太平洋の孤島に自分たちの王国をつくるというロマンが重なる。このあたりがピトケアン諸島への移住の顛末を南太平洋探険史のこのうえない奇談として後世に伝え残している理由ではないだろうか。

　この一件に、映画界が飛びつかないはずはない。1933年が最初で、2年後に再び『戦艦バウンティ号の叛乱』として制作され、日本でも公開されたこの作品は、第8回アカデミー賞で作品賞を受賞した。その次が1962年。このときブライ船長に叛乱を起こす側のリーダー、フレッチャー・ハワード海尉を演じたマーロン・ブランドは、撮影の間、友人のタヒチの結婚式に映画スタッフ全員を行かせたり、自分のパーティーのために高価な食べ物と飲み物を飛行機で運ばせたりの傍若無人ぶりだったという。この時の撮影が縁で、マーロン・ブランドはタヒチ（ソサエティ諸島）のなかの島をひとつまるごと購入してしまったのは有名な話だ。

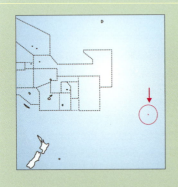

HISTORY

　南太平洋、タヒチ島の南東約2170kmに位置するピトケアン島と4つの島からなる諸島で、人が住むのはピトケアン島だけ。イギリスの属領で、ニュージーランドの高等弁務官が知事を務め、島評議会と治安判事がおかれている。島々には、かつてイースター島と同じような物質文化を持ったポリネシア系の人々が暮らしていたとされるが、18世紀にヨーロッパ人が訪れた際には全島が無人島であった。そこに人が暮らし始めたのは、歴史に名高い「バウンティ号」の叛乱がきっかけであった。1787年、イギリス国王ジョージ3世の命を受け、パンノキを西インド諸島に移送する任務にあたった軍艦バウンティ号はタヒチへ出航。そしてトンガへさしかかろうという時に船内で叛乱が起きた。叛乱を起こした水兵たちは船長らをトンガに放り出し、タヒチで現地女性12人と現地人男性6人を連れピトケアン島に向かったのである。現在の住民はこのときの移住者の子孫。1831年にタヒチに全島民が移住したことがあったが、まもなく帰島。56年にはノーフォーク島に移住したが、このときも一部が帰島した。

フランス領ポリネシア

French Polynesia

面積	3827 km²
通貨	パシフィック・フラン
人口	28万7881人
宗教	キリスト教
政庁所在地	パペーテ（タヒチ島）

EPISODE エピソード

ゴーギャンが名作を描きあげた島、タヒチ

　フランス領ポリネシア、タヒチを物語るとき、欠くことのできない人物のひとりに後期印象派の画家、ポール・ゴーギャン（1848～1903年）がいる。パリで株式仲買人をしながら画家を志してカミーユ・ピサロと交流、その後フィンセント・ファン・ゴッホとの共同生活を経て、ヨーロッパ文明と「人工的・因習的な何もかも」からの脱出を目的にタヒチに渡り絵画制作に取り組んだ。最初の滞在は1891～1893年で『ヴァヒネ・ノ・テ・ティアレ（花を持つ女）』や『ファタタ・テ・ミティ（海辺で）』『イア・オラナ・マリア』などを描き、彼の傑作の多くはこの時期以降に生み出されているといっても過言ではない。

　いったん島を離れてパリに戻ったものの、1895年に再びタヒチへと向かった。そして、自らも畢生の傑作と認める代表作『われわれはどこから来たのか われわれは何者か われわれはどこへ行くのか』を仕上げた。作品完成後、ゴーギャンは自殺を試みたとも伝えられている。

　ゴーギャンは絵画のほかに彫刻や陶器制作も手掛け、良質な粘土を調達するべく1901年にタヒチを離れてマルキーズ諸島に移住した。土地を購入して家を建て、そこが終焉の地となった。

　最初のタヒチ滞在の後、ゴーギャンは自伝的随想『ノアノア』を1901年に出版している。そこには、初期のタヒチでのゴーギャンのモデルでもある妻テウラとの愛の日々や現地の漁業、宗教的儀式、神と自然とダイレクトに触れ合う体験などが綴られている。タイトルの「ノアノア」とは、タヒチ語で「かぐわしい香り」を意味する形容詞である。

パペーテの町並み
©Sutterstock.com

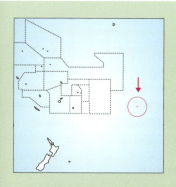

HISTORY

　南太平洋東部、ソサエティ諸島（タヒチ）、ツアモツ諸島、オーストラル諸島、ガンビエ諸島、マルケサス諸島からなるフランスの海外自治国。トンガ、サモアなどの西ポリネシアとは異なった東ポリネシア文化を形成。18世紀中葉にヨーロッパ人と接触するまで石器時代を生き抜いてきた。その政治、文化の中心はタヒチである。1791年にライアテア島出身のポマレが、脱走水兵のヨーロッパ人たちを傭兵としてソサエティ諸島を武力統一し、王となった。しかし、1830年代から始まったフランスの砲艦外交に屈し、47年にフランスの保護領となる。1900年にはタヒチ以外の諸島も統合され、フランス領オセアニア植民地が成立した。ポリネシア人による独立運動が起こるのは第2次世界大戦後。そして57年には海外領土となって自治権を獲得した。60年代は核実験の時代だ。これをヘて、99年に海外領土から海外国に格上げとなる。さらに2003年に内政自治権が一段と拡大され、現在の海外自治国という政治的位置にいたった。ただ、政府組織内部での対立は激しく、05年にはパペーテ港湾封鎖事件が起きた。

ミッドウェー諸島

Midway Islands

- 面積 6.2 km²
- 人口 約40人
- 政庁所在地 ワシントン D.C

CRISIS 危機
野鳥の楽園が「プラスチックの楽園」に

　ミッドウェー諸島は、その名のとおり太平洋における「中ほど」にあり、地球上で最も遠隔地のひとつだ。ハワイ - 天皇海山列に属する火山島に、珊瑚礁が発達して形成されたもので、約2800万年前にハワイのホットスポットで形成された火山島がプレートとともに現在の位置に移動しながら沈降して環礁となった。

　冷戦終結後、ミッドウェー環礁国立自然保護区となり軍事基地は1996年に閉鎖された後、エコツーリズムの場として観光客の受け入れが行われていたものの2002年に中止された。合衆国魚類野生生物局の管理下、担当官が数十名駐在して野生生物の保護、汚染の調査などにあたり、2012年まではボランティアの受け入れも行われていたが、2013年以降は予算削減のため無人に近い状態になっている。

　島旗に島の代表的な海鳥コアホウドリが描かれるほど、数々の海鳥が生息する諸島である。特にクロアシアホウドリの世界最大のコロニー（繁殖地）であり、セグロアジサシ、ナンヨウマミジロアジサシなどアジサシ類が多数生息している。レイサンガモやレイサンヨシキリなどの固有種も存在するが、外来種の侵入や狩猟によってその多くが絶滅もしくは絶滅危惧種になっている。また鳥類以外では、アオウミガメやスピナーイルカ、絶滅危惧種ハワイモンクアザラシなどの希少種にとっても重要な生息地である。

　そして近年、海洋ゴミが生息動物の生命を脅かすものとして特に問題となっている。諸島はペットボトルのキャップや歯ブラシ、ライター、魚網、おもちゃ、バッグなどが海流によって東アジアから北米へと運ばれる「太平洋ゴミベルト」（Great Pacific Garbage Patch）の途上にあり、諸島はそれらが滞留する"プラスチックの楽園"と化している。

　アホウドリがプラスチック片を餌と勘違いして食べ、雛たちもまたそれを与えられる。その結果、消化器系への刺激や損傷を引き起こしたり、胃が満たされて空腹を感じないことから食餌をせずに栄養失調となったりして、死に至るケースが後を絶たない。鳥類だけでなく、アオウミガメやイルカ、アザラシ、そして近海に生息する魚類も同様の危機にさらされている。

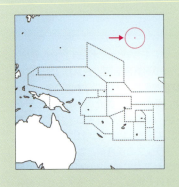

HISTORY

　ミッドウェー諸島は、北太平洋のハワイ諸島北西に位置する環礁と島々から構成される。主な島は環礁南部の東側のイースタン島と西側のサンド島。1859年にキャプテン・ミドルブルックスにより発見され、ミドルブルック島と名づけられた。1867年にアメリカ軍艦の艦長が上陸してアメリカ領有を宣言し、ミッドウェー島と命名。ハワイに代わる給炭所をここに作る目的で 71 年に関係者が上陸したが、計画が失敗したためほどなく撤退して無人に戻った。1903年に民間企業が太平洋横断の電信ケーブル敷設のために上陸。その後はアメリカの海兵隊員が駐留。35 年にアメリカと中国の航路を開設したパンアメリカン航空の中継地となった。40 年代からはハワイ防衛の拠点となり、第 2 次世界大戦中には日本軍とアメリカ軍との「ミッドウェー海戦」の場となった。いわゆる東西冷戦終結後はミッドウェー環礁国立自然保護区となり、96 年に軍事基地は閉鎖された。クロアシアホウドリの世界最大の繁殖地であり、その他海鳥が多数棲息している。野生保護区の管理関係者が数十名駐在するだけで定住者はいない。

ワリス・フツナ諸島

Wallis and Futuna Islands

面積 142 km²
人口 1万5613人
政庁所在地 マタウテュ（ワリス島）
通貨 パシフィック・フラン
宗教 キリスト教

POLITICS 政治
王国として存在し続けるフランス海外領土

考古学的資料から、ワリス・フツナ諸島には紀元前からポリネシア系民族が定住し、1400年頃にはトンガ王国の侵略を受けてその支配下に入ったと考えられる。ウベア島（ワリス島）のウベア、フツナ島のシガベ、アロフィ島のアロの3つの王国（首長国）があり、広く交易を行っていた。

最初にヨーロッパ人がこの地を知ったのは17世紀初頭。オランダの探検家J・ル・メールが1616年にフツナ島を発見した。それから150年後の1767年には、イギリスの探検家サミュエル・ワリスがウベア島を発見、彼にちなんでワリス島と命名された。さらに60年後の1837年にはフランス人が入植し島民のカトリックへの改宗が進められたのである。

そして入植後しばらくは先住民たちの間で反乱が起こるなどしたが、1887年4月5日、ウベア島（ワリス島）の女王が公式にフランス保護領となる条約に調印。翌1888年2月16日にはシガベとアロの王たちも同様の条約に調印し、いずれの島々もニューカレドニア植民地に組み込まれた。

20世紀、1917年に3つの王国をフランスが併合し、植民地ワリス・フツナとなり、第二次世界大戦後の1959年には独立した領土となるための住民投票が行われ、1961年に正式にフランスの海外領土となってニューカレドニアの管轄から脱し、さらに2003年には海外準県に移行した。

ワリス・フツナはフランス領土としてフランス共和国憲法（第五共和国憲法）の下に統治されているが、現在も3つの王国とそれぞれの王位は存続している。準県議会は3つの王国の王たちと、準県議会の助言で行政長官が任命する3人の議員によって構成される。

また、フランス語を公用語としながらも、島民の約80％以上がオーストロ語系の現地のワリス語（ウベア語）やフツナ語も話すなど、文化面でも伝統が継続されているのが特徴だ。

HISTORY

ワリス島はサモアの西約400kmに位置し、同島に人口の大半が在住する。フランスの海外領土（準県）で、住民はフランス国籍を持つ。本国政府が任命する行政長官と議員、伝統的首長らによる評議会が行政をつかさどり、20名ほどの議会から本国の元老院、国民議会に議員を1名送っている。ワリス島民はトンガ、フツナ島民はサモアの影響を受けるなど、文化的な差異が見られる。15世紀には定住が行われていたと考えられている。16、17世紀にヨーロッパ人によって「発見」され、1837年にはマリア会神父がカトリックの布教を行った。島民の要請もあり、19世紀後半に両島ともフランスの保護領となり、1913年には海外植民地に。第2次世界大戦後はニューカレドニアの管轄下に入り、59年に住民投票によって海外領土の地位が確定。2003年に現在の準県となった。産業はココヤシ、タバコの栽培と漁業が中心で、近年はニューカレドニアへ移住、労働する傾向がある。

タークス=カイコス諸島

Turks and Caicos Islands

- 面積 417 km²
- 人口 2万280人
- 政庁所在地 コックバーンタウン（グランドターク島）
- 通貨 アメリカ・ドル
- 宗教 プロテスタント、カトリック

HISTORY

　石灰岩でできた40の島々からなるタークス諸島とカイコス諸島は、西インド諸島のバハマ諸島の南40kmに位置するイギリス領の海外領土。諸島のうち人が定住しているのは8つの島である。多くの島々はサンゴ礁の平坦な土地で、樹木や表土がほとんどない。先史時代はアラワク族が住んでいたとされるが、1512年にスペイン人によって発見された時は無人島であった。その後、スペインからフランス、さらにイギリスの領有をへたが、ほぼ無人状態が続いた。1681年、イギリス人が塩の採掘者のためにグランドターク島に移住したことを契機に、イギリスの植民地化が進んだ。1780年代にはアメリカ人が奴隷制による綿栽培を始めたが、1820年、ハリケーンの被害を受けたため奴隷を残して島から去った。現在の島民は、そのときに残された奴隷の子孫である。1799年にイギリス領のバハマに属したが、後にジャマイカに編入。1962年、ジャマイカがイギリスから独立したため切り離されてイギリス直轄領となった。65年、再びバハマに編入された後、73年のバハマの独立により切り離され、イギリスの海外領となる。

索引

国名	ページ

ア行

アイスランド共和国	121
アイルランド	123
アゼルバイジャン共和国	12
アフガニスタン・イスラム共和国	13
アメリカ合衆国	68
アメリカ領サモア	248
アメリカ領ヴァージン諸島	106
アラブ首長国連邦	14
アルジェリア民主人民共和国	176
アルゼンチン共和国	70
アルバ	107
アルバニア共和国	124
アルメニア共和国	15
アンギラ	108
アンゴラ共和国	177
アンティグア・バーブーダ	71
アンドラ公国	125
イエメン共和国	16
イギリス（グレートブリテンおよび北アイルランド連合王国）	126
イギリス領ヴァージン諸島	109
イスラエル国	17
イタリア共和国	128
イラク共和国	18
イラン・イスラム共和国	19
インド	20
インドネシア共和国	22
ヴァチカン	129
ウェーク島	249
ウガンダ共和国	178
ウクライナ	130
ウズベキスタン共和国	23
ウルグアイ東方共和国	72

国名（地域名）	ページ

エクアドル共和国	73
エジプト・アラブ共和国	179
エストニア共和国	131
エチオピア連邦民主共和国	180
エリトリア国	181
エルサルバドル共和国	74
オーストラリア連邦	232
オーストリア共和国	132
オマーン国	24
オランダ王国	133

カ行

ガーナ共和国	182
カーボヴェルデ共和国	183
ガイアナ共和国	75
カザフスタン共和国	25
カシミール	63
カタール国	26
カナダ	76
ガボン共和国	184
カメルーン共和国	185
ガンビア共和国	186
カンボジア王国	27
北マリアナ諸島	250
ギニア共和国	187
ギニア・ビサウ共和国	188
キプロス共和国	28
キューバ共和国	77
キュラソー	110
ギリシャ共和国	134
キリバス共和国	233
キルギス共和国	29
グアテマラ共和国	78
グァドループ	111

索引

国名	ページ
グアム	251
クウェート国	30
クック諸島	234
グリーンランド	112
クリスマス島	252
グレナダ	79
クロアチア共和国	135
ケイマン諸島	113
ケニア共和国	189
コートジボワール共和国	190
ココス諸島	253
コスタリカ共和国	80
コソヴォ共和国	136
コモロ連合	191
コロンビア共和国	81
コンゴ共和国	192
コンゴ民主共和国	193

サ行

国名	ページ
サウジアラビア王国	31
サウス・ジョージア＝　サウス・サンドウィッチ諸島	114
サモア独立国	235
サントメ・プリンシペ民主共和国	194
ザンビア共和国	195
サンマリノ共和国	137
シエラレオネ共和国	196
ジブチ共和国	197
ジブラルタル	170
ジャマイカ	82
ジョージア	32
ジョンストン環礁	254
シリア・アラブ共和国	33
シンガポール共和国	34

国名	ページ
シント・マールテン	115
ジンバブエ共和国	198
スイス連邦	138
スヴァールバル諸島	171
スウェーデン王国	139
スーダン共和国	199
スペイン	140
スリナム共和国	83
スリランカ民主社会主義共和国	35
スロヴァキア共和国	141
スロヴェニア共和国	142
スワジランド王国	200
セーシェル共和国	201
赤道ギニア共和国	202
セネガル共和国	203
セルビア共和国	143
セントヴィンセントおよび　グレナディーン諸島	84
セントクリストファー・ネイヴィス	85
セントヘレナ島	230
セントルシア	86
ソマリア連邦共和国	204
ソロモン諸島	236

タ行

国名	ページ
タークス＝カイコス諸島	262
タイ王国	36
大韓民国	37
台湾	64
タジキスタン共和国	38
タンザニア連合共和国	205
チェコ共和国	144
チャド共和国	206
チャネル諸島	172

国名	ページ
中央アフリカ共和国	207
中華人民共和国	39
チュニジア共和国	208
朝鮮民主主義人民共和国	41
チリ共和国	87
ツバル	237
デンマーク王国	145
ドイツ連邦共和国	146
トーゴ共和国	209
トケラウ諸島	255
ドミニカ共和国	88
ドミニカ国	89
トリニダード・トバゴ共和国	90
トルクメニスタン	42
トルコ共和国	43
トンガ王国	238

ナ行

ナイジェリア連邦共和国	210
ナウル共和国	239
ナミビア共和国	211
ニウエ	240
ニカラグア共和国	91
ニジェール共和国	212
西サハラ（サハラ・アラブ民主共和国）	231
日本国	44
ニューカレドニア	256
ニュージーランド	241
ネパール連邦民主共和国	46
ノーフォーク島	257
ノルウェー王国	147

ハ行

バーレーン王国	47

国名	ページ
ハイチ共和国	92
パキスタン・イスラム共和国	48
パナマ共和国	93
バヌアツ共和国	242
バハマ国	94
パプアニューギニア独立国	243
バミューダ	116
パラオ共和国	244
パラグアイ共和国	95
バルバドス	96
パレスティナ	65
ハンガリー	148
バングラデシュ人民共和国	49
東ティモール民主共和国	50
ピトケアン諸島	258
フィジー共和国	245
フィリピン共和国	51
フィンランド共和国	149
ブータン王国	52
プエルト・リコ	117
フェロー諸島	173
ブラジル連邦共和国	97
フランス共和国	150
フランス領ギアナ	118
フランス領ポリネシア	259
ブルガリア共和国	151
ブルキナファソ	213
ブルネイ・ダルサラーム国	53
ブルンジ共和国	214
ベトナム社会主義共和国	54
ベナン共和国	215
ベネズエラ・ボリバル共和国	99
ベラルーシ共和国	152
ベリーズ	100

索引

国名	ページ
ペルー共和国	101
ベルギー王国	153
ポーランド共和国	154
ボスニア・ヘルツェゴヴィナ	155
ボツワナ共和国	216
ボリビア多民族国	102
ポルトガル共和国	156
香港	66
ホンジュラス共和国	103

マ行

国名	ページ
マーシャル諸島共和国	246
マイヨット島	231
マカオ	67
マケドニア旧ユーゴスラヴィア共和国	157
マダガスカル共和国	217
マラウイ共和国	218
マリ共和国	219
マルタ共和国	158
マルティニーク	119
マルビナス諸島（フォークランド諸島）	120
マレーシア	55
マン島	174
ミクロネシア連邦	247
ミッドウェー諸島	260
南アフリカ共和国	220
南スーダン共和国	221
ミャンマー連邦共和国	56
メキシコ合衆国	104
モーリシャス共和国	223
モーリタニア・イスラム共和国	224
モザンビーク共和国	222
モナコ公国	159
モルディブ共和国	58

国名	ページ
モルドヴァ共和国	160
モロッコ王国	225
モンゴル国	59
モンセラット	121
モンテネグロ	161

ヤ行

国名	ページ
ヤンマイエン島	175
ヨルダン・ハシェミット王国	60

ラ行

国名	ページ
ラオス人民民主共和国	61
ラトヴィア共和国	162
リトアニア共和国	163
リビア	226
リヒテンシュタイン公国	164
リベリア共和国	227
ルーマニア	165
ルクセンブルク大公国	166
ルワンダ共和国	228
レソト王国	229
レバノン共和国	62
レユニオン島	231
ロシア連邦	168

ワ行

国名	ページ
ワリス・フツナ諸島	261

MEMO

MEMO

MEMO

MEMO

MEMO

■エピソードで読む世界の国編集委員会／高橋哲朗、神谷昌孝、中野智明
■編集協力／株式会社コミュニケーションカンパニー（巻頭特集編集・執筆）、
　　　　　　澤入政芝（巻頭特集執筆）
■装丁・レイアウト／有限会社グラフ（新保恵一郎）

■写真・資料提供
中野智明、Shutterstock 他
（写真を提供していただいた個人、団体の方々のお名前は本文中に記載させていただきました）

2018 ▶ 2019 エピソードで読む 世界の国243	発 行 者	野澤伸平
2018 年 5 月 20 日　第 1 版第 1 刷印刷	発 行 所	株式会社山川出版社
2018 年 5 月 30 日　第 1 版第 1 刷発行		〒101-0047　東京都千代田区内神田 1-13-13
		電話 03(3293)8131 (営業)
		電話 03(3293)1802 (編集)
		振替 00120-9-43993
	企画・編集	山川図書出版株式会社
	印 刷 所	半七写真印刷工業株式会社
	製 本 所	牧製本印刷株式会社

落丁本、乱丁本などがございましたら、小社営業部宛にお送りください。送料小社負担にてお取り替え致します。
© 山川出版社　Printed in Japan　ISBN978-4-634-15131-4